"互联网+"新形态智能财会类精品系列教材

职业教育国家在线精品课程配套教材

会计信息系统应用

黄　祺　罗　勇　陈思娴◎主　编

朱　玮　许立兰　宁靖华　彭梓琪◎副主编

卢　洁　陈东升　彭　溪　章　晓　黎　鹰◎参　编

电子工业出版社
Publishing House of Electronics Industry
北京·BEIJING

内 容 简 介

本书以用友 ERP-U8V10.1 软件为载体，以湖南湘楚新能源科技有限公司 2024 年 1 月的经济活动为主要内容，详细介绍财务链和供应链两个模块典型工作任务和业财一体信息化处理流程与技巧。依托职业教育国家在线精品课程与湖南省"数智财税专业群"教学资源库，打造"岗课赛证"金课资源与特色课程思政资源，帮助读者掌握系统管理、基础设置、子系统初始化、各子系统日常业务业财一体信息化处理、期末处理和报表生成等关键技能，提升业财融合会计信息化处理能力和数字化素养，适应新质生产力背景下财经人才对数智化财务工作的需求。本书读者对象为财经商贸类学生、财务工作者及相关从业者。

未经许可，不得以任何方式复制或抄袭本书之部分或全部内容。
版权所有，侵权必究。

图书在版编目（CIP）数据

会计信息系统应用 / 黄祺，罗勇，陈思娴主编.
北京：电子工业出版社，2025.8. — ISBN 978-7-121-48229-8

Ⅰ. F232

中国国家版本馆 CIP 数据核字第 20247N2C81 号

责任编辑：贾瑞敏
印　　刷：天津画中画印刷有限公司
装　　订：天津画中画印刷有限公司
出版发行：电子工业出版社
　　　　　北京市海淀区万寿路 173 信箱　邮编 100036
开　　本：787×1092　1/16　印张：18.5　字数：473.6 千字
版　　次：2025 年 8 月第 1 版
印　　次：2025 年 8 月第 1 次印刷
定　　价：68.00 元

凡所购买电子工业出版社图书有缺损问题，请向购买书店调换。若书店售缺，请与本社发行部联系，联系及邮购电话：(010) 88254888，88258888。
质量投诉请发邮件至 zlts@phei.com.cn，盗版侵权举报请发邮件至 dbqq@phei.com.cn。
本书咨询联系方式：(010) 88254019，jrm@phei.com.cn。

党的二十大报告明确提出要"加快发展数字经济",实现新质财经人才培养与数字经济发展"同频共振",已然成为服务新时代科教强国、数字强国、人才强国建设的重要命题。

本书秉持"数智化+新质教育"双向赋能新质财经人才培养理念,以教育部印发的《高等学校课程思政建设指导纲要》(教高〔2020〕3 号)、教育部办公厅印发的《"十四五"职业教育规划教材建设实施方案》(教职成厅〔2021〕3 号)及职业教育新专业教学标准等文件精神为依据,遵循德技并修理念,紧密衔接"1+X"职业资格证书要求,依据典型工作任务与岗位能力标准,通过校企合作方式,开发业财融合新业态背景下兼具交通行业特色与"楚怡文化"特色的《会计信息系统应用》工作手册式新形态教材。本书旨在明晰业务商流、物流、资金流、信息流之间的内在关系,深入反思软件参数设置与单据逻辑,助力学习者实现基本技能逐步向专业技能、综合技能的进阶提升,致力于培养出守初心、练专心、融诚心、铸匠心,且会流程、会核算、会操作、会设计的"四心四会"新质财经人才。本书具有以下特点。

1. 四新引领

本书基于新业态,采用新税率、引用新标准、重构新体系,依循业务前端至中端再到后端的逻辑脉络,以用友管理软件 U8 为依托,深度梳理财务与业务、单据与数据内在关联,重构知识体系,旨在顺应教育数智化转型浪潮,培育具备"四心四会"素养的数智化财经人才。

2. 国精示范

本书配套职业教育国家在线精品课程《会计信息系统应用》精品资源,且该课程已成功入库湖南省"数智财税专业群教学资源库"。本书编写团队立足岗位工作标准,以国家在线精品课程为示范,将多元资源深度融合,其中包括极具实战性的学生赛资源、展现教学前沿水平的教师教学能力竞赛资源、富有教育内涵的省级课程思政成果,以及聚焦职业技能提升的 "1+X" 业财一体信息化应用培训资源,以此重构全新的内容体系,为教学与学习赋能。

3. 专精特新

本书立足企业实际,融合"岗课赛证"成果,依托职业教育国家在线精品课程,运用 AI 技术,融入"专业+行业+地方文化"特色,打造"专精特新"资源;涵盖 AI 动画、数字人、名师微课、操作视频与红色会计大讲堂思政资源,引入知识图谱。数字资源丰富,包含 12 个动画、41 个微课、82 个操作视频、12 个在线互动、10 套业财融合试题及多套试卷,满足教学需求,助力新质财经人才高质量培养。

4. 校企合作

本书以校企合作为依托，由全国优秀教师、省级教学名师、省级青年骨干教师及企业导师组成的团队精心编撰而成。基于湖湘企业真实案例与典型工作任务编写，极具"楚怡"特色。本书涵盖财务链与供应链两大板块，共设 12 个项目，精准规划典型业务，针对性与实用性俱佳。本书能满足不同层次、不同需求的学习者与教学者使用。

本书由湖南交通职业技术学院的黄祺、罗勇和常德职业技术学院的陈思娴担任主编，由湖南交通职业技术学院的朱玮、宁靖华和湖南商务职业技术学院的许立兰、湘西民族职业技术学院的彭梓琪担任副主编。黄祺负责教材大纲、规划与设计，并负责全书初稿修改、统稿和定稿。具体编写分工如下：项目一"系统管理"由湖南交通职业技术学院的罗勇编写；项目二"基础设置"由湖南交通职业技术学院的朱玮编写；项目三"子系统初始设置"由湖南交通职业技术学院的宁靖华编写；项目四"总账系统"由湖南信息职业技术学院的陈东升编写；项目五"薪资管理系统"由湖南商务职业技术学院的许立兰编写；项目六"固定资产管理系统"由湖南交通职业技术学院的卢洁编写；项目七"采购与应付款管理系统"由湖南交通职业技术学院的黄祺编写；项目八"销售与应收款管理系统"由常德职业技术学院的陈思娴编写；项目九"库存管理系统"由湖南交通职业技术学院的黎鹰编写；项目十"存货核算系统"由湖南交通职业技术学院的章晓编写；项目十一"总账期末业务"由湘西民族职业技术学院的彭梓琪编写；项目十二"子系统期末处理与报表编制"由湖南交通职业技术学院的彭溪编写。

本书的设计灵感源自编写团队近 10 年在教师赛、学生赛及教学研究中的深厚积累，从最初设计，历经研发、撰写、反复修撰，直至定稿、出版，前后耗费数年心血，其间还得到省内外专家、学者及同行的悉心指导与宝贵建议。在编写过程中，新道科技股份有限公司副总裁罗姣、辽宁理工学院教授宋红尔、安徽工商职业学院教授舒文存、湖南信息职业技术学院副教授张爱侠、长沙民政职业技术学院副教授周艳、安徽商贸职业技术学院教授牛永琴、张家界航空职业技术学院教授姬海华、四川财经职业学院副教授胡小凤给予了鼎力相助和指导，在此表示衷心的感谢！

感谢电子工业出版社的编辑对本书出版给予的大力支持。感谢湖南世纪超星信息技术有限公司对本书课程资源建设的大力支持。本书系湖南省"数智财税专业群教学资源库"阶段性成果、全国数智财经行业产教融合共同体教学成果之一、湖南省社科院重大课题（XSP25ZDA001）阶段性成果。

由于时间仓促和编者水平有限，本书难免存在疏漏和不当之处，敬请广大读者批评指正，以便今后不断完善。本书资源同步国家智慧教育公共服务平台、学银在线平台，欢迎选课学习。使用对象可以发邮件至 58373364@qq.com，或者登录华信教育资源网免费获取相关教学资源。

教师 QQ 群：614578573（会计信息系统应用课程教学研讨群）

编者

目 录

项目一　系统管理 ………………………… 1

　任务 1.1　增加操作员 ……………………… 3
　任务 1.2　创建账套 ………………………… 5
　任务 1.3　设置权限 ………………………… 10
　任务 1.4　账套备份 ………………………… 12
　任务 1.5　账套引入 ………………………… 13
　任务 1.6　账套修改 ………………………… 14
　任务 1.7　账套删除 ………………………… 15
　任务 1.8　任务总结 ………………………… 16

项目二　基础设置 ………………………… 17

　任务 2.1　启用系统 ………………………… 18
　任务 2.2　设置机构人员信息 ……………… 19
　任务 2.3　设置客商信息 …………………… 22
　任务 2.4　设置存货信息 …………………… 25
　任务 2.5　设置财务信息 …………………… 28
　任务 2.6　设置项目目录 …………………… 34
　任务 2.7　设置收付结算信息 ……………… 37
　任务 2.8　设置业务信息 …………………… 40
　任务 2.9　设置单据信息 …………………… 45
　任务 2.10　任务总结 ……………………… 47

项目三　子系统初始设置 ………………… 48

　任务 3.1　采购管理系统初始设置 ………… 49
　任务 3.2　应付款管理系统初始设置 ……… 51
　任务 3.3　销售管理系统初始设置 ………… 56
　任务 3.4　应收款管理系统初始设置 ……… 58
　任务 3.5　库存管理系统初始设置 ………… 64
　任务 3.6　存货核算系统初始设置 ………… 67
　任务 3.7　任务总结 ………………………… 70

项目四　总账系统 ………………………… 71

　任务 4.1　总账系统初始设置 ……………… 72
　任务 4.2　填制凭证 ………………………… 76
　任务 4.3　凭证处理 ………………………… 85
　任务 4.4　凭证签字与审核 ………………… 87
　任务 4.5　凭证记账与冲销 ………………… 90
　任务 4.6　任务总结 ………………………… 94

项目五　薪资管理系统 …………………… 95

　任务 5.1　薪资管理系统初始设置 ………… 96
　任务 5.2　业务处理 ………………………… 108
　任务 5.3　查询与统计分析 ………………… 117
　任务 5.4　任务总结 ………………………… 120

项目六　固定资产管理系统 ……………… 121

　任务 6.1　固定资产管理系统初始设置 …… 122
　任务 6.2　期初数据录入 …………………… 128
　任务 6.3　固定资产业务处理 ……………… 131
　任务 6.4　任务总结 ………………………… 145

项目七　采购与应付款管理系统 ………… 146

　任务 7.1　应付采购业务 …………………… 147
　任务 7.2　现结采购业务 …………………… 155
　任务 7.3　采购损耗业务 …………………… 161
　任务 7.4　采购退货业务 …………………… 171
　任务 7.5　买赠采购业务 …………………… 177
　任务 7.6　采购折扣业务 …………………… 181
　任务 7.7　采购暂估业务 …………………… 185
　任务 7.8　采购核销业务 …………………… 188
　任务 7.9　采购对冲业务 …………………… 192

任务 7.10　任务总结 …………………… 194

项目八　销售与应收款管理系统 …… 196

任务 8.1　现结销售业务 ………………… 197
任务 8.2　应收销售业务 ………………… 202
任务 8.3　定金销售业务 ………………… 206
任务 8.4　外币销售业务 ………………… 207
任务 8.5　销售折让业务 ………………… 211
任务 8.6　直运销售业务 ………………… 214
任务 8.7　买赠销售业务 ………………… 219
任务 8.8　销售退货业务 ………………… 223
任务 8.9　零售日报业务 ………………… 226
任务 8.10　现金折扣业务 ……………… 229
任务 8.11　销售核销业务 ……………… 231
任务 8.12　销售对冲业务 ……………… 235
任务 8.13　计提坏账业务 ……………… 239
任务 8.14　任务总结 …………………… 240

项目九　库存管理系统 ………………… 241

任务 9.1　其他业务 ……………………… 242
任务 9.2　盘点业务 ……………………… 243
任务 9.3　任务总结 ……………………… 246

项目十　存货核算系统 ………………… 247

任务 10.1　结算成本处理 ……………… 248
任务 10.2　单据记账 …………………… 248
任务 10.3　任务总结 …………………… 249

项目十一　总账期末业务 ……………… 250

任务 11.1　结转未交增值税 …………… 251
任务 11.2　结转城建税及教育费附加 … 258
任务 11.3　期间损益结转 ……………… 261
任务 11.4　计算并结转企业所得税 …… 264
任务 11.5　任务总结 …………………… 268

项目十二　子系统期末处理与报表编制 … 269

任务 12.1　业务模块期末处理 ………… 270
任务 12.2　UFO 报表系统 ……………… 276
任务 12.3　任务总结 …………………… 288

项目一

系统管理

学习目标

知识目标： 了解企业基本情况。
理解系统管理的功能及作用。
掌握系统管理的操作。

能力目标： 会增加、修改、删除用户。
会根据企业需求设置用户权限。
会进行账套创建、修改、删除、录入、备份等账套管理操作。

素养目标： 培养学生爱岗敬业、忠于职守的敬业初心。
培养学生严谨细致、权责清晰的工作作风。

动画：企业岗位认知

项目概述

会计信息系统是 ERP（Enterprise Resource Planning，企业资源计划）的重要组成部分，是整合企业各个部门各种资源的最佳手段。会计信息系统基于现代信息技术手段，融合企业的物流、价值流和信息流于一体，实现了管理会计与财务会计的一体化，以及财务业务的一体化。

本书主要介绍用友 ERP-U8V10.1 系统在业财融合中的具体应用，该软件主要包括系统管理和企业应用平台两个部分。系统管理主要是对账套、操作员、角色与权限等进行管理。

系统管理主要包括以下功能：

（1）对操作员及功能级权限进行统一管理，包括用户、角色和权限设置。

（2）对账套进行账套管理，包括建立、修改、备份（自动备份和手工输出）和引入。对操作员及其功能级权限实行统一管理。

（3）系统任务管理，包括查看当前运行任务、清除指定任务、清退站点、清除单据锁定等。

本项目知识图谱如图 1-1 所示。

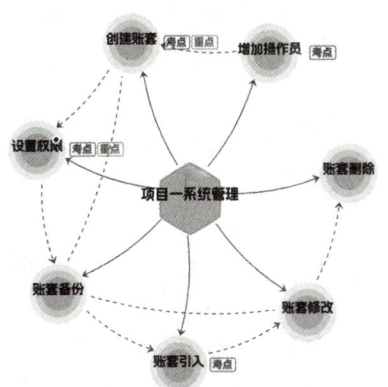

图 1-1 项目一知识图谱

任务情景

湖南湘楚新能源科技有限公司以服务绿色能源为主旨，主要以销售电动汽车用、摩托车用锂电池为主营业务。

1. 企业基本信息[①]

企业名称：湖南湘楚新能源科技有限公司（简称"湘楚科技"）。

企业地址：湖南省长沙市岳麓区长沙高新开发区麓谷大道973号。

企业电话：0731-88250066。

企业注册资本：6800万元人民币。

企业统一社会信用代码：91430000274963813B。

企业法定代表人：唐忠谦。

企业主要经营范围：主要从事新能源汽车、电子产品、机电产品锂电池零售与批发、新能源汽车零配件。

2. 企业会计政策

（1）公司执行《企业会计准则》和《企业会计制度》及相关补充规定。

（2）公司以人民币作为记账本位币，记账文字为中文。

（3）税费处理。公司为增值税一般纳税人。增值税按应纳税收入的13%计算销项税额，并按扣除当期允许抵扣的进项税后的差额缴纳增值税。所得税按应纳税所得额的25%计算缴纳。附加税按当期应交增值税的7%计算城市维护建设税、3%计算教育费附加和2%计算地方教育附加。

（4）会计凭证基本规定。公司采用记账凭证。填制或生成"记账凭证"均由指定的会计人员操作，含有"库存现金"和"银行存款"科目的记账凭证均需出纳签字。对已记账凭证的修改，采用红字冲销法。为保证财务与业务数据的一致性，能在业务系统生成的记账凭证不得在总账系统直接填制。

（5）货币资金业务的处理。公司采用的结算方式包括现金结算、支票、银行汇票、商业汇票、电汇、微信等。

（6）辅助核算要求。

日记账：库存现金、银行存款。

银行账：银行存款/工行岳麓区支行（人民币）、银行存款/招行岳麓区支行（美元）。

客户往来：应收票据、应收票据/银行承兑汇票、应收票据/商业承兑汇票、应收账款、预收账款。

供应商往来：应付票据、应付票据/银行承兑汇票、应付票据/商业承兑汇票、应付账款/一般、应付账款/暂估、预付账款。

个人往来：其他应收款/个人往来。

项目核算：在途物资、库存商品、主营业务收入、主营业务成本。

（7）固定资产业务的处理。公司固定资产包括房屋及建筑物、办公家具、运输设备和电子设备，均为在用状态；采用平均年限法（二）按月计提折旧。

（8）薪酬业务的处理。根据现行的个人所得税法律制度规定，公司预扣预缴个人所得税，其

[①] 本书涉及的企业信息均已经进行脱敏处理。

费用扣除标准为 5000 元/月。相关专项扣除、"五险一金"计算比例等按照现行个人所得税法律规定进行。公司按有关规定计算缴纳社会保险费和住房公积金。工会经费按应付工资总额的 2%计提。

（9）存货业务的处理。公司存货主要包括汽车电池系列、摩托车电池系列、周转材料等，按存货分类进行存放及核算。各类存货按照实际成本核算，采用永续盘存制。发出存货成本按仓库进行核算，采用先进先出法计价。

采购入库的存货对方科目全部使用"在途物资"科目。同一批出库或入库业务生成一张凭证；采购、销售必有订单，到货必有到货单，发货必有发货单。销售商品依据发货结转销售成本。

（10）坏账准备的计提。公司除应收账款外，其他预付及应收款项不计提坏账准备。期末按应收账款余额的 0.5%计提坏账准备。

（11）财产清查的处理。公司每月月末对存货进行清查，每年年末对固定资产进行清查。根据盘点结果编制"盘点表"，并与账面数据进行比较，由库存管理员审核后进行处理。

（12）损益类账户的结转。每月末将各损益类账户余额转入"本年利润"账户，结转时按收入和支出分别生成记账凭证。

任务 1.1　增加操作员

微课：设置操作员权限

📖【任务资料】

请在湖南湘楚新能源科技有限公司用友系统中增加 8 位操作员，操作员密码均为空，具体信息如表 1-1 所示。

表 1-1　用户资料一览表

编号	姓名	所属部门	职务	用户类型	角色
A01	唐忠谦	总经办	总经理	普通用户	账套主管
W01	王燕琴	财务部	主管	普通用户	普通员工
W02	朱觅	财务部	会计	普通用户	普通员工
W03	张思怡	财务部	出纳	普通用户	普通员工
X01	姜帆	销售部	销售员	普通用户	普通员工
X02	余欣	销售部	销售员	普通用户	普通员工
G01	周正丽	采购部	采购员	普通用户	普通员工
C01	戴慧	仓储部	仓管员	普通用户	普通员工

📖【任务步骤】

① 以系统管理员（admin）身份登录"系统管理"。执行"系统→注册"命令，打开系统管理的"登录"对话框，单击"登录"按钮，如图 1-2 所示。

② 在"系统管理"窗口中，执行"权限→用户"命令，进入"用户管理"窗口。

增加操作员

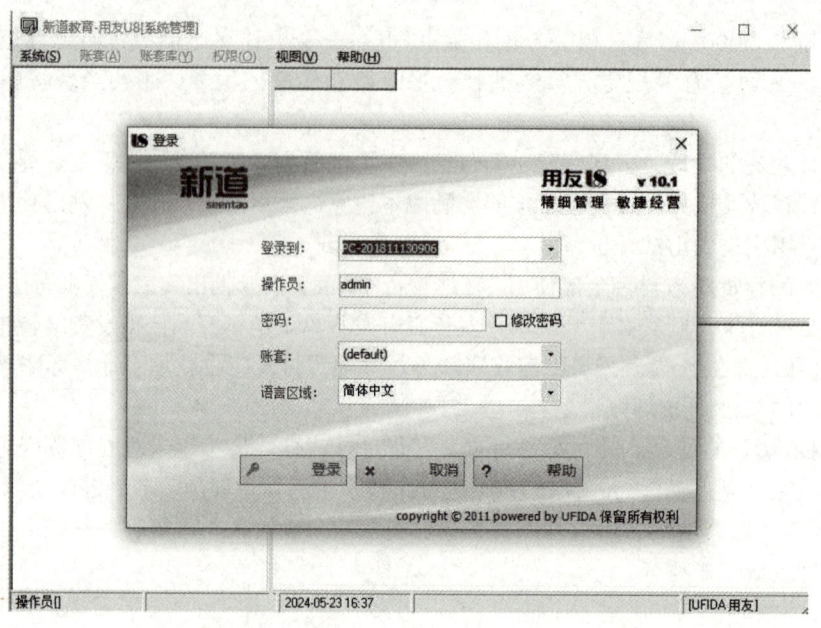

图1-2 "登录"对话框

③ 在"用户管理"窗口中单击"增加"按钮,弹出"操作员详细情况"对话框。

④ 根据任务资料,录入"编号"为"A01","姓名"为"唐忠谏",并设置"用户类型"(默认)、"口令"(即密码,初始密码设置为空)等信息,"角色编码"选择"账套主管",也可以不选择,在"权限"设置中再进行角色权限设置。单击"增加"按钮,如图1-3所示。

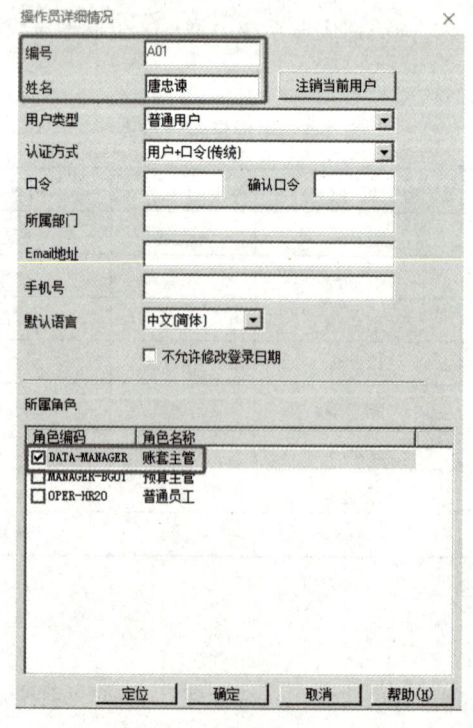

图1-3 增加操作员

⑤ 重复步骤④。按照用户资料,完成其他操作员的添加,所属"角色"为空,结果如图1-4所示。

项目一　系统管理

图 1-4　用户管理

> **任务提示**
>
> （1）用友 U8 系统中的蓝字栏目为必输项。"用户"指的是软件的操作员。
>
> （2）"用户类型"有两种：普通用户和管理员用户。普通用户指的是登录 U8 企业应用平台、进行各种业务处理的用户。管理员用户是进行账套管理、协助系统维护的用户，该用户只能登录系统管理进行操作，为系统管理员分担一部分管理工作。
>
> （3）需要修改的用户信息，单击"修改"按钮，可进入修改状态，但已启用的用户只能修改认证方式、口令、所属部门、Email 地址、手机号和所属角色等信息。选中要删除的用户，单击"删除"按钮，可删除该用户。但已启用的用户不能删除，已定义用户角色的用户必须先取消所属角色信息才能删除。

任务 1.2　创建账套

微课：创建账套

【任务资料】

根据表 1-2 建立湖南湘楚新能源科技有限公司的账套。

表 1-2　建账资料

建账向导	参数设置
账套信息	账套号：973； 账套名称：湖南湘楚新能源科技有限公司； 启用会计期：2024 年 1 月
单位信息	单位名称：湖南湘楚新能源商贸有限公司；单位简称：湘楚科技； 单位地址：湖南省长沙市岳麓区长沙高新开发区麓谷大道 973 号；法人代表：唐忠谏； 邮政编码：410000；联系电话/传真：0731-88250066； 电子邮件：xiangchu@163.com；税号：91430000274963813B
核算类型	本币代码：RMB；本币名称：人民币；企业类型：商业； 行业性质：2007 年新会计制度科目；账套主管：唐忠谏
基础信息	对存货、客户、供应商进行分类，有外币核算业务
编码方案	科目编码级次：4-2-2-2-2；客户分类编码级次：2-2-2；供应商分类编码级次：2-2-2； 存货分类编码级次：2-2-2；部门编码级次：2-2-2；收发类别编码级次：2-2
数据精度	均采用系统默认的 2 位

> **任务提示**
>
> 系统管理主要是对账套、操作员、角色等进行集中管理。系统管理的使用对象为企业的信息管理人员（即系统管理员——admin）、安全管理人员（即安全管理员——sadmin）、管理员用户或账套主管。

【任务步骤】

① 以系统管理员（admin）身份登录"系统管理"，执行"账套→建立"命令，打开"创建账套——建账方式"对话框，选择"新建空白账套"单选按钮，单击"下一步"按钮，如图 1-5 所示。

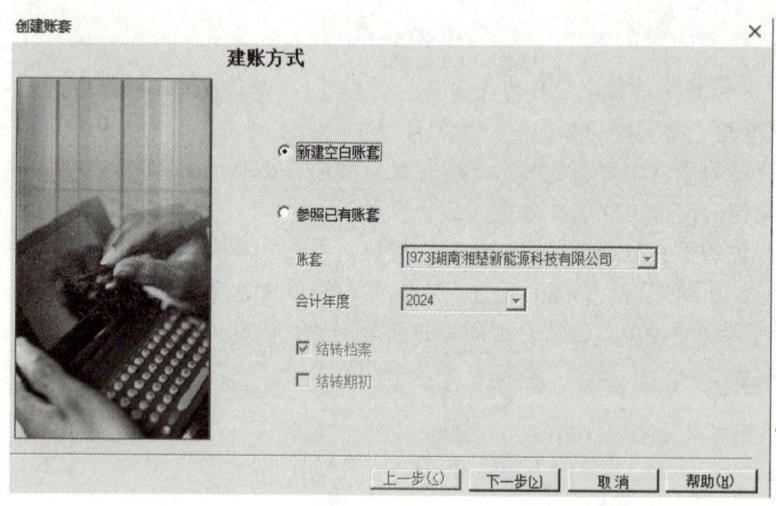

图 1-5　创建账套——建账方式

> **任务提示**
>
> （1）只有账套主管才能使用"账套库"菜单。
> （2）只有系统管理员才有权限创建新账套。

② 打开"创建账套——账套信息"对话框。按照表 1-2 所示的建账资料填写，选择对应的账套路径，取消勾选"是否集团账套"复选框，如图 1-6 所示。

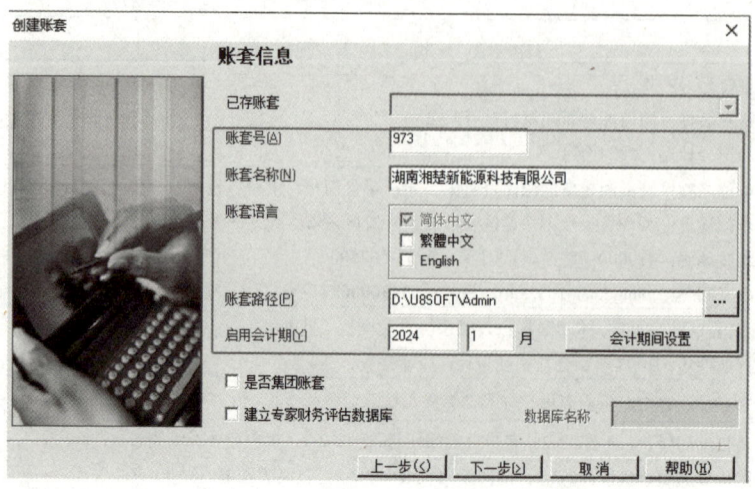

图 1-6　创建账套——账套信息

> **任务提示**
> （1）"账套号"：新建账套的编号，为必输项，可录入001~999的任意3位数字，但不能与"已存账套"的账套号重复，账套号唯一。
> （2）"账套路径"：用来录入账套数据存储的路径，为必输项，单击图标，可修改账套的存放路径。
> （3）"启用会计期"：新建账套被启用的日期，为必输项。
> （4）"会计期间设置"：用来处理实际核算期间和正常的自然日期不一致的情况。单击"会计期间设置"按钮，即可进行会计期间的设置。
> （5）"是否集团账套"：非集团账套一定不能勾选此项，勾选后为不可逆修改项目。

③ 录入完成后，单击"下一步"按钮，打开"创建账套——单位信息"对话框，按照表1-2所示的建账资料填写相关内容，蓝色为必填项目，"单位名称"为"湖南湘楚新能源科技有限公司"，结果如图1-7所示。完成后，单击"下一步"按钮。

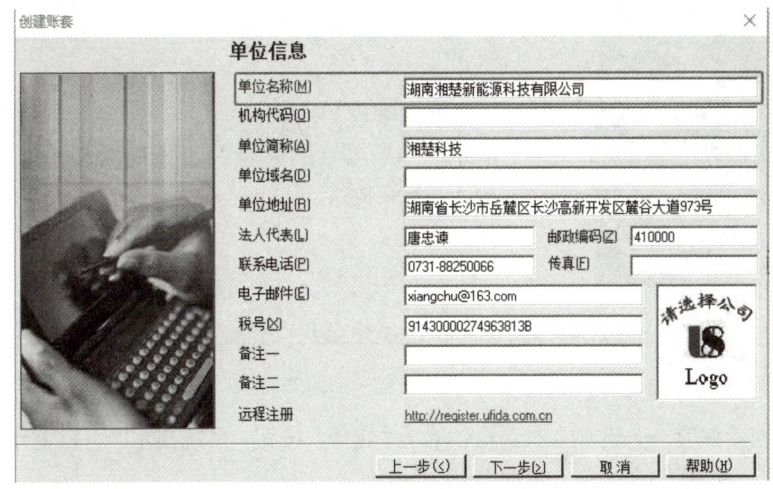

图1-7　创建账套——单位信息

④ 打开"创建账套——核算类型"对话框，按照表1-2修改相关信息，选择"企业类型"为"商业"，"行业性质"为"2007年新会计制度科目"，勾选"按行业性质预置科目"复选框，完成后单击"下一步"按钮，如图1-8所示。

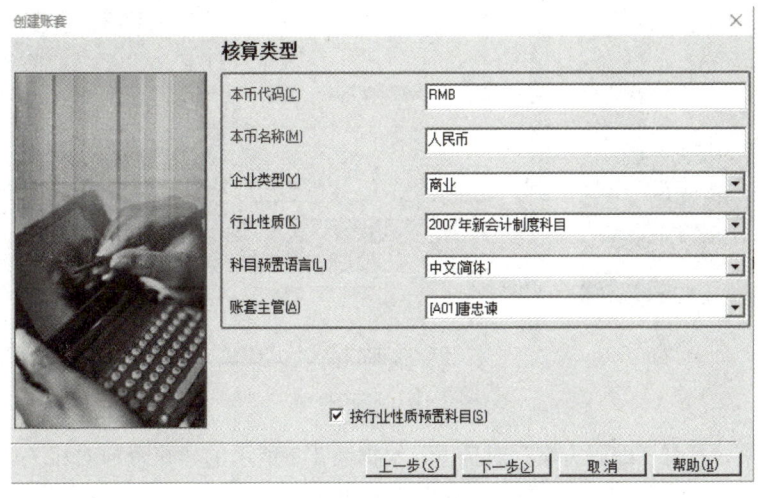

图1-8　创建账套——核算类型

> **任务提示**
> （1）"企业类型"选择"商业"，则受托代销业务将不能使用，且一旦设定不能修改账套。
> （2）"账套主管"：从其下拉框已存的操作员中选择一位用户作为本账套的账套主管。
> （3）勾选"按行业性质预置科目"复选框，则系统将预置所属行业的总账科目，后续到"企业应用平台"添加明细科目即可。

⑤ 打开"创建账套——基础信息"对话框，按照表1-2进行设置，完成后单击"下一步"按钮，如图1-9所示。

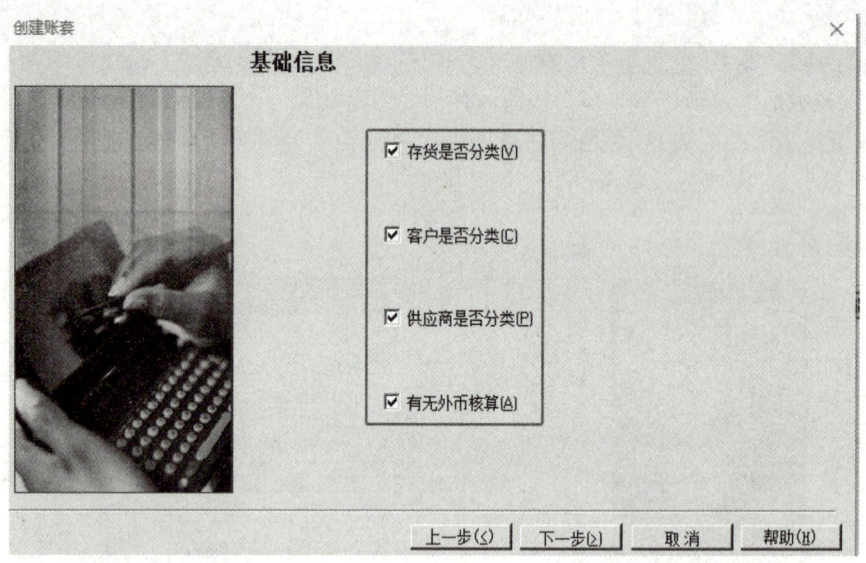

图1-9 创建账套——基础信息

⑥ 打开"创建账套——开始"对话框，单击"完成"按钮，系统提示"可以创建账套了么？"，单击"是"按钮，系统开始建账，如图1-10所示。

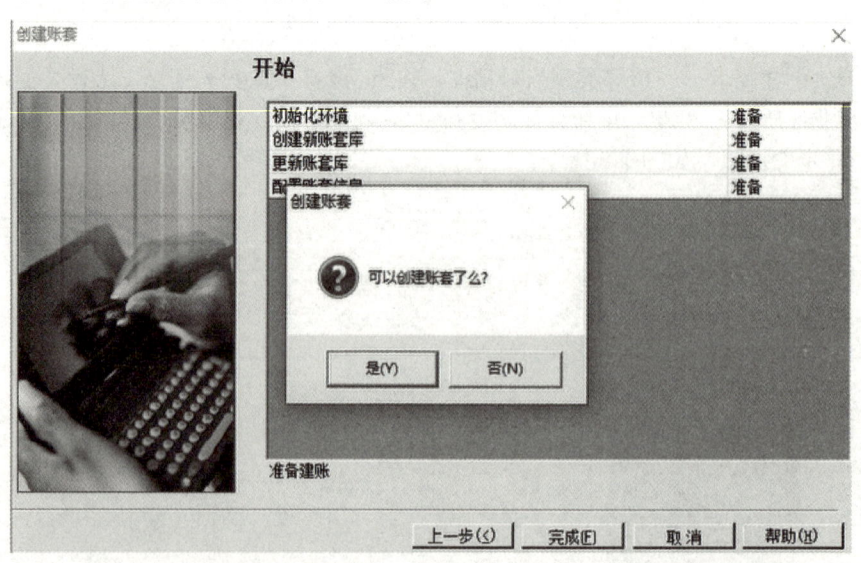

图1-10 开始建账

⑦ 建账结束，打开"编码方案"对话框，根据表1-2所示的建账资料对相关编码级次进行调整，其他项为默认，单击"取消"按钮，如图1-11所示。

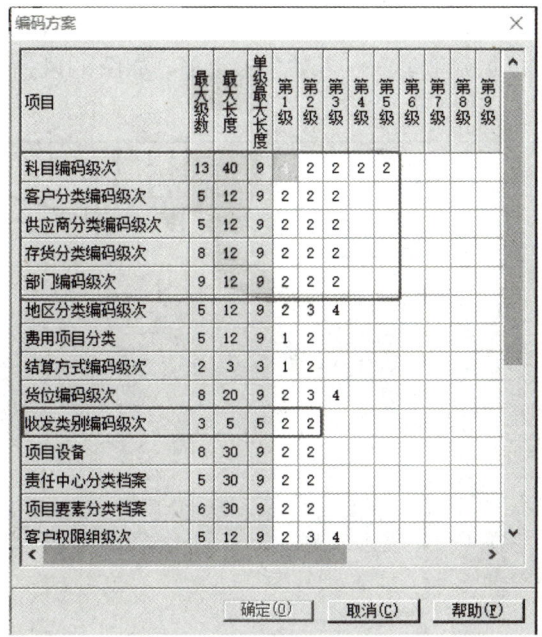

图 1-11　编码方案

⑧ 打开"数据精度"对话框，根据任务资料设置数据精度，设置完单击"确定"按钮，如图 1-12 所示。

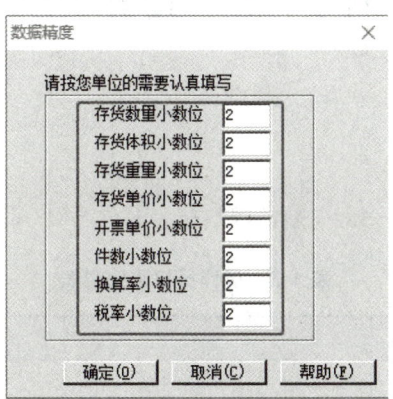

图 1-12　数据精度

⑨ 提示建账成功，并询问"现在进行系统启用的设置？"，如图 1-13 所示。

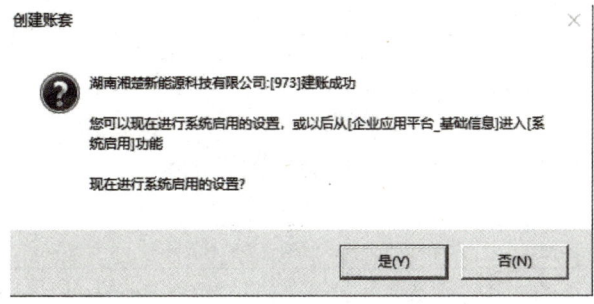

图 1-13　系统启用提示框

⑩ 单击"否"按钮，打开"请进入企业应用平台进行业务操作！"对话框，单击"确定"按钮，关闭该对话框并返回"创建账套——开始"对话框，如图1-14所示，单击"退出"按钮，完成建账工作。

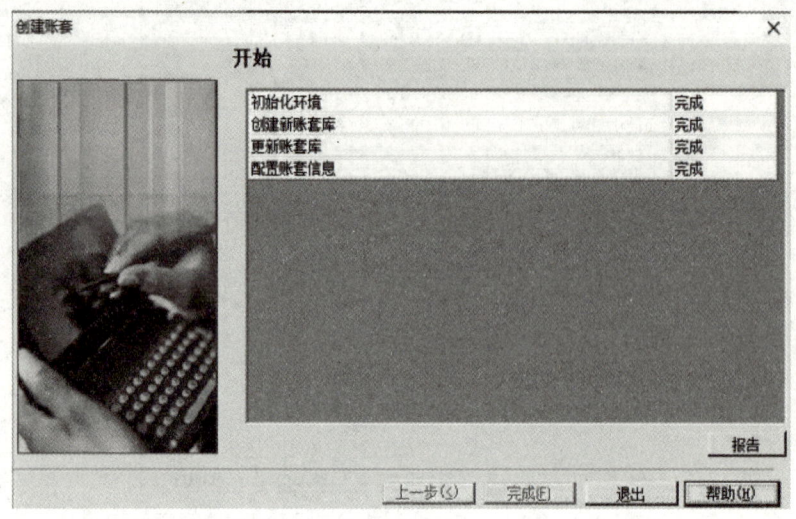

图1-14 "创建账套——开始"对话框

任务1.3 设置权限

📖【任务资料】

根据表1-3中的信息设置湖南湘楚新能源科技有限公司U8系统操作员权限。

表1-3 操作员权限信息表

编号	姓名	所属部门	职务	操作权限
A01	唐忠谏	总经办	总经理	账套主管
W01	王燕琴	财务部	会计	总账审核凭证、查询凭证、对账、结账；UFO报表
W02	朱觅	财务部	会计	公用目录设置、总账（填制凭证、凭证复制、凭证整理、查询凭证、记账、账表、期末处理）、应收款管理和应付款管理、固定资产管理、存货核算、薪资管理所有权限
W03	张思怡	财务部	出纳	总账出纳签字、出纳所有权限；应收款管理和应付款管理中票据管理、收付款单处理（卡片编辑、不含收/付款单填制、销售定金转出、选择收/付和票据管理）权限
X01	姜帆	销售部	销售员	销售管理所有权限
X02	余欣	销售部	销售员	销售管理所有权限
G01	周正丽	采购部	采购员	采购管理所有权限
C01	戴慧	仓储部	仓管员	公共单据、库存管理所有权限

项目一 系统管理

设置操作员权限

📖 【任务步骤】

① 以系统管理员（admin）身份登录"系统管理"，执行"权限→权限"命令。

② 打开"操作员权限"窗口，选择相应的账套[973]及对应年度区间为2024年。

③ 选择需要修改权限的操作员"W01 王燕琴"。

④ 单击工具栏中的"修改"按钮。

⑤ 单击"➕"按钮展开功能目录树，根据表1-3中的信息为操作员进行权限设置。

⑥ 单击工具栏中的"保存"按钮，保存设置结果。重复前5步的操作，根据任务资料对其他操作员进行权限设置。结果如图1-15所示。

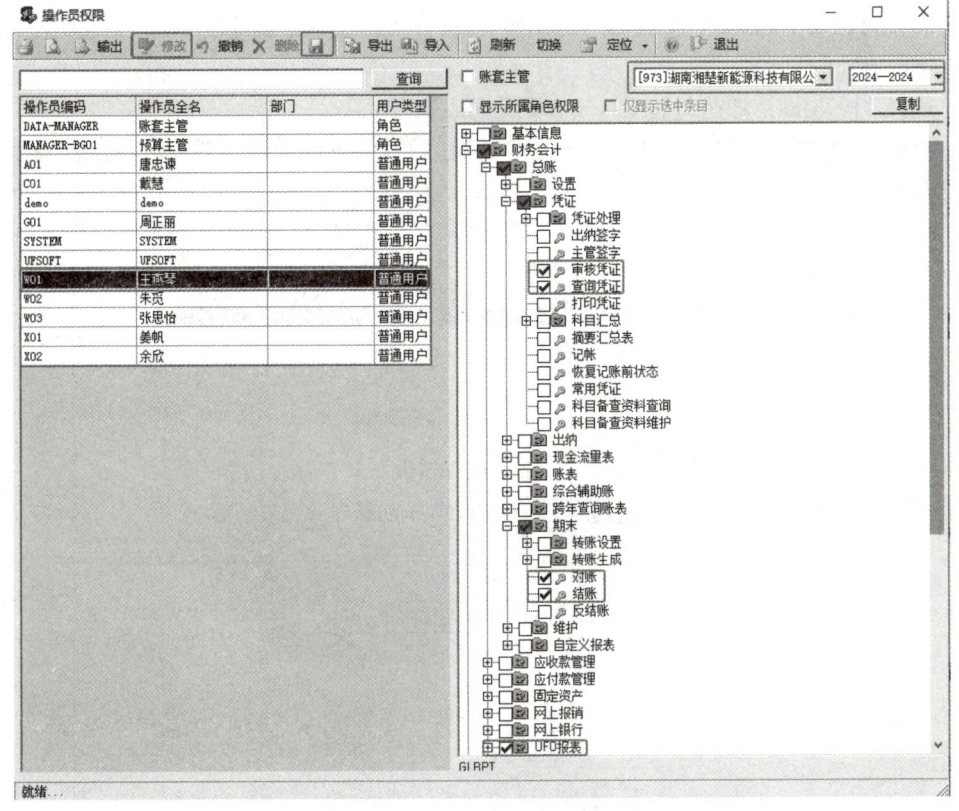

图1-15 操作员权限设置

> **任务提示**
>
> U8 系统提供了集中权限管理，实现了如下3个层次的权限管理。
>
> （1）功能级权限管理。该权限将提供更为细致的功能级权限管理功能。由系统管理员或有权限的管理员用户在系统管理中完成功能级权限的分配设置。
>
> （2）数据级权限管理。该权限可以通过记录级和字段级两个方面进行权限控制。
>
> （3）金额级权限管理。该权限可以通过对具体金额数量划分级别，实现对不同的操作员进行金额级别控制。
>
> 对于数据级权限和金额级权限，必须在功能级权限分配之后，到企业应用平台的"系统服务→权限"菜单下完成。

任务 1.4 账套备份

微课：管理账套

📖【任务资料】

请将[973]账套按"D:\U8-湖南湘楚新能源科技有限公司\1-1 备份"路径进行备份。

📖【任务步骤】

账套备份

① 在 D 盘下新建文件夹"U8-湖南湘楚新能源科技有限公司"，在此文件夹下再新建文件"1-1 备份"。

② 系统管理员（admin）登录"系统管理"，执行"账套→账套输出"命令，弹出"账套输出"对话框。

③ 选择"[973]湖南湘楚新能源科技有限公司"账套。

④ 单击"浏览"按钮 ，选择输出文件位置为"D:\U8-湖南湘楚新能源科技有限公司\1-1 备份"，如图 1-16 所示。

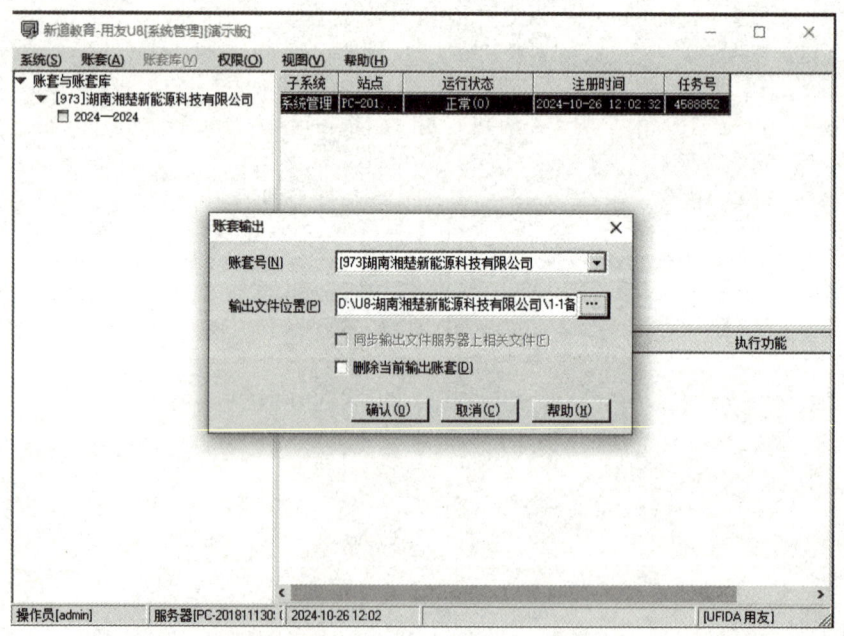

图 1-16　账套输出

⑤ 单击"确认"按钮，系统进行账套数据输出。输出完成后弹出"输出成功"信息提示框，单击"确定"按钮返回。输出结果如图 1-17 所示。

图 1-17　输出结果

> 【任务提示】
> （1）只有系统管理员（admin）有权进行账套输出。账套输出成功后在文件输出位置指定的文件夹中生成 UFDATA.BAK 文件和 UfErpAct.Lst 文件。
> （2）如果勾选"删除当前输出账套"复选框，在输出完成后系统会确认是否将数据源从当前系统中删除。但是，正在使用的账套可以进行账套输出，不允许进行账套删除。

任务 1.5　账套引入

【任务资料】

请将"D\U8-湖南湘楚新能源科技有限公司\1-1 备份\"的账套数据引入到系统默认路径。

【任务步骤】

① 系统管理员（admin）登录"系统管理"，执行"账套→引入"命令，打开"请选择账套备份文件"对话框。选择具体文件，如图 1-18 所示。

② 单击"确定"按钮，系统引入账套数据。运行一段时间后，系统提示"账套[973]引入成功!"，单击"确定"按钮，完成引入工作，如图 1-19 所示。

账套引入

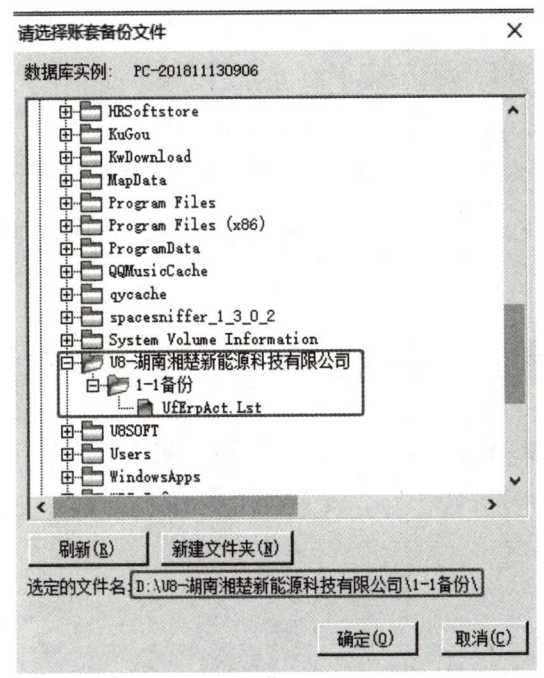

图 1-18　选择账套引入文件

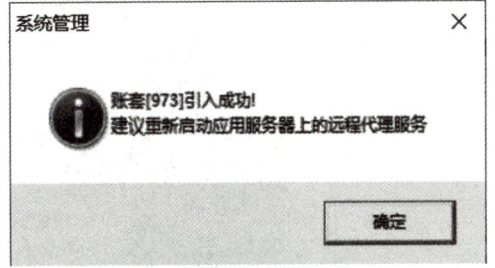

图 1-19　系统管理提示框

> 【任务提示】
> 只有系统管理员有权进行账套引入，可修改数据库存放的路径和文件夹。

任务 1.6　账套修改

📖【任务资料】

请修改账套[973]，上传公司 Logo。

账套修改

📖【任务步骤】

① 以账套主管唐忠谏（A01）身份登录"系统管理"，执行"系统→注册"命令，弹出"登录"对话框，录入操作员"A01"（账套主管），选择账套[973]，选择操作日期"2024-01-01"，单击"登录"按钮，如图 1-20 所示。

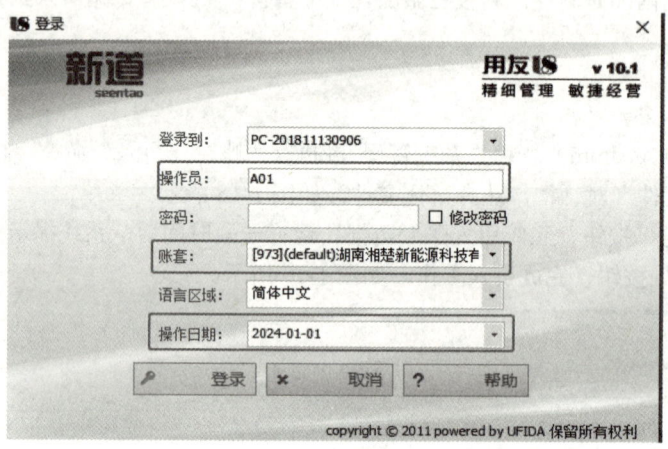

图 1-20　登录账套

② 执行"账套→修改"命令，打开"修改账套"对话框，单击图标，上传公司 Logo，如图 1-21 所示。

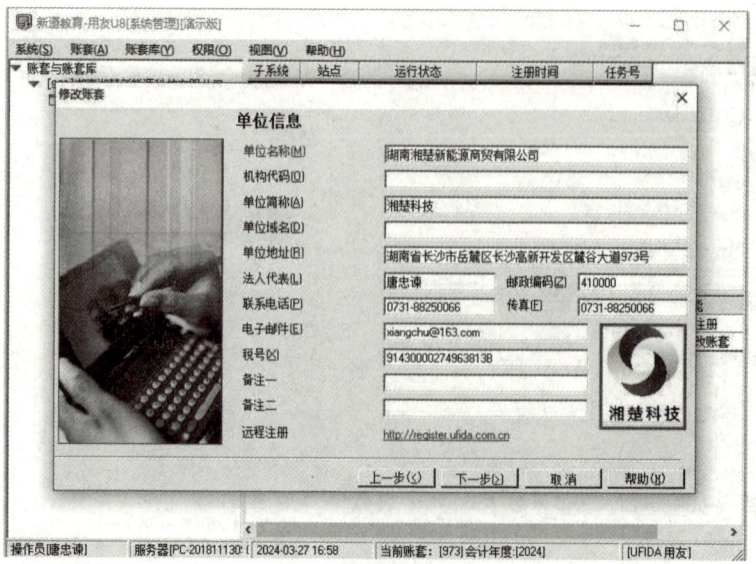

图 1-21　上传公司 Logo

③ 单击"下一步"按钮,单击"完成"按钮,弹出"确认修改账套了么?"信息提示框,单击"是"按钮,打开"编码方案"对话框,单击"取消"按钮,打开"数据精度"对话框,单击"确定"按钮,修改账套成功。

任务 1.7　账套删除

📖【任务资料】

请删除[973]账套,路径为"D:\127.0.0.1\ZT973\"。

📖【任务步骤】

账套删除

① 由系统管理员(admin)登录"系统管理",执行"账套→输出"命令,打开"账套输出"对话框。

② 选择"D:\127.0.0.1\ZT973\"账套,勾选"删除当前输出账套"复选框,单击"确认"按钮,如图 1-22 所示。

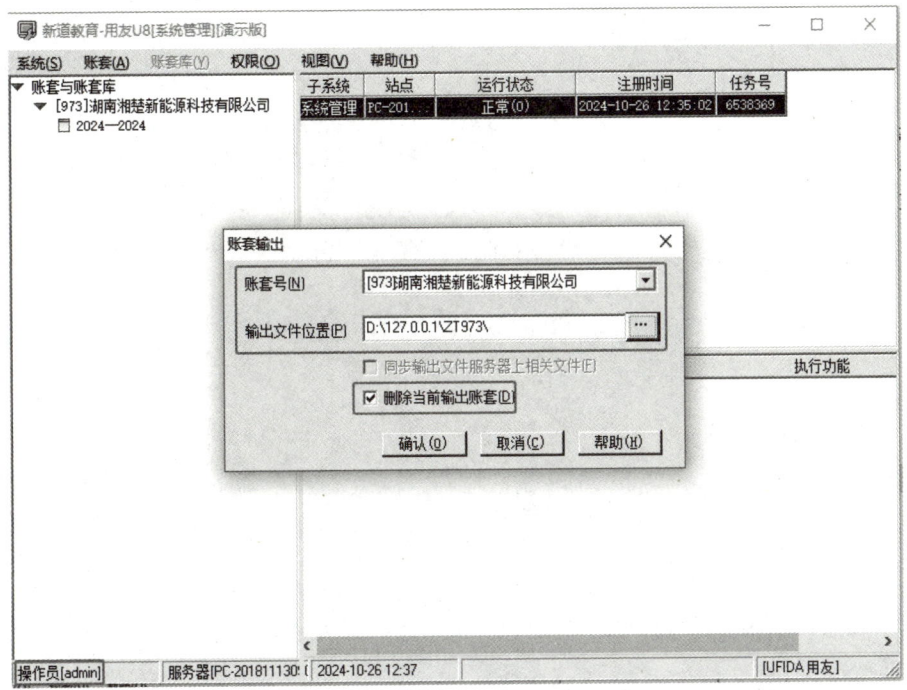

图 1-22　删除账套

③ 弹出"真要删除账套吗?"信息提示框,单击"是"按钮,删除账套成功。

> **任务提示**
> 删除账套后,如果要彻底删除操作员,必须由系统管理员在"系统管理"的"用户"中进行删除。如果已经给操作员设置了权限,则必须取消其权限方可删除。

任务 1.8　任务总结

项目一测试

📖【学习经验】

_____
_____

📖【注意事项】

_____
_____

课证融通：用户权限分配

红色会计大讲堂：一张任命通知书

项目二

基础设置

学习目标

知识目标： 了解基础设置的主要内容。
理解基础设置对日常业务处理的影响。
掌握基础设置的原则、方法和流程。
能力目标： 会设计基础设置的操练流程。
会根据企业需求进行基础设置的增加、修改、删除。
素养目标： 培养学生细心严谨、一丝不苟的职业素养。
培养学生高效的信息化素养。

动画：基础档案设置

项目概述

基础设置是企业业财一体信息化处理业务前端的重要内容，是用友 ERP-U8V10.1 管理软件中企业应用平台的重要组成部分。基础设置为各系统的运行提供了统一的基础数据管理平台，用于对整个系统的公共任务进行统一维护和管理。

本项目操作简单，但是部分信息一旦被参照使用，将不能修改。如需修改，必须逆向操作。删除后续操作才能进行修改。操作时需耐心、细心操作，要做到一丝不苟。本项目知识图谱如图 2-1 所示。

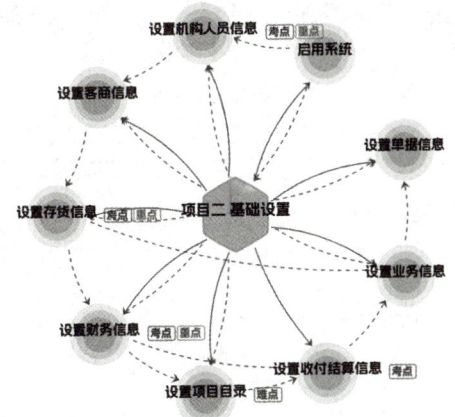

图 2-1　项目二知识图谱

任务 2.1　启用系统

📖【任务资料】

请以账套主管的身份在企业应用平台启用湖南湘楚新能源科技有限公司相关子系统，如表 2-1 所示。

表 2-1　系统启用

系统编码	系统名称	启用日期
GL	总账	2024-1-1
AR	应收款管理	2024-1-1
AP	应付款管理	2024-1-1
FA	固定资产	2024-1-1
SA	销售管理	2024-1-1
PU	采购管理	2024-1-1
ST	库存管理	2024-1-1
IA	存货核算	2024-1-1
WA	薪资管理	2024-1-1

📖【任务步骤】

① 2024 年 1 月 1 日，账套主管唐忠谏（A01）登录"企业应用平台"，在"登录"对话框中录入账套主管编号"A01"，密码为空，选择[973]账套，录入操作日期，单击"登录"按钮，如图 2-2 所示。注意操作日期必须为账套的启用日期。正式使用 U8 系统前，应将操作系统的日期格式调整为短日期格式，即 yyyy-mm-dd。

启用系统

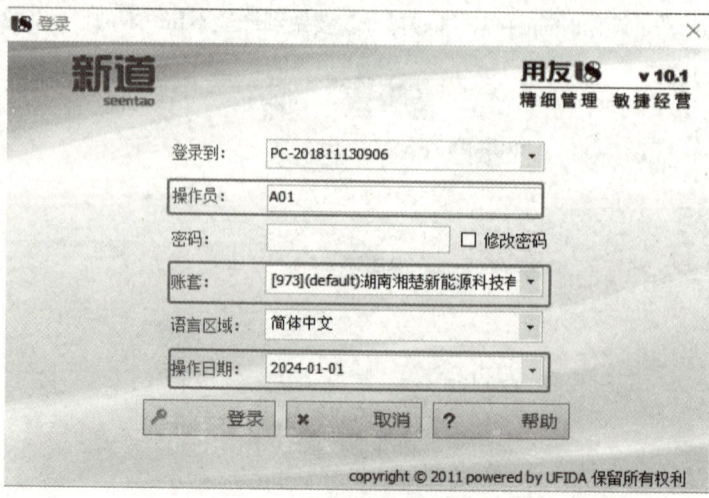

图 2-2　登录企业应用平台

② 账套主管唐忠谏（A01）执行"基础设置→基本信息→系统启用"命令，打开"系统启用"窗口。根据表 2-1 资料，依次勾选"总账""应收款管理""应付款管理""固定资产""销售管理""采购管理""库存管理""存货核算""薪资管理"9 个子系统，启用自然日期均为"2024-01-01"，如图 2-3 所示。

图 2-3　系统启用

任务 2.2　设置机构人员信息

机构人员信息设置包括单位信息设置、部门档案设置、人员类别设置、人员档案设置等。其中，单位信息设置已经在项目一创建账套中完成。

📖【任务资料】

请以账套主管的身份完成湖南湘楚新能源科技有限公司机构人员信息设置。部门档案如表 2-2 所示，人员类别信息如表 2-3 所示，人员档案信息如表 2-4 所示。

微课：机构人员信息设置

表 2-2　部门档案

部 门 编 码	部 门 名 称
01	总经办
02	财务部
03	销售部
0301	批发部
0302	门市部
04	采购部
05	仓储部

表 2-3　人员类别信息

一级档案编码	二级档案编码	档 案 名 称
101	01	管理人员
101	02	采购人员
101	03	销售人员

表 2-4 人员档案信息

人员编码	人员名称	所属部门	性别	是否为业务员	人员类别
101	唐忠谏	总经办	男	是	管理人员
102	张东	总经办	女	是	管理人员
201	王燕琴	财务部	女	是	管理人员
202	朱觅	财务部	女	是	管理人员
203	张思怡	财务部	女	是	管理人员
301	姜帆	批发部	男	是	销售人员
302	余欣	门市部	女	是	销售人员
401	周正丽	采购部	女	是	采购人员
402	王子帅	采购部	男	是	采购人员
501	戴慧	仓储部	女	是	管理人员
502	魏尚	仓储部	男	是	管理人员

📖【任务步骤】

设置机构人员信息

1. 设置部门档案

① 2024 年 1 月 1 日，账套主管唐忠谏（A01）登录"企业应用平台"，执行"基础设置→基础档案→机构人员"命令，双击"部门档案"选项，打开"部门档案"窗口。

② 单击"增加"按钮，根据任务资料录入"部门编码"为"01"、"部门名称"为"总经办"，完成后单击"保存"按钮。按照上述方法继续增加录入其他部门信息，结果如图 2-4 所示。

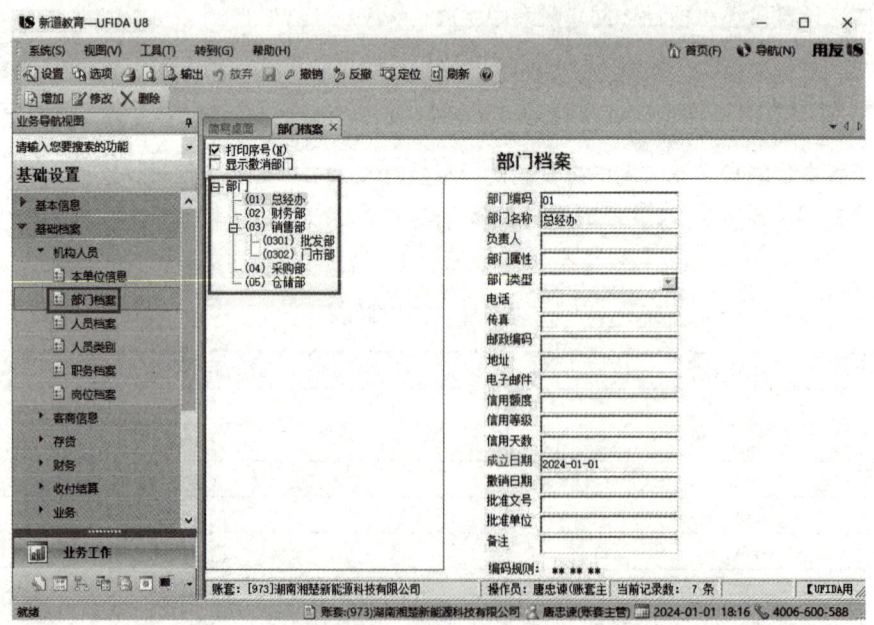

图 2-4 设置部门档案

2. 设置人员类别

① 2024 年 1 月 1 日，账套主管唐忠谏（A01）登录"企业应用平台"，执行"基础设置→机构人员"命令，双击"人员类别"选项，打开"人员类别"窗口。

② 根据任务资料，单击"正式工"选项，单击"增加"按钮，打开"增加档案项"对话框，在"档案编码"文本框中录入"10101"，在"档案名称"文本框中录入"管理人员"，单击"确定"按钮。

③ 按照上述方法，继续录入其他人员类别信息，结果如图 2-5 所示。

图 2-5　设置人员类别

3. 设置人员档案

① 2024 年 1 月 1 日，账套主管唐忠谏（A01）登录"企业应用平台"。执行"基础设置→机构人员"命令，双击"人员档案"选项，打开"人员列表"窗口。

② 单击"增加"按钮，或者按 F5 键，打开"人员档案"窗口。根据任务资料，录入唐忠谏档案信息，蓝色项目为必填项，注意勾选"是否业务员"复选框。单击"保存"按钮，或者按 F6 键，结果如图 2-6 所示。

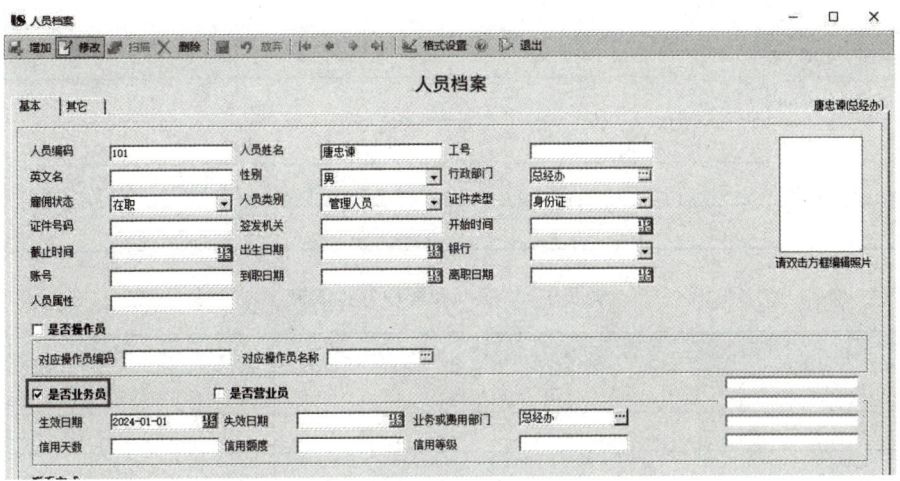

图 2-6　设置人员档案[①]

③ 继续录入其他人员档案信息，人员列表如图 2-7 所示。

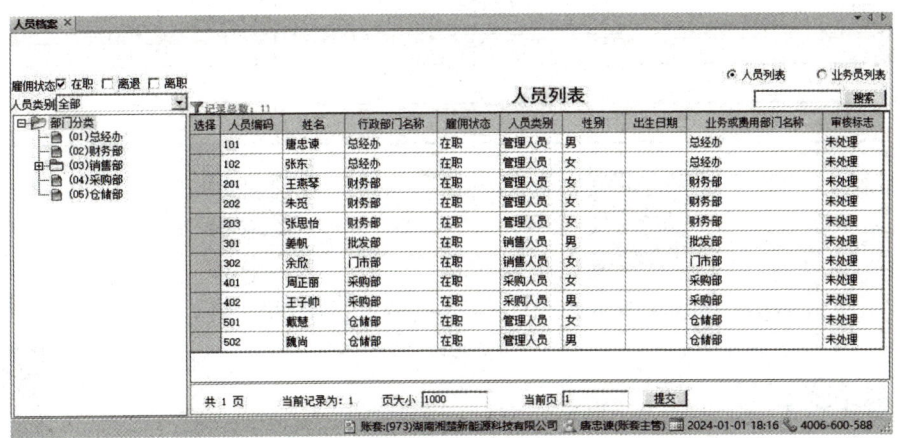

图 2-7　人员列表

---

① 图中"其它"应为"其他"。

任务 2.3　设置客商信息

客商信息设置主要包括地区分类设置、行业分类设置、供应商分类设置、客户分类设置、供应商档案设置、客户级别设置和客户档案设置。

📖【任务资料】

微课：客商信息设置

请以账套主管的身份完成湖南湘楚新能源科技有限公司地区分类设置、供应商和客户分类设置、供应商档案设置和客户档案设置，详细资料见表 2-5、表 2-6 和二维码。

表 2-5　地区分类信息

地区分类编码	地区分类
01	国内
01001	华南
01002	华北
01003	华东
01004	华中
02	国外

表 2-6　供应商和客户分类信息

类 别 名 称	一级分类编码与名称	二级分类编码与名称
供应商	01 存货供应商	0101 XHG 系列供应商
		0102 SLA 系列供应商
		0103 周转材料供应商
	02 其他供应商	0201 运输服务供应商
		0202 其他供应商
客户	01 代销商	
	02 批发商	0201 XHG 系列客户
		0002 SLA 系列客户
	03 零售商	

供应商档案数据

客户档案数据

📖【任务步骤】

1. 设置地区分类

设置分类信息

① 2024 年 1 月 1 日，账套主管唐忠谏（A01）登录"企业应用平台"，执行"基础设置→基

础档案→客商信息"命令，双击"地区分类"选项，打开"地区分类"窗口。

② 单击"增加"按钮，根据编码规则，在"分类编码"文本框中录入"01"，在"类别名称"文本框中录入"国内"。

③ 单击"保存"按钮，保存该地区分类。

④ 单击"增加"按钮，按照上述方法，根据表 2-5 所示的信息继续添加，录入其他地区分类信息，结果如图 2-8 所示。

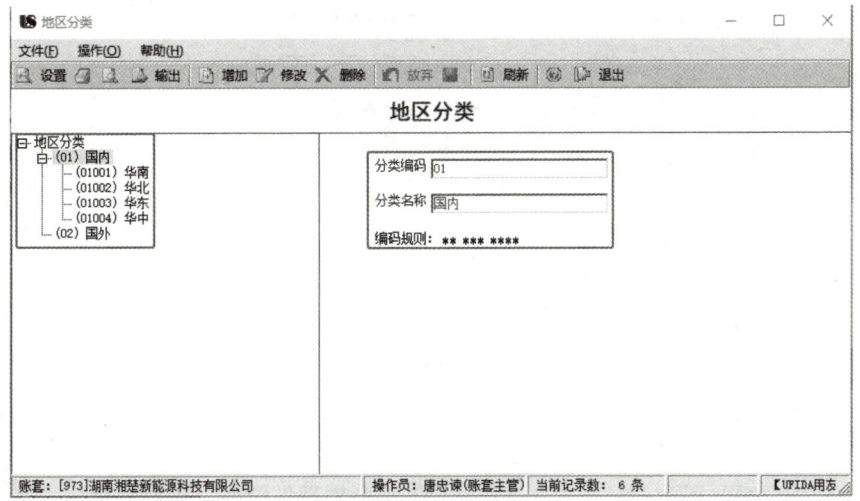

图 2-8　设置地区分类

2．设置供应商分类

① 2024 年 1 月 1 日，账套主管唐忠谏（A01）登录"企业应用平台"，执行"基础设置→基础档案→客商信息"命令，双击"供应商分类"选项，打开"供应商分类"窗口。

② 单击"增加"按钮，根据表 2-6 所示的信息增加供应商分类，根据编码规则录入信息。

③ 单击"保存"按钮。继续增加其他供应商分类信息，结果如图 2-9 所示。

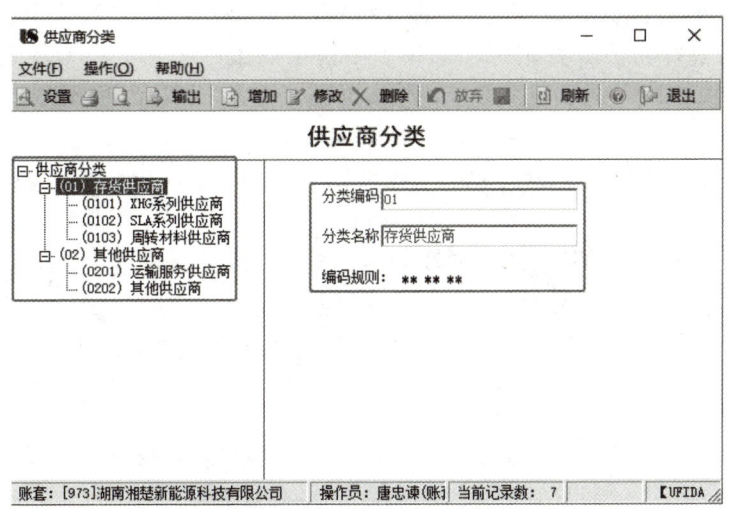

图 2-9　设置供应商分类

3．设置客户分类

① 2024 年 1 月 1 日，账套主管唐忠谏（A01）登录"企业应用平台"，执行"基础设置→基础档案→客商信息"命令，双击"客户分类"选项，打开"客户分类"窗口。

② 单击"增加"按钮,根据表 2-6 所示的信息增加客户分类,方法同添加供应商分类信息,结果如图 2-10 所示。

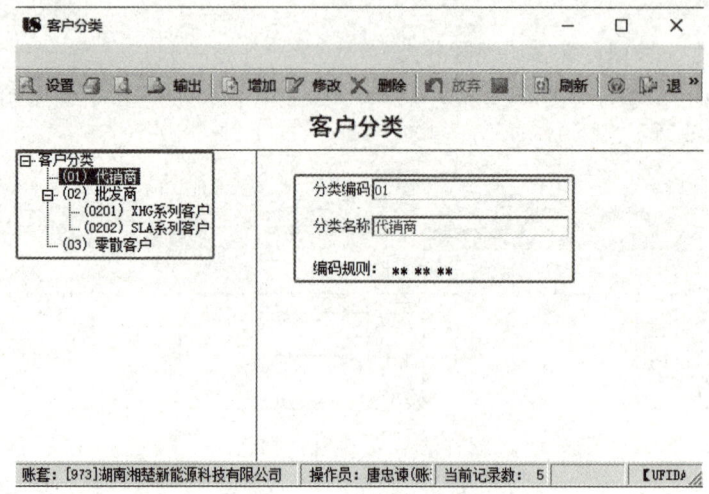

图 2-10　设置客商分类

4．设置供应商档案

① 2024 年 1 月 1 日,账套主管唐忠谏(A01)登录"企业应用平台",执行"基础设置→基础档案→客商信息"命令,双击"供应商档案"选项,打开"供应商档案"窗口。

设置供应商档案

② 单击"增加"按钮,打开"增加供应商档案"窗口,根据任务资料表 2-6 所示的信息,在"基本"选项卡的"供应商编码"文本框中录入"001",在"供应商名称"文本框中录入"天津明升能源股份有限公司",在"供应商简称"文本框中录入"明升能源","税号"为"911201065832178932"。

③ 选择"联系"选项卡,在"地址"文本框中录入"天津西站东街 311 号",在"电话"文本框中录入"022-87356721"。

④ 单击"银行"按钮,打开"供应商银行档案"对话框,单击"增加"按钮,"所属银行"选择"中国工商银行","开户银行"选择"中国工商银行天津分行","银行账户"选择"6222000002053781571","默认值"选择"是",单击"保存"按钮,返回供应商档案设置界面。结果如图 2-11 所示。

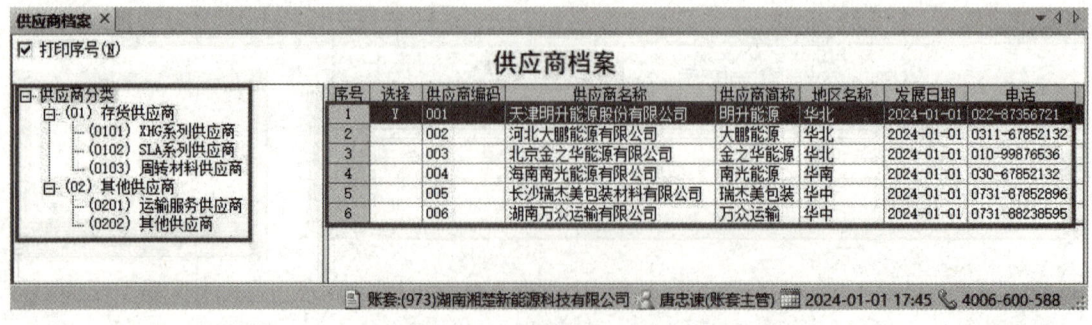

图 2-11　设置供应商档案

5．设置客户档案

① 2024 年 1 月 1 日,账套主管唐忠谏(A01)登录"企业应用平台",执行"基础设置→基础档案"命令,双击"客户档案"选项,打开"客户档案"窗口。

设置客户档案

② 单击"增加"按钮，打开"增加客户档案"窗口，根据表 2-6 所示的信息进行客户档案设置，结果如图 2-12 所示。

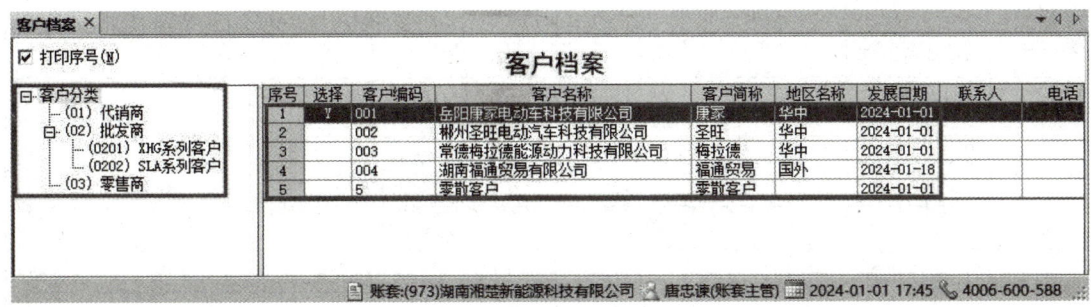

图 2-12 设置客户档案

任务 2.4 设置存货信息

📖【任务资料】

请以账套主管的身份完成湖南湘楚新能源科技有限公司存货分类设置、计量单位设置、存货档案设置，详细资料如表 2-7～表 2-10 所示。

表 2-7 存货分类

一级分类编码与名称	二级分类编码与名称
01 商品	0101 XHG 汽车电池系列
	0102 SLA 摩托电池系列
	0103 周转材料
02 劳务	

表 2-8 计量单位组

计量单位组编码	计量单位组名称	计量单位组类别
1	箱	固定换算率
2	无固定换算率	无换算率

表 2-9 计量单位

计量单位编码	计量单位名称	计量单位组	主计量单位标志
1	个	1	主
2	箱	1	否
3	次	2	

— 25 —

表 2-10　存货档案

存货编码	存货名称	主计量组/单位	税率/%	存 货 分 类	存 货 属 性	参考成本/元
1	XHG101 电池	01/个	13	0101　XHG 汽车电池系列	内销、外购	20,000
2	XHG102 电池	01/个	13	0101　XHG 汽车电池系列	内销、外购	30,000
3	XHG103 电池	01/个	13	0101　XHG 汽车电池系列	内销、外购	40,000
4	SLA110 电池	01/个	13	0102 SLA 摩托电池系列	内销、外购	1,000
5	SLA210 电池	01/个	13	0102 SLA 摩托电池系列	内销、外购	1,500
6	SLA310 电池	01/个	13	0102 SLA 摩托电池系列	内销、外购	2,000
7	木箱	01/个	13	0103 周转材料	内销、外购	30
8	运输费	次	9	02 劳务	内销、外购	

【任务步骤】

1. 设置存货分类

① 2024 年 1 月 1 日，账套主管唐忠谏（A01）登录"企业应用平台"，执行"基础设置→基础档案→存货"命令，双击"存货分类"选项，打开"存货分类"窗口。

② 单击"增加"按钮，根据编码规则，录入表 2-9 所示的相关信息。

③ 单击"保存"按钮，结果如图 2-13 所示。

设置存货分类
与计量单位

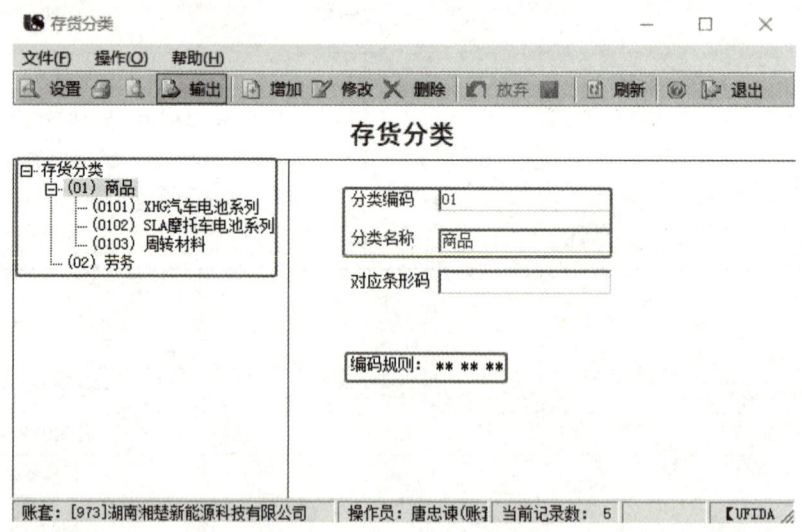

图 2-13　设置存货分类

2. 设置计量单位

① 2024 年 1 月 1 日，账套主管唐忠谏（A01）登录"企业应用平台"，执行"基础设置→基础档案→存货"命令，双击"计量单位"选项，打开"计量单位"窗口。

② 单击"增加分组"按钮，弹出"计量单位组"对话框。

③ 单击"增加"按钮，根据表 2-10 所示的信息进行计量单位设置，在"计量单位组编码"文本框中录入"1"，在"计量单位组名称"文本框中录入"箱"，"计量单位组类别"选择"固定换算率"。

④ 单击"保存"按钮，继续录入计量单位组信息，结果如图 2-14 所示。

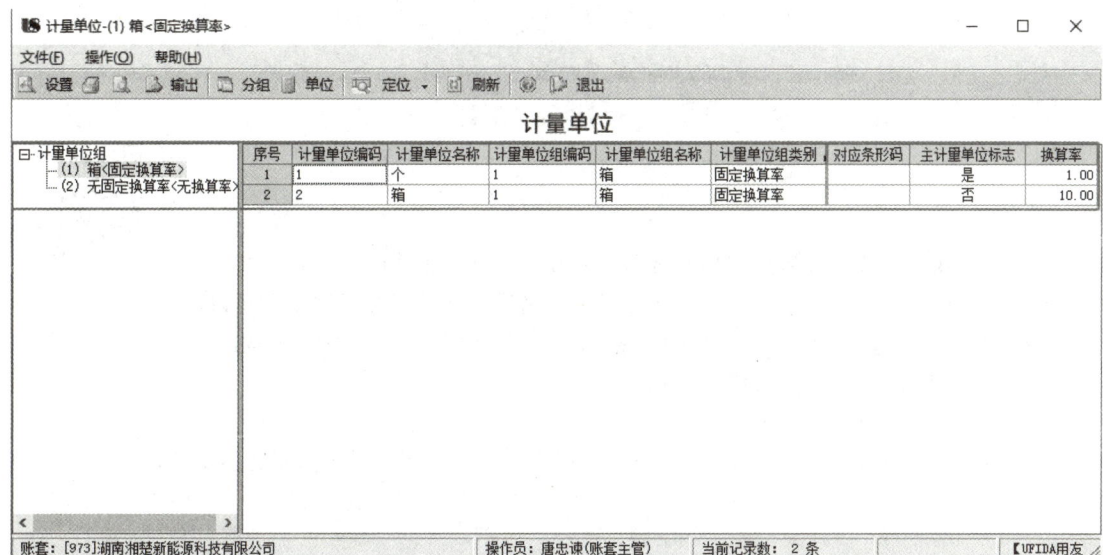

图 2-14　设置计量单位信息（1）

⑤ 选择计量单位组后，单击"单位"按钮，在相应的计量单位组下添加计量单位，结果如图 2-15 所示。

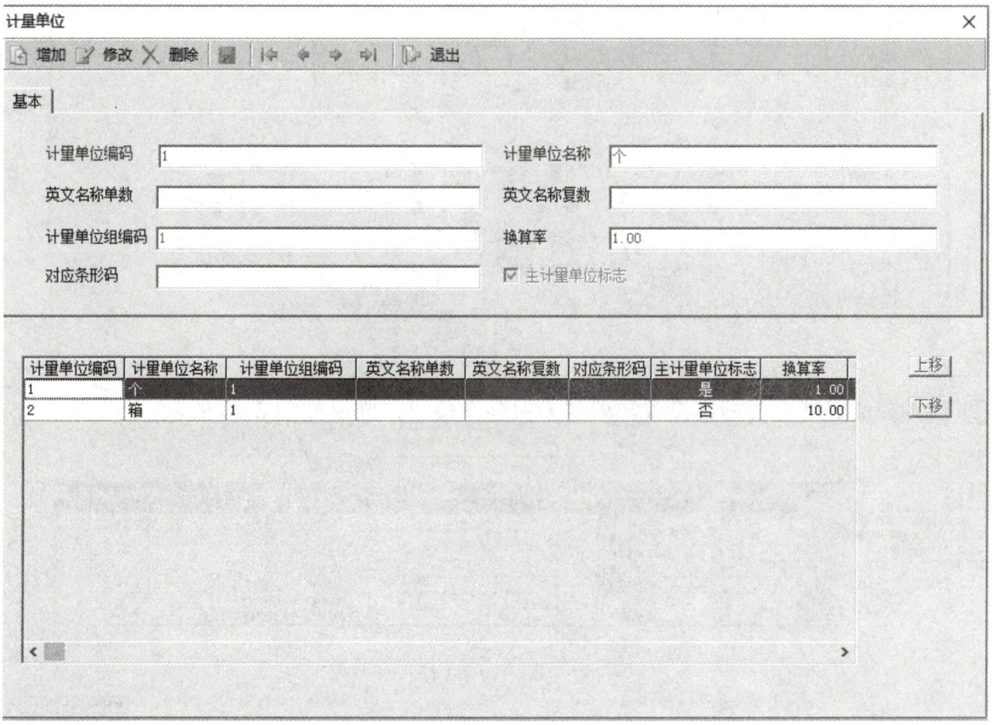

图 2-15　设置计量单位信息（2）

> **任务提示**
> （1）注意填写相应的换算率，1 箱=10 个，则个为主单位，即换算率为 1，箱的换算率为 10。
> （2）注意先录入计量单位组，再在计量单位组下面录入单位。

⑥ 全部录入完毕后，结果如图 2-16 所示。

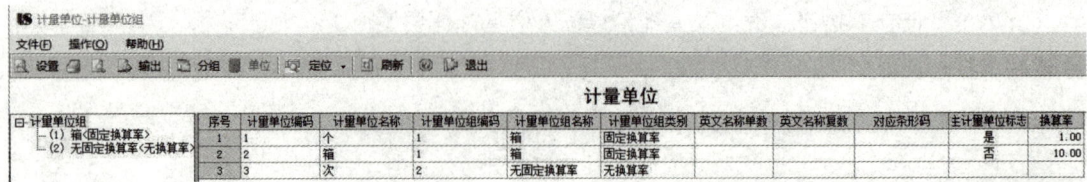

图 2-16　计量单位

3. 设置存货档案

设置存货档案

① 2024 年 1 月 1 日，账套主管唐忠谏（A01）登录"企业应用平台"，执行"基础设置→基础档案"命令，双击"存货档案"选项，打开"存货档案"窗口，单击"增加"按钮，打开"存货编码"窗口，根据表 2-10 所示的信息完成"XHG101 电池"的存货档案设置，结果如图 2-17 所示。

图 2-17　设置存货档案

② 继续完成其他存货档案设置，单击"保存"按钮，结果如图 2-18 所示。

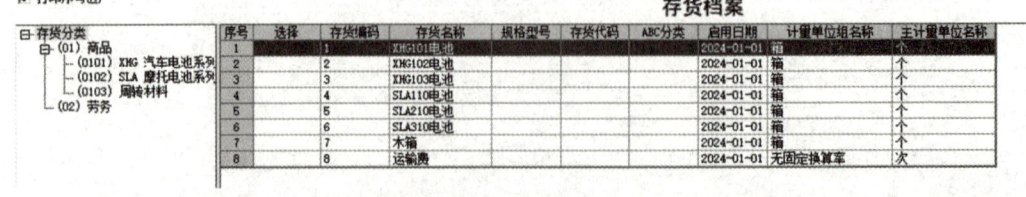

图 2-18　存货档案

任务 2.5　设置财务信息

微课：财务信息设置

在用友 U8 系统中，财务信息设置主要包括凭证类别、外币、会计科目等设置。

2.5.1 设置凭证类别

📖【任务资料】

请以账套主管的身份根据表 2-11 所示的信息设置凭证类别。

表 2-11 凭证类别信息

类 别 字	类 别 名 称	限 制 类 型	限 制 科 目
记	记账凭证	无限制	无

📖【任务步骤】

① 2024 年 1 月 1 日，账套主管唐忠谏（A01）登录"企业应用平台"，执行"基础设置→基础档案→财务"命令，双击"凭证类别"选项，打开"凭证类别预置"对话框，选择"记账凭证"单选按钮，单击"确定"按钮，如图 2-19 所示。

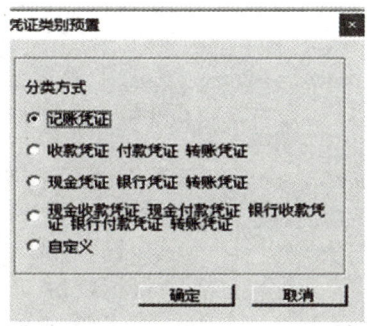

图 2-19 设置凭证类别

② 进入"凭证类别"窗口，单击"确定"按钮，完成设置。

2.5.2 设置外币信息

设置外币信息

当核算单位涉及外币业务，需要进行汇率管理时，可在此进行外币信息设置。既可以减少录入汇率的次数和差错，又可以避免在汇率发生变化时出现错误。

当使用固定汇率（即使用月初或年初汇率）作为记账汇率时，在填制每月的凭证前，应预先在此录入该月的记账汇率，否则，在填制该月外币凭证时，将会出现汇率为零的错误。

当使用变动汇率（即使用当日汇率）作为记账汇率时，在填制某日的凭证前，应预先在此录入该日的记账汇率。

📖【任务资料】

请以账套主管的身份根据表 2-12 所示的信息设置企业外币信息。

表 2-12　企业外币信息

币　名	美　元
币符	USD
汇率小数位	5
最大误差	0.00001
汇率方式	固定汇率
折算方式	外币×汇率=本位币
1 月份汇率	7.1104（假设）

📖【任务步骤】

① 2024 年 1 月 1 日，账套主管唐忠谏（A01）登录"企业应用平台"，执行"基础设置→基础档案→财务"命令，双击"外币设置"选项，打开"外币设置"窗口。

② 单击"增加"按钮，根据表 2-12 中的外币信息进行设置。

③ 设置完毕后，单击"确认"按钮，保存内容。再录入 1 月份的记账汇率，如图 2-20 所示。在设置会计科目时可以引用外币，但只有在建账时勾选了"外币核算"复选框，才能使用本功能。

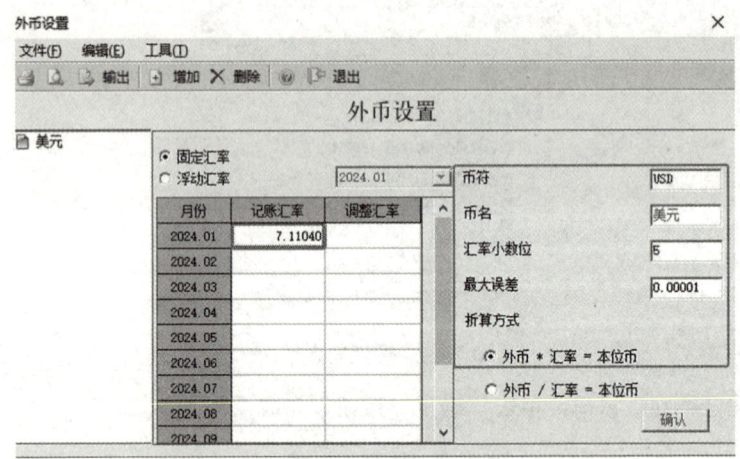

图 2-20　设置外币信息

2.5.3　设置会计科目

在建账时，如果选择了按行业预设科目，系统会按新建账套的行业类型预设一级会计科目。一级科目设置必须符合会计制度的规定，而明细科目则可以根据实际情况，满足核算管理及报表编制的要求进行设置。

1. 指定会计科目

指定的现金总账科目和银行存款总账科目用于出纳管理场景。在执行查询现金日记账、银行存款日记账操作前，必须先指定现金总账科目和银行存款总账科目，如此才能进行出纳签字的操作。

若指定了现金流量科目，在总账系统中填制涉及该科目凭证时，系统会强制将该科目的发生额计入到各现金流量项目中。如果不希望在填制凭证时系统强制将该科目的发生额计入到现金流量项目中，则不要指定现金流量科目。

【任务资料】

请以账套主管的身份指定"1001 库存现金"为现金科目、"1002 银行存款"为银行科目。

【任务步骤】

① 2024 年 1 月 1 日,账套主管唐忠谏（A01）登录"企业应用平台",执行"基础设置→基础档案→财务"命令,双击"会计科目"选项,打开"会计科目"窗口。

指定会计科目

② 执行"编辑→指定科目"命令,打开"指定科目"对话框。

③ 选择"现金科目"单选按钮,在"待选科目"列表框中选中"1001 库存现金",单击">"按钮,将其放入"已选科目"列表框中。单击"确定"按钮,如图 2-21 所示。

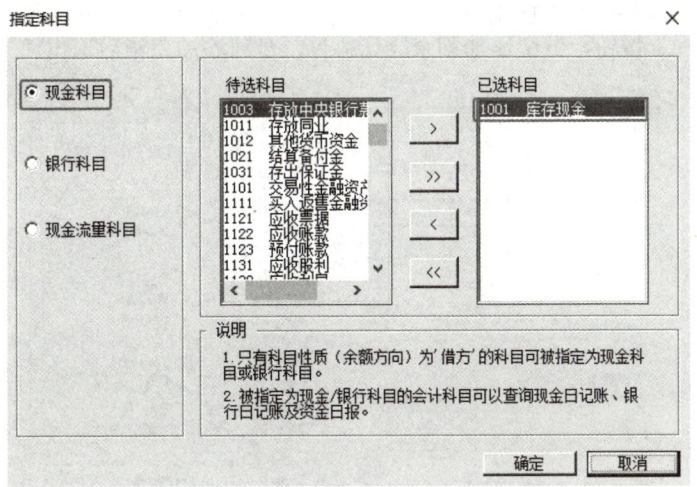

图 2-21 指定会计科目——现金科目

④ 选择"银行科目"单选按钮,在"待选科目"列表框中选中"1002 银行存款",单击">"按钮,将其放入"已选科目"列表框中。单击"确定"按钮,如图 2-22 所示。

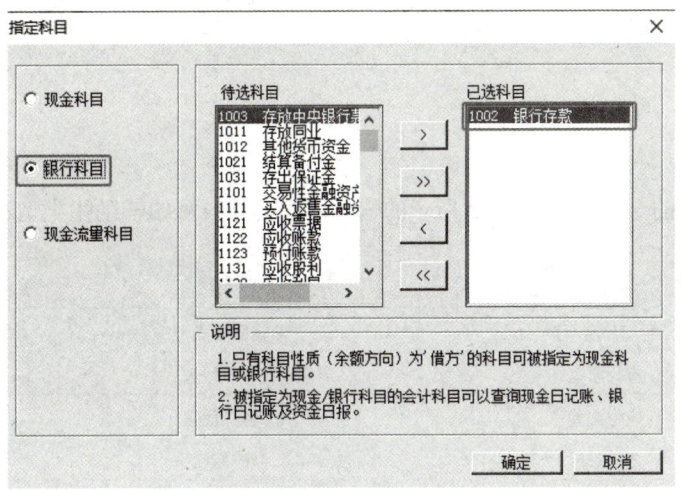

图 2-22 指定会计科目——银行科目

2. 增加会计科目

📖【任务资料】

会计科目

请以账套主管的身份增加会计科目，请扫二维码查看会计科目。

📖【任务步骤】

增加会计科目

① 2024年1月1日，账套主管唐忠谏（A01）登录"企业应用平台"，执行"基础设置→基础档案→财务"命令，双击"会计科目"选项，打开"会计科目"窗口。

② 单击"增加"按钮，打开"新增会计科目"对话框。根据任务资料，在"科目编码"文本框中录入"100201"，在"科目名称"文本框中录入"工行岳麓区支行"，单击"确定"按钮，该科目添加成功，如图2-23所示。

③ 单击"增加"按钮，继续添加剩余会计科目，全部添加完毕后退出。

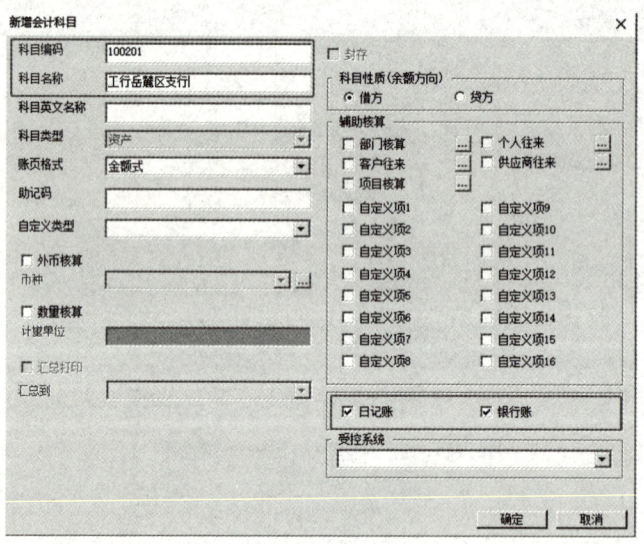

图2-23　新增会计科目

3. 修改会计科目

📖【任务资料】

修改会计科目

请以账套主管的身份根据表2-13所示的信息修改会计科目的辅助账类型和受控系统。

表2-13　会计科目的辅助账类型和受控系统

科目编码	科目名称	辅助账类型	受控系统
1121	应收票据	客户往来	应收系统
1122	应收账款	客户往来	应收系统
1123	预付账款	供应商往来	应付系统
1402	在途物资	数量金额式、数量核算（单位：个）、项目核算	

续表

科目编码	科目名称	辅助账类型	受控系统
1405	库存商品	数量金额式、数量核算（单位：个），项目核算	
1411	周转材料	数量金额式、数量核算（单位：个）	
141101	包装箱	数量金额式、数量核算（单位：个）	
1531	长期应收款	客户往来	应收系统
2201	应付票据	供应商往来	应付系统
2202	应付账款	供应商往来	应付系统
220201	应付账款——一般	供应商往来	应付系统
220202	应付账款——暂估	供应商往来	应付系统
2203	预收账款	客户往来	应收系统
6001	主营业务收入	数量金额式、数量核算（单位：个），项目核算	
6401	主营业务成本	数量金额式、数量核算（单位：个），项目核算	

【任务步骤】

① 2024年1月1日，账套主管唐忠谏（A01）登录"企业应用平台"，执行"基础设置→基础档案→财务"命令，双击"会计科目"选项，打开"会计科目"窗口，选择要修改的科目"应收票据"。

② 单击"修改"按钮或双击该科目，打开"会计科目_修改"对话框。勾选"客户往来"复选框辅助核算，"受控系统"选择"应收系统"，如图2-24所示。

③ 单击"确定"按钮。根据表2-13所示的信息继续修改其他会计科目。

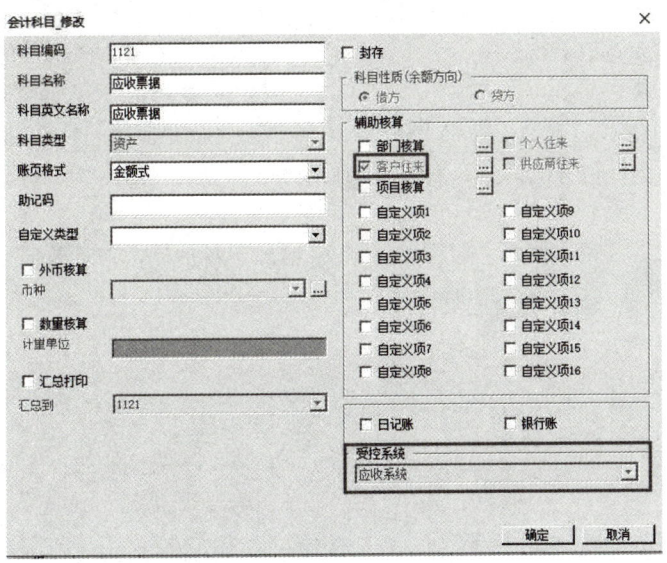

图2-24 修改会计科目

任务提示

（1）如果本科目已被制过单或已录入期初余额，则不能删除、修改。如果要修改该科目，必须先删除所有该科目的凭证，并将该科目及其下级科目余额清零，才能进行修改。

（2）非末级科目及已使用的末级科目不能再修改科目编码。

任务 2.6 设置项目目录

📖【任务资料】

请以账套主管的身份根据表 2-14 所示的信息设置项目目录。

表 2-14 项目目录信息

项目设置步骤	设置内容 1	设置内容 2	设置内容 3	设置内容 4
增加项目大类	商品项目管理	商品项目管理	商品项目管理	商品项目管理
设置核算科目	在途物资	库存商品	主营业务收入	主营业务成本
设置项目分类定义	1 XHG 汽车锂电池系列 2 SLA 摩托锂电池系列	1 XHG 汽车锂电池系列 2 SLA 摩托锂电池系列	1 XHG 汽车锂电池系列 2 SLA 摩托锂电池系列	1 XHG 汽车锂电池系列 2 SLA 摩托锂电池系列
设置项目目录	101 XHG 101 电池 102 XHG 102 电池 103 XHG 103 电池 201 SLA 110 电池 202 SLA 210 电池 203 SLA 310 电池	101 XHG 101 电池 102 XHG 102 电池 103 XHG 103 电池 201 SLA 110 电池 202 SLA 210 电池 203 SLA 310 电池	101 XHG 101 电池 102 XHG 102 电池 103 XHG 103 电池 201 SLA 110 电池 202 SLA 210 电池 203 SLA 310 电池	101 XHG 101 电池 102 XHG 102 电池 103 XHG 103 电池 201 SLA 110 电池 202 SLA 210 电池 203 SLA 310 电池

📖【任务步骤】

设置项目目录

1. 增加项目大类

① 2024 年 1 月 1 日，账套主管唐忠谏（A01）登录"企业应用平台"，执行"基础设置→基础档案→财务"命令，双击"项目目录"选项，打开"项目档案"窗口。

② 单击"增加"按钮，打开"项目大类定义_增加"对话框，在"新项目大类名称"文本框中录入"商品项目管理"，如图 2-25 所示。

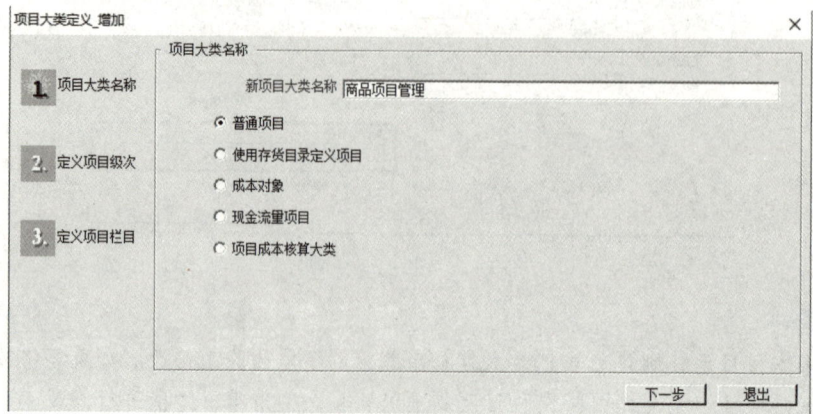

图 2-25 增加项目大类

③ 单击"下一步"按钮，进入"定义项目级次"界面，如图 2-26 所示，单击"下一步"按钮，进入"定义项目栏目"界面。

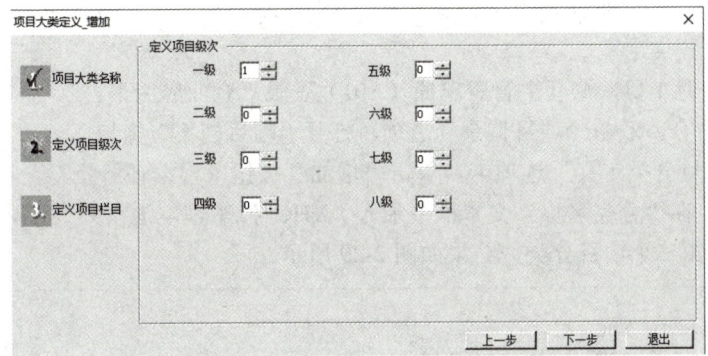

图 2-26　定义项目级次

④ 单击"完成"按钮，项目大类添加完毕，如图 2-27 所示。

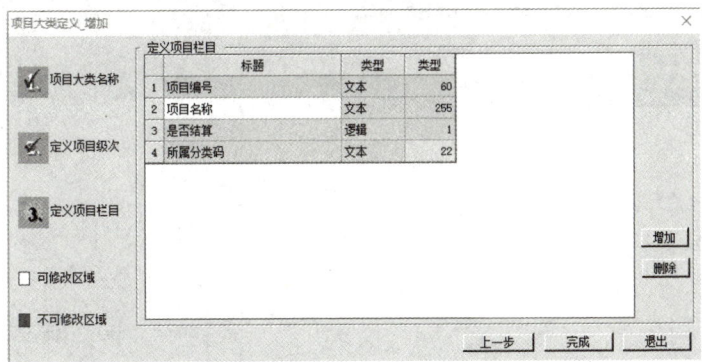

图 2-27　定义项目栏目

2．设置核算科目

① 2024 年 1 月 1 日，账套主管唐忠谏（A01）登录"企业应用平台"，执行"基础设置→基础档案→财务"命令，双击"项目目录"选项，打开"项目档案"窗口。

② 在"项目大类"下拉列表框中选择"商品项目管理"选项。

③ 在"待选科目"列表框中选中要移动的科目，单击"》"按钮，将其移动到"已选科目"列表框中，单击"确定"按钮，如图 2-28 所示。

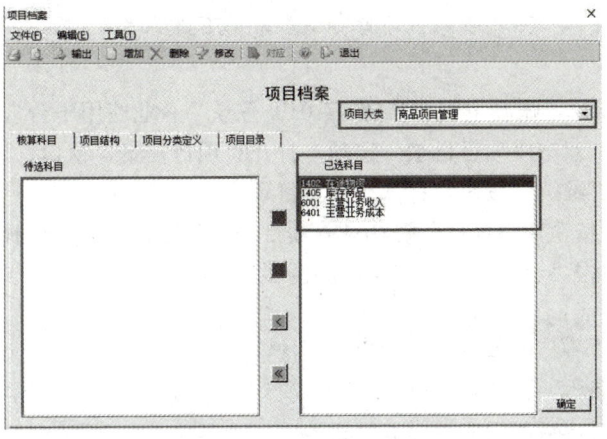

图 2-28　设置核算科目

> 任务提示
> （1）只有设置"项目核算"辅助核算的会计科目，才能在"待选科目"列表框中显示。
> （2）一个项目大类可以指定多个科目，一个科目只能属于一个项目大类。

3. 设置项目分类定义

① 2024年1月1日，账套主管唐忠谏（A01）登录"企业应用平台"，执行"基础设置→基础档案→财务"命令，双击"项目目录"选项，打开"项目档案"窗口。

② 选择"项目分类定义"选项卡，单击"增加"按钮，根据任务资料，在"分类编码"文本框中录入"1"，在"分类名称"文本框中录入"XHG 汽车锂电池系列"，单击"确定"按钮。

③ 继续增加第二个项目分类，结果如图 2-29 所示。

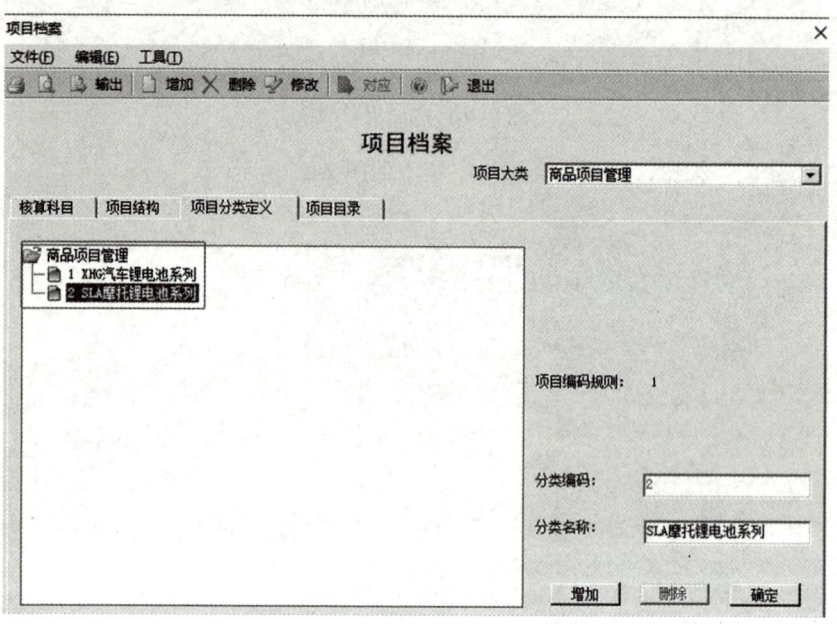

图 2-29　设置项目分类定义

> 任务提示
> （1）已使用的项目分类不能删除。
> （2）未使用的分类编码、分类名称可以修改。
> （3）非末级分类编码和已使用的分类编码不能进行修改。
> （4）非末级分类编码不能修改或删除。若某项目分类已定义项目则不能删除，也不能定义下级分类，必须先删除项目，才能删除该项目分类或定义下级分类。

4. 设置项目目录

① 2024年1月1日，账套主管唐忠谏（A01）登录"企业应用平台"，执行"基础设置→基础档案→财务"命令，双击"项目目录"选项，打开"项目档案"窗口。选择"项目目录"选项卡，在该界面中单击"维护"按钮，打开"项目目录维护"对话框。

② 单击"增加"按钮，根据任务资料录入项目编号和项目名称，选择所属分类码。

③ 录入完毕，单击"退出"按钮，结果如图 2-30 所示。

> 任务提示
> （1）在每年年初应将已结算或不用的项目删除。
> （2）项目编号必须唯一，不能重复。
> （3）不同的项目可使用相同的所属分类码。

（4）"定义取数关系"定义光标所在现金流量项目的对应科目及方向。定义好后，当凭证中录入该科目及方向时，在现金流量录入界面中自动获取对应的现金流量项目。

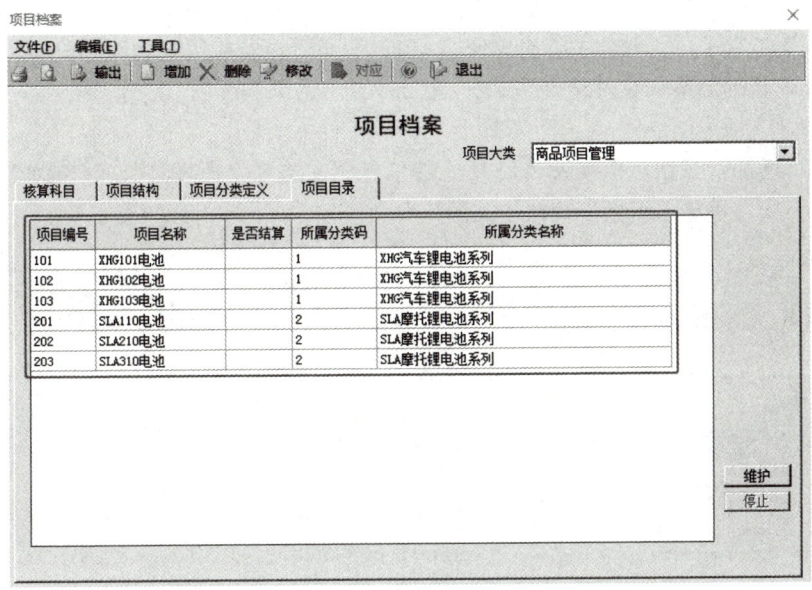

图 2-30 设置项目目录

任务 2.7 设置收付结算信息

2.7.1 设置结算方式

📖【任务资料】

微课：收付结算信息设置

请以账套主管的身份根据表 2-15 所示的信息设置结算方式。

表 2-15 结算方式编码及名称

结算方式编码	结算方式名称
1	现金
2	支票
201	现金支票
202	转账支票
3	商业汇票
301	银行承兑汇票
302	商业承兑汇票
4	微信
5	银行转账

【任务步骤】

设置收付结算信息

① 2024年1月1日,账套主管唐忠谏(A01)登录"企业应用平台",执行"基础设置→基础档案→收付结算"命令,双击"结算方式"选项,打开"结算方式"窗口。

② 单击"增加"按钮,根据表2-15所示的信息添加结算方式并保存,结果如图2-31所示。

③ 录入完毕,单击"退出"按钮,关闭该对话框。

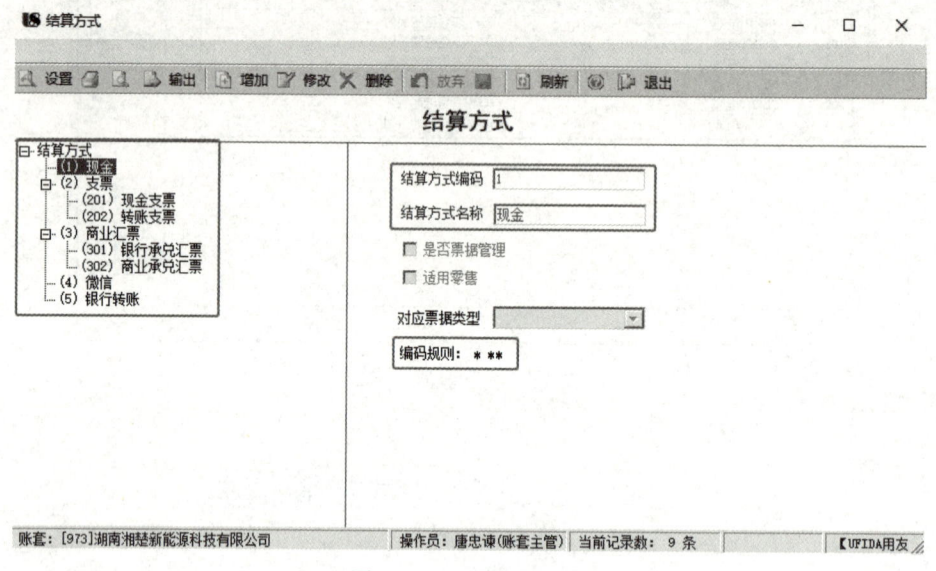

图2-31 设置结算方式

> **任务提示**
> 勾选"是否票据管理"复选框,将进行支票登记簿管理。例如,在应收管理系统中,勾选复选框的收款单可将其登记到总账系统的支票登记簿中。

2.7.2 设置付款条件

【任务资料】

请以账套主管的身份根据表2-16所示的信息设置付款条件。

表2-16 付款条件信息

付款条件编码	付款条件名称	信用天数	优惠天数1	优惠率1	优惠天数2	优惠率2	优惠天数3	优惠率3
1	4/10, 2/20, n/30	30	10	4	20	2	30	0
2	n/60	60						

【任务步骤】

① 2024年1月1日,账套主管唐忠谏(A01)登录"企业应用平台",执行"基础设置→基

础档案→收付结算"命令，双击"付款条件"选项，打开"付款条件"窗口。

② 单击"增加"按钮，根据表 2-16 所示的信息录入付款条件编码、信用天数，以及优惠天数和优惠率。

③ 单击"保存"按钮，结果如图 2-32 所示。

④ 录入完毕，单击"退出"按钮，关闭该对话框。

图 2-32 设置付款条件

> 任务提示
>
> （1）"付款条件编码"应唯一，最多 3 个字符。
> （2）"付款条件名称"自动形成，不可修改。
> （3）"信用天数"指最大的信用天数，如超过此天数，则不仅要按全额支付货款，还可能要支付逾期付款利息或违约金。
> （4）付款条件在订单、发票、客户档案、供应商档案等表单中被引用。付款条件一旦被引用，便不能进行修改和删除操作。

2.7.3 设置银行档案

📖【任务资料】

请以账套主管的身份根据表 2-17 所示的信息设置银行档案。

表 2-17 银行档案信息

编 码	银 行 账 号	币 种	开 户 银 行	所属银行编码	签约标志
1	622218790105	人民币	中国工商银行岳麓区支行	01 中国工商银行	检查收付款账号
2	623668300000	美元	中国招商银行岳麓区支行	02 中国招商银行	检查收付款账号

📖【任务步骤】

① 2024 年 1 月 1 日，账套主管唐忠谏（A01）登录"企业应用平台"，执行"基础设置→基础档案→收付结算"命令，双击"本单位开户银行"选项，打开"本单位开户银行"窗口。

② 单击"增加"按钮，根据表 2-17 所示的信息录入银行档案信息，如图 2-33 所示。

③ 单击"保存"按钮。继续添加剩余的开户银行档案信息，全部添加完毕，退出添加界面，返回"本单位开户银行"窗口。

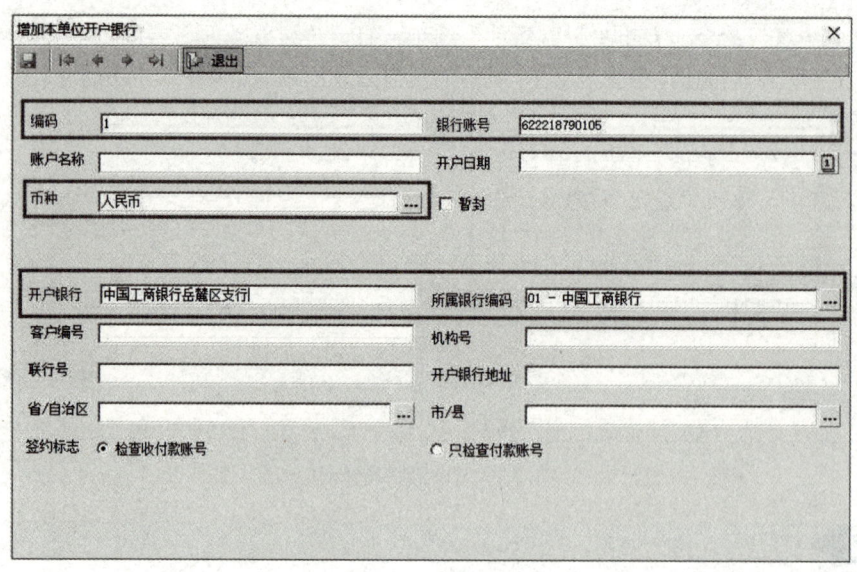

图 2-33 设置银行档案

任务 2.8 设置业务信息

2.8.1 设置仓库档案

微课：业务信息及单据设置

📖【任务资料】

请以账套主管的身份根据表 2-18 所示的信息设置仓库档案。

表 2-18 仓库档案信息

仓库编码	仓库名称	部门	计价方式	仓库属性	货位管理
01	商品仓库	5 仓储部	先进先出法	普通仓	否
02	周转材料仓库	5 仓储部	先进先出法	普通仓	否
03	赠品库（不勾选"计入成本"）		先进先出法		

📖【任务步骤】

设置业务信息

① 2024 年 1 月 1 日，账套主管唐忠谏（A01）登录"企业应用平台"，执行"基础设置→基础档案→业务"命令，双击"仓库档案"选项，打开"仓库档案"窗口。

② 单击"增加"按钮，打开"增加仓库档案"窗口，根据表 2-18 所示的信息录入企业"商品仓库"档案信息，如图 2-34 所示。

③ 单击"保存"按钮。按照上述方法继续录入其他仓库档案信息，单击"退出"按钮，完成仓库档案设置。

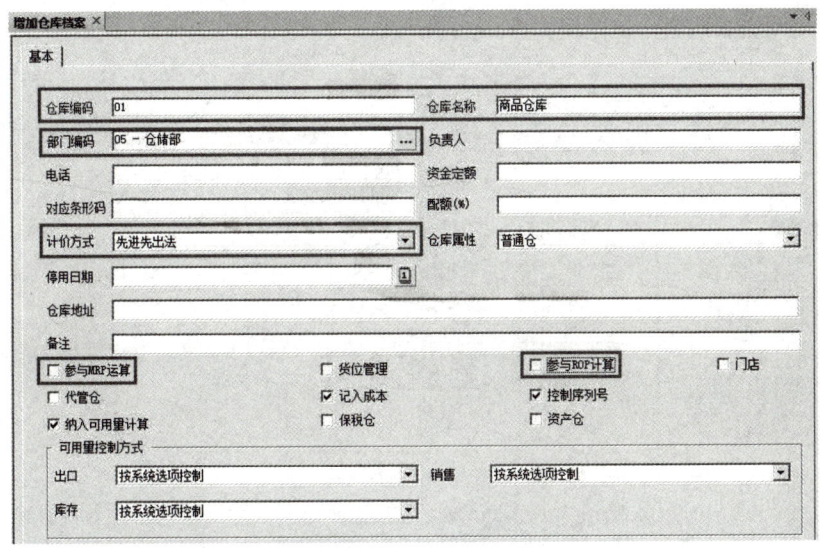

图 2-34 设置仓库档案

> **任务提示**
>
> 如果与生产物料需求计算有关则视具体情况勾选"参与 MRP 运算"或"参与 ROP 计算"复选框,或者同时勾选,本书不用勾选。

2.8.2 设置收发类别

📖【任务资料】

请以账套主管的身份根据表 2-19 所示的信息设置收发类别。

表 2-19 收发类别

收发类别编码	收发类别名称	收 发 标 志	收发类别编码	收发类别名称	收 发 标 志
01	入库	收	02	出库	发
0101	采购入库	收	0201	销售出库	发
0102	采购退货	收	0202	销售退货	发
0103	盘盈入库	收	0203	盘亏出库	发
0104	受托代销入库	收	0204	委托代销出库	发
0109	其他入库	收	0205	赠品出库	发
			0209	其他出库	发

📖【任务步骤】

① 2024 年 1 月 1 日,账套主管唐忠谏(A01)登录"企业应用平台",执行"基础设置→基础档案→业务"命令,双击"收发类别"选项,打开"收发类别"窗口。

② 单击"增加"按钮,根据表 2-19 所示的信息设置收发类别。

③ 单击"保存"按钮,继续录入剩余的收发类别信息。

④ 全部录入完成后退出，结果如图 2-35 所示。

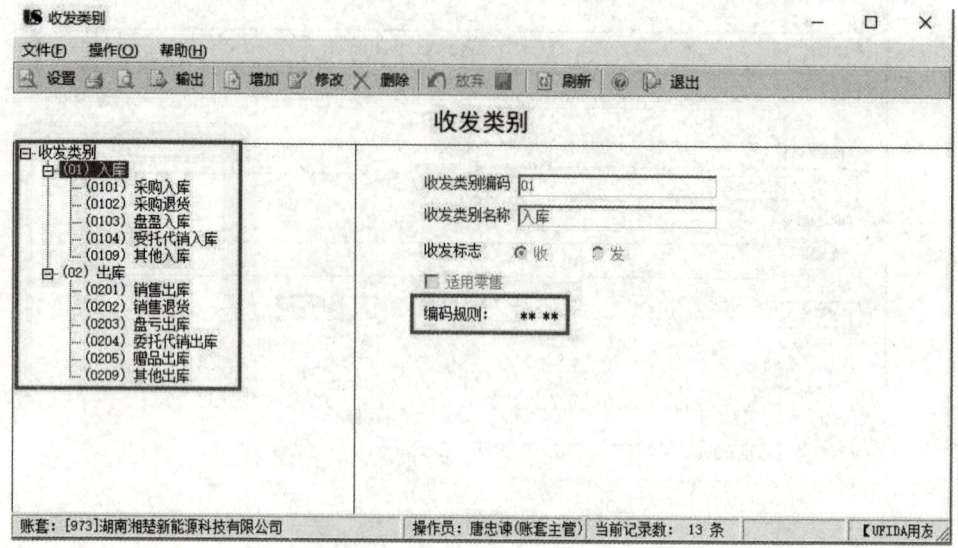

图 2-35 设置收发类别

2.8.3 设置采购和销售类型

📖【任务资料】

请以账套主管的身份根据表 2-20 所示的信息设置采购和销售类型。

表 2-20 采购和销售类型

	名称	出入库类别		名称	出入库类别
采购类型	01 正常采购	采购入库	销售类型	01 正常销售	销售出库
	02 受托采购	受托代销入库		02 委托销售	委托代销出库
	03 采购退货	采购退货		03 销售退货	销售退货
				04 赠品销售	赠品出库

📖【任务步骤】

1. 设置采购类型

① 2024 年 1 月 1 日，账套主管唐忠谏（A01）登录"企业应用平台"，执行"基础设置→基础档案→业务"命令，双击"采购类型"选项，打开"采购类型"窗口。

② 单击"增加"按钮，根据表 2-20 所示的信息设置采购类型。

③ 单击"保存"按钮，继续录入剩余的采购类型信息，结果如图 2-36 所示。

④ 全部录入完成后退出。

2. 设置销售类型

① 2024 年 1 月 1 日，账套主管唐忠谏（A01）登录"企业应用平台"，执行"基础设置→基础档案→业务"命令，双击"销售类型"选项，打开"销售类型"窗口。

② 单击"增加"按钮，根据表 2-20 所示的信息设置销售类型，如图 2-37 所示。
③ 单击"保存"按钮，继续录入剩余的销售类型信息。
④ 全部录入完成后退出。

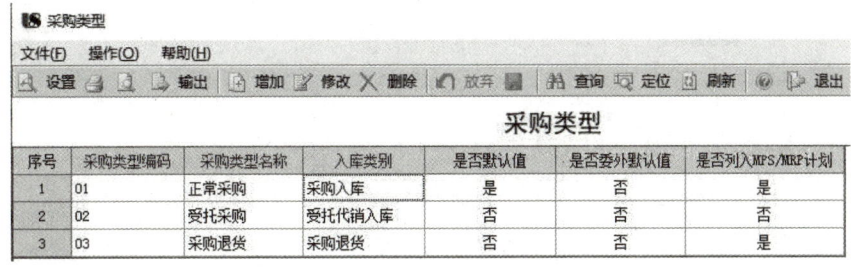

图 2-36　设置采购类型

图 2-37　设置销售类型

2.8.4　设置费用项目

📖【任务资料】

请以账套主管的身份根据表 2-21 所示的信息设置费用项目。

表 2-21　费用项目

费用项目分类编码	费用项目分类名称	费用项目编码	费用项目名称
0	无分类	1	运输费
0	无分类	2	委托代销手续费

📖【任务步骤】

1. 设置费用项目分类

① 2024 年 1 月 1 日，账套主管唐忠谏（A01）登录"企业应用平台"，执行"基础设置→基础档案→业务"命令，双击"费用项目分类"选项，打开"费用项目分类"窗口。
② 单击"增加"按钮，设置"分类编码"为"0"，"分类名称"为"无分类"，如图 2-38 所示。
③ 单击"保存"按钮。

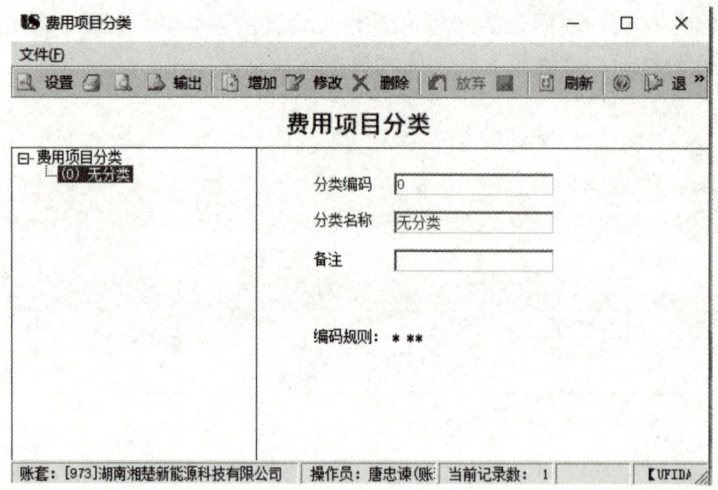

图 2-38 设置费用项目分类

2. 设置费用项目

① 2024 年 1 月 1 日，账套主管唐忠谏（A01）登录"企业应用平台"，执行"基础设置→基础档案→业务"命令，双击"费用项目"选项，打开"费用项目"窗口。

② 单击"增加"按钮，根据表 2-21 所示的信息设置费用项目，结果如图 2-39 所示。

③ 单击"保存"按钮。

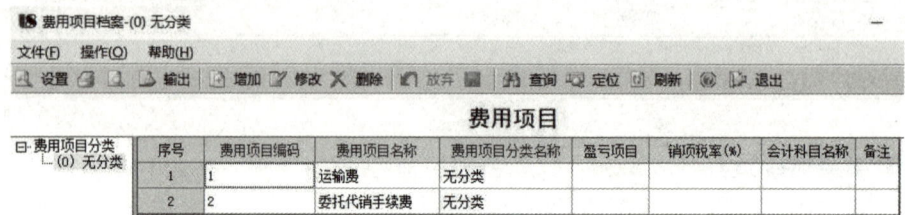

图 2-39 设置费用项目

2.8.5 设置非合理损耗类型

📖【任务资料】

请以账套主管的身份根据表 2-22 所示的信息设置非合理损耗类型。

表 2-22 非合理损耗类型

非合理损耗类型编码	非合理损耗类型名称
1	运输部门责任

📖【任务步骤】

① 2024 年 1 月 1 日，账套主管唐忠谏（A01）登录"企业应用平台"，执行"基础设置→基础档案→业务"命令，双击"非合理损耗类型"选项，打开"非合理损耗类型"窗口。

② 单击"增加"按钮，根据表 2-22 所示的信息设置非合理损耗类型，如图 2-40 所示。
③ 单击"保存"按钮。
④ 全部录入完成后退出。

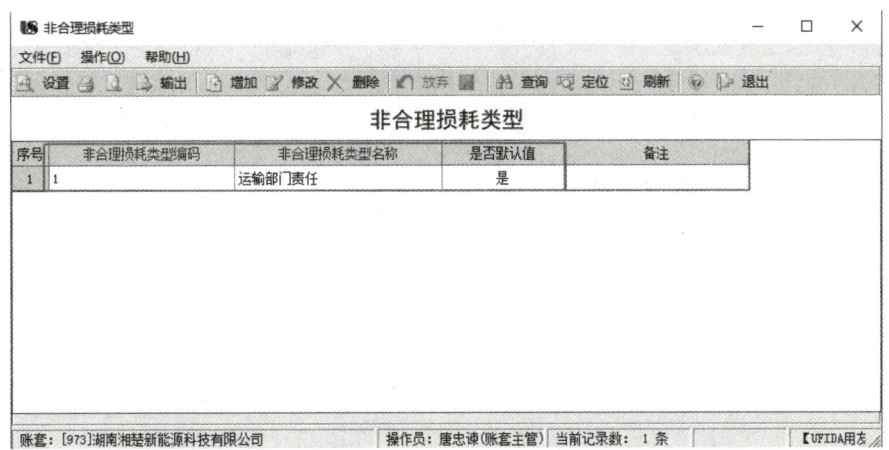

图 2-40　设置非合理损耗类型

任务 2.9　设置单据信息

2.9.1　设置单据格式

📖【任务资料】

（1）请以账套主管的身份将销售管理系统中销售专用发票表头项目中的"销售类型"改为非必输项，将其表体项目中的"数量"改为非必输项，为其表体增加"退补标志"。

（2）请以账套主管的身份将销售管理系统中销售普通发票表头项目中的"销售类型"改为非必输项。

📖【任务步骤】

1. 设置单据格式表头

设置单据信息

① 2024 年 1 月 1 日，账套主管唐忠谏（A01）登录"企业应用平台"，执行"基础设置→单据设置"命令，双击"单据格式设置"选项，打开"单据格式设置"窗口。

② 根据任务资料，执行"销售管理→销售专用发票→显示→销售专用发票显示模板"命令，打开"销售专用发票"窗口。

③ 选中销售专用发票表头的"销售类型"，单击工具栏中的"表头项目"按钮，打开"表头"对话框，取消勾选"必输"复选框，如图 2-41 所示。

④ 单击"确定"按钮，表头中的"销售类型"由蓝色变为黑色。

2. 设置单据格式表体

① 2024 年 1 月 1 日，账套主管唐忠谏（A01）登录"企业应用平台"，执行"基础设置→单

据设置"命令,双击"单据格式设置"选项,打开"单据格式设置"窗口。

② 单击工具栏的"表体项目"按钮,打开"表体"对话框,在"项目名称"列表框中勾选"40 退补标志"复选框,再勾选"10 数量"复选框,取消勾选"必输"复选框,如图 2-42 所示。

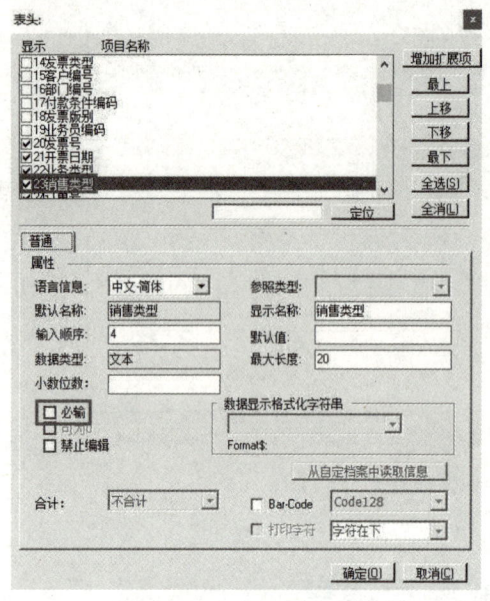

图 2-41　设置单据格式表头　　　　图 2-42　设置单据格式表体

③ 单击"确定"按钮。继续设置表体格式,增加"退补标志"。
④ 按上述方法完成销售普通发票的单据格式设置。

> **任务提示**
>
> (1)在用友 U8 系统中,为描述和处理各种现实业务而设置的凭证,如采购发票、销售订单、收款单、付款单、出入库单等,统称为单据。单据设置主要包括单据格式设置和单据编号设置。单据格式设置分为显示单据格式设置和打印单据格式设置。
>
> (2)单据格式设置在 U8 系统中具有重要作用,很多非常规业务都需要进行单据格式设置,如销售定金业务、现款结算业务、发货签回业务及代管采购业务等。

2.9.2　设置单据编号

📖【任务资料】

(1)请以账套主管的身份将销售专用发票、销售普通发票的编号方式设置为"手工改动,重号时自动重取"。

(2)请以账套主管的身份将采购专用发票、采购普通发票的编号方式设置为"手工改动,重号时自动重取"。

📖【任务步骤】

① 2024 年 1 月 1 日,账套主管唐忠谏(A01)登录"企业应用平台",执行 "基础设置→单据设置"命令,双击"单据编号设置"选项,打开"单据编号设置"窗口。

② 根据任务资料,在"销售管理"中选择"销售专用发票"选项,单击"修改"按钮,勾选"手工改动,重号时自动重取"复选框,如图 2-43 所示。

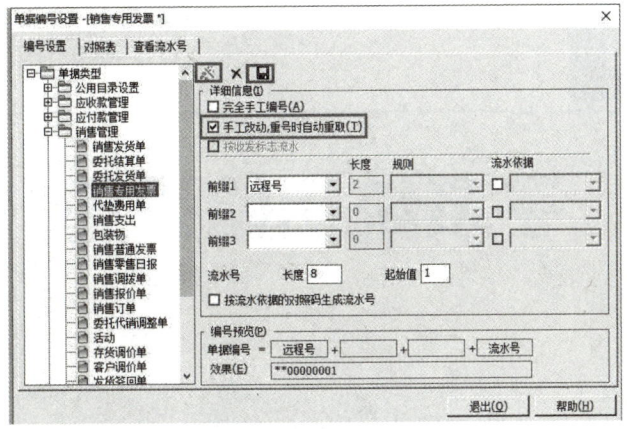

图 2-43 设置单据编号

③ 单击"保存"按钮,完成该单据的单据编号设置。
④ 按上述方法继续对剩余的 3 张单据进行单据编号设置。
⑤ 全部修改完毕后,单击"退出"按钮。

> 任务提示
> (1)"完全手工编号":当企业对单据编号有严格自定义要求时,勾选此复选框。
> (2)"手工改动,重号时自动重取":若企业在单据生成过程中,既想保留手工修改,又希望出现重号时系统能自动处理避免重号,可以勾选此复选框。
> (3)"按收发标志流水":对出入库业务频繁的企业,为了方便对入库单和出库单进行管理和编号,通常会勾选此复选框。

任务 2.10 任务总结

项目二测试

📖【学习经验】

📖【注意事项】

课证融通:基础设置

红色会计大讲堂:
根据地会计的历史贡献

项目三

子系统初始设置

学习目标

知识目标： 了解子系统初始设置的主要内容。
理解子系统初始设置对日常业务处理的影响。
掌握子系统初始设置的方法和流程。

能力目标： 会进行子系统初始设置。
会根据企业需求进行子系统初始设置的修改、删除。

素养目标： 培养学生严谨细致、一丝不苟的职业素养。
培养学生高效的信息化素养。

项目概述

用友 U8 系统主要包括财务管理系统和供应链管理系统。财务管理系统包括总账、薪资管理、固定资产管理、应收款管理、应付款管理等子系统，用于企业的日常财务核算和财务管理工作，确保财务数据的准确和规范。供应链管理系统包括采购管理、销售管理、库存管理、存货核算等子系统，可以有效管理企业的采购与销售业务流程，确保对库存的精确控制和存货价值的精准核算。

子系统之间相互协作，共同构成了一个完整的企业管理信息化平台。这一平台不仅使企业的各项业务流程得以规范化、自动化和信息化，还提升了企业的运营效率和管理水平，帮助企业更好地应对市场竞争和发展需求。供应链管理系统与财务管理系统的紧密结合，能实现业务数据与财务数据的无缝对接，保证数据的一致性和及时性。在进行子系统初始设置前，一定要详细了解选项开关对业务处理流程的影响，并结合企业的实际业务需要进行设置。由于有些选项在日常业务开始后不能随意更改，因此，用户应尽量在业务开始前进行全盘考虑，尤其设置一些对其他子系统有影响的选项时更要考虑清楚。

本项目知识图谱如图 3-1 所示。

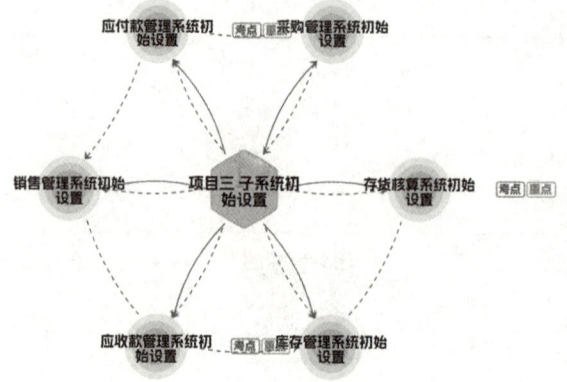

图 3-1 知识图谱

任务 3.1　采购管理系统初始设置

3.1.1　设置采购选项

微课：采购管理
系统初始设置

📖【任务资料】

请以账套主管的身份设置采购选项。
业务及期限控制：将"订单/到货单/发票单价录入方式"设置为"取自供应商存货价格表"。

📖【任务步骤】

采购管理系统
初始设置

① 2024 年 1 月 1 日，账套主管唐忠谏（A01）登录"企业应用平台"，执行"业务工作→供应链→采购管理→设置"命令，双击"采购选项"选项，打开"采购系统选项设置—请按照贵单位的业务认真设置"对话框。

② 选择"业务及权限控制"选项卡，根据任务资料，设置"订单\到货单\发票单价录入方式"为"取自供应商存货价格表价格"，单击"确定"按钮，保存系统参数的设置，如图 3-2 所示。

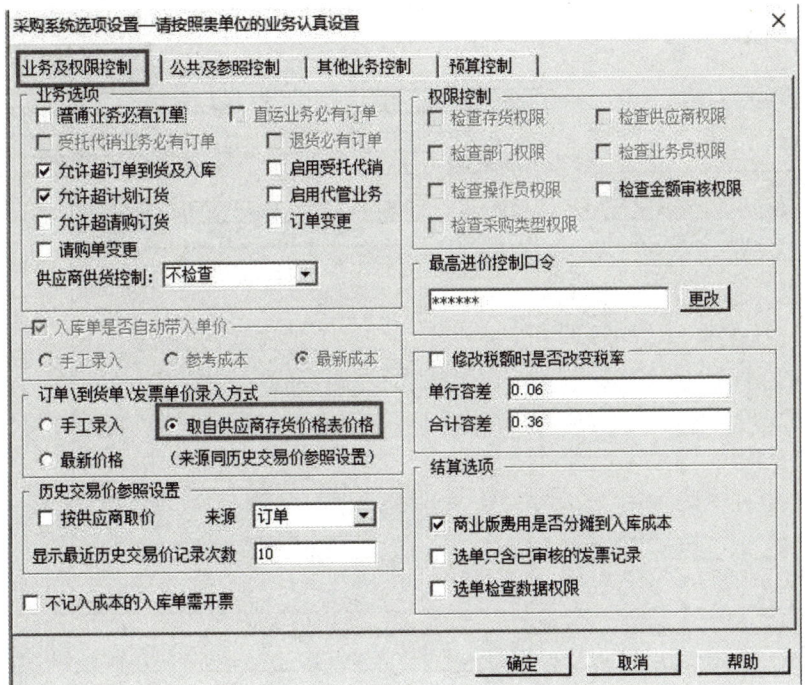

图 3-2　设置采购选项

3.1.2 录入期初采购入库单

📖【任务资料】

期初采购入库单的业务员为采购部的王子帅。请以账套主管的身份录入期初采购入库单信息，期初采购入库单如表 3-1 所示。

表 3-1　期初采购入库单

发票号	单据日期	供应商	存货	数量/个	本币单价/元	本币金额/元
无	2023-12-17	河北大鹏能源有限公司	XHG101 电池	10	20000	200000

📖【任务步骤】

① 2024 年 1 月 1 日，账套主管唐忠谏（A01）登录"企业应用平台"，执行"业务工作→供应链→采购管理→采购入库"命令，双击"采购入库单"选项，打开"采购入库单"窗口。

② 单击"增加"按钮，根据表 3-1 所示的信息录入期初采购入库单信息，如图 3-3 所示。

③ 单击"保存"按钮，保存期初采购入库单信息。

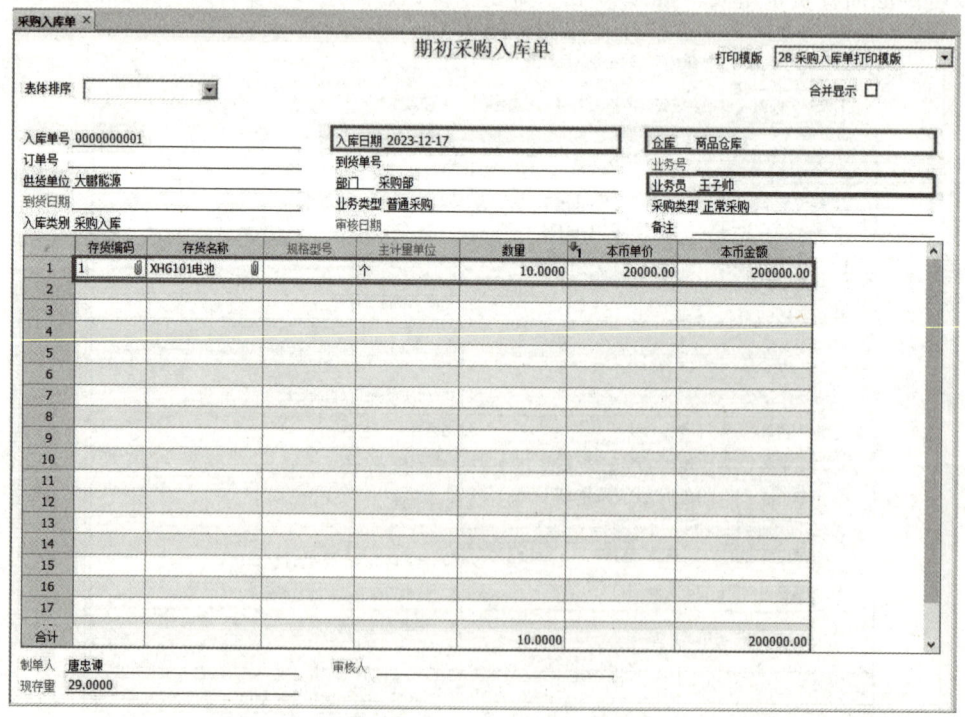

图 3-3　录入期初采购入库单

3.1.3 采购期初记账

期初记账是将采购期初数据记入有关采购账、委托代销商品采购账中。期初记账后，期初数据不能再进行增加、修改操作，除非取消期初记账。

【任务资料】

请以账套主管的身份对采购管理系统进行期初记账。

【任务步骤】

① 2024 年 1 月 1 日，账套主管唐忠谏（A01）登录"企业应用平台"，执行"业务工作→供应链→采购管理→设置"命令，双击"采购期初记账"选项，打开"期初记账"对话框。

② 单击"记账"按钮，如图 3-4 所示。

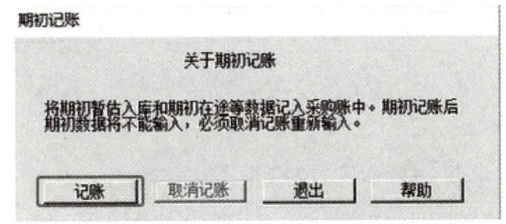

图 3-4　期初记账

③ 弹出信息提示框，单击"确定"按钮，完成采购管理系统期初记账。

任务 3.2　应付款管理系统初始设置

微课：应付款管理系统初始设置

3.2.1　设置应付款管理系统参数

应付款管理系统初始设置

【任务资料】

请以账套主管的身份根据以下资料设置应付款管理系统参数。
（1）常规："单据审核日期依据"选择"单据日期"；勾选"自动计算现金折扣"复选框。
（2）凭证："受控科目制单方式"选择"明细到单据"；"采购科目依据"选择"按存货"。
（3）权限与预警：取消勾选"控制操作员权限"复选框。

【任务步骤】

① 2024 年 1 月 1 日，账套主管唐忠谏（A01）登录"企业应用平台"，执行"业务工作→财务会计→应付款管理→设置"命令，双击"选项"选项，打开"账套参数设置"对话框。

② 单击"编辑"按钮，根据任务资料，修改账套参数设置，选择"常规"选项卡，在"单据审核日期依据"下拉列表框中选择"单据日期"选项。

③ 单击"确定"按钮，保存账套参数设置，如图 3-5 所示。

④ 按照上述方法，继续完成"凭证"和"权限与预警"选项卡的设置，如图 3-6 和图 3-7 所示。

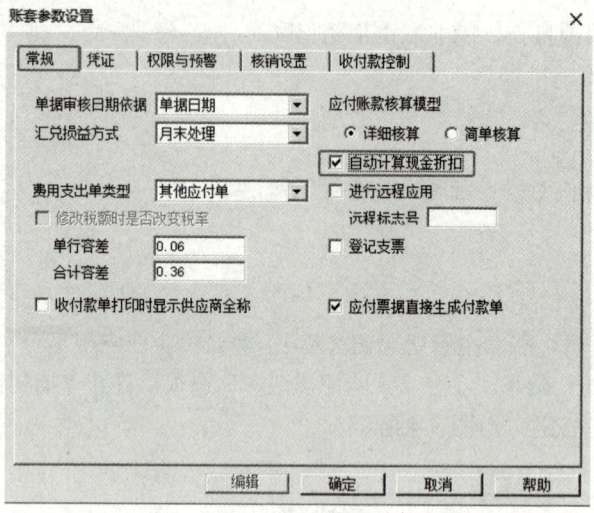

图 3-5 设置应付款管理系统参数——常规

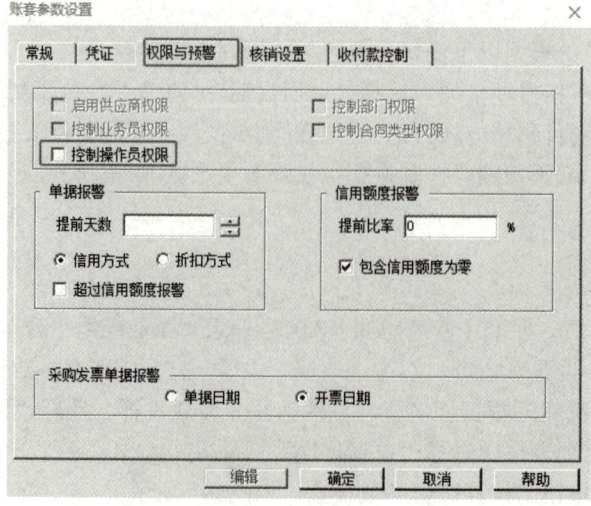

图 3-6 设置应付款管理系统账套参数——凭证

图 3-7 设置应付款管理系统账套参数——权限与预警

3.2.2 设置应付款管理系统科目

📖 【任务资料】

请以账套主管的身份根据以下资料设置应付款管理系统科目。
（1）基本科目：应付科目为 220201；预付科目为 1123；税金科目为 22210101；采购科目为 1402；现金折扣科目为 660303；银行承兑科目为 2201；商业承兑科目为 2201。
（2）控制科目：应付科目为 220201；预付科目为 1123。
（3）产品科目：木箱采购科目为 1401；其他采购科目为 1402；产品采购税金科目为 22210101。
（4）结算方式科目：现金对应 100101；现金支票、转账支票、电汇、托收承付、委托收款对应 100201；微信对应 101201。

📖 【任务步骤】

① 2024 年 1 月 1 日，账套主管唐忠谏（A01）登录"企业应用平台"，执行"业务工作→财务会计→应付款管理→设置"命令，双击"初始设置"选项，打开"初始设置"窗口。
② 单击"增加"按钮，选择"设置科目"中的"基本科目设置"选项，根据要求对应付款管理系统的基本科目进行初始设置，如图 3-8 所示。再依次根据任务资料对控制科目、产品科目、结算方式科目进行初始设置，如图 3-9～图 3-11 所示。

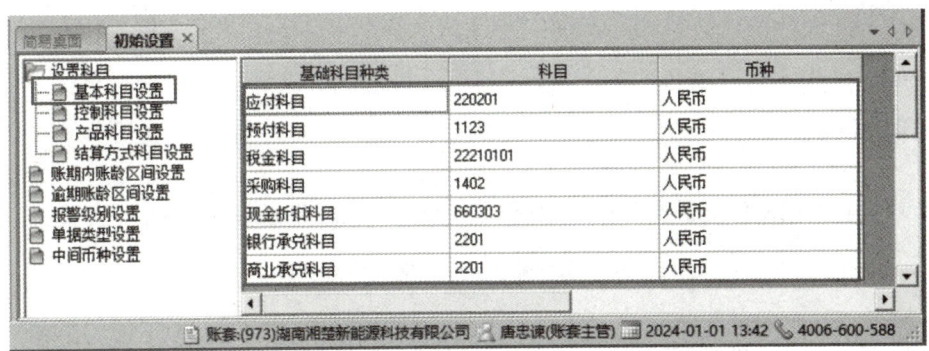

图 3-8 设置基本科目

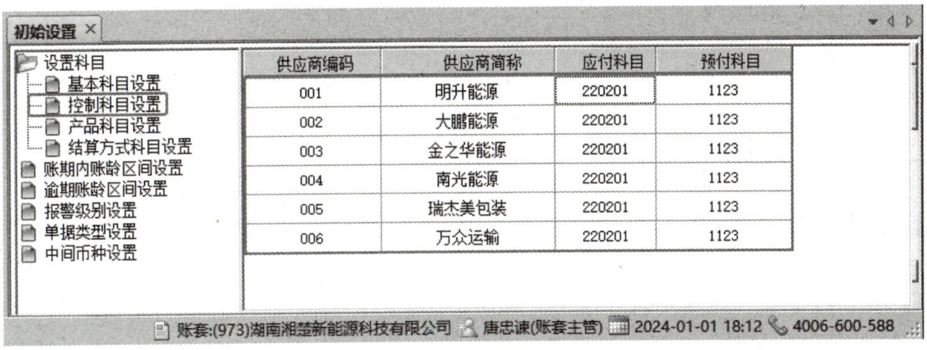

图 3-9 设置控制科目

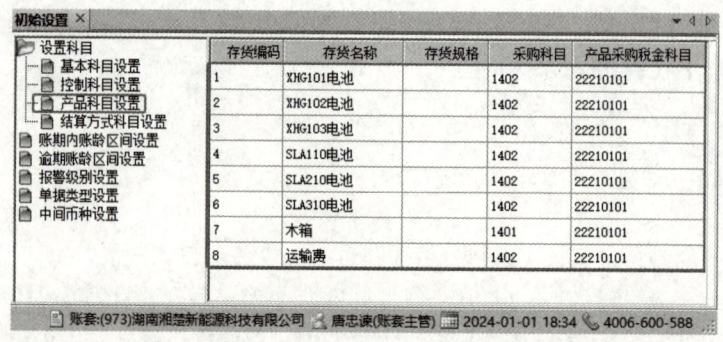

图 3-10 设置产品科目

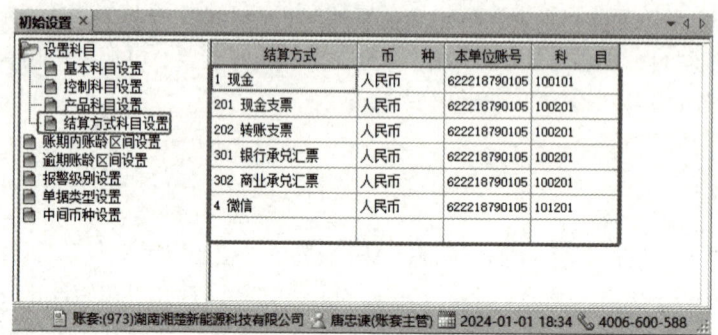

图 3-11 设置结算方式科目

3.2.3 设置账龄区间与逾期账龄区间

📖【任务资料】

请以账套主管的身份根据表 3-2 所示的信息设置账龄区间与逾期账龄区间。

表 3-2 账龄区间与逾期账龄区间

单位：天

账龄区间			逾期账龄区间		
序号	起止天数	总天数	序号	起止天数	总天数
1	0～30	30	1	0～30	30
2	31～60	60	2	31～60	60
3	61～90	90	3	61～90	90
4	91～120	120	4	91～120	120
5	121 以上		5	121 以上	

📖【任务步骤】

2024 年 1 月 1 日，账套主管唐忠谏（A01）登录"企业应用平台"，执行"业务工作→财务会计→应付款管理→设置"命令，双击"初始设置"选项，打开"初始设置"窗口。选择"账期内账龄区间设置"选项，根据任务资料录入总天数，如图 3-12 所示。按照类似的方法设置逾期账龄区间。

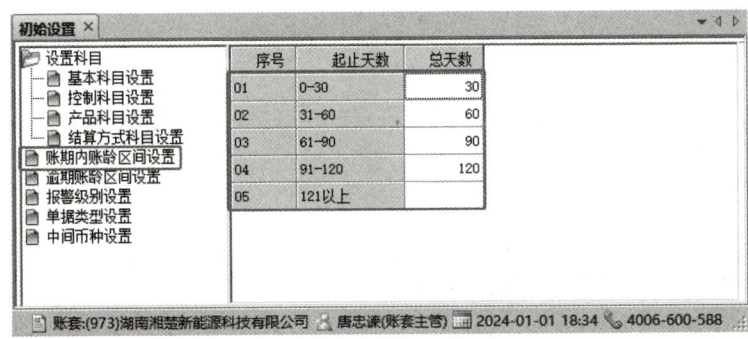

图 3-12 设置账期内账龄区间

3.2.4 应付账款期初余额录入与对账

应付款管理系统的期初余额需与总账系统中的会计科目期初余额一致,如果应付款管理系统与总账系统对账错误,必须检查是哪个系统的期初余额录入有误。

【任务资料】

请以账套主管的身份根据表 3-3 所示的信息录入应付账款期初余额与总账期初数据并进行对账。

表 3-3 应付账款期初余额

发票号	单据日期	供应商	存货	数量/个	原币单价/元	本币金额/元	税率/%	部门/业务员
CG03001	2023-12-20	北京金之华能源有限公司	XHG102 电池	10	30000	300000	13	采购部 王子帅
CG03002	2023-12-21	天津明升能源股份有限公司	SLA110 电池	100	1000	100000	13	采购部 王子帅

【任务步骤】

① 2024 年 1 月 1 日,账套主管唐忠谏(A01)登录"企业应用平台",执行"业务工作→财务会计→应付款管理→设置"命令,双击"期初余额"选项,打开"期初余额--查询"对话框。

② 单击"确定"按钮,如图 3-13 所示,打开"期初余额"窗口。

③ 单击"增加"按钮,打开"单据类别"对话框。

④ "单据名称"选择"采购发票","单据类型"选择"采购专用发票","方向"选择"正向",单击"确定"按钮,如图 3-14 所示。

⑤ 单击"增加"按钮,打开"采购专用发票"窗口,按照表 3-3 所示的信息录入发票表头和表体内容,如图 3-15 所示。

⑥ 单击"保存"按钮。依次增加另外的发票信息,返回"期初余额"窗口,单击"刷新"按钮,结果如图 3-16 所示。

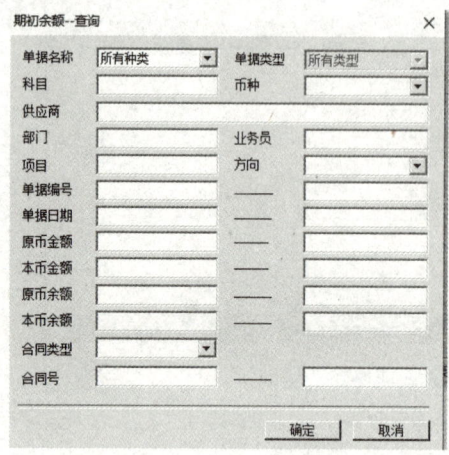

图3-13 期初余额查询

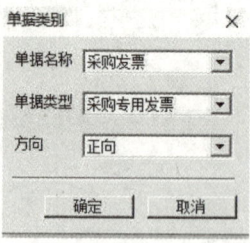

图3-14 选择单据类别

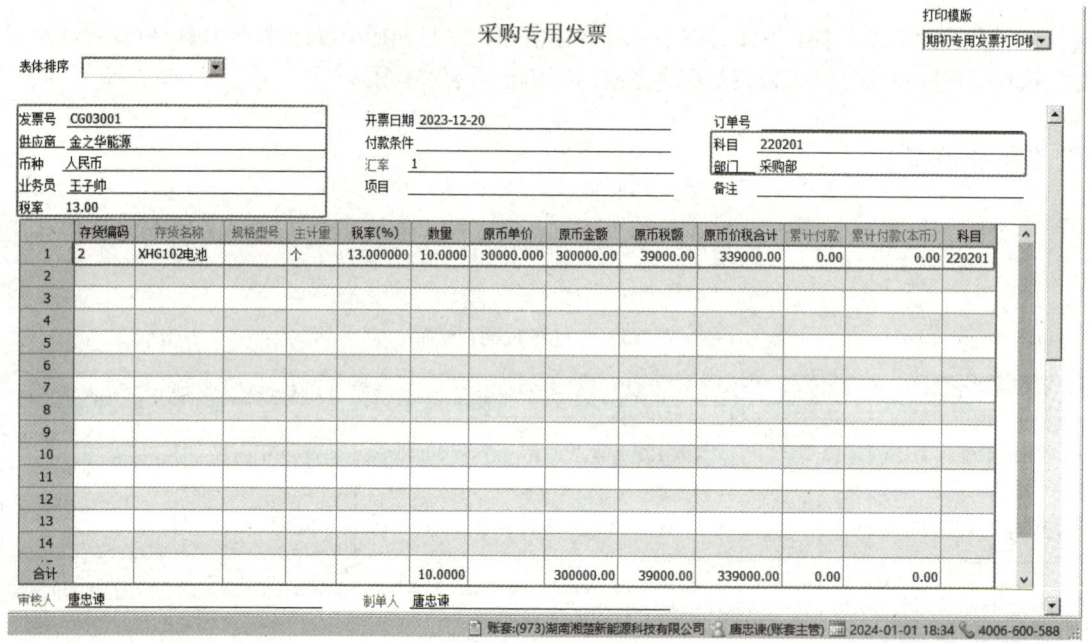

图3-15 录入采购发票信息

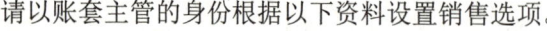

图3-16 应付款管理系统期初余额明细表

任务3.3 销售管理系统初始设置

微课：销售管理
系统初始设置

【任务资料】

请以账套主管的身份根据以下资料设置销售选项。

（1）业务控制：勾选"有零售日报业务""有直运销售业务""销售生成出库单""允许超发货量开票"复选框。

（2）其他控制："新增退货单默认"选择"参照订单"；"新增发票默认"选择"参照发货"。

【任务步骤】

① 2024 年 1 月 1 日，账套主管唐忠谏（A01）登录"企业应用平台"，执行"业务工作→供应链→销售管理→设置"命令，双击"销售选项"选项，打开"销售选项"对话框。

② 选择"业务控制"选项卡，对本单位需要的参数进行选择后，单击"确定"按钮，保存系统参数的设置，如图 3-17 所示。

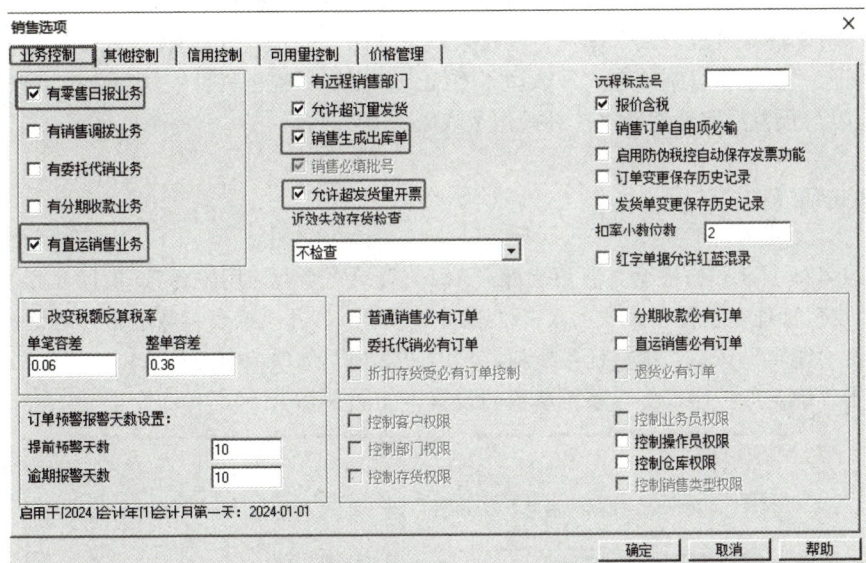

图 3-17　设置销售选项——业务控制

③ 根据任务资料依次设置"其他控制"选项卡中的参数，结果如图 3-18 所示。

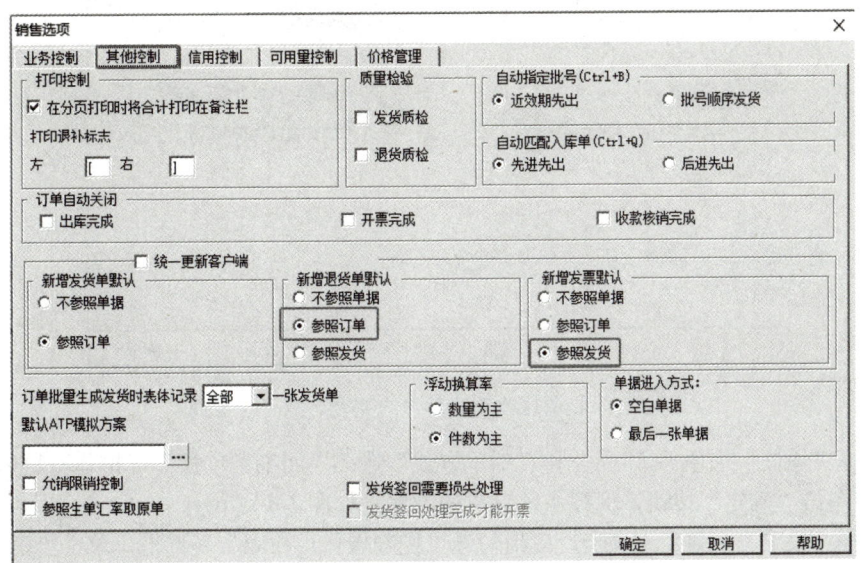

图 3-18　设置销售选项——其他控制

任务 3.4　应收款管理系统初始设置

3.4.1　设置应收款管理系统参数

📖【任务资料】

微课：应收款管理系统初始设置

请以账套主管的身份根据以下资料设置应收款管理系统参数。
（1）常规："坏账处理方式"选择"应收余额百分比"，勾选"自动计算现金折扣"复选框。
（2）凭证："受控科目制单方式"选择"明细到单据"，"销售科目依据"选择"按存货"。
（3）权限与预警：取消勾选"控制操作员权限"复选框。

📖【任务步骤】

① 2024年1月1日，账套主管唐忠谏（A01）登录"企业应用平台"，执行"业务工作→财务会计→应收款管理→设置"命令，双击"选项"选项，打开"账套参数设置"对话框。
② 单击"编辑"按钮，根据任务资料，修改"常规"选项卡中的参数。
③ 单击"确定"按钮，保存系统参数的设置，如图3-19所示。

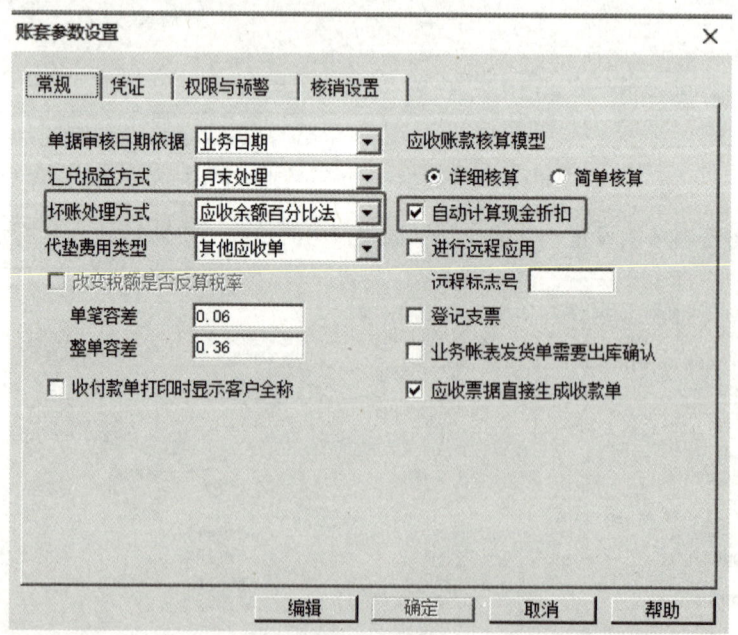

图3-19　设置应收款管理系统账套参数——常规

④ 选择"凭证"选项卡，"受控科目制单方式"选择"明细到单据"，"销售科目依据"选择"按存货"，单击"确定"按钮，保存系统参数的设置，如图3-20所示。
⑤ 选择"权限与预警"选项卡，取消勾选"控制操作员权限"复选框，单击"确定"按钮，保存系统参数的设置，如图3-21所示。

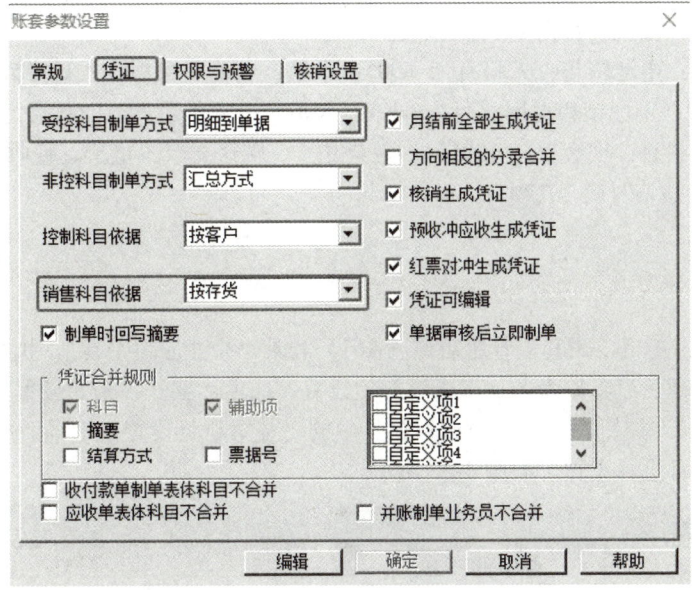

图 3-20　设置应收款管理系统账套参数——凭证

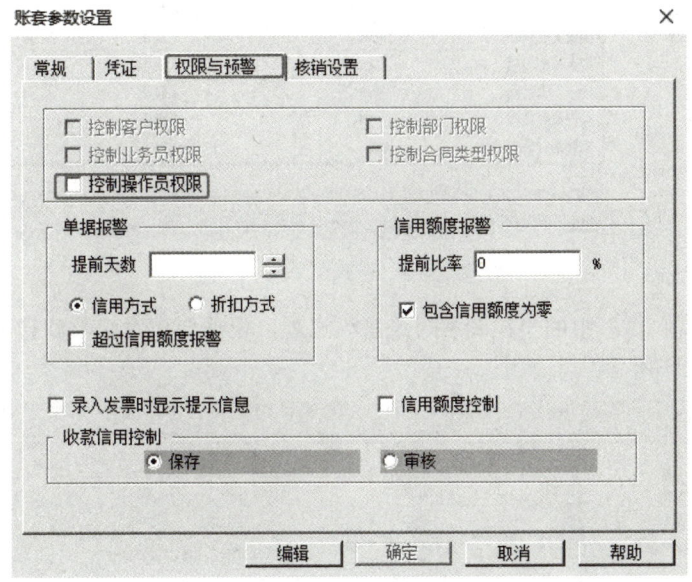

图 3-21　设置应收款管理系统账套参数——权限与预警

3.4.2　设置应收款管理系统科目

📖【任务资料】

请以账套主管的身份根据以下资料设置应收款管理系统科目。

（1）基本科目：应收科目为 1122；预收科目为 2203；税金科目为 22210102；销售收入科目为 6001；销售退回科目为 6001；现金折扣科目为 660303；坏账入账科目为 1231；银行承兑科目为 1121；商业承兑科目为 1121。

（2）控制科目：应收科目为 1122；预收科目为 2203。

（3）产品科目：电池销售收入科目为 6001；木箱、运输费销售收入科目为 6051；应交增值税科目为 22210102；电池销售退回科目为 6001；木箱、运输费销售退回科目为 6051。

（4）结算方式科目：现金对应 100101；现金支票、转账支票、电汇、托收承付、委托收款、其他对应 100201，微信对应 101201。

【任务步骤】

① 2024 年 1 月 1 日，账套主管唐忠谏（A01）登录“企业应用平台”，执行“业务工作→财务会计→应收款管理→设置”命令，双击“初始设置”选项，打开“初始设置”窗口。

② 单击“增加”按钮，选择“设置科目”中的“基本科目设置”选项，根据要求对应收款管理系统的基本科目进行设置，如图 3-22 所示。

基础科目种类	科目	币种
应收科目	1122	人民币
预收科目	2203	人民币
税金科目	22210102	人民币
销售收入科目	6001	人民币
销售退回科目	6001	人民币
现金折扣科目	660303	人民币
坏账入账科目	1231	人民币
银行承兑科目	1121	人民币
商业承兑科目	1121	人民币

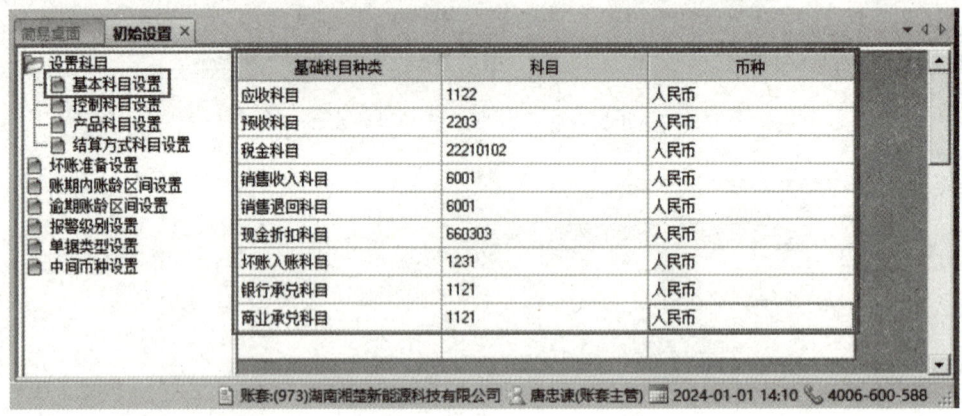

图 3-22 设置基本科目

③ 选择“设置科目”中的“控制科目设置”选项，根据要求对应收款管理系统的控制科目进行设置，如图 3-23 所示。

客户编码	客户简称	应收科目	预收科目
001	康家	1122	2203
002	圣旺	1122	2203
003	梅拉德	1122	2203
5	零散客户	1122	2203

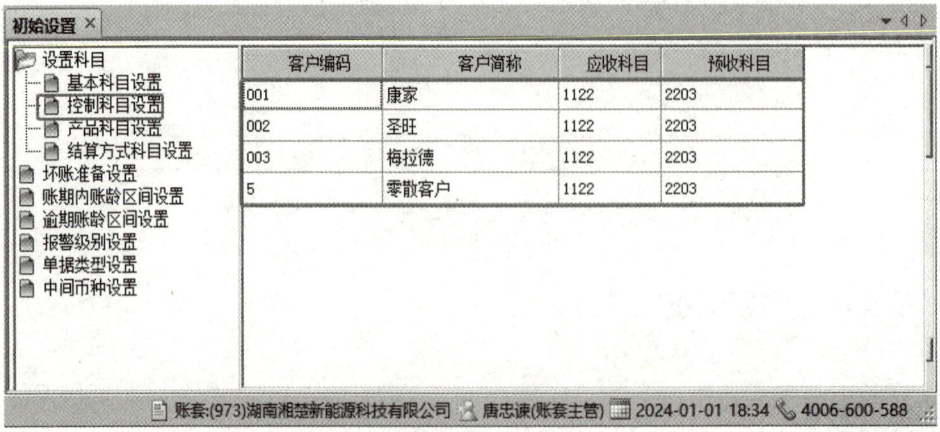

图 3-23 设置控制科目

④ 选择“设置科目”中的“产品科目设置”选项，根据要求对应收款管理系统的产品科目进行设置，如图 3-24 所示。

⑤ 选择“设置科目”中的“结算方式科目设置”选项，根据要求对应收款管理系统的结算方式科目进行设置，如图 3-25 所示。

图 3-24　设置产品科目

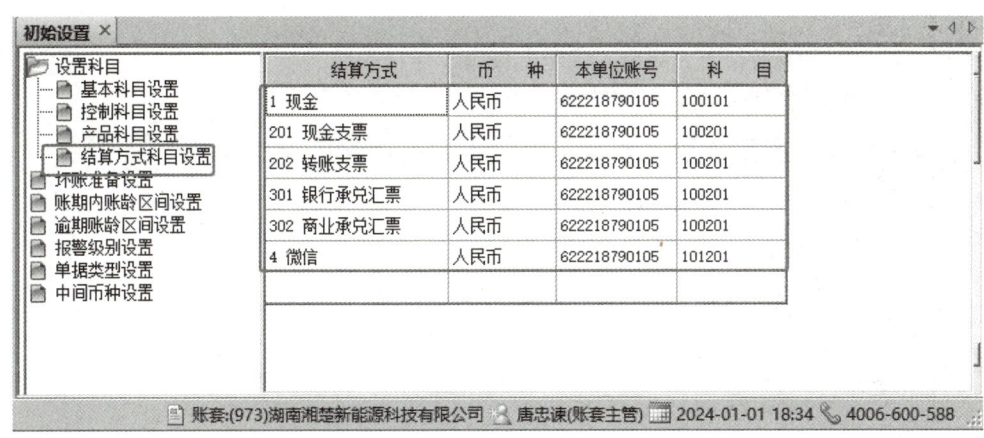

图 3-25　设置结算方式科目

3.4.3　设置账龄区间与逾期账龄区间

📖【任务资料】

请以账套主管的身份根据表 3-2 所示的信息设置账龄区间与逾期账龄区间。

📖【任务步骤】

参考 3.2.3 节设置账龄区间与逾期账龄区间完成类似操作,本处不再重复。

3.4.4　设置坏账准备

📖【任务资料】

请以账套主管的身份根据表 3-4 所示的信息设置坏账准备。

表 3-4 坏账准备参数

控制参数	参数设置
提取比例	1%
坏账准备期初余额	85650 元
坏账准备科目	1231 坏账准备
对方科目	6702 信用减值损失

【任务步骤】

① 2024 年 1 月 1 日，账套主管唐忠谏（A01）登录"企业应用平台"，执行"业务工作→财务会计→应收款管理→设置"命令，双击"初始设置"选项，打开"初始设置"窗口，选择"坏账准备设置"选项。

② 录入坏账准备参数信息，单击"确定"按钮，保存设置。

③ 单击"确定"按钮，结果如图 3-26 所示。

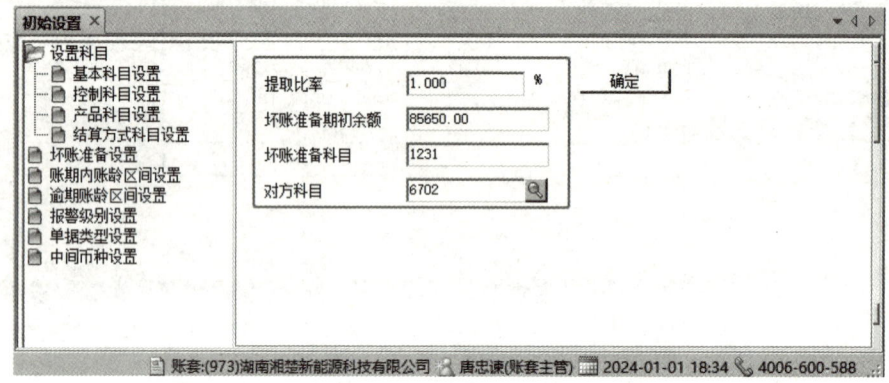

图 3-26 设置坏账准备

3.4.5 设置报警级别

【任务资料】

请以账套主管的身份根据表 3-5 所示的信息设置报警级别。

表 3-5 报警级别

级别	A	B	C	D	E	F
总比率 （客户欠款余额占其信用额度的比例）	10%	20%	30%	40%	50%	—
起止比率	0～10%	10%～20%	20%～30%	30%～40%	40%～50%	50%以上

【任务步骤】

2024 年 1 月 1 日，账套主管唐忠谏（A01）登录"企业应用平台"，执行"业务工作→财务会计→应收款管理→设置"命令,双击"初始设置"选项,打开"初始设置"窗口,选择"报警级别设置"选项,根据表 3-5 所示的信息录入"总比率"和"级别名称",结果如图 3-27 所示。

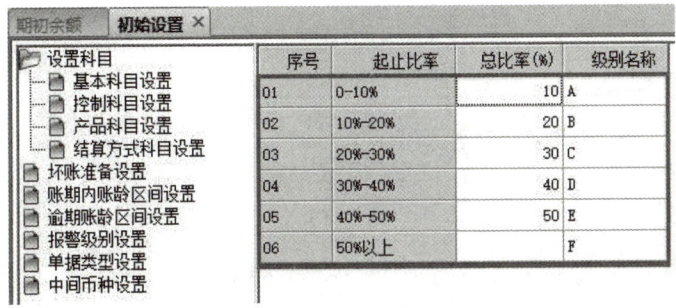

图 3-27 设置报警级别

3.4.6 应收账款期初余额录入与对账

📖【任务资料】

请以账套主管的身份录入应收款管理系统期初余额,期初数据如表 3-6 所示。

表 3-6 期初数据

发票号	单据日期	客户	存货	数量/个	无税单价/元	无税金额/元	税率/%	部门/业务员
XS0301	2023-12-25	康家	XHG103 电池	5	60,000	300,000	13	批发部/姜帆
XS0302	2023-12-26	圣旺	SLA210 电池	100	2,550	255,000	13	批发部/姜帆
XS0303	2023-12-28	梅拉德	SLA310 电池	100	3,400	340,000	13	批发部/姜帆

📖【任务步骤】

1. 打开期初余额明细表

① 2024 年 1 月 1 日,账套主管唐忠谏(A01)登录"企业应用平台",执行"业务工作→财务会计→应收款管理→设置"命令,双击"期初余额"选项,打开"期初余额--查询"对话框。选择需要查询的条件。

② 单击"确定"按钮,打开"期初余额明细表"窗口。

2. 录入销售专用发票信息

① 单击"增加"按钮,打开"单据类别"对话框,"单据名称"选择"销售发票","单据类型"选择"销售专用发票",单击"确定"按钮,如图 3-28 所示。

② 打开"期初销售发票"窗口,按照表 3-6 所示的信息录入发票表头和表体内容,如图 3-29 所示。

③ 单击"保存"按钮,依次增加另外两张发票信息,返回"期初余额"窗口,单击"刷新"按钮,结果如图 3-30 所示。

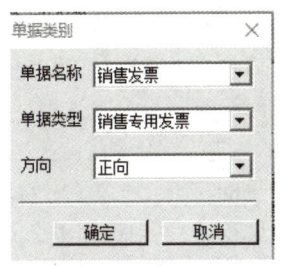

图 3-28 单据类别

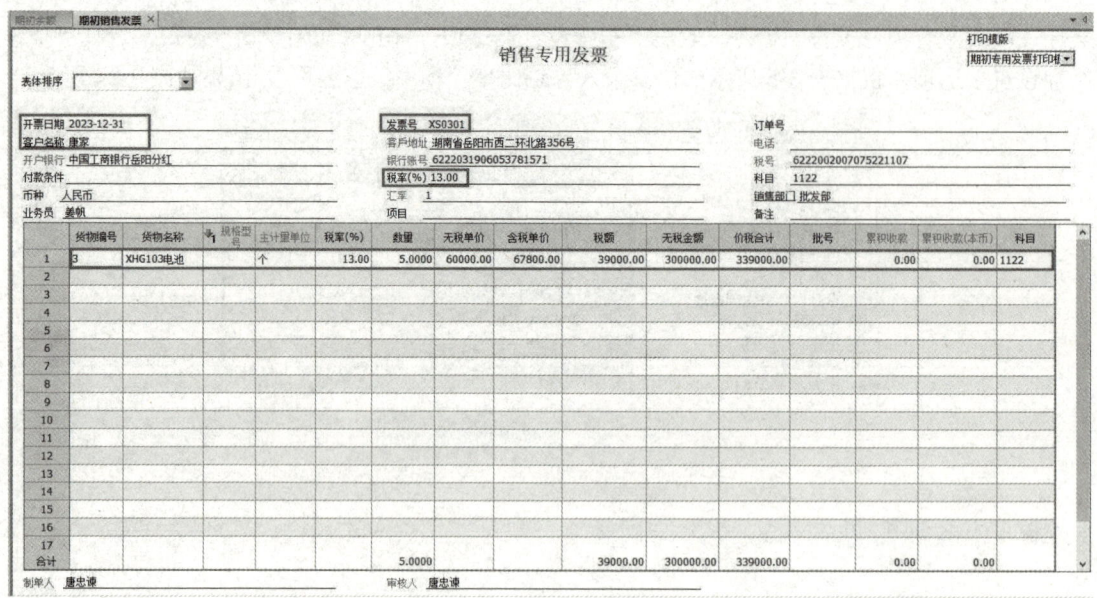

图 3-29 销售专用发票

图 3-30 期初余额明细表

任务 3.5　库存管理系统初始设置

3.5.1　设置库存管理系统参数

微课：库存管理系统初始设置

📖【任务资料】

请以账套主管的身份根据以下资料设置库存管理系统参数。

（1）通用设置：在"修改现存量时点"选项组中勾选"采购入库审核时改现存量""销售出库审核时改现存量""其他出入库审核时改现存量"复选框；在"业务校验"选项组中取消勾选"审核时检查货位"复选框。

（2）专用设置：在"业务开关"选项组中勾选"允许超发货单出库"复选框；在"自动带出单价的单据"选项组中勾选"采购入库单""采购入库取价按采购管理选项""销售出库单""其他入库单""其他出库单"复选框。

（3）预计可用量设置：勾选"预计可用量检查公式"中的"出入库检查预计可用量"复选框；在"预计入库量"选项组中勾选"已请购量""采购在途量""到货/在检量"复选框；在"预计出库量"选项组中勾选"销售订单量""待发货量"复选框。

【任务步骤】

① 2024年1月1日，账套主管唐忠谏（A01）登录"企业应用平台"，执行"业务工作→供应链→库存管理→初始设置"命令，双击"选项"选项，打开"库存选项设置"对话框。

② 根据任务资料，选择"通用设置"选项卡，设置完毕后，单击"确定"按钮，如图3-31所示。

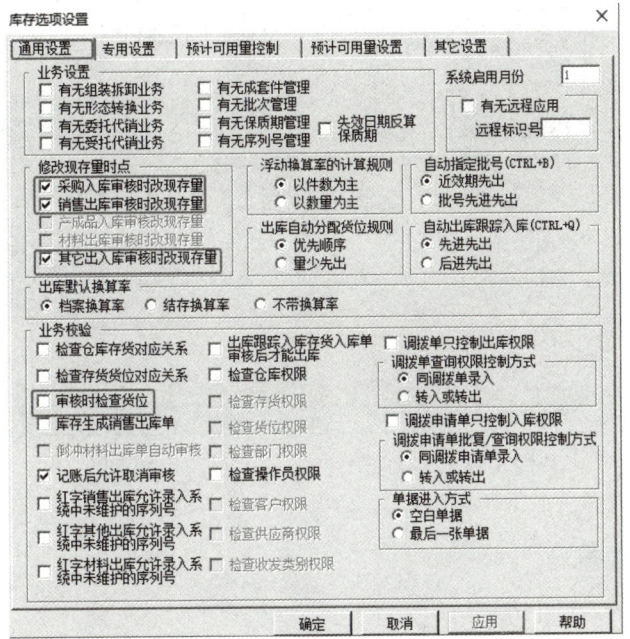

图3-31　库存选项设置——通用设置

③ 选择"专用设置"选项卡，设置完毕后，单击"确定"按钮，如图3-32所示。

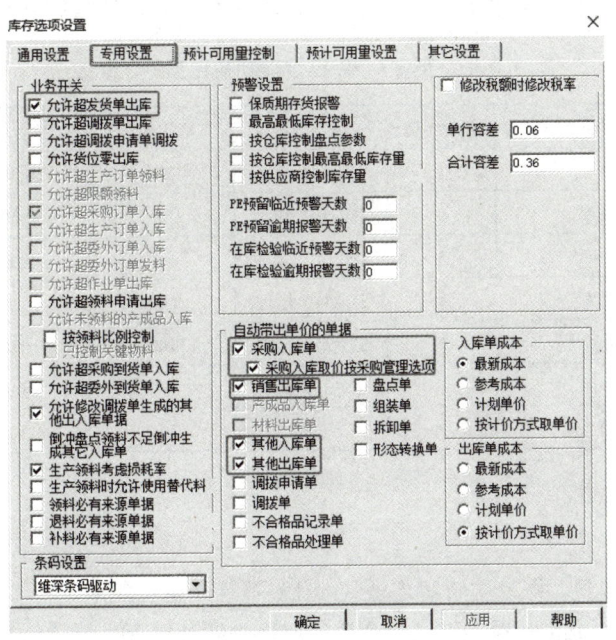

图3-32　库存选项设置——专用设置

④ 选择"预计可用量设置"选项卡，设置完毕后，单击"确定"按钮，如图 3-33 所示。

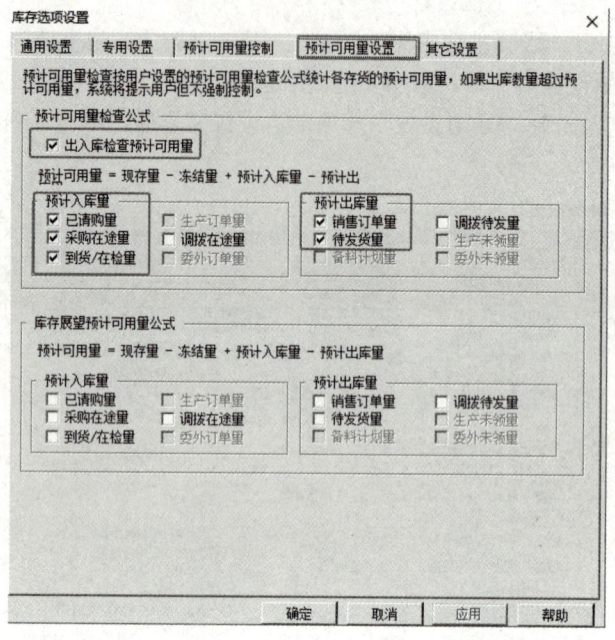

图 3-33　库存选项设置——预计可用量设置

3.5.2　录入期初数据

📖【任务资料】

请以账套主管的身份根据表 3-7 所示的信息录入库存管理期初数据并记账。

表 3-7　库存管理期初数据

仓库编码	仓库名称	存货编码	存货名称	数量/个	单价/元	入库类别
01	商品仓库	1	XHG101 电池	20	20,000	采购入库
01	商品仓库	2	XHG102 电池	20	30,000	采购入库
01	商品仓库	3	XHG103 电池	40	40,000	采购入库
01	商品仓库	4	SLA110 电池	200	1,000	采购入库
01	商品仓库	5	SLA210 电池	200	1,500	采购入库
01	商品仓库	6	SLA310 电池	300	2,000	采购入库
02	周转材料仓库	7	木箱	80	30	采购入库

📖【任务步骤】

① 2024 年 1 月 1 日，账套主管唐忠谏（A01）登录"企业应用平台"，执行"业务工作→供应链→库存管理→初始设置→期初结存"命令，双击"期初结存"选项，打开"库存期初数据录入"窗口。

② 在右上角的"仓库"下拉列表框中选择"（01）商品仓库"选项。

③ 单击"修改"按钮，分别填写"（01）商品仓库"的期初结存信息。

④ 单击"保存"按钮，单据状态为未审核，如图3-34所示。对未审核的单据可以进行修改、删除操作。

⑤ 单击"批审"按钮，弹出"批量审核完成"信息提示框。

⑥ 单击"确定"按钮，单据状态为已审核，不能再对其进行修改、删除操作。

⑦ 选择"周转材料"仓库，重复以上步骤。

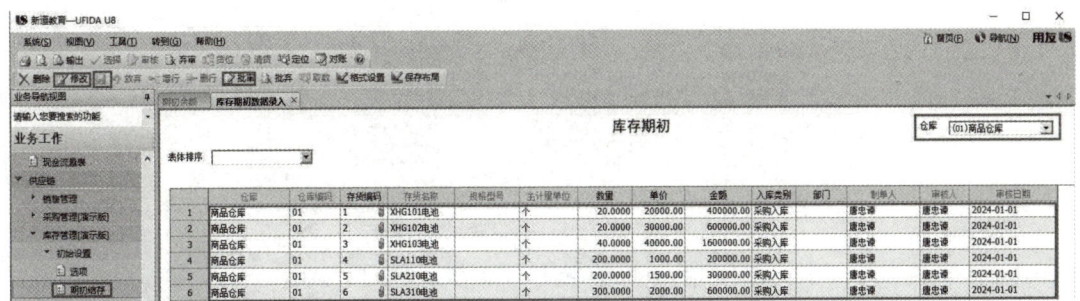

图3-34 录入库存期初数据

任务提示

（1）单击"取数"按钮，库存管理系统中的期初结存数据也可以从存货核算系统取数。只有第一年启用时，才能使用取数功能；以后年度结转上年后，取数功能不能使用，系统自动结转期初数据。

（2）如有日常业务发生（如已填制了其他的出入库单据），则期初结存不能弃审。

任务 3.6 存货核算系统初始设置

3.6.1 设置存货核算系统参数

微课：存货核算系统
初始设置

📖【任务资料】

请以账套主管的身份根据以下资料设置存货核算系统参数。

（1）"核算方式"选择"按仓库核算"；"暂估方式"选择"单到回冲"；"销售成本核算方式"选择"销售发票"。

（2）其余默认系统提供的参数。

📖【任务步骤】

① 2024年1月1日，账套主管唐忠谏（A01）登录"企业应用平台"，执行"业务工作→供应链→存货核算→初始设置→选项"命令，双击"选项录入"选项，打开"选项录入"对话框。

② 根据任务资料，修改参数设置。单击"确定"按钮，弹出"是否保存当前设置？"信息提示框。

③ 单击"确定"按钮，保存系统参数的设置，如图3-35所示。

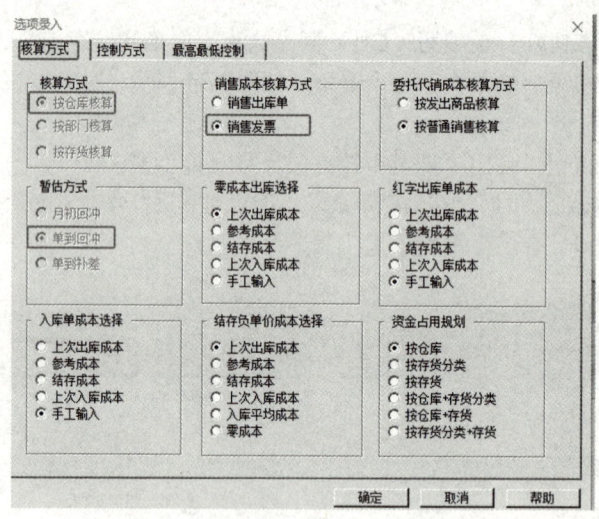

图 3-35　设置存货核算系统参数

3.6.2　设置存货科目

📖【任务资料】

请以账套主管的身份根据以下资料设置存货科目。

"存货分类编码"为"01";"存货科目编码"为"1405","存货科目名称"为"库存商品";"直运科目编码"为"1402","直运科目名称"为"在途物资"。

📖【任务步骤】

① 2024 年 1 月 1 日,账套主管唐忠谏(A01)登录"企业应用平台",执行"业务工作→供应链→存货核算→初始设置→科目设置"命令,双击"存货科目"选项,打开"存货科目"窗口。
② 单击"增加"按钮,根据任务资料设置存货科目。
③ 单击"保存"按钮,结果如图 3-36 所示。

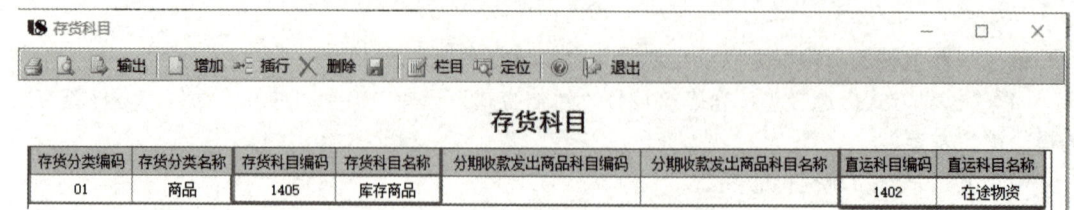

图 3-36　设置存货科目

3.6.3　设置存货对方科目

📖【任务资料】

请以账套主管的身份根据以下资料设置存货对方科目。

采购入库的对方科目的编码与名称为“1402 在途物资”；采购退货的对方科目的编码与名称为“1402 在途物资”；盘盈入库的对方科目的编码与名称为“1901 待处理财产损溢”；销售出库的对方科目的编码与名称为“6401 主营业务成本”；盘亏出库的对方科目为“1901 待处理财产损溢”。

【任务步骤】

① 2024 年 1 月 1 日，账套主管唐忠谏（A01）登录“企业应用平台”，执行“业务工作→供应链→存货核算→初始设置→科目设置”命令，双击“对方科目”选项，打开“对方科目”窗口。

② 单击“增加”按钮，根据任务资料录入存货对方科目信息。

③ 单击“保存”按钮，结果如图 3-37 所示。

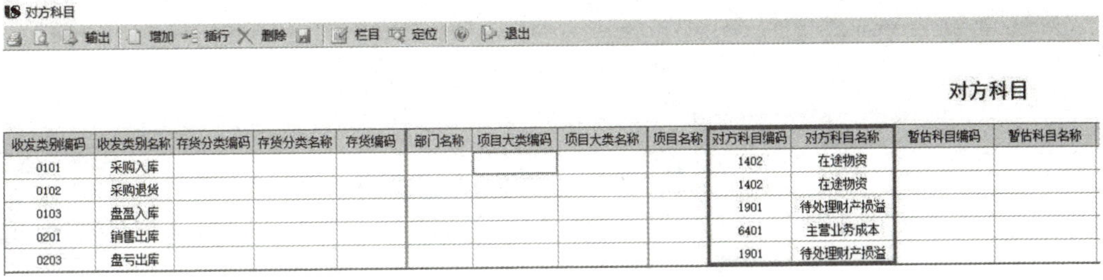

收发类别编码	收发类别名称	存货分类编码	存货分类名称	存货编码	部门名称	项目大类编码	项目大类名称	项目名称	对方科目编码	对方科目名称	暂估科目编码	暂估科目名称
0101	采购入库								1402	在途物资		
0102	采购退货								1402	在途物资		
0103	盘盈入库								1901	待处理财产损溢		
0201	销售出库								6401	主营业务成本		
0203	盘亏出库								1901	待处理财产损溢		

图 3-37　设置存货对方科目

3.6.4　存货期初记账

【任务资料】

请以账套主管的身份进行存货期初记账。

【任务步骤】

① 2024 年 1 月 1 日，账套主管唐忠谏（A01）登录“企业应用平台”，执行“业务工作→供应链→存货核算→初始设置→期初数据”命令，双击“期初余额”选项，打开“期初余额”窗口。

② 选择“01 商品仓库”，单击“取数”按钮，重复选择“02 周转材料库”。

③ 单击“取数”按钮，即可取到期初库存已审核数据。

④ 单击“对账”按钮，打开“库存与库存期初对账查询条件”对话框。

⑤ 单击“确定”按钮，弹出“对账成功！”信息提示框。

⑥ 单击“确定”按钮，即完成对账任务，结果如图 3-38 所示。

⑦ 单击“记账”按钮，弹出“记账成功！”信息提示框，单击“确定”按钮，最后单击“退出”按钮，完成记账任务。

任务提示

（1）期初数据录入完毕，必须期初记账后，才能开始日常业务核算，但未进行期初记账时，系统允许进行单据录入、账表查询操作。没有期初数据的用户，可以不录入期初数据，但必须进行期初记账操作。

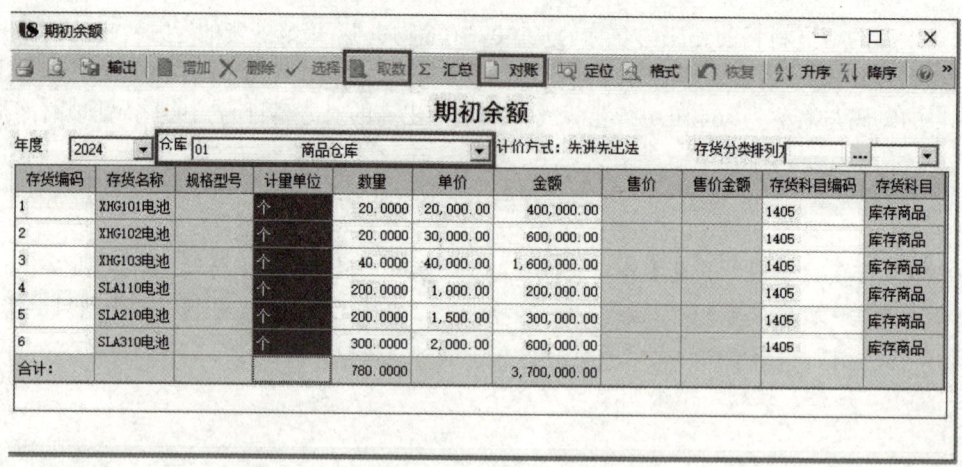

图 3-38 存货期初记账

任务 3.7　任务总结

项目三测试

📖【学习经验】

_____

_____

📖【注意事项】

_____

_____

课证融通：子系
统初始设置

红色会计大讲堂：新中国会计制度奠
基人之——杨纪婉

项目四

总账系统

学习目标

知识目标： 了解总账系统的主要功能、作用及与其他子系统之间的关系。
理解不同操作员在总账系统中的职责与权限。
掌握记账的填制、修改、删除和查询的方法和技巧。
能力目标： 会进行总账参数设置。
会进行记账凭证处理。
素养目标： 培养学生会计信息化总账管理专业能力。
培养学生数字化、信息化素养。

项目概述

用友 U8 中的总账系统具有丰富的内容和重要的功能，涵盖会计科目的设置与管理，包括各种资产、负债、权益、损益等科目的定义和分类。同时包含各类凭证的录入、审核与管理，如记账凭证等。总账系统的主要功能如下。

（1）凭证处理功能。支持凭证的填制、审核、记账等操作，确保凭证的准确性和合法性。进行科目汇总和试算平衡，方便检查账务的正确性。

（2）账簿查询和打印功能，能满足不同层次的财务信息需求。

（3）自动转账和结账功能。可根据设定自动生成转账凭证，并在期末进行结账操作，简化财务期末处理流程。

（4）财务数据的统计和分析功能。总账系统通过凭证处理功能生成各种财务报表，如资产负债表、利润表等，为企业决策提供依据。

总账系统与其他子系统有着紧密的关系，它起到了汇总和统领的作用，将其他子系统产生的财务相关数据进行整合和记录，形成企业完整的财务账目。同时，总账系统也为其他子系统提供必要的财务数据支持。供应链管理系统中的采购、销售和库存管理等系统，为总账系统提供了原材料采购、产品销售及存货变动等业务数据，确保财务数据与业务数据的同步和一致。固定资产管理系统中的固定资产增加、减少、折旧等信息会传递给总账系统，以准确反映企业固定资产的财务状况。薪资管理系统将工资计提、分摊结果自动生成记账凭证，传递到总账系统，可以进行查询、审核、记账，便于总账系统进行薪资核算和账务处理。

本项目知识图谱如图 4-1 所示。

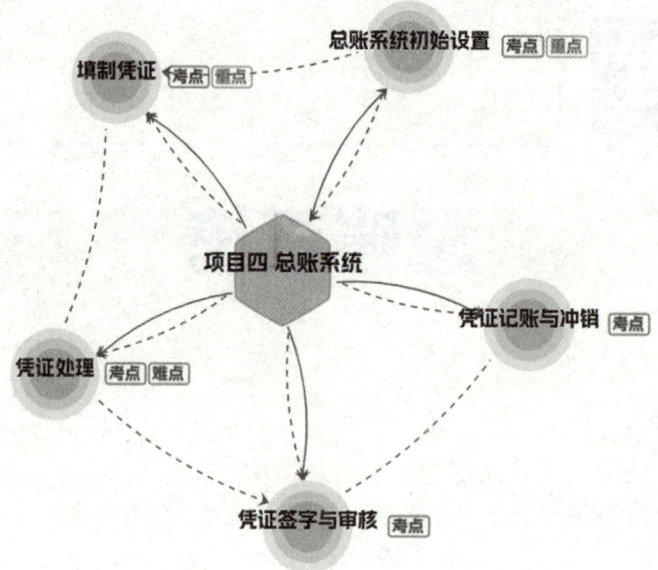

图 4-1　项目四知识图谱

任务 4.1　总账系统初始设置

4.1.1　设置总账系统参数

📖【任务资料】

请以账套主管的身份根据以下资料设置总账系统参数。
（1）凭证：取消勾选"制单序时控制"复选框。
（2）权限：勾选"出纳凭证必须经由出纳签字"复选框。
（3）会计日历：修改"数量小数位"为"2"；其他默认。

设置总账系统参数

📖【任务步骤】

① 2024 年 1 月 1 日，账套主管唐忠谏（A01）登录"企业应用平台"，执行"业务工作→财务会计→总账→设置"命令，双击"选项"选项，打开"选项"对话框。
② 单击"编辑"按钮，根据任务资料，选择"凭证"选项卡，取消勾选"制单序时控制"复选框，如图 4-2 所示。
③ 单击"确定"按钮。按照类似的方法完成总账系统其他参数设置。

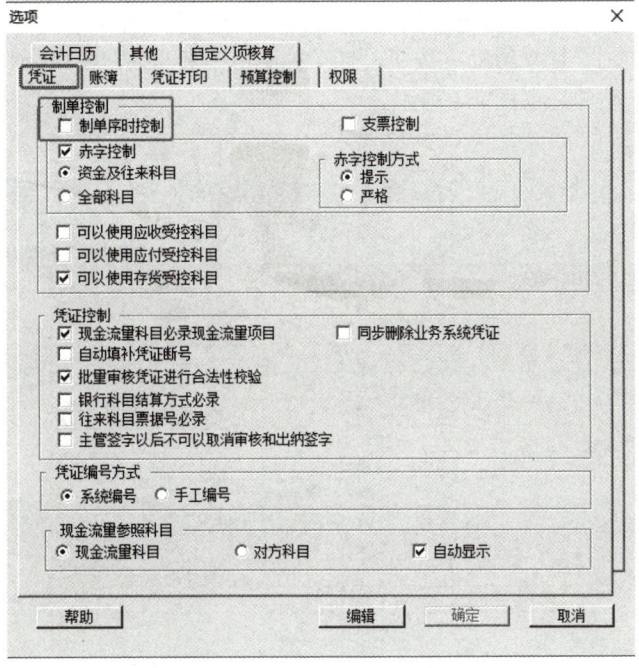

图 4-2 "选项"对话框

4.1.2 总账期初建账

📖【任务资料】

总账期初余额表

请以账套主管的身份根据二维码中总账期初余额表中的信息录入总账期初余额并进行试算平衡和期初对账。

📖【任务步骤】

总账期初建账

1. 一般会计科目期初余额录入

① 2024 年 1 月 1 日,账套主管唐忠谏(A01)登录"企业应用平台",执行"业务工作→财务会计→总账→设置"命令,双击"期初余额"选项,打开"期初余额录入"窗口。

② 根据任务资料录入各会计科目期初余额。灰色单元格对应的科目设置有明细科目,待末级科目录入完成后其期初余额自动汇总生成,无须手工录入。白色单元格对应的科目为末级科目,直接录入数据即可。

③ 以库存现金为例,双击"库存现金-人民币"二级明细期初余额栏目,根据任务资料录入金额"75866",按 Enter 键或单击空白处,金额自动汇总到"库存现金"期初余额。用类似的方法录入"银行存款-岳麓区支行"期初余额"98488911.76",结果如图 4-3 所示。

2. 辅助核算会计科目期初余额录入

1) 自动引入期初余额

① 2024 年 1 月 1 日,账套主管唐忠谏(A01)登录"企业应用平台",执行"业务工作→财务会计→总账→设置"命令,双击"期初余额"选项,打开"期初余额录入"窗口。根据任务资

料,双击"应收账款"科目黄色区域,打开"辅助期初余额"窗口。

② 单击工具栏中的"往来明细"按钮,打开"期初往来明细"窗口。

③ 单击"引入"按钮,如图 4-4 所示。

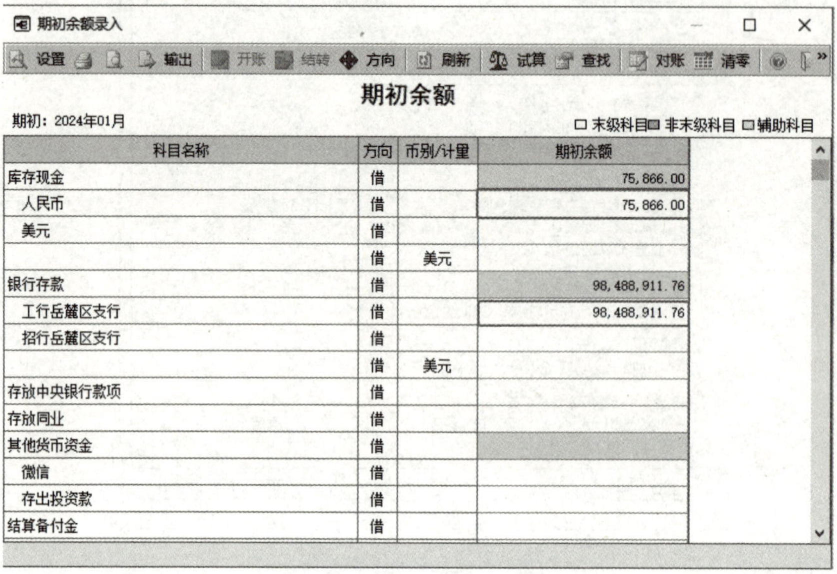

图 4-3　设置一般会计科目期初余额

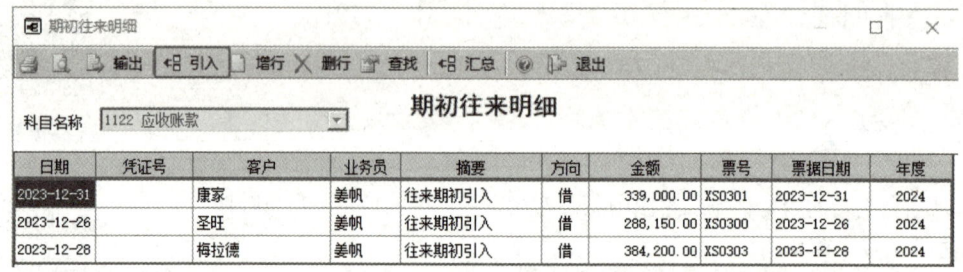

图 4-4　自动引入期初余额

④ 单击"汇总"按钮,弹出"完成了往来明细到辅助期初表的汇总!"信息提示框。单击"确定"按钮,结果如图 4-5 所示。

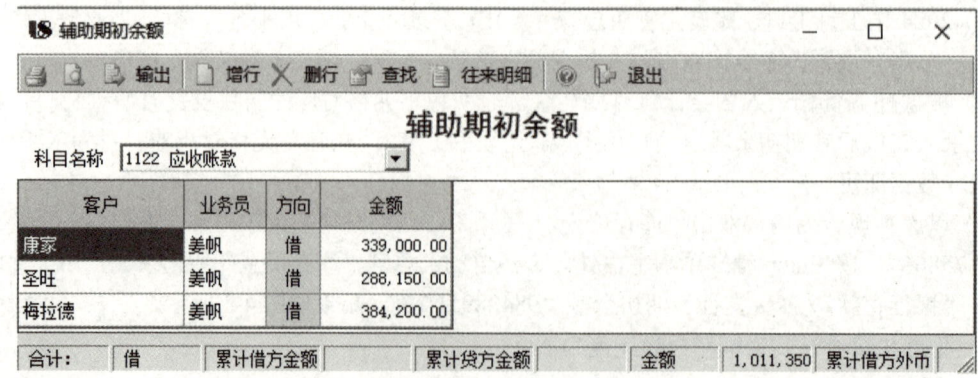

图 4-5　辅助期初余额

⑤ 单击"退出"按钮。按照上述方法完成其他会计科目辅助核算期初余额录入。

> **任务提示**
> 在"期初往来明细"窗口中，可以单击"增行"按钮，增加行依次录入。

2）手工录入期初余额

① 2024 年 1 月 1 日，账套主管唐忠谏（A01）登录"企业应用平台"，执行"业务工作→财务会计→总账→设置"命令，双击"期初余额"选项，打开"期初余额录入"窗口，双击"应付账款——暂估"科目黄色区域，打开"辅助期初余额"窗口。

② 单击"往来明细"按钮，打开"期初往来明细"对话框。

③ 单击"增行"按钮，新增一行，按照根据任务资料录入期初余额信息，如图 4-6 所示。

④ 单击"汇总"按钮，弹出"完成了往来明细到辅助期初表的汇总！"信息提示框，单击"确定"按钮。

⑤ 单击"退出"按钮。

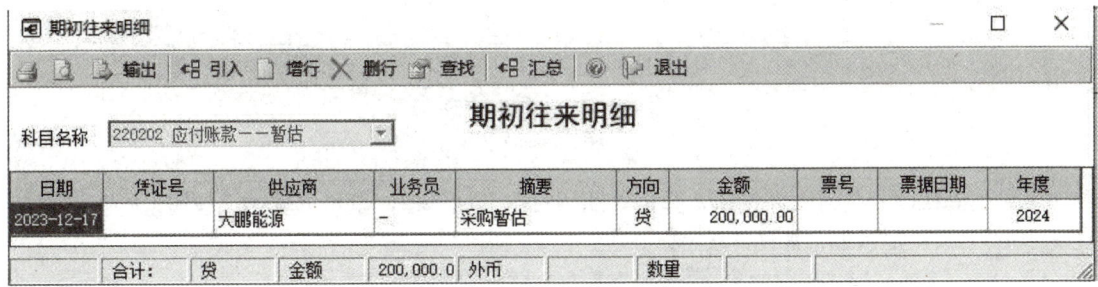

图 4-6　手工录入期初往来明细

3. 项目核算会计科目期初余额录入

① 2024 年 1 月 1 日，账套主管唐忠谏（A01）登录"企业应用平台"，执行"业务工作→财务会计→总账→设置"命令，双击"库存商品"科目黄色区域，打开"辅助期初余额"窗口。

② 步骤同上，根据任务资料录入期初余额信息，如图 4-7 所示。

③ 单击"退出"按钮。

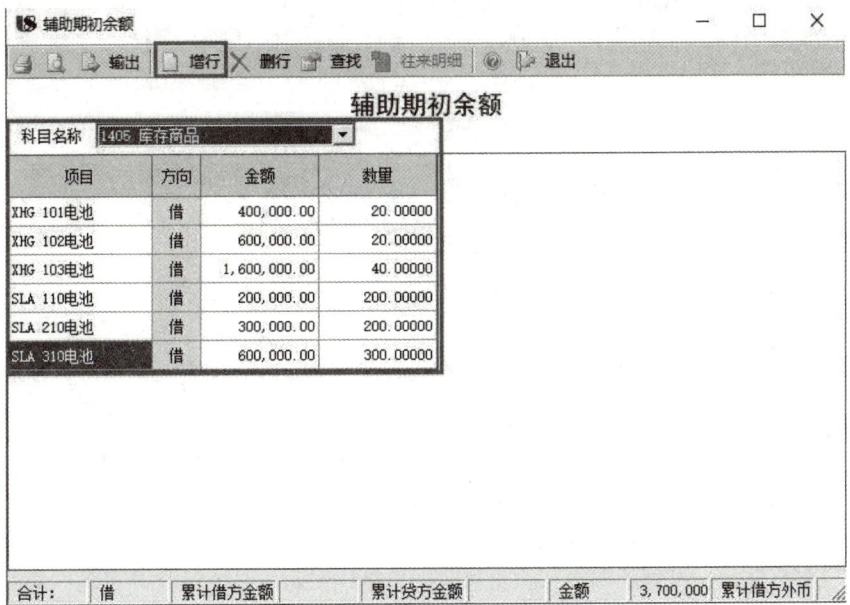

图 4-7　录入项目核算会计科目期初余额

4. 试算平衡

录入完毕,单击工具栏中的"试算"按钮,系统进行试算平衡。单击"确定"按钮,关闭"期初余额录入"对话框,结果如图4-8所示。

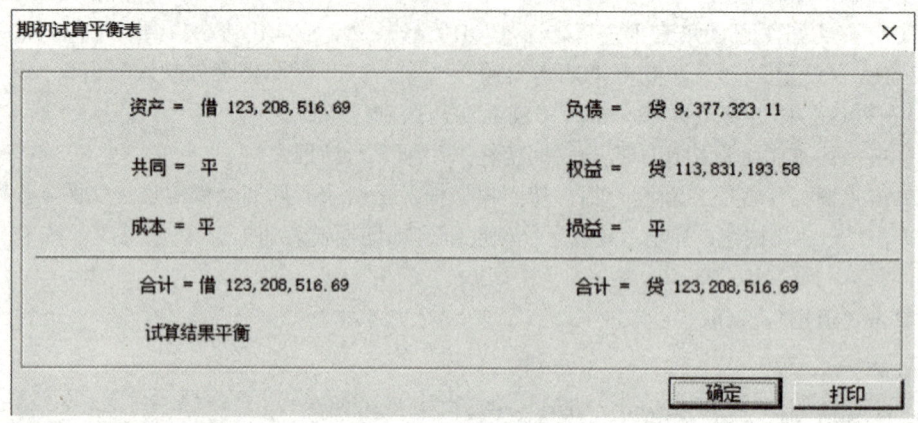

图4-8 试算平衡结果

5. 期初对账

单击工具栏中的"对账"按钮,弹出"期初对账"对话框,单击"开始"按钮,弹出"期初对账完毕!"信息提示框,如图4-9所示。

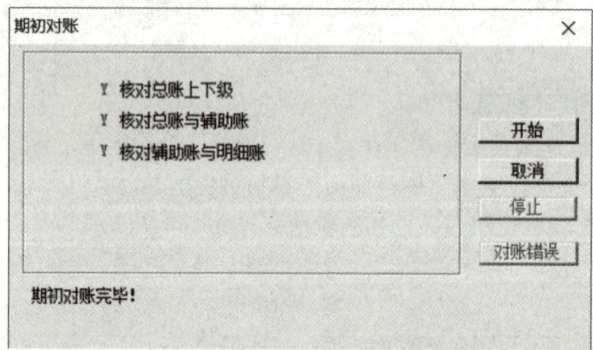

图4-9 期初对账结果

任务 4.2 填制凭证

📖【任务资料】

请以会计朱觅(W02)的身份根据以下任务资料填制凭证。

【业务1】2024年1月1日,湘楚科技向中国工商银行长沙分行贷款5,000,000元,用于修建益阳分公司办公用房,期限5年,贷款年利率为4%,5年到期一次性还本付息。(附件:1张工商银行转账支票,票号12738342)

【业务2】1月2日,收到鑫源集团投资资金800,000美元,占公司股份10%,公司估值5,000万元。(附件:1份投资协议书,1张招商银行银行回单)

【业务3】1月3日,总经办张东报销办公用品3,580元,出纳以现金付讫。(附件:1张购买

打印纸的增值税专用发票，1张购买订书机的增值税专用发票，1张费用报销单，税率13%）

【业务4】1月9日，销售部姜帆报销差旅费3,180元，出纳以现金支付。（附件：1张住宿专用发票，金额379.25元，税额40.75元；2张航空公司行程单，每张票价1,200元，机场燃油费80元，机场建设费100元，共计1,380元；1张差旅费报销单）

【业务5】1月9日，银行代扣12月社保364,494元，公司缴纳269,164.8元（其中，基本养老保险费149,536元，基本医疗保险费93,460元，失业保险费9,346元，生育保险费7,476.8元，工伤保险费9,346元），个人缴纳95,329.2元。12月公积金224,304元，公司缴纳112,152元，个人缴纳112,152元。明细金额分别为期末余额，可以通过"Ctrl+Y"键查询余额。（附件：2张工商银行银行回单）

【业务6】1月10日，发放12月工资712,805.24元，代扣个人缴纳社保95,329.2元，代扣个人缴纳公积金112,152元，代扣个人所得税14,313.56元。注：明细金额分别为期末余额，可以通过Ctrl+Y组合键查询余额。（附件：1张工商银行银行回单，1张湘楚科技工资单）

【业务7】1月10日，缴纳12月增值税及其附加税、个人所得税、印花税，如表4-1所示。（附件：3张工商银行银行回单）

表4-1 应交税费明细表

会 计 科 目	金额/元
222102\应交税费\未交增值税	787,090.91
222104\应交税费\应交城建税	55,096.36
222105\应交税费\应交教育费附加	23,612.73
222110\应交税费\应交地方教育费附加	15,741.82
222108\应交税费\应交印花税	12,436.36
222109\应交税费\应交个人所得税	14,313.56
合计	908,291.74

【业务8】1月13日，缴纳水费872元、电费135,600元，收到增值税专用发票，出纳以银行转账支票支付水电费，水电费分配表如表4-2所示。（附件：1张水电费分配表；2张增值税专用发票，其中水费税额72元，电费税额15,600元；2张转账支票存根，支付水费与电费票号分别为12738343和12738344）

表4-2 水电费分配表

2024年	1月13日	单位：元
使用部门		分配金额
总经办		41,072
财务部		7,248
采购部		24,160
库管部		24,160
销售部		24,160
合 计		120,800

【业务9】1月13日，销售部姜帆申请支付广告费，价税合计371,000元，出纳以转账支票付讫。（附件：1张增值税专用发票，税额21,000元；1张付款申请单；1张工商银行转账支票存根，票号12738345）

【业务 10】1 月 20 日，总经办购买一套运营管理软件，价税合计 395,500 元，已收到增值税专用发票，税率 13%，该软件已安装使用，出纳以转账付讫。（附件：1 张增值税专用发票，1 张工商银行银行回单）

【业务 11】1 月 21 日，总经办报销业务招待费 75,000 元，出纳以转账支票付讫。（附件：1 张费用报销单；1 张工商银行转账支票存根，票号 12738346；1 张增值税普通发票）

【业务 12】1 月 22 日，财务部朱觅报销办公用品 3,580 元，出纳以现金付讫。（附件：1 张购买打印纸的增值税专用发票，1 张购买订书机的增值税专用发票，1 张费用报销单）（使用凭证复制功能）

> **任务提示**
> 总账系统凭证处理的核心流程如下：填制凭证→审核凭证→记账。

📖【任务步骤】

1. 业务 1

本业务是长期借款业务，具体操作步骤如下。

① 2024 年 1 月 31 日，会计朱觅（W02）登录"企业应用平台"，执行"业务工作→财务会计→总账→凭证"命令，双击"填制凭证"选项，打开"填制凭证"窗口。

② 单击"新增"按钮 或按 F5 键，新增一张记账凭证，系统自动生成凭证编号。

③ 填制凭证信息。

➢ 制单日期：首次填制凭证系统，以登录"企业应用平台"时录入的操作日期作为记账凭证的填制日期。

➢ 附单据数：为非必输项。"附单据数"上方两行为凭证自定义项，单击后直接进行录入即可，系统对这些信息只保存不校验。

➢ 摘要：单击"参照"按钮 ，参照选择常用摘要（也可直接录入摘要），按 Enter 键。

➢ 科目名称：填制科目时可以直接录入科目末级编码，如 100201，也可以单击"参照"按钮 或按 F2 键，打开"科目参照"对话框，如图 4-10 所示，选择"100201 工行岳麓区支行"选项后，单击"确定"按钮或按 Enter 键，打开"辅助项"对话框，如图 4-11 所示，设置好结算方式和发生日期后，单击"确定"按钮。

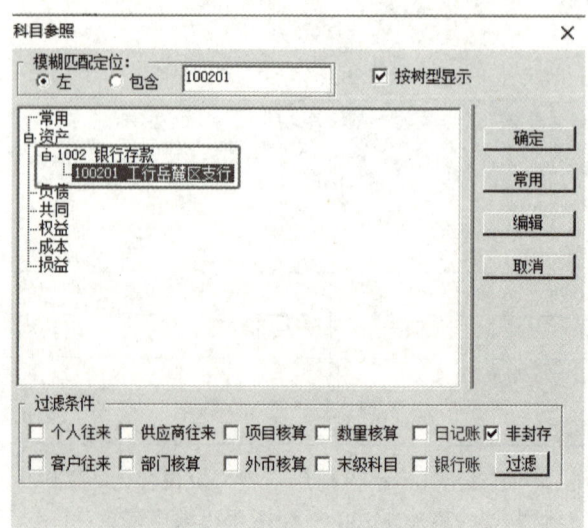

图 4-10 科目参照

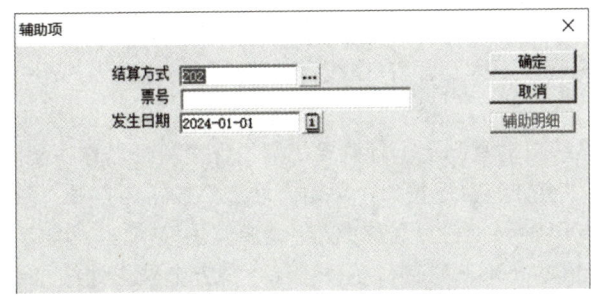

图 4-11 "辅助项"对话框

如需修改"100201"会计科目辅助项,在"记账凭证"窗口中将鼠标光标移到"票号日期"处,当鼠标光标变成一支笔状,单击该处即可修改项目辅助项。

> 金额:按 Enter 键跳转到第二行(系统自动复制上一行摘要),再按 Enter 键,在"科目名称"栏选择负债类科目"2501 长期借款"(或者直接录入"2501"),按 Enter 键,或单击"贷方金额"栏,录入贷方金额"5000000"(或直接在其贷方金额栏按"="键)。

任务提示
(1)如果会计分录中的会计科目不存在,可单击"编辑"按钮,直接新增会计科目。
(2)在"科目名称"栏也可通过直接录入末级科目编码来录入会计科目。

④ 单击"保存"按钮或按 F6 键,弹出"凭证已保存成功!"信息提示框,单击"确定"按钮,结果如图 4-12 所示。

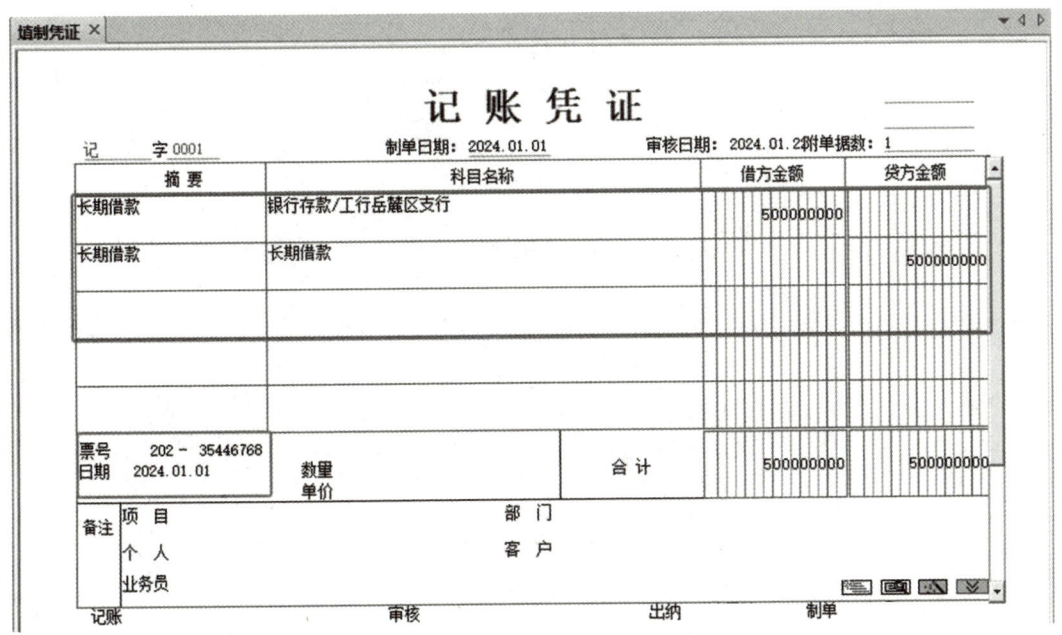

图 4-12 业务 1 记账凭证

2. 业务 2

本业务是有外币投资款核算的业务,有新的投资方,需新增加"实收资本"二级明细科目,具体操作步骤如下。

① 2024 年 1 月 2 日,会计朱觅(W02)登录"企业应用平台",执行"业务工作→财务会计→总账→凭证"命令,双击"填制凭证"选项,打开"填制凭证"窗口。

② 单击"新增"按钮 或按 F5 键,新增一张记账凭证,系统自动生成凭证编号。

③ 在"摘要"栏中录入"收到投资款",按 Enter 键,在借方"科目名称"栏中选择会计科目"100202 银行存款/招行岳麓区支行",系统自动将凭证格式改为外币格式,按 Enter 键,录入借方金额"5688320"。

④ 按 Enter 键,系统自动复制上一行摘要,第二行"科目名称"参照生成"实收资本",单击"编辑"按钮,打开"会计科目"窗口,单击"增加"按钮,打开"新增会计科目"对话框,设置"科目编码"为"400104"、"科目名称"为"鑫源集团",单击"确定"按钮,科目增加成功。重复以上操作,增加"资本公积"科目,在该科目"贷方金额"处按"="键或直接录入贷方金额"688320"。

⑤ 单击"保存"按钮,弹出"凭证已成功保存!"信息提示框,单击"确定"按钮,结果如图 4-13 所示。

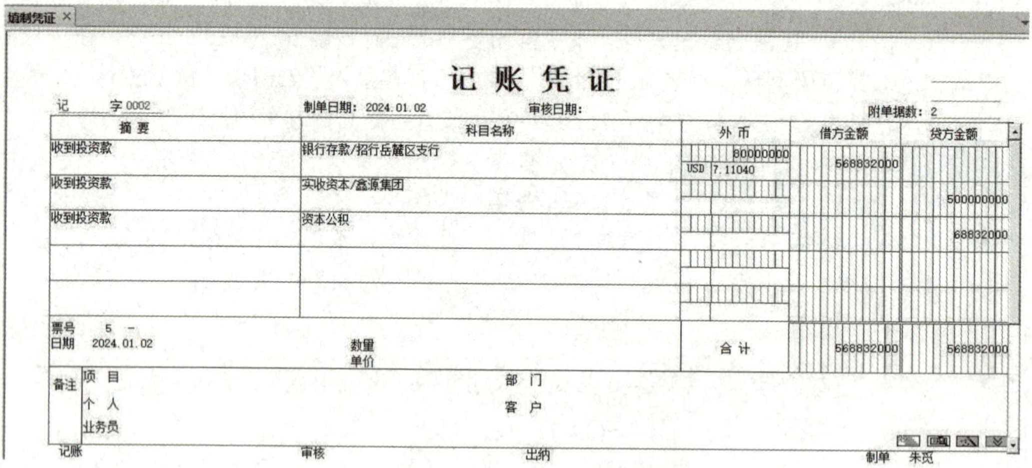

![图4-13]

图 4-13　业务 2 记账凭证

3. 业务 3

本业务是报销办公用品费用,是以现金支付的业务,具体操作步骤参见业务 1 中的步骤,结果如图 4-14 所示。

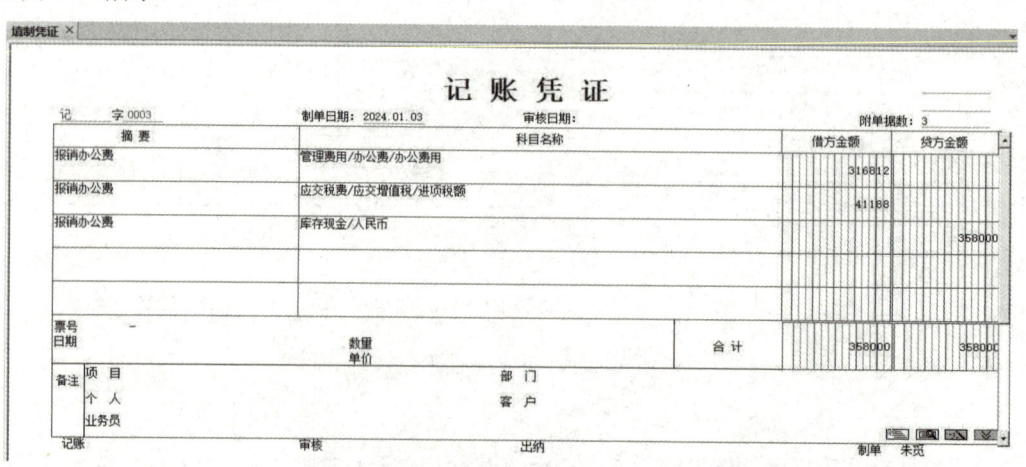

图 4-14　业务 3 记账凭证

4. 业务 4

本业务是报销差旅费,是以现金支付的业务,具体操作步骤参见业务 1 中的步骤,结果如图 4-15 所示。

填制凭证

记 账 凭 证

记　字 0004　制单日期：2024.01.09　审核日期：　附单据数：4

摘要	科目名称	借方金额	贷方金额
报销差旅费	销售费用/差旅费	292787	
报销差旅费	应交税费/应交增值税/进项税额	25213	
报销差旅费	库存现金/人民币		318000
合计		318000	318000

票号 -　日期　数量　单价

备注　项目　部门　个人　客户　业务员

记账　审核　出纳　制单　朱觅

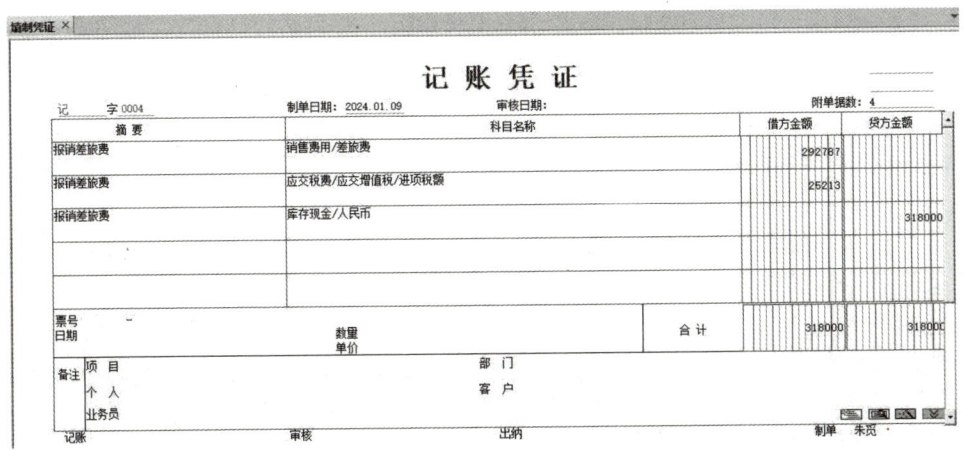

图 4-15　业务 4 记账凭证

5. 业务 5

本业务是缴纳社保和公积金的业务，具体操作步骤参见业务 1 中的步骤，结果如图 4-16 所示。

填制凭证

记 账 凭 证

记　字 0005 - 0001/0002　制单日期：2024.01.09　审核日期：　附单据数：2

摘要	科目名称	借方金额	贷方金额
缴纳12月社保和公积金	应付职工薪酬/社会保险费/基本养老保险费	14953600	
缴纳12月社保和公积金	应付职工薪酬/社会保险费/基本医疗保险费	9346000	
缴纳12月社保和公积金	应付职工薪酬/社会保险费/失业保险费	934600	
缴纳12月社保和公积金	应付职工薪酬/社会保险费/生育保险费	747680	
缴纳12月社保和公积金	应付职工薪酬/社会保险费/工伤保险费	934600	
合计		58879800	58879800

票号 -　日期　数量　单价

备注　项目　部门　个人　客户　业务员

记账　审核　出纳　制单　朱觅

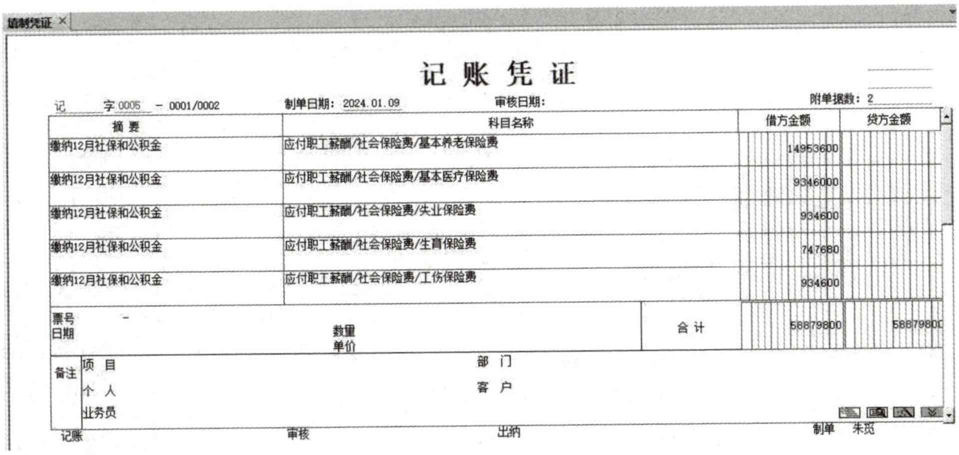

图 4-16　业务 5 记账凭证

6. 业务 6

本业务是发放工资业务，具体操作步骤参见业务 1 中的步骤，结果如图 4-17 所示。

填制凭证

记 账 凭 证

记　字 0006　制单日期：2024.01.10　审核日期：　附单据数：2

摘要	科目名称	借方金额	贷方金额
发放工资	应付职工薪酬/职工工资	93460000	
发放工资	其他应付款/代扣代缴个人社保		9532920
发放工资	其他应付款/代扣代缴个人公积金		11215200
发放工资	应交税费/应交个人所得税		1431356
发放工资	银行存款/工行岳麓区支行		71280524
合计		93460000	93460000

票号 -　日期　数量　单价

备注　项目　部门　个人　客户　业务员

记账　审核　出纳　制单　朱觅

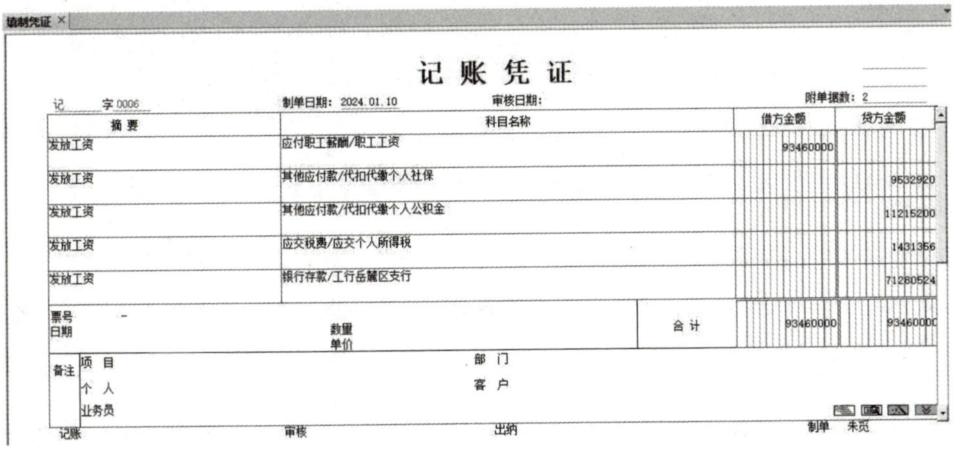

图 4-17　业务 6 记账凭证

7. 业务 7

本业务是缴纳 12 月份增值税及其附加税、个人所得税业务，具体操作步骤参见业务 1 中的步骤，结果如图 4-18 所示。

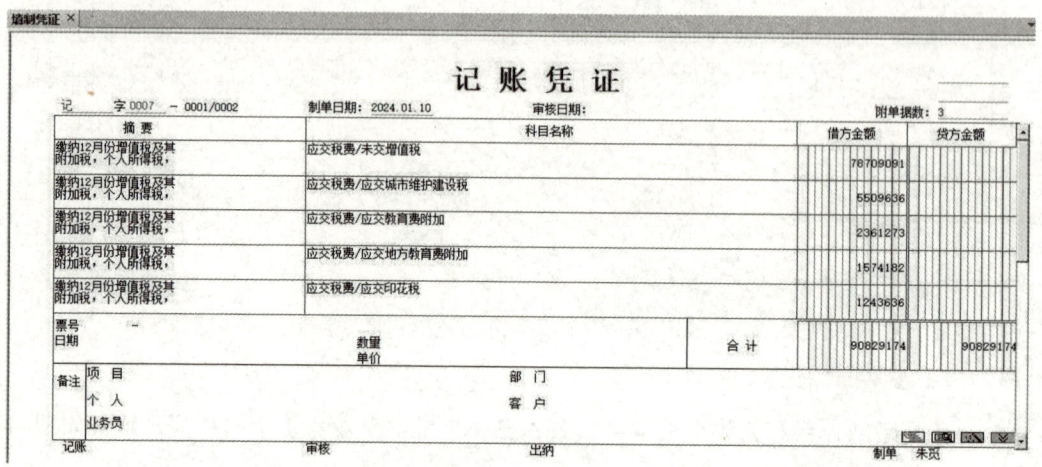

图 4-18 业务 7 记账凭证

8. 业务 8

本业务是以银行存款缴纳水电费业务，具体操作步骤参见业务 1 中的步骤，结果如图 4-19 所示。

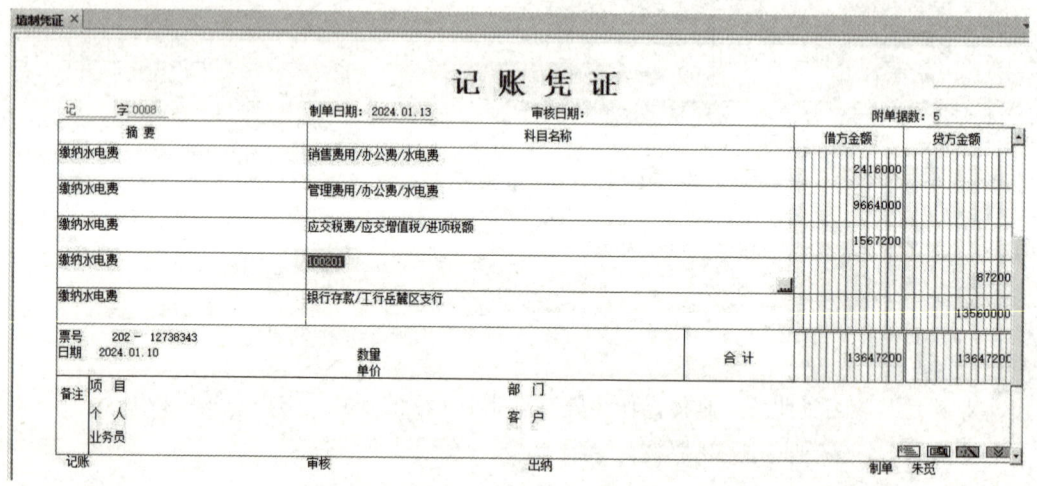

图 4-19 业务 8 记账凭证

9. 业务 9

本业务是以转账支票支付广告费业务，具体操作步骤参见业务 1 中的步骤，结果如图 4-20 所示。

10. 业务 10

本业务是采购无形资产通过转账方式支付的业务，具体操作步骤参见业务 1 中的步骤，结果如图 4-21 所示。

11. 业务 11

本业务是以转账支票支付业务招待费的业务，具体操作步骤参见业务 1 中的步骤，结果如图 4-22 所示。

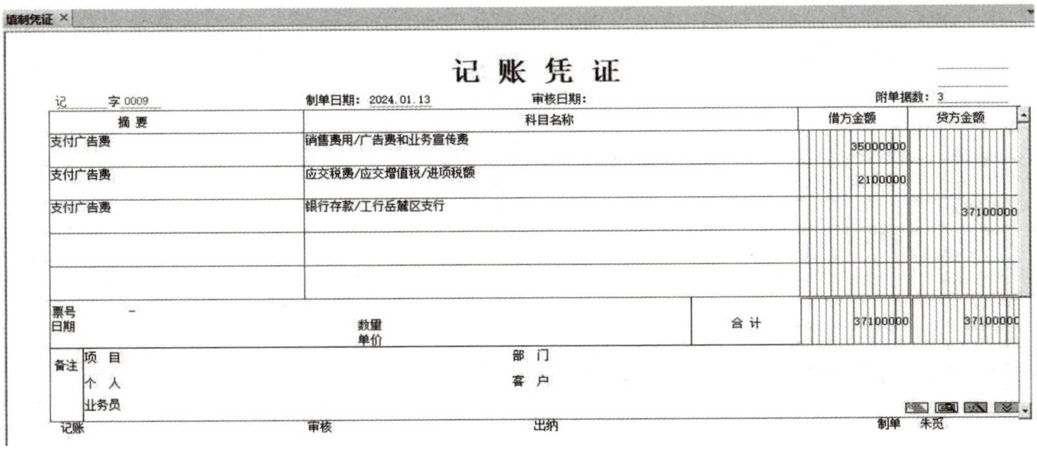

填制凭证

记账凭证

记　字 0009　制单日期：2024.01.13　审核日期：　附单据数：3

摘要	科目名称	借方金额	贷方金额
支付广告费	销售费用/广告费和业务宣传费	35000000	
支付广告费	应交税费/应交增值税/进项税额	2100000	
支付广告费	银行存款/工行岳麓区支行		37100000
票号 - 日期	数量 单价	合计 37100000	37100000

备注　项目　部门　个人　客户　业务员

记账　审核　出纳　制单　朱觅

图 4-20　业务 9 记账凭证

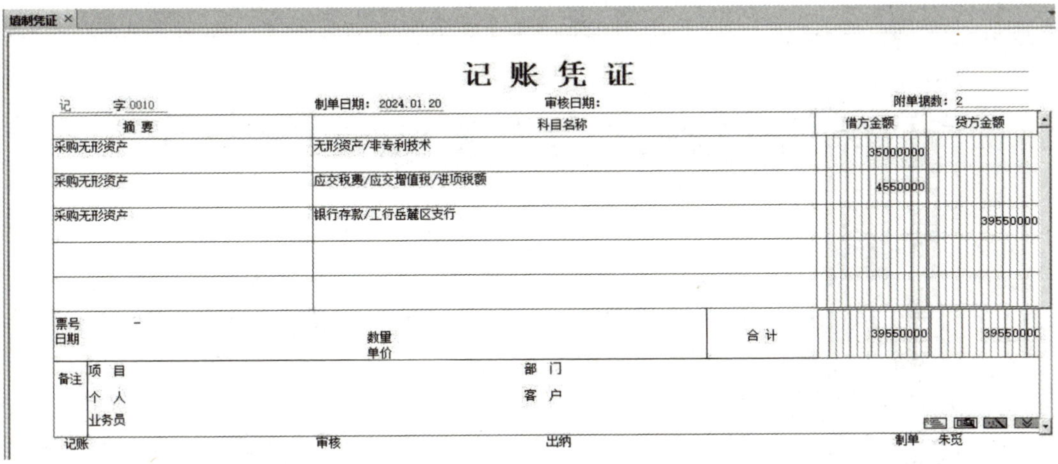

填制凭证

记账凭证

记　字 0010　制单日期：2024.01.20　审核日期：　附单据数：2

摘要	科目名称	借方金额	贷方金额
采购无形资产	无形资产/非专利技术	35000000	
采购无形资产	应交税费/应交增值税/进项税额	4550000	
采购无形资产	银行存款/工行岳麓区支行		39550000
票号 - 日期	数量 单价	合计 39550000	39550000

备注　项目　部门　个人　客户　业务员

记账　审核　出纳　制单　朱觅

图 4-21　业务 10 记账凭证

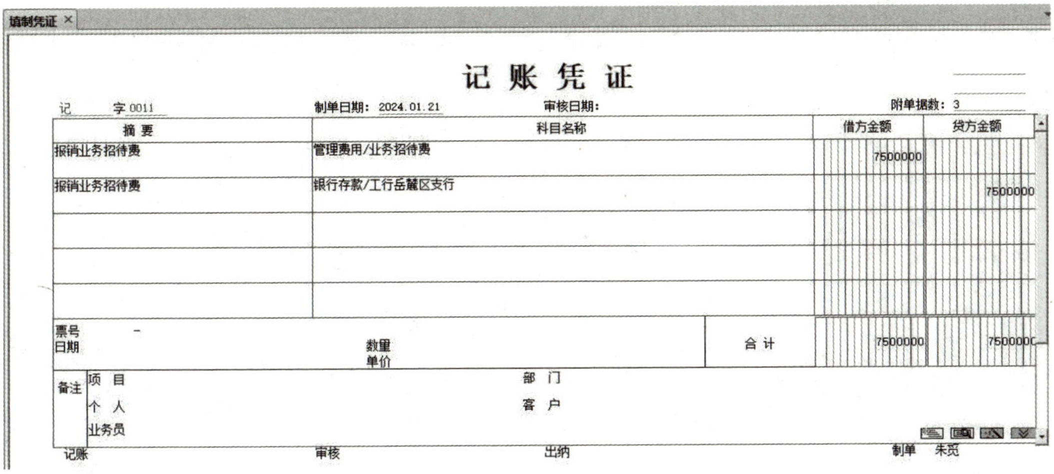

填制凭证

记账凭证

记　字 0011　制单日期：2024.01.21　审核日期：　附单据数：3

摘要	科目名称	借方金额	贷方金额
报销业务招待费	管理费用/业务招待费	7500000	
报销业务招待费	银行存款/工行岳麓区支行		7500000
票号 - 日期	数量 单价	合计 7500000	7500000

备注　项目　部门　个人　客户　业务员

记账　审核　出纳　制单　朱觅

图 4-22　业务 11 记账凭证

12．业务 12

本业务是报销办公用品，是以现金支付的业务。本业务与业务 3 类似，可以使用凭证复制功能新增凭证。具体操作步骤如下。

① 2024年1月22日,会计朱觅(W02)登录"企业应用平台",执行"业务工作→财务会计→总账→凭证"命令,双击"查询凭证"选项,打开"查询凭证列表"窗口,找到"0003"凭证,如图4-23所示。

制单日期	凭证编号	摘要	借方金额合计	贷方金额合计	制单人	审核人	系统名	备注	审核日期	年度
2024-01-01	记-0001	长期借款	5,000,000.00	5,000,000.00	朱觅					2024
2024-01-02	记-0002	收到投资款	5,688,320.00	5,688,320.00	朱觅					2024
2024-01-03	记-0003	报销办公费	3,580.00	3,580.00	朱觅					2024
2024-01-09	记-0004	报销差旅费	3,180.00	3,180.00	朱觅					2024
2024-01-09	记-0005	缴纳12月社保和公积金	588,798.00	588,798.00	朱觅					2024
2024-01-10	记-0006	发放工资	934,600.00	934,600.00	朱觅					2024
2024-01-10	记-0007	缴纳12月份增值税及其附	908,291.74	908,291.74	朱觅					2024
2024-01-10	记-0008	缴纳水电费	136,472.00	136,472.00	朱觅					2024
2024-01-13	记-0009	支付广告费	371,000.00	371,000.00	朱觅					2024
2024-01-20	记-0010	采购无形资产	395,500.00	395,500.00	朱觅					2024
2024-01-21	记-0011	报销业务招待费	75,000.00	75,000.00	朱觅					2024

图4-23 查找要复制的凭证

② 执行"业务工作→财务会计→总账→凭证"命令,双击"填制凭证"选项,打开"填制凭证"窗口,选中"0003"凭证,单击"复制"按钮,如图4-24所示。

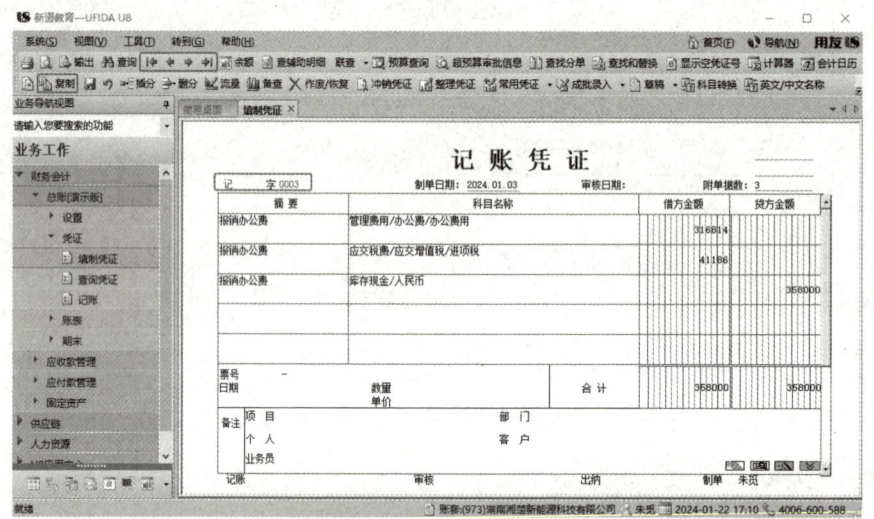

图4-24 复制凭证

③ 修改凭证时间等内容,单击"保存"按钮,结果如图4-25所示。

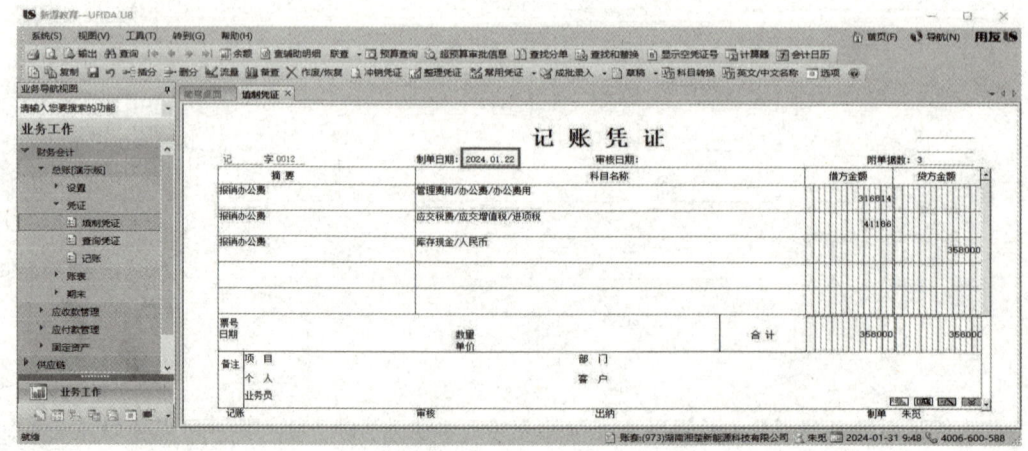

图4-25 修改凭证时间

任务 4.3　凭证处理

4.3.1　修改凭证

📖【任务资料】

1 月第 12 号凭证填写有误，请对其进行修改，发生部门为销售部的余欣报销办公用品，其他数据不变。

📖【任务步骤】

① 2024 年 1 月 31 日，会计朱觅（W02）登录"企业应用平台"，执行"业务工作→财务会计→总账→凭证"命令，双击"填制凭证"选项，打开"填制凭证"窗口，单击工具栏中的"查询"按钮，找到第 12 号凭证。

② 选中借方"科目名称"中的"第 12 号管理费用/办公费"，将其修改为"销售费用/办公费"，单击"保存"按钮，结果如图 4-26 所示。

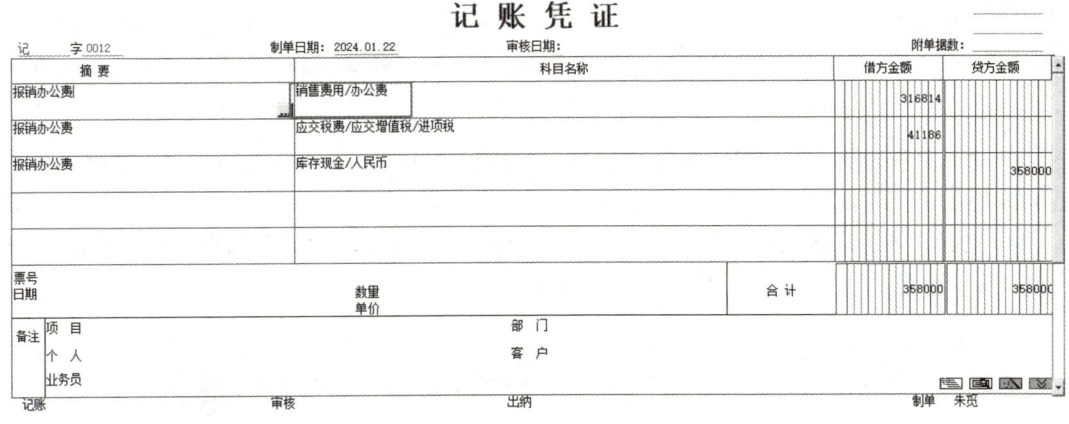

图 4-26　修改凭证

4.3.2　删除凭证

📖【任务资料】

1 月第 12 号凭证有误，请删除该凭证。

【任务步骤】

1. 查找要删除的凭证

2024 年 1 月 22 日，会计朱觅（W02）登录"企业应用平台"，执行"业务工作→财务会计→总账→凭证"命令，双击"填制凭证"选项，打开"填制凭证"窗口，单击"查询"按钮，查找第 12 号凭证。

2. 作废凭证

① 单击"作废/恢复"按钮，将该凭证打上"作废"标志，如图 4-27 所示。

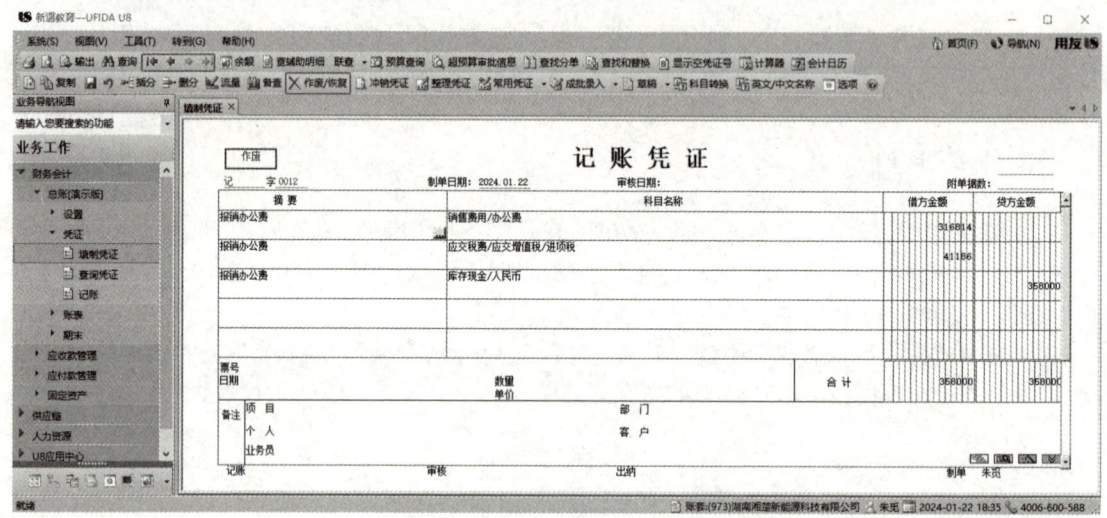

图 4-27　作废凭证

② 单击"整理凭证"按钮，打开"凭证期间选择"对话框，选择凭证期间为"2024.01"，如图 4-28 所示。

③ 单击"确定"按钮，打开"作废凭证表"对话框，单击"全选"按钮，单击"确定"按钮，如图 4-29 所示。

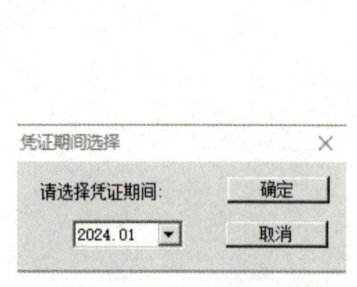

图 4-28　凭证期间选择

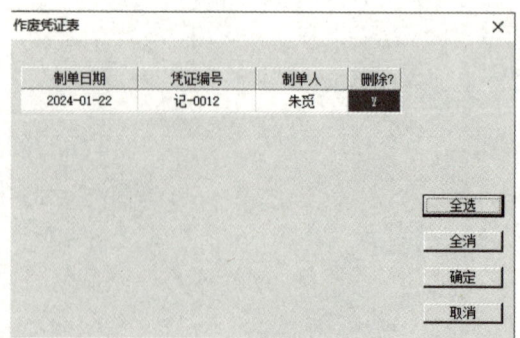

图 4-29　作废凭证列表

3. 整理凭证

单击"确定"按钮，弹出"是否还需整理凭证断号"信息提示框，并提示 3 种断号重排方式，默认选择"按凭证号重排"，如图 4-30 所示，单击"是"按钮，系统将该凭证从数据库中删除，并对剩余凭证重新排号。

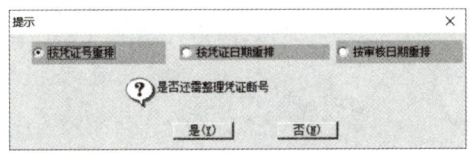

图 4-30 整理凭证

> **任务提示**
>
> （1）已作废凭证仍保留凭证内容及凭证编号，在凭证左上角显示"作废"字样。单击"作废/恢复"按钮，可取消作废标志，将当前凭证恢复为有效凭证。
> （2）作废凭证不能进行修改和审核操作。在记账时，不对作废凭证作数据处理。在查询账簿时，也查不到作废凭证的数据。
> （3）由其他系统传递至总账系统的凭证不能在总账系统进行作废处理。

任务 4.4　凭证签字与审核

4.4.1　凭证签字

📖【任务资料】

2024 年 1 月 22 日，根据权限分工，由出纳张思怡（W03）对 1 月所有记账凭证进行出纳签字操作。

📖【任务步骤】

凭证签字与审核

1. 查找出纳签字凭证

① 2024 年 1 月 22 日，出纳张思怡（W03）登录"企业应用平台"，执行"业务工作→财务会计→总账→凭证"命令，双击"出纳签字"选项，打开"出纳签字"对话框。

② 单击"确定"按钮，打开"出纳签字列表"窗口，显示 11 张未签字凭证，如图 4-31 所示。

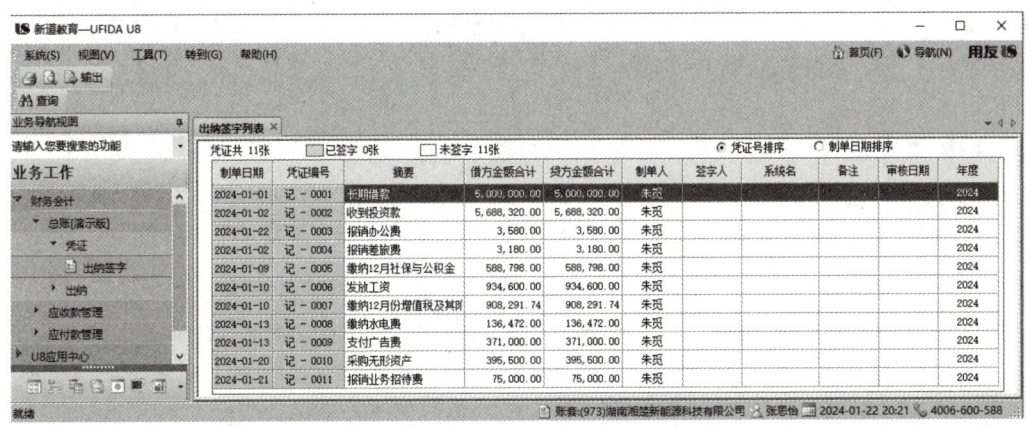

图 4-31　出纳签字列表

> **任务提示**
> 如果提示"不存在符合条件的凭证",则表明未指定现金科目、银行科目。小于操作日期的记账凭证不在"出纳签字列表"窗口显示,也不能进行签字处理。

2. 出纳进行凭证签字

① 单张凭证签字。双击"出纳签字列表"中第一张待签字凭证,打开"出纳签字——记账凭证"窗口,单击"签字"按钮,完成本张凭证的出纳签字,结果如图 4-32 所示。

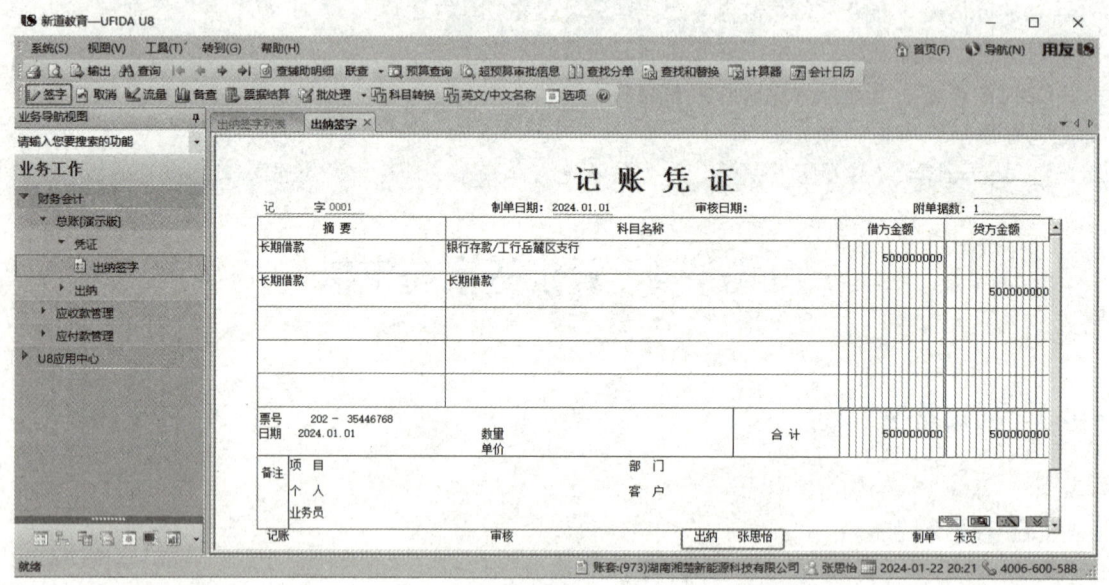

图 4-32　凭证签字

② 成批凭证签字。执行"批处理→成批出纳签字"命令,完成凭证批量出纳签字。单击"确定"按钮,弹出"是否重新刷新凭证列表数据"信息提示框,单击"是"按钮,完成签字,返回"出纳签字列表"窗口,签字人已经全部完成签字。

> **任务提示**
> (1) 出纳签字完毕,系统自动将登录"企业应用平台"的操作员作为签字人。
> (2) 记账凭证一经签字,就不能被修改、删除,只有取消签字后才可以对其进行修改或删除操作。单击"签字"按钮右侧的"取消"按钮,可取消签字。取消签字只能由出纳操作。
> (3) 填制记账凭证后,如果该凭证是涉及现金或银行存款科目的出纳凭证,且在总账系统参数选项设置的"权限"选项卡中勾选"出纳凭证必须经由出纳签字"复选框,则该凭证须由出纳签字后才能记账;如果不勾选此复选框,出纳不签字也可对其进行审核、记账操作。

4.4.2　审核凭证

📖【任务资料】

2024 年 1 月 22 日,根据权限分工,财务主管王燕琴(W01)对本月记账凭证进行审核。

📖【任务步骤】

1. 查找审核签字凭证

① 2024 年 1 月 22 日，财务主管王燕琴（W01）登录"企业应用平台"，执行"业务工作→财务会计→总账→凭证"命令，双击"审核凭证"选项，打开"凭证审核"对话框。

② 单击"确定"按钮，打开"凭证审核列表"窗口，如图 4-33 所示。

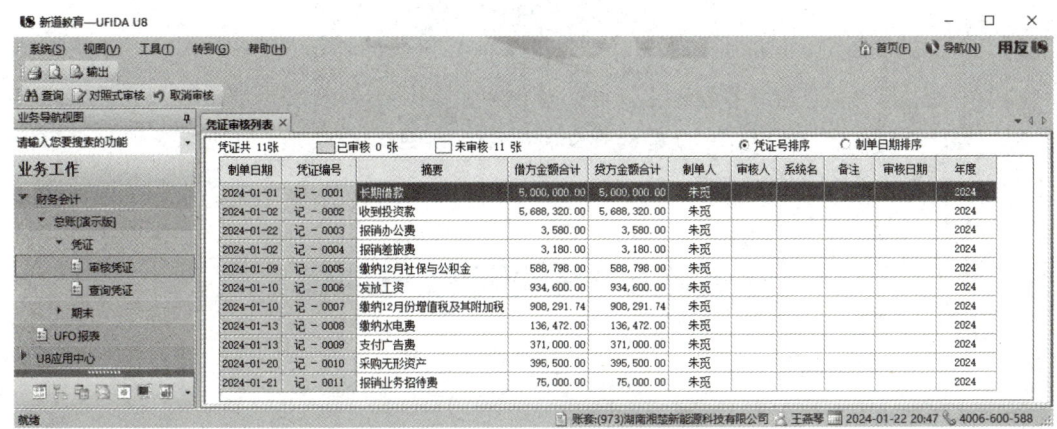

图 4-33　凭证审核列表

> **任务提示**
> 小于操作日期的记账凭证将不显示在凭证审核列表中，也不能被审核。

2. 进行凭证审核

① 单张凭证审核。双击"凭证审核列表"中的第一张待审核凭证，打开"审核凭证"窗口，单击"审核"按钮，完成审核。系统自动跳转到下一张待审核凭证，如图 4-34 所示。

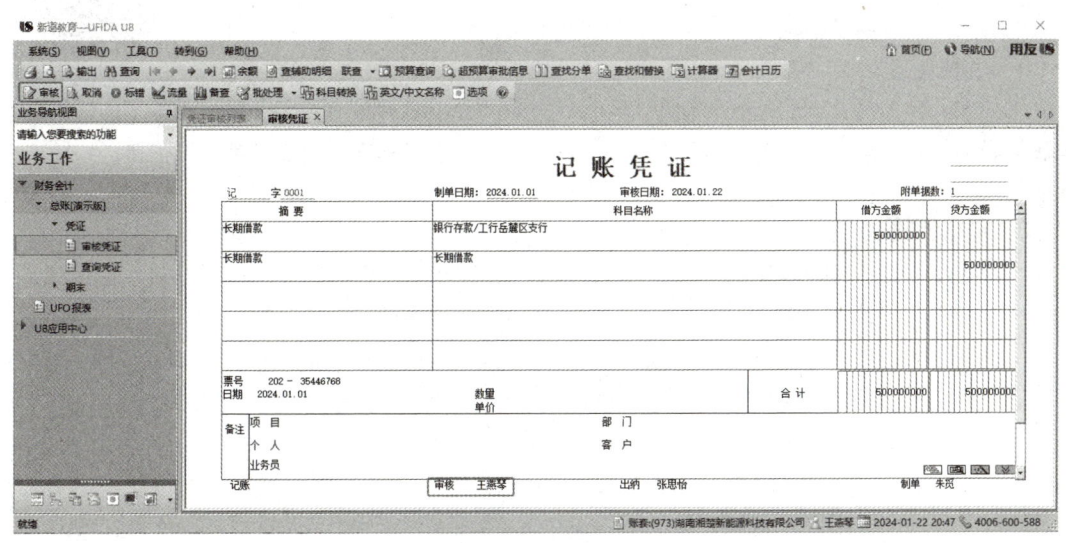

图 4-34　审核凭证

② 成批凭证审核。双击"凭证审核列表"窗口中的第一张待审核凭证，执行"批处理→成批审核凭证"命令，系统提示有 10 张凭证成功完成了批量审核。单击"确定"按钮，系统弹出"是否重新刷新凭证列表数据"信息提示框，单击"是"按钮，完成审核，返回"审核凭证列表"窗口，可以看到审核人均已签字。

> **任务提示**
>
> （1）凭证审核完毕，系统自动将登录"企业应用平台"的操作员作为审核人，操作日期为审核日期。凭证一经审核，就不能被修改或删除，只有取消审核签字后才可以对其进行修改或删除操作。
> （2）单击"取消"按钮，可取消审核签字。该操作只能由审核人自己进行。审核人必须具有系统管理中的"审核凭证"（GL0204）功能权限，还必须具有对待审核凭证制单人所制凭证的"审核"数据权限。
> （3）制单人与审核人不能是同一人。
> （4）凭证签字与凭证审核在操作上没有先后顺序。
> （5）作废凭证不能被审核，也不能被标错。
> （6）已标错的凭证不能被审核。

任务4.5　凭证记账与冲销

4.5.1　凭证记账

【任务资料】

2024年1月22日，根据权限分工，由会计朱觅（W02）对本月记账凭证进行记账。

【任务步骤】

1. 选择凭证

① 2024年1月22日，会计朱觅（W02）登录"企业应用平台"，执行"业务工作→财务会计→总账→凭证"命令，双击"记账"选项，打开"记账"对话框，单击"全选"按钮，如图4-35所示。

② 单击"记账"按钮。

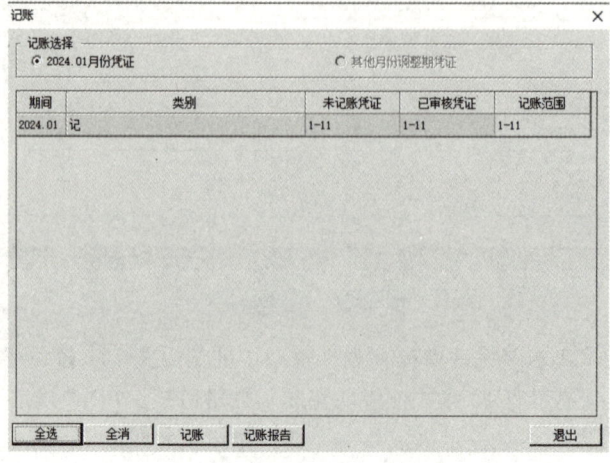

图4-35　选择凭证

2. 期初试算平衡

打开"期初试算平衡表"对话框，试算平衡结果如图 4-36 所示，单击"确定"按钮，关闭对话框。

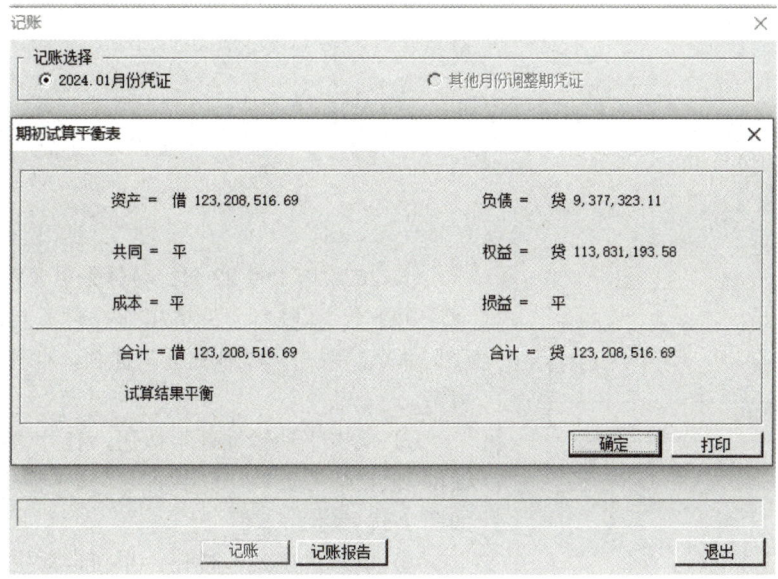

图 4-36　期初试算平衡

3. 记账

记账完成后，弹出"记账完毕！"信息提示框，如图 4-37 所示，单击"确定"按钮，单击"退出"按钮。

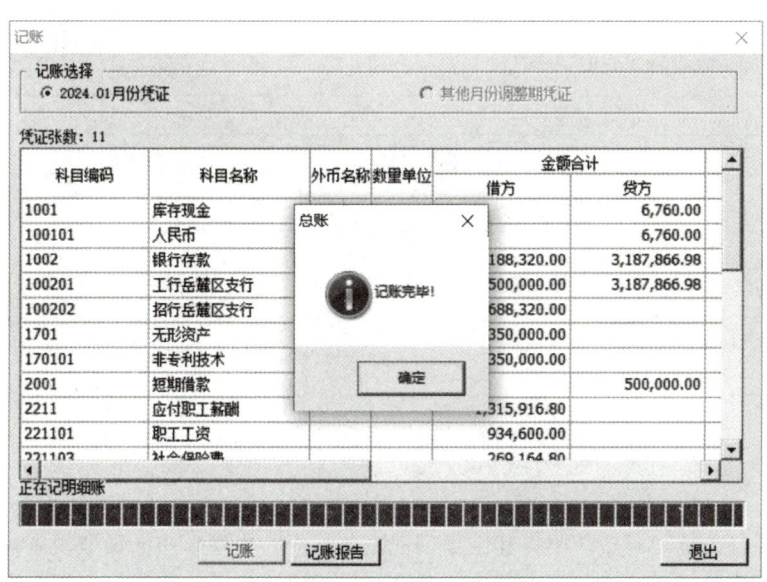

图 4-37　记账完毕

> **任务提示**
>
> （1）如果不选择记账范围，则系统将对所有凭证进行记账。
>
> （2）期初余额试算平衡和凭证已审核是记账的两个最基本条件。此外，只有在连续使用系统且上月已结转的情况下，本月才可以记账。

4.5.2 冲销凭证

📖【任务资料】

2024年1月22日，冲销本月业务3第3号记账凭证。

📖【任务步骤】

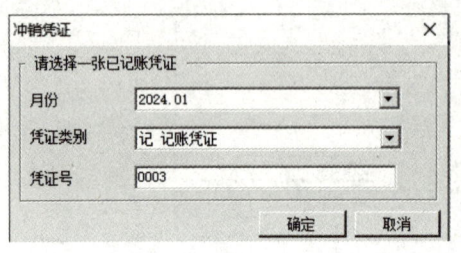

图4-38 录入冲销凭证号

① 2024年1月22日，会计朱觅（W02）登录"企业应用平台"，执行"业务工作→财务会计→总账→凭证"命令，双击"填制凭证"选项，打开"填制凭证"窗口。

② 单击"冲销凭证"按钮，打开"冲销凭证"对话框。根据任务资料，在"凭证号"文本框中录入"0003"，如图4-38所示。

③ 单击"确定"按钮，系统自动生成一张红字冲销凭证，单击"保存"按钮，结果如图4-39所示。

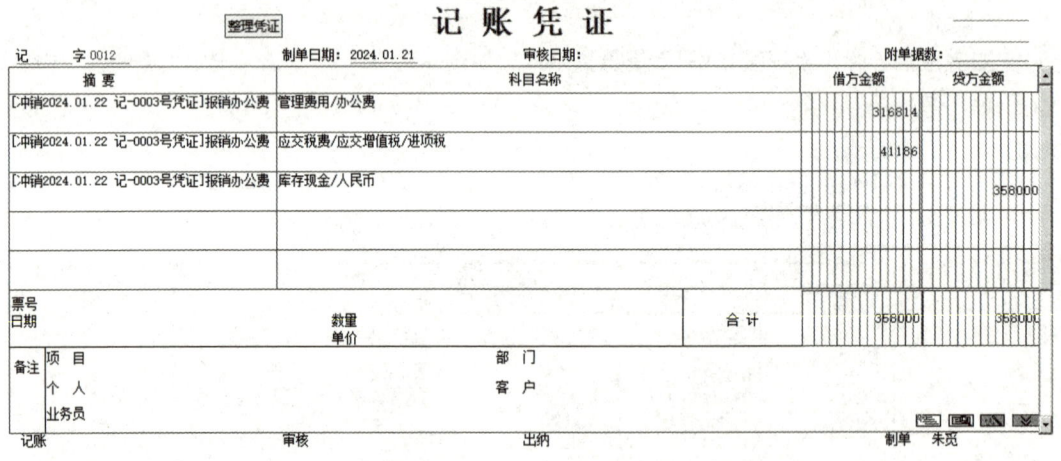

图4-39 冲销凭证

4.5.3 恢复记账前状态

记账后的凭证若需要修改，要将其恢复到记账前状态，由原审核人员取消审核，取消出纳签字，最后由制单人登录系统，在"填制凭证"窗口完成凭证修改。注意：只有账套主管才有权限将记账凭证恢复到月初的记账前状态，而且已结账的月份，其记账凭证无法恢复到记账前状态。

📖【任务资料】

请以账套主管唐忠谏（A01）的身份将所有记账凭证恢复记账前状态。

【任务步骤】

① 2024年1月31日，账套主管唐忠谏（A01）登录"企业应用平台"，执行"业务工作→财务会计→总账→期末"命令，双击"对账"选项，打开"对账"对话框。

② 按 Ctrl+H 组合键，系统会弹出"恢复记账前状态功能已被激活。"信息提示框，如图4-40所示，单击"确定"按钮。

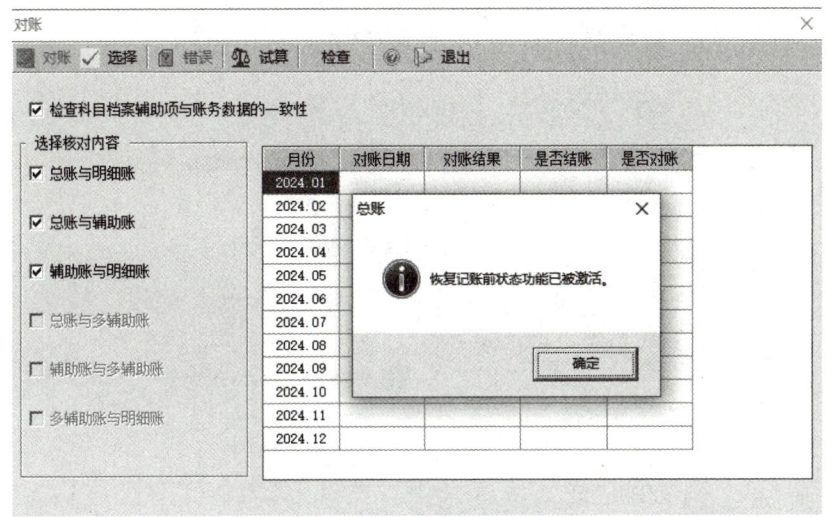

图4-40 恢复记账前状态

③ 账套主管唐忠谏（A01）执行"业务工作→财务会计→总账→凭证"命令，双击"恢复记账前状态"选项，打开"恢复记账前状态"对话框，选择恢复方式，可以选择"最近一次记账前状态"，也可以选择"2024年01月初状态"。这里选择"2024年01月初状态"，如图4-41所示。

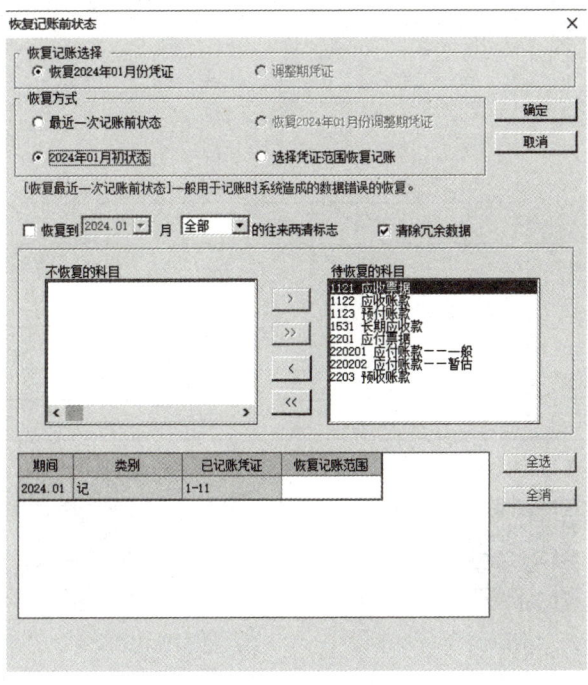

图4-41 恢复记账前状态

④ 单击"确定"按钮，打开"录入"对话框，提示"请录入口令"，口令为空，单击"确定"按钮，弹出"恢复记账完毕！"信息提示框，如图 4-42 所示，单击"确定"按钮，完成恢复记账前状态。

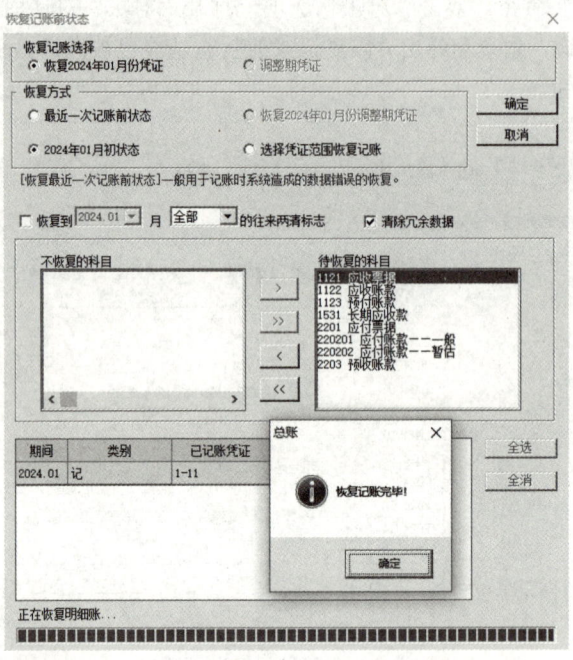

图 4-42 恢复记账完毕

任务 4.6　任务总结

项目四测试

📖【学习经验】

_____

_____

📖【注意事项】

_____

_____

课证融通：报销单填制与制单

红色会计大讲堂：红色管家熊瑾玎

项目五

薪资管理系统

学习目标

知识目标： 了解薪资管理系统的主要功能和与其他子系统之间的关系。

理解薪资管理系统初始设置、基础设置、业务处理之间的逻辑。

掌握工资项目与公式设置及计算、工资变动与分摊的原理和方法。

能力目标： 会进行薪资管理系统初始设置。

会进行工资项目与公式设置及计算、分摊和会计核算。

素养目标： 培养学生坚持规则、诚信纳税的职业素养。

引导学生提升社保业务处理能力，坚定制度自信，守专心。

项目概述

在用友 U8 系统中，薪资管理系统包含以下主要内容。

1. 员工信息管理模块

详细记录员工的基本信息，如工号、姓名、部门等，为薪资计算和发放提供准确依据。

2. 薪资项目定义模块

企业可以根据自身特点和需求自定义各种薪资项目，如基本工资、岗位津贴、绩效奖金等，并设置相应的计算规则和计算公式。

3. 考勤数据对接模块

获取员工考勤数据，如出勤天数、加班时长等，用于计算考勤相关的薪资增减。

4. 绩效数据集成模块

该模块的核心功能是实现绩效评估系统与薪资管理系统的数据交互与协同。该模块可将员工绩效结果导入薪资管理系统，作为绩效薪资计算的重要参考。

5. 计税规则设定模块

按照国家税收法规，精确设定个人所得税的计算方法和税率，确保税务计算的准确性。

6. 福利管理模块

对社保、公积金等福利项目进行管理和计算，保障员工的福利权益。

7. 薪资核算与发放模块

根据设定的规则和数据自动进行薪资核算，生成薪资报表和发放清单，并支持多种发放方式。

薪资管理系统与其他系统相互关联。薪资管理系统计算出的薪资数据会传递到总账系统进行记账，保证财务数据的一致性。员工的基本信息、岗位信息等来自人力资源管理系统，同时薪资管理系统中的绩效数据等也会反馈到人力资源管理系统，用于员工的考核和晋升等。

本项目知识图谱如图5-1所示。

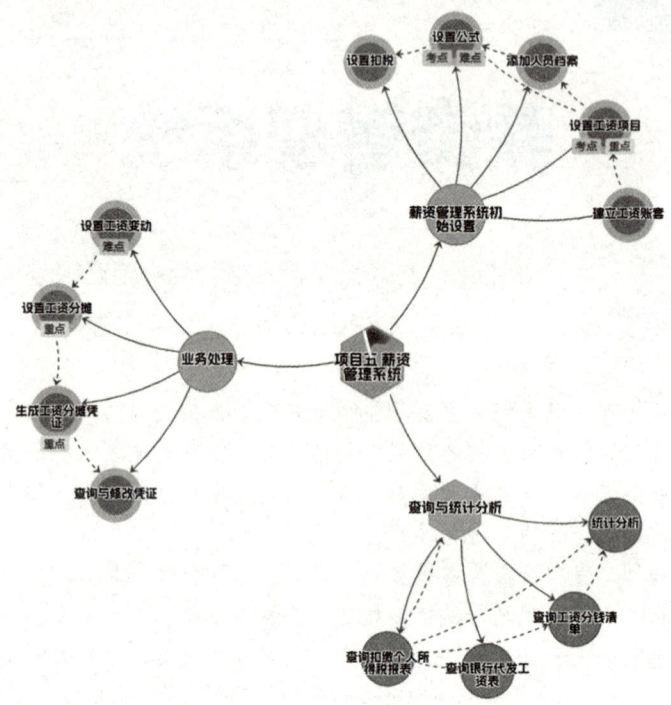

图 5-1　项目五知识图谱

任务 5.1　薪资管理系统初始设置

5.1.1　建立工资账套

📖【任务资料】

请以账套主管的身份根据以下资料建立工资账套。
（1）启用日期为 2024 年 1 月 1 日。
（2）工资类别个数为"单个"。
（3）勾选"是否从工资中代扣个人所得税"复选框。
（4）"扣零"设置为"扣零至元"。
（5）人员编码长度为 3 位。

📖【任务步骤】

1．参数设置

2024 年 1 月 1 日，账套主管唐忠谏（A01）登录"企业应用平台"，执行"业务工作→人力

建立工资账套

资源"命令，双击"薪资管理"选项，打开"建立工资套"对话框，先进行参数设置。根据任务资料，工资类别个数选择"单个"单选按钮，如图5-2所示。

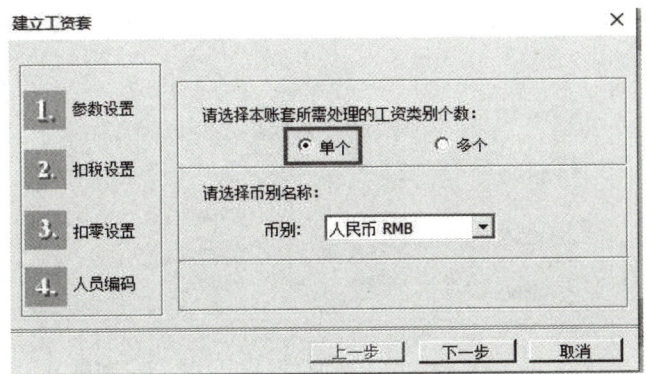

图5-2 进行参数设置

任务提示

（1）初次使用薪资管理系统，系统将自动进入建账向导。
（2）工资类别个数：单个或多个。
（3）如果对企业所有人员进行统一工资核算，则本账套工资类别选择单个类别。以下情况可考虑采用多个类别：
① 企业同时存在在职人员、离退休人员。
② 企业同时存在正式工、非正式工。
③ 企业每月工资分多次发放。
④ 企业存在多个工厂或分支机构等。每个工资账套中，可建999个工资类别。

2. 扣税设置

单击"下一步"按钮，进行扣税设置，勾选"是否从工资中代扣个人所得税"复选框，如图5-3所示。

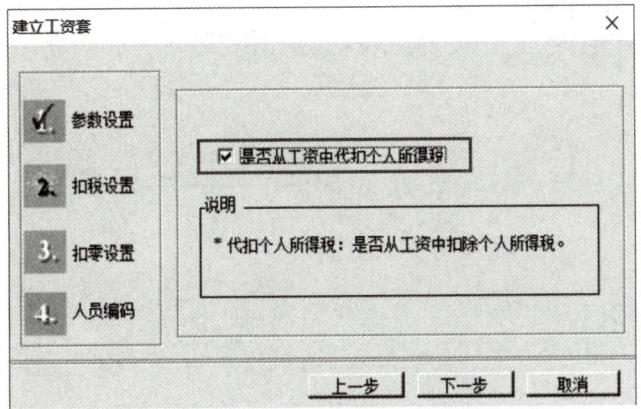

图5-3 进行扣税设置

任务提示

根据《中华人民共和国个人所得税法》的规定，企业支付职工工资，应代扣代缴个人所得税。勾选"是否从工资中代扣个人所得税"复选框，在进行工资变动操作时系统会根据预设的税率表自动计算个人所得税。

3. 扣零设置

单击"下一步"按钮，进行扣零设置，选择"扣零至元"单选按钮，如图 5-4 所示。

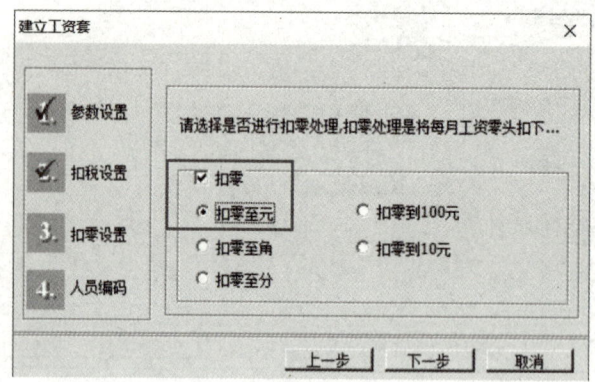

图 5-4　进行扣零设置

任务提示

（1）若勾选"扣零"复选框，在计算工资时系统将依据所选择的扣零类型将零头扣下，并在累计成整时发放。本例选择"扣零至元"，则发放工资时暂不发 1 元以下的角、分，如 5 角、2 角、1 角，累计够 1 元时才予以发放。

（2）在实务中，如果企业采用现金发放工资，则在系统中应勾选"扣零"复选框；如果采用转账方式发放工资，则在系统中可不勾选"扣零"复选框。

2. 人员编码设置

单击"下一步"按钮，进行人员编码设置，如图 5-5 所示，单击"完成"按钮，结束建账。

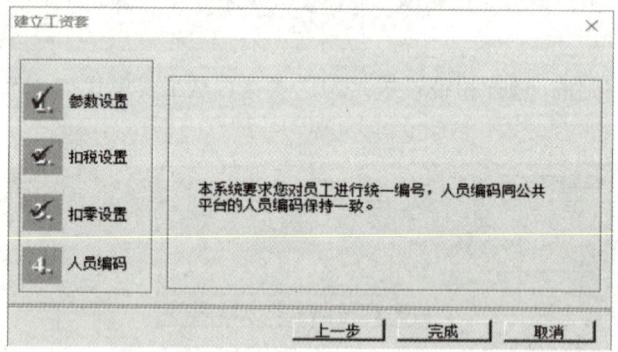

图 5-5　进行人员编码设置

5.1.2　设置工资项目

📖【任务资料】

请以账套主管的身份根据表 5-1 所示的信息设置工资项目。

表 5-1　工资项目信息

工资项目名称	类型	长度	小数	增减项	工资项目名称	类型	长度	小数	增减项
基本工资	数字	8	2	增项	企业基本养老保险	数字	8	2	其他
岗位工资	数字	8	2		企业基本医疗保险	数字	8	2	
奖金	数字	8	2		企业失业保险	数字	8	2	
交补	数字	8	2		企业工伤保险	数字	8	2	
工龄工资	数字	8	2		企业生育保险	数字	8	2	
加班费	数字	8	2		企业住房公积金	数字	8	2	
福利费	数字	8	2		五险一金工资基数	数字	8	2	
病假扣款	数字	8	2	减项	应付工资	数字	10	2	
事假扣款	数字	8	2		累计应付工资	数字	10	2	
个人基本养老保险	数字	8	2		上期累计应付工资	数字	10	2	
个人基本医疗保险	数字	8	2		累计减除费用	数字	8	2	
个人失业保险	数字	8	2		累计专项附加扣除	数字	8	2	
个人住房公积金	数字	8	2		累计预扣预缴应纳税所得额	数字	8	2	
累计已预扣预缴税额	数字	8	2		日工资	数字	8	2	
					加班天数	数字	8	1	
					病假天数	数字	8	1	
					事假天数	数字	8	1	

📖【任务步骤】

① 2024年1月1日，账套主管唐忠谏（A01）登录"企业应用平台"，执行"业务工作→人力资源→薪资管理→设置"命令，双击"工资项目设置"选项，打开"工资项目设置"对话框。

设置工资项目

② 单击"增加"按钮，根据任务资料逐项添加工资项目。可以按照名称增加，也可以直接录入增加，按照资料要求修改"长度"、"小数"和"增减项"，要特别注意"增减项"的正确性。部分结果如图5-6所示。

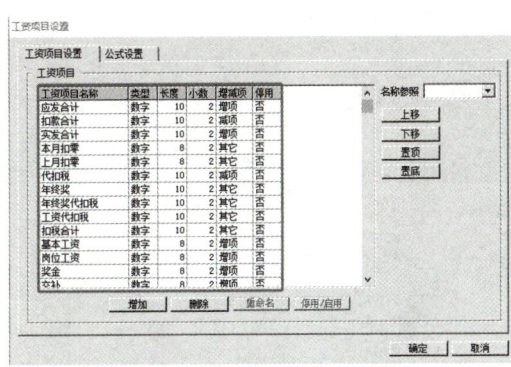

图 5-6　设置工资项目

> **任务提示**
> （1）工资项目设置得合理与否，将对后续公式设置、工资分摊设置等产生直接影响。
> （2）工资项目名称必须唯一，可参照已有名称录入工资项目名称。
> （3）已使用的工资项目不可删除，不能修改其数据类型。
> （4）所有的增项直接记入"应发合计"。
> （5）所有的减项直接记入"扣款合计"。

5.1.3 添加人员档案

📖【任务资料】

请以账套主管的身份根据表 5-2 所示的信息批量增加人员档案。

表 5-2 人员档案信息

人员编码	人员名称	所属部门	性别	人员类别	开户银行	银行账号
101	唐忠谏	总经办	男	管理人员	中国工商银行	6222031908002642501
102	张东	总经办	男	管理人员	中国工商银行	6222031908002642502
201	王燕琴	财务部	女	管理人员	中国工商银行	6222031908002642503
202	朱觅	财务部	女	管理人员	中国工商银行	6222031908002642504
203	张思怡	财务部	女	管理人员	中国工商银行	6222031908002642505
301	姜帆	批发部	男	销售人员	中国工商银行	6222031908002642506
302	余欣	门市部	女	销售人员	中国工商银行	6222031908002642507
401	周正丽	采购部	女	采购人员	中国工商银行	6222031908002642508
402	王子帅	采购部	男	采购人员	中国工商银行	6222031908002642509
501	戴慧	仓储部	女	管理人员	中国工商银行	6222031908002642510
502	魏尚	仓储部	男	管理人员	中国工商银行	6222031908002642511

📖【任务步骤】

1. 批量增加人员档案

① 2024 年 1 月 1 日，账套主管唐忠谏（A01）登录"企业应用平台"，执行"业务工作→人力资源→薪资管理→设置"命令，双击"人员档案"选项，打开"人员档案"窗口。

② 单击"批增"按钮，打开"人员批量增加"对话框。

③ 勾选左边的所有部门，单击"查询"按钮，如图 5-7 所示。

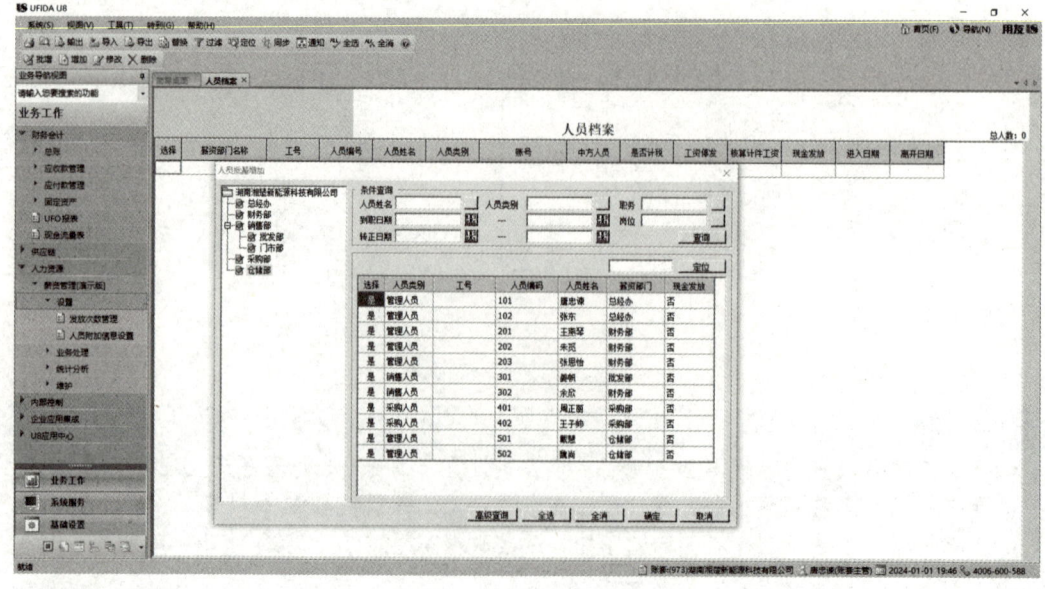

添加人员档案

图 5-7 批量增加人员档案

④ 单击"全选"按钮，再单击"确定"按钮，人员添加成功并返回"人员档案"窗口。

2. 补充每个职员的开户银行信息

在"人员档案"窗口中单击"唐忠谏"所在行，单击"修改"按钮，打开"人员档案明细"对话框，根据任务资料，对其"银行名称"和"银行账号"进行设置，如图 5-8 所示。

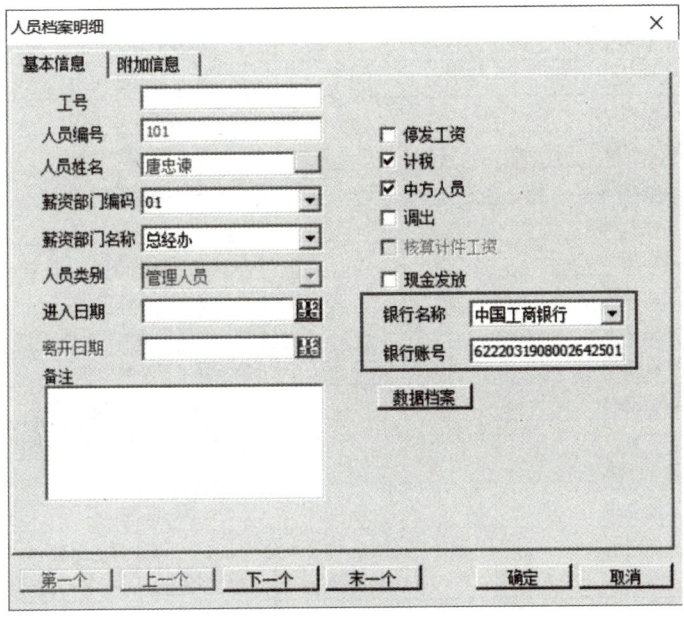

图 5-8　人员档案明细

继续对其他人员的银行信息进行设置。录入完毕，关闭"人员档案明细"对话框，返回"人员档案"窗口，结果如图 5-9 所示。

图 5-9　人员档案

5.1.4　设置公式

1. 设置常规公式

📖【任务资料】

请以账套主管的身份根据表 5-3 所示的信息设置工资项目常规公式。

表 5-3　工资项目常规公式

序　号	工资项目名称	常　规　公　式
1	加班费	加班天数*100 元
2	日工资	（基本工资+岗位工资）/21
3	事假扣款	日工资/2*事假天数
4	五险一金工资基数	3280 元
5	个人基本养老保险	五险一金工资基数*0.08
6	个人基本医疗保险	五险一金工资基数*0.02
7	个人失业保险	五险一金工资基数*0.005
8	个人住房公积金	五险一金工资基数*0.12
9	企业基本养老保险	五险一金工资基数*0.16
10	企业基本医疗保险	五险一金工资基数*0.07
11	企业失业保险	五险一金工资基数*0.005
12	企业工伤保险	五险一金工资基数*0.008
13	企业生育保险	五险一金工资基数*0.005
14	企业住房公积金	五险一金工资基数*0.12
15	应付工资	基本工资+岗位工资+奖金+交补+工龄工资+加班费+福利费-病假扣款-事假扣款
16	累计应付工资	上期累计应付工资+应付工资
17	累计减除费用	5000*month()
18	累计预扣预缴应纳税所得额	累计应付工资-累计减除费用-(个人基本养老保险+个人基本医疗保险+个人失业保险+个人住房公积金)*month()-累计专项附加扣除

📖【任务步骤】

设置常规公式

① 2024 年 1 月 1 日，账套主管唐忠谏（A01）登录"企业应用平台"，执行"业务工作→人力资源→薪资管理→设置"命令，双击"工资项目设置"选项，打开"工资项目设置"对话框。

② 选择"公式设置"选项卡，单击"增加"按钮，在"工资项目"列表框中选择"加班费"选项。

③ 在"加班费公式定义"列表框中录入任务资料中的公式，可以直接录入，也可以从"工资项目"列表框中选择"加班天数"，然后录入"*100"，单击"公式确认"按钮，如图 5-10 所示。其他公式按照上述步骤完成。

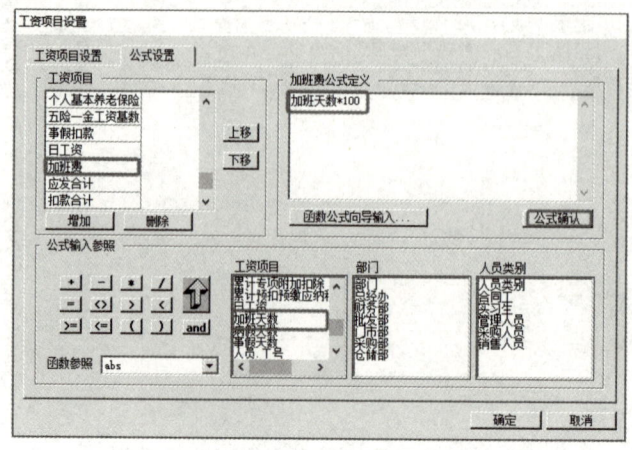

图 5-10　设置常规公式

> **任务提示**
> （1）系统固定项目，如应发合计、扣款合计、实发合计、代扣税等，不能设置常规公式。
> （2）相同的工资项目可以重复定义公式（即多次计算），但以最后的运行结果为准。
> （3）利用"上移""下移"按钮可调整计算公式的顺序。
> （4）"累计减除费用"等公式中的month()函数用于返回计算机所提供的系统日期，表示一年中的某月，其值为1～12的整数。

2．设置函数公式

📖【任务资料】

请以账套主管的身份根据表5-4所示的信息设置工资项目函数公式。

表5-4　工资项目函数公式

序　号	工资项目名称	函　数　公　式
1	交补	iff(人员类别="销售人员", 500, 200)
2	岗位工资	iff(人员类别="管理人员", 1000, iff(人员类别="销售人员", 800, 500))
3	病假扣款	iff(病假天数<=2,日工资*病假天数*0.2,iff(病假天数<=7,日工资*病假天数*0.4,日工资*病假天数))

📖【任务步骤】

1．直接录入公式

2024年1月1日，账套主管唐忠谏（A01）登录"企业应用平台"，执行"业务工作→人力资源→薪资管理→设置"命令，双击"工资项目设置"选项，打开"工资项目设置"对话框。选择"公式设置"选项卡，单击"增加"按钮，在"工资项目"列表框中选择"交补"选项，在"交补公式定义"文本框中，录入任务资料中的公式：iff(人员类别="销售人员", 500, 200)，单击"公式确认"按钮，如图5-11所示。

设置函数公式

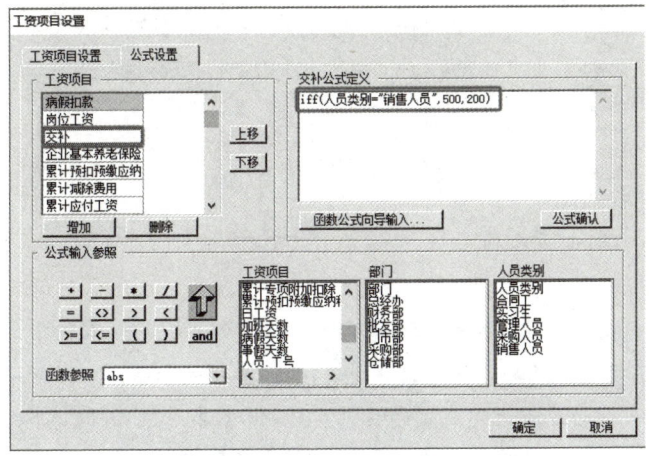

图5-11　直接录入公式

2. 使用"函数公式向导输入"功能设置公式

1) 选择函数向导

① 2024年1月1日，账套主管唐忠谏（A01）登录"企业应用平台"，执行"业务工作→人力资源→薪资管理→设置"命令，双击"工资项目设置"选项，打开"工资项目设置"对话框。

② 选择"公式设置"选项卡，在"工资项目"列表框中选择"交补"选项，如图5-12所示。

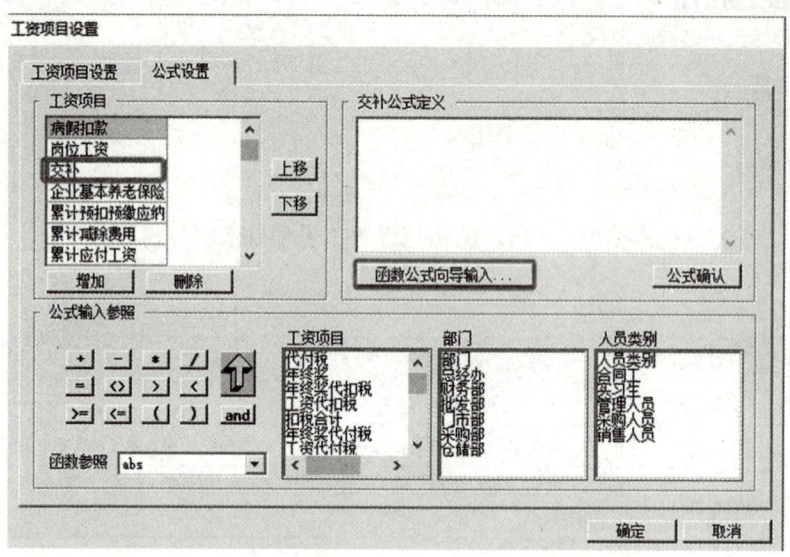

图5-12　工资项目设置

③ 单击"函数公式向导输入…"按钮，弹出"函数向导——步骤之1"对话框，在"函数名"列表框中选择"iff"函数，单击"下一步"按钮，如图5-13所示。

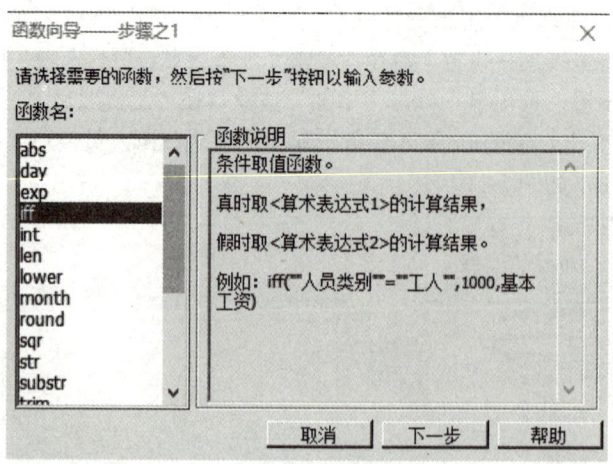

图5-13　函数向导——步骤之1

> **任务提示**
>
> （1）iff 函数即条件取值函数，其基本格式：iff（<逻辑表达式>，<算术表达式1>，<算术表达式2>），其基本含义：当逻辑表达式的值为真时取<算术表达式1>的计算结果，当逻辑表达式的值为假时取<算术表达式2>的计算结果。返回结果均为数值。
>
> （2）逻辑表达式：任何可以产生真或假结果的数值或表达式。
>
> （3）算术表达式1：逻辑表达式结果为真时，所取的值或表达式。

（4）算术表达式2：逻辑表达式结果为假时，所取的值或表达式。

（5）函数公式向导输入功能只支持调用系统预设的函数。如果熟悉SQL语法和SQL函数，可以自定义函数公式向导中没有的公式。

2）录入函数参数

① 单击"函数公式向导输入…"按钮，弹出"函数向导——步骤之2"对话框，单击"逻辑表达式"栏右侧的"查询"按钮，打开"参照"对话框。

② 在"参照列表"下拉列表框中选择"人员类别"选项，从"人员类别"列表框中选择"销售人员"选项，如图5-14所示。

③ 单击"确定"按钮，返回"函数向导——步骤之2"对话框，在"算术表达式1"文本框中录入"500"，在"算术表达式2"文本框中录入"200"，如图5-15所示，单击"完成"按钮。

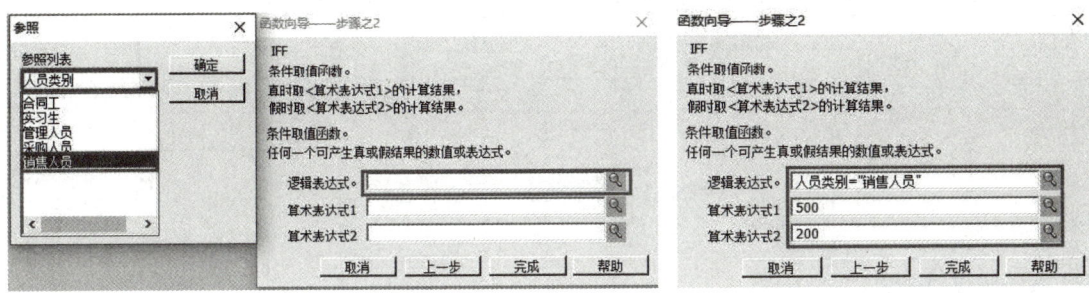

图5-14　参照设置　　　　　　　　　　图5-15　录入函数参数

④ 按照上述方法依次对"岗位工资"和"病假扣款"进行函数公式设置，结果如图5-16和图5-17所示。

> **任务提示**
> 病假扣款的计算公式有多种设置方式，注意使用英文状态下的符号。

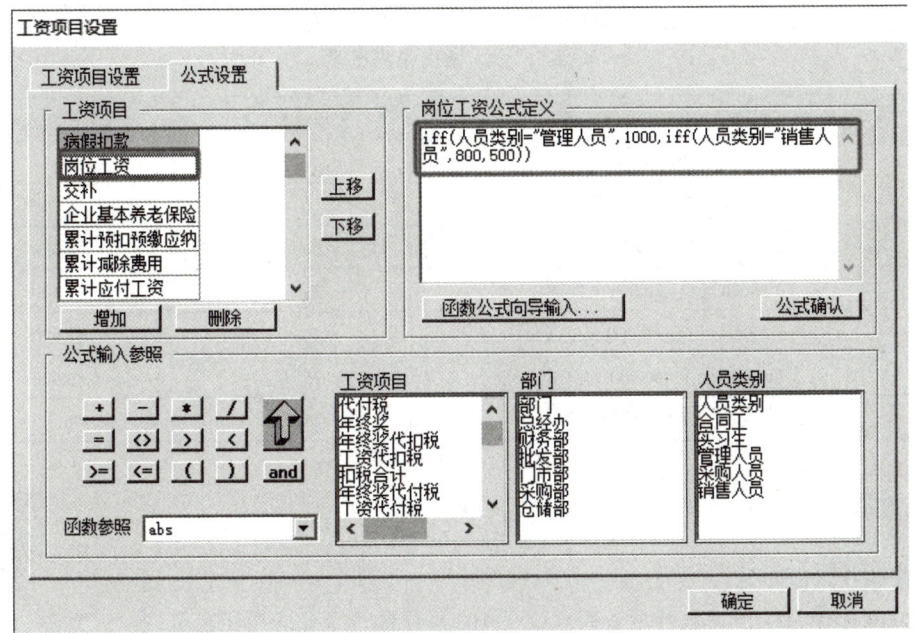

图5-16　"岗位工资"函数公式

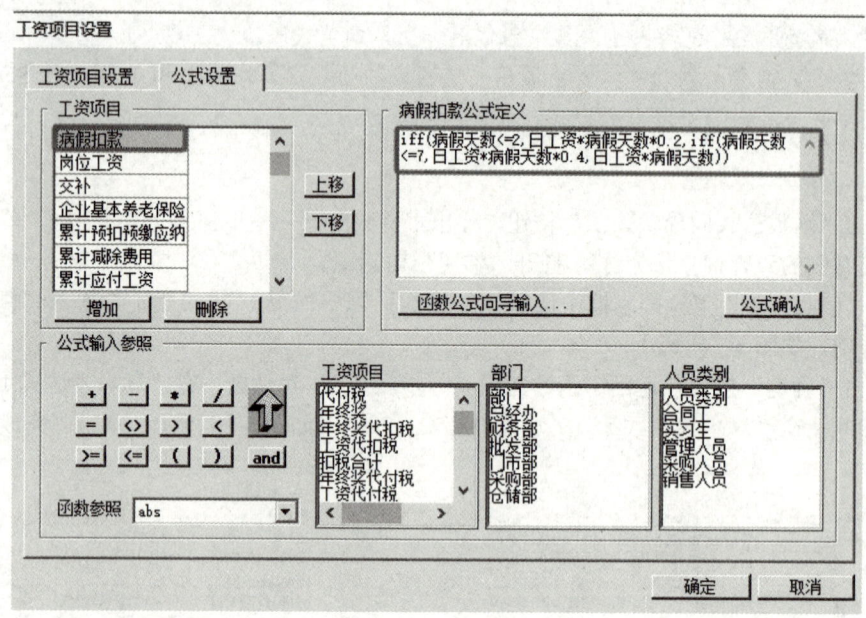

图 5-17 "病假扣款"函数公式

5.1.5 设置扣税

📖【任务资料】

按照累计预扣法，设置征税依据为"累计预扣预缴应纳税所得额"工资项，基数和附加费用暂设为零。请以账套主管的身份根据表 5-5 所示的信息将税率表调整为预扣率表。

表 5-5 个人所得税税率表

级 数	累计预扣预缴应纳税所得额	预扣率/%	速算扣除数/元
1	不超过 36,000 元的部分	3	0
2	36,000 元至 144,000 元的部分	10	2,520
3	144,000 元至 300,000 元的部分	20	16,920
4	300,000 元至 420,000 元的部分	25	31,920
5	4,200,00 元至 660,000 元的部分	30	52,920
6	660,000 元至 960,000 元的部分	35	85,920
7	超过 960,000 元的部分	45	181,920

📖【任务步骤】

1. 修改收入额合计

① 2024 年 1 月 1 日，账套主管唐忠谏（A01）登录"企业应用平台"，执行"业务工作→人力资源→薪资管理→设置"命令，双击"选项"选项，打开"选项"对话框。

② 选择"扣税设置"选项卡，单击"编辑"按钮，使选项卡处于可编辑状态。

设置扣税

③ 单击"税率设置"按钮,将"收入额合计"由"实发合计"改为"累计预扣预缴应纳税所得额",如图 5-18 所示。

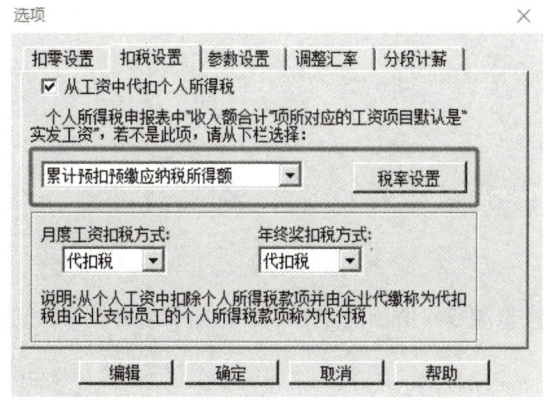

图 5-18　设置扣税

2. 设置税率

① 单击"税率设置"按钮,打开"个人所得税申报表——税率表"对话框,根据表 5-5 所示的信息调整"应纳税所得额下限""应纳税所得额上限""速算扣除数",结果如图 5-19 所示。

② 单击"确定"按钮,完成设置。

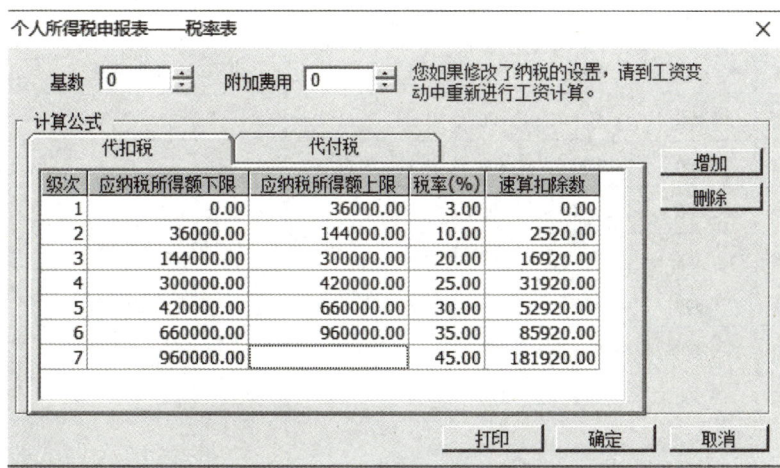

图 5-19　设置税率

> **任务提示**
>
> (1)根据最新税收法规,可以调整"基数""附加费用""应纳税所得额上限""税率""速算扣除数",也可增加或删除级次。
>
> (2)调整某一级"应纳税所得额上限",则其下一级"应纳税所得额下限"将随之改变。
>
> (3)系统已预设的速算扣除数,可以进行修改操作。
>
> (4)若删除级次,必须从最末级开始删除,不能跨级删除。当税率表中只剩一级时,该级不能删除。
>
> (5)修改税率表或重新选择"收入额合计"选项后,执行"业务工作→人力资源→业务处理→工资变动"命令,进行迭代计算,完成数据计算更新,否则,系统仍保留修改前的数据。
>
> (6)修改税率不影响以前期间的税率设置。

任务 5.2 业务处理

5.2.1 设置工资变动

📖【任务资料】

2024年1月31日，根据表5-6所示的工资统计数据计算本月职工工资。

表5-6 工资统计数据

单位：元

人员	部门	基本工资	奖金	工龄工资	加班天数/天	病假天数/天	事假天数/天	上期累计应付工资	累计专项附加扣除
唐忠谏	总经办	30,000	2,000	800				0	2,000
张东	总经办	10,000	500	100	2		1	0	2,000
王燕琴	财务部	15,000	500	800	3	1		0	2,000
朱觅	财务部	10,000	500	400	3		1	0	2,000
张思怡	财务部	8,000	500	800				0	2,000
姜帆	批发部	6,000	10,000	800				0	2,000
余欣	门市部	5,000	2,000	400		1	1	0	2,000
周正丽	采购部	12,000	500	800				0	2,000
王子帅	采购部	8,000	500	100	3			0	2,000
戴慧	仓储部	10,000	500	800				0	2,000
魏尚	仓储部	6,000	500	100	4	2	3	0	2,000

📖【任务步骤】

设置工资变动

1. 设置工资权限

① 2024年1月31日，账套主管唐忠谏（A01）登录"企业应用平台"，执行"系统服务→权限"命令，双击"数据权限分配"选项，打开"权限浏览"窗口。

② 选择"记录"选项卡，在"业务对象"下拉列表框中选择"工资权限"选项，在"用户"列表中选择"W02 朱觅"。

③ 单击"修改"按钮，显示具备的权限。

④ 勾选所拥有的权限，如图5-20所示。

⑤ 单击"保存"按钮，弹出"保存成功，重新登录门户，此配置才能生效！"信息提示框，单击"确定"按钮，完成设置。

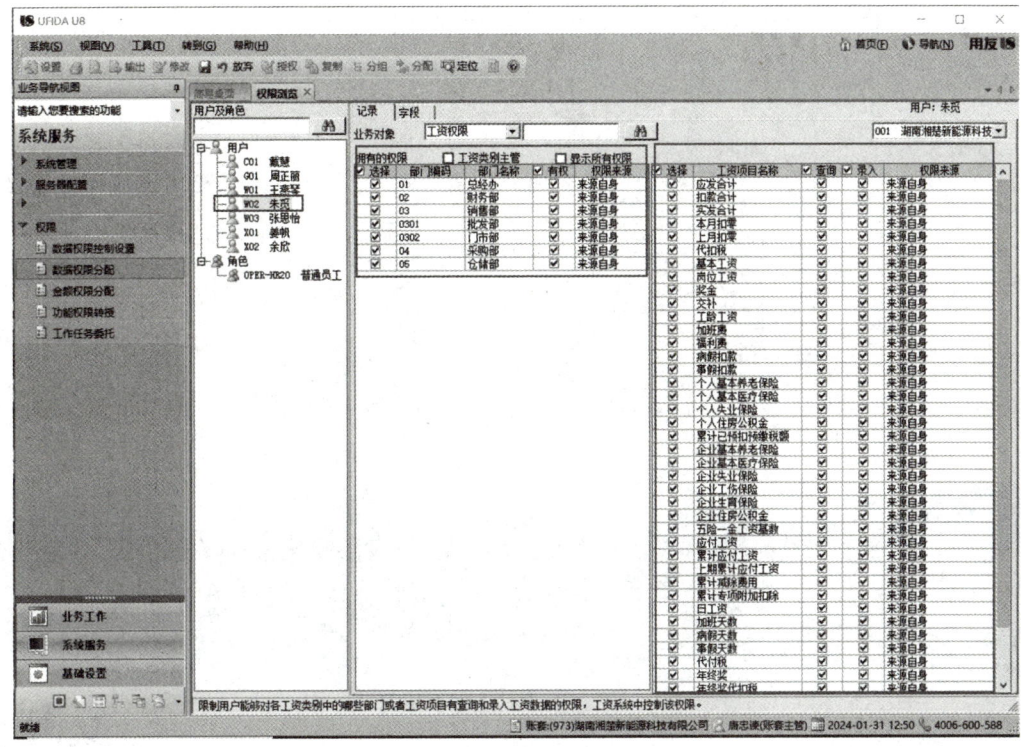

图 5-20 设置工资权限

2. 录入工资变动数据

① 2024 年 1 月 31 日,由会计朱觅(W02)登录"企业应用平台",执行"业务工作→人力资源→薪资管理→业务处理"命令,双击"工资变动"选项,打开"工资变动"窗口。

② 单击"全选"按钮,单击"替换"按钮,打开"工资项数据替换"对话框。

③ 在"将工资项目"下拉列表框中选择"累计专项附加扣除"选项,在"替换成"文本框中录入"2000",如图 5-21 所示,单击"确定"按钮。

④ 弹出"数据替换后将不可恢复,是否继续?"信息提示框,单击"是"按钮,系统提示"11 条记录被替换,是否重新计算?",单击"是"按钮。

⑤ 返回"工资变动"窗口,选中第一行数据,单击"编辑"按钮,打开"工资数据录入---页编辑"对话框,根据表 5-6 中的工资统计数据依次录入相关内容,如图 5-22 所示,单击"保存"按钮,数据自动跳转到下一个人员。

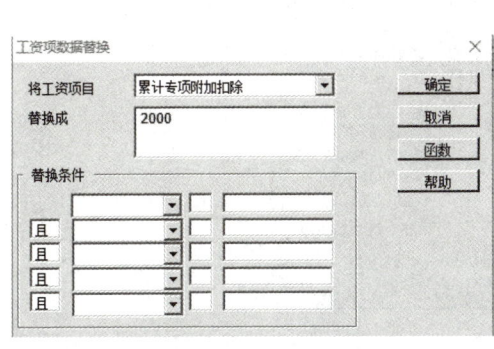

图 5-21 工资项数据替换

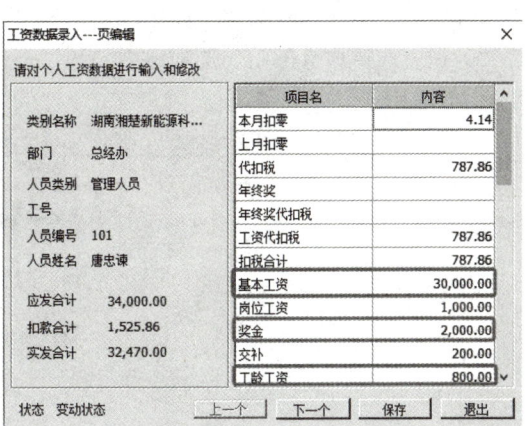

图 5-22 工资数据录入---页编辑

⑥ 所有人员的工资信息录入完毕，单击"计算"按钮，等待计算完毕，单击"汇总"按钮，最终计算结果如图 5-23 所示。

工资变动

选择	工号	人员编号	姓名	部门	人员类别	累计应付工资	累计减除费用	累计扣缴应纳税所得额	日工资	加班天数	病假天数	事假天数	上期累计应付工资
		101	唐忠谋	总经办	管理人员	34,000.00	5,000.00		26,262.00	1,476.19			
		102	张东	总经办	管理人员	11,738.09	5,000.00		4,000.09	523.81	2.00		1.00
		201	王素琴	财务部	管理人员	17,647.62	5,000.00		9,909.62	761.90	3.00	1.00	
		202	朱觅	财务部	管理人员	12,138.09	5,000.00		4,400.09	523.81	3.00		1.00
		203	张思怡	财务部	管理人员	10,500.00	5,000.00		2,762.00	428.57			
		302	余欣	财务部	销售人员	8,506.66	5,000.00		906.76	276.19		1.00	1.00
		301	姜帆	批发部	销售人员	18,100.00	5,000.00		10,362.00	323.81			
		401	周正丽	采购部	采购人员	14,000.00	5,000.00		6,262.00	595.24			
		402	王子帅	采购部	采购人员	9,600.00	5,000.00		1,862.00	404.76	3.00		
		501	戴慧	仓储部	管理人员	12,500.00	5,000.00		4,762.00	523.81			
		502	魏尚	仓储部	管理人员	7,566.67	5,000.00		328.67	333.33	4.00	2.00	3.00
合计						156,297.13	55,000.00		71,817.23	6,171.42	15.00	4.00	6.00

图 5-23　工资变动数据

> **任务提示**
>
> 对工资变动设置完成后，如果工资计算时出现错误，注意检查 month() 函数的应用是否正确。如果为空则为默认值，有可能出现负值。在进行工资变动计算时，可以将这个函数参数修改为具体月份，便于更精准地进行工资计算。例如，在本任务的案例中，可以将 month() 函数设置为 month(1)。

5.2.2　设置工资分摊

工资分摊设置
明细表

📖【任务资料】

请以会计的身份，根据所学财务知识及科目设置技能，分别计提工资、代扣税、代扣职工所负担的三险一金，计提企业负担的五险一金，计提工会经费，分摊计提比例为应付工资的 2%，计提职工教育经费，分摊计提比例为应付工资的 8%。见二维码"工资分摊设置明细表"。

📖【任务步骤】

1. 选择设置部门

设置工资分摊

① 2024 年 1 月 31 日，会计朱觅（W02）登录"企业应用平台"，执行"业务工作→人力资源→薪资管理→业务处理"命令，双击"工资分摊"选项，打开"工资分摊"对话框。

② 在"选择核算部门"选项组中勾选"全选"复选框，选择所有部门，如图 5-24 所示。

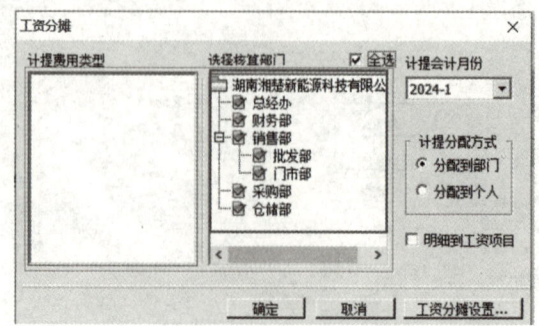

图 5-24　选择设置部门

2. 录入计提类型名称和计提比例

单击"工资分摊设置…"按钮,打开"分摊计提比例设置"对话框,在"计提类型名称"文本框中录入"计提工资",设置"分摊计提比例"为"100%",如图 5-25 所示。

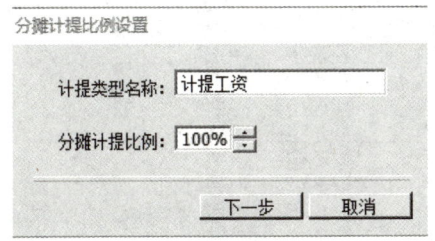

图 5-25　设置计提工资比例

3. 设置"计提工资"分摊构成

单击"下一步"按钮,打开"分摊构成设置"窗口,录入"部门名称""人员类别"等信息,结果如图 5-26 所示。全部录入完毕,单击"完成"按钮,打开"分摊类型设置"对话框,单击"增加"按钮,打开"分摊计提比例设置"对话框,进行其他类型计提。

部门名称	人员类别	工资项目	借方科目	借方项目大类	借方项目	贷方科目	贷方项目大类	贷方项目
总经办,财务部,仓储部	管理人员	应付工资	66020101			221101		
采购部	采购人员	应付工资	66020101			221101		
批发部,门市部	销售人员	应付工资	66010101			221101		

图 5-26　设置"计提工资"工资分摊

4. 设置"预扣个人所得税"工资分摊

参照前面的操作完成"预扣个人所得税"的工资分摊设置,结果如图 5-27 所示。

部门名称	人员类别	工资项目	借方科目	借方项目大类	借方项目	贷方科目	贷方项目大类	贷方项目
总经办,财务部,仓储部	管理人员	代扣税	221101			222109		
采购部	采购人员	代扣税	221101			222109		
批发部,门市部	销售人员	代扣税	221101			222109		

图 5-27　设置"预扣个人所得税"工资分摊

5. 设置"代扣职工负担的三险一金"工资分摊

参照前面的操作完成"代扣职工负担的三险一金"的工资分摊设置，结果如图 5-28 所示。

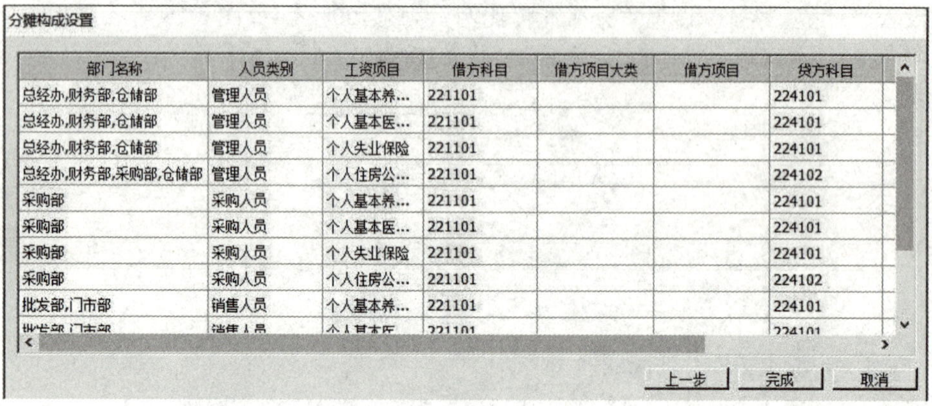

图 5-28 设置"代扣职工负担的三险一金"工资分摊

6. 设置"计提企业负担的五险一金"工资分摊

参照前面的操作完成"计提企业负担的五险一金"的工资分摊设置，结果如图 5-29 所示。

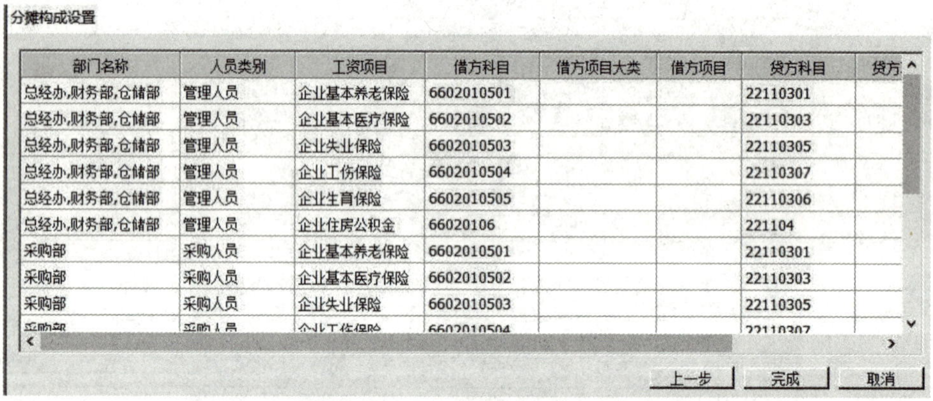

图 5-29 设置"计提企业负担的五险一金"工资分摊

7. 设置"计提工会经费"工资分摊

参照前面的操作完成"计提工会经费"的工资分摊设置，注意计提工会经费的分摊计提比例应为 2%，结果如图 5-30 所示。

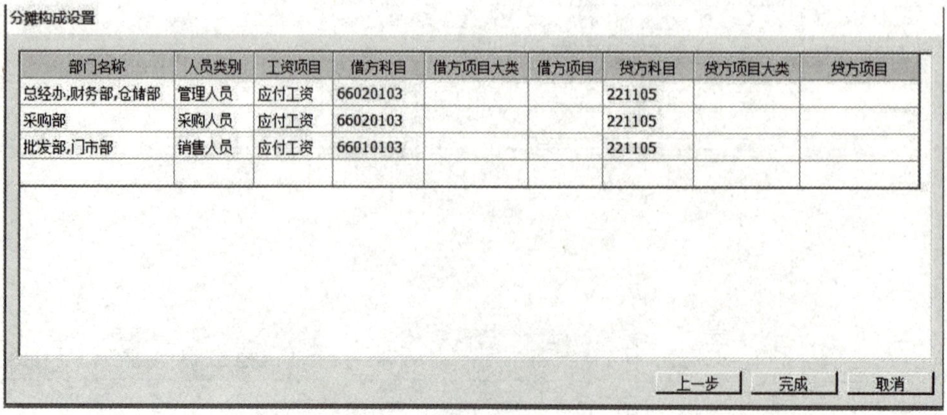

图 5-30 设置"计提工会经费"工资分摊

8. 设置"计提职工教育经费"工资分摊

参照前面的操作完成"计提职工教育经费"的工资分摊设置，注意计提职工教育经费的分摊计提比例应为 8%，结果如图 5-31 所示。

部门名称	人员类别	工资项目	借方科目	借方项目大类	借方项目	贷方科目	贷方项目大类	贷方项目
总经办,财务部,仓储部	管理人员	应付工资	66020102			221106		
采购部	采购人员	应付工资	66020102			221106		
批发部,门市部	销售人员	应付工资	66010102			221106		

图 5-31 设置"计提职工教育经费"工资分摊

5.2.3 生成工资分摊凭证

【任务资料】

2024 年 1 月 31 日，按分摊类型生成月末工资分摊记账凭证。

生成工资分摊凭证

【任务步骤】

1. 选择工资分摊类型和部门

2024 年 1 月 31 日，会计朱觅（W02）登录"企业应用平台"，执行"业务工作→人力资源→薪资管理→业务处理"命令，双击"工资分摊"选项，打开"工资分摊"对话框。在"计提费用类型"选项组中勾选"计提工资"复选框，同时勾选"全选"和"明细到工资项目"复选框，如图 5-32 所示。

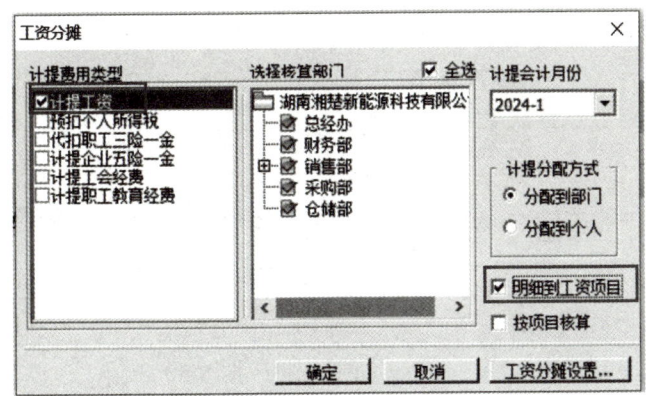

图 5-32 选择工资分摊类型和部门

2. 对工资分摊制单

单击“确定”按钮，打开“工资分摊明细”窗口，勾选“合并科目相同、辅助项相同的分录”复选框，单击“制单”按钮，结果如图 5-33 所示。

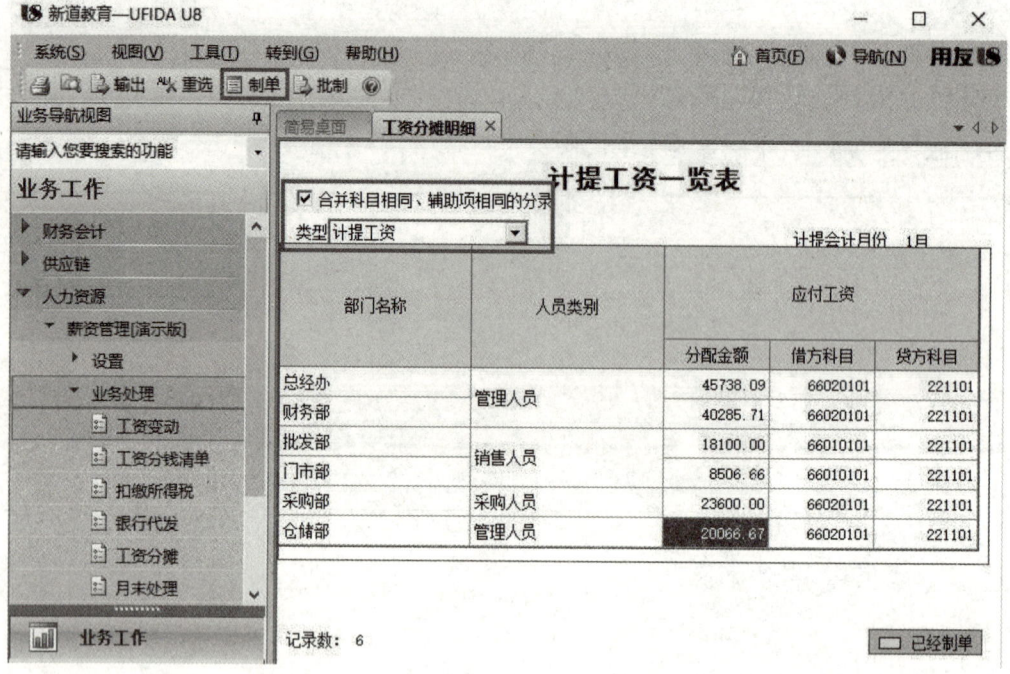

图 5-33 工资分摊制单

3. 生成分摊凭证

进入“填制凭证”窗口，“凭证类别”选择“记账凭证”，单击“保存”按钮，生成计提工资记账凭证，结果如图 5-34 所示。

记 账 凭 证

记 字 0013　制单日期：2024.01.31　审核日期：　附单据数：0

摘要	科目名称	借方金额	贷方金额
计提工资	销售费用/职工薪金/工资薪金	2660666	
计提工资	管理费用/职工薪金/工资薪金	12969047	
计提工资	应付职工薪酬/职工工资		15629713
票号 日期　数量 单价	合计	15629713	15629713

备注　项目　部门　个人　客户　业务员

记账　审核　出纳　制单 朱览

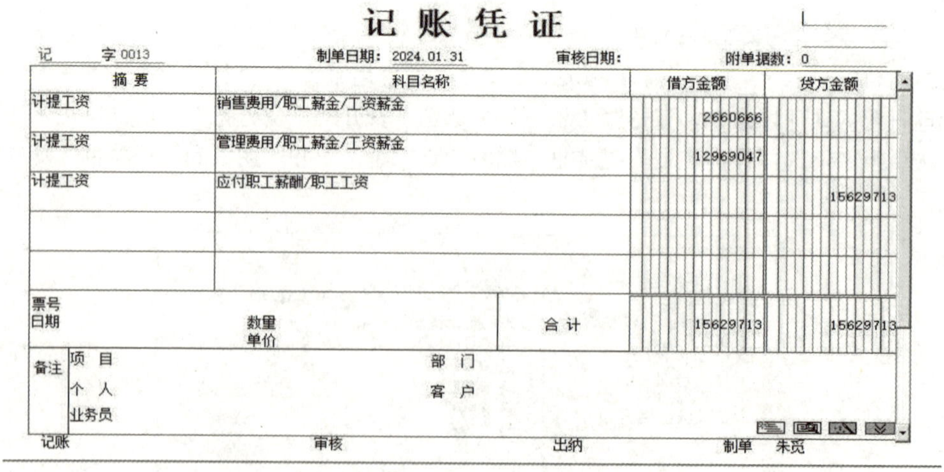

图 5-34 计提工资记账凭证

4. 生成其他工资分摊凭证

参照前面的操作，生成其他凭证，结果如图 5-35～图 5-39 所示。

图 5-35 预扣个人所得税记账凭证

图 5-36 代扣职工负担的三险一金记账凭证

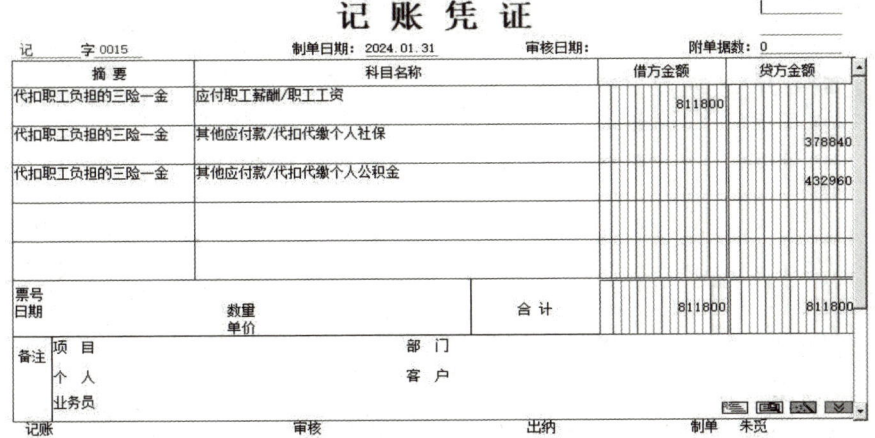

图 5-37 计提企业负担的五险一金记账凭证

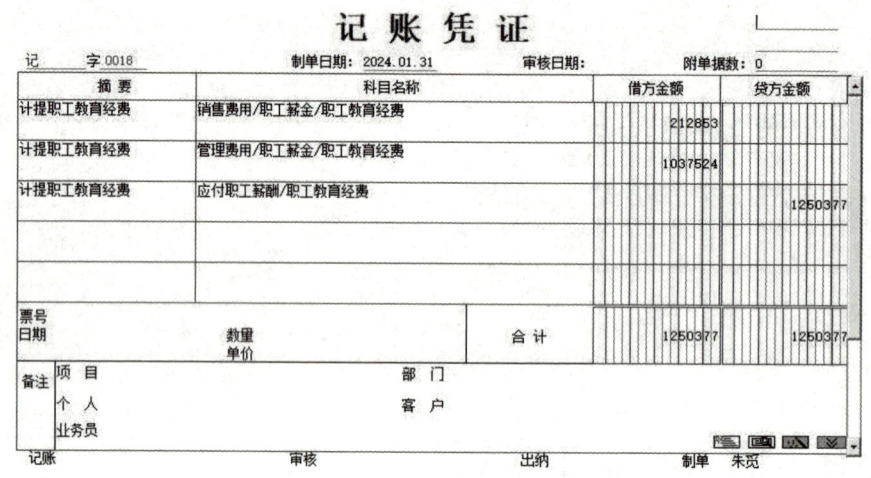

图 5-38　计提工会经费记账凭证

图 5-39　计提职工教育经费记账凭证

5.2.4　查询与修改凭证

📖【任务资料】

2024 年 1 月 31 日，查询已生成的记账凭证。

📖【任务步骤】

2024 年 1 月 31 日，会计朱觅（W02）登录"企业应用平台"，执行"业务工作→人力资源→薪资管理→统计分析"命令，双击"凭证查询"选项，打开"凭证查询"窗口，如图 5-40 所示，单击"凭证"按钮，即可查看凭证。如需对其进行修改、删除操作，在工具栏中单击对应按钮即可。

项目五　薪资管理系统

业务日期	业务类型	业务号	制单人	凭证日期	凭证号	标志
2024-01-31	计提工资	1	朱觅	2024-01-31	记-13	未审核
2024-01-31	预扣个人所得	2	朱觅	2024-01-31	记-14	未审核
2024-01-31	代扣职工三险一金	3	朱觅	2024-01-31	记-15	未审核
2024-01-31	计提企业五险一金	4	朱觅	2024-01-31	记-16	未审核
2024-01-31	计提职工教育经费	5	朱觅	2024-01-31	记-17	未审核
2024-01-31	计提工会经费	6	朱觅	2024-01-31	记-18	未审核

图 5-40　凭证查询

任务 5.3　查询与统计分析

5.3.1　查询扣缴个人所得税报表

📖【任务资料】

2024 年 1 月 31，查询 1 月扣缴个人所得税报表。

📖【任务步骤】

查询扣缴个人所得税报表

① 2024 年 1 月 31 日，会计朱觅（W02）登录"企业应用平台"，执行"业务工作→人力资源→薪资管理→业务处理"命令，双击"扣缴所得税"选项，打开"个人所得税申报模板"对话框。选择"扣缴个人所得税报表"报表类型，如图 5-41 所示。

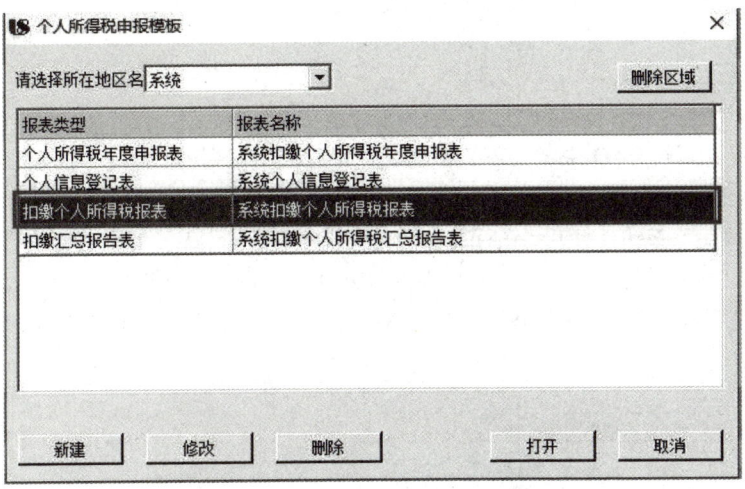

图 5-41　个人所得税申报模板

② 单击"打开"按钮，打开"所得税申报"对话框，如图 5-42 所示。
③ 单击"确定"按钮，打开"系统扣缴个人所得税报表"窗口，如图 5-43 所示。单击"输出"按钮，输出 Excel 格式。

— 117 —

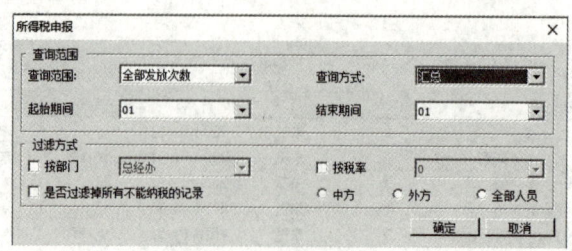

图 5-42　所得税申报

系统扣缴个人所得税报表
2024年1月~2024年1月

序号	纳税义务人姓名	身份证照…	身份证号码	国家与地区	职业编码	所得项目	所得期间	收入额	免税收入额	费用扣除标准	应纳税所得额	税率	应扣税额	已扣税额	备注
1	唐忠谦	身份证					1	34000.00	0.00		26262.00	3	787.86	787.86	
2	张东	身份证					1	12000.00	0.00		4000.09	3	120.00	120.00	
3	王燕琴	身份证					1	17800.00	0.00		9909.62	3	297.29	297.29	
4	朱觅	身份证					1	12400.00	0.00		4400.09	3	132.00	132.00	
5	张思怡	身份证					1	10500.00	0.00		2762.00	3	82.86	82.86	
6	姜帆	身份证					1	18100.00	0.00		10362.00	3	310.86	310.86	
7	余欣	身份证					1	8700.00	0.00		768.66	3	23.06	23.06	
8	周正丽	身份证					1	14000.00	0.00		6262.00	3	187.86	187.86	
9	王子帅	身份证					1	9600.00	0.00		1862.00	3	55.86	55.86	
10	戴慧	身份证					1	12500.00	0.00		4762.00	3	142.86	142.86	
11	魏岗	身份证					1	8200.00	0.00		0.00	0	0.00	0.00	
合计								157800.00	0.00		71350.46		2140.51	2140.51	

图 5-43　1月扣缴个人所得税报表

5.3.2　查询银行代发工资表

📖【任务资料】

2024 年 1 月 31 日，查询 1 月银行代发一览表。

📖【任务步骤】

2024 年 1 月 31 日，会计朱觅（W02）登录"企业应用平台"，执行"业务工作→人力资源→薪资管理→业务处理"命令，双击"银行代发"选项，打开"请选择部门范围"对话框。选中所有部门，单击"确定"按钮，打开"银行文件格式设置"对话框，从"银行模板"下拉列表框中选择"中国工商银行"，设置"账号"的"总长度"为 19，单击"确定"按钮，弹出"确认设置的银行文件格式？"信息提示框，单击"是"按钮，打开"银行代发一览表"窗口，如图 5-44 所示。

银行代发一览表
名称：中国工商银行　　　　　　　　　　　　　　　　　人数：11

单位编号	人员编号	账号	金额	录入日期
1234934325	101	08002642501	32470.00	20240131
1234934325	102	08002642502	10880.00	20240131
1234934325	201	08002642503	16610.00	20240131
1234934325	202	08002642504	11260.00	20240131
1234934325	203	08002642505	9670.00	20240131
1234934325	301	08002642506	17050.00	20240131
1234934325	302	08002642507	7740.00	20240131
1234934325	401	08002642508	13070.00	20240131
1234934325	402	08002642509	8800.00	20240131
1234934325	501	08002642510	11610.00	20240131
1234934325	502	08002642511	6820.00	20240131
合计			145,980.00	

图 5-44　1月份银行代发一览表

5.3.3 查询工资分钱清单

📖【任务资料】

2024 年 1 月 31 日，查询 1 月份工资分钱清单。

📖【任务步骤】

① 2024 年 1 月 31 日，会计朱觅（W02）登录"企业应用平台"，执行"业务工作→人力资源→薪资管理→业务处理"命令，双击"工资分钱清单"选项，打开"工资分钱清单"窗口，打开"票面额设置"对话框，如图 5-45 所示。

② 单击"确定"按钮，返回"工资分钱清单"窗口，选择"人员分钱清单"选项卡，如图 5-46 所示。

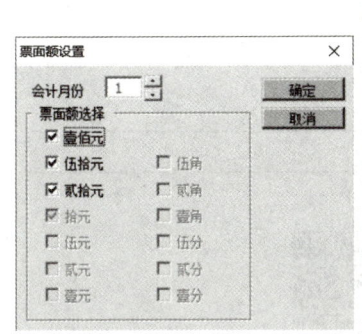

图 5-45　票面额设置

工号	人员编号	人员姓名	壹佰元	伍拾元	贰拾元	拾元	金额合计
	101	唐忠谦	324	1	1		32470.00
	102	张东	108			1	10880.00
	201	王燕琴	166			1	16610.00
	202	朱觅	112	1			11260.00
	203	张思怡	96	1	1		9670.00
	301	姜帆	170	1			17050.00
	302	余欣	77		2		7740.00
	401	周正丽	130	1		1	13070.00
	402	王子帅	88				8800.00
	501	戴慧	116			1	11610.00
	502	魏尚	68		1		6820.00
票面合计数	------	------	1455	6	7	4	------
金额合计数	------	------	145500.00	300.00	140.00	40.00	145980.00

图 5-46　1 月工资分钱清单

5.3.4 统计分析

📖【任务资料】

查询 1 月份工资发放条。

📖【任务步骤】

2024 年 1 月 31 日，会计朱觅（W02）登录"企业应用平台"，执行"业务工作→人力资源→薪资管理→统计分析→账表"命令，双击"工资表"选项，打开"工资表"窗口，选择"工资发放条"选项，单击"查看"按钮，打开"请选择若干部门"对话框，选中所有部门，单击"确定"按钮，打开"工资发放条"窗口，如图 5-47 所示。

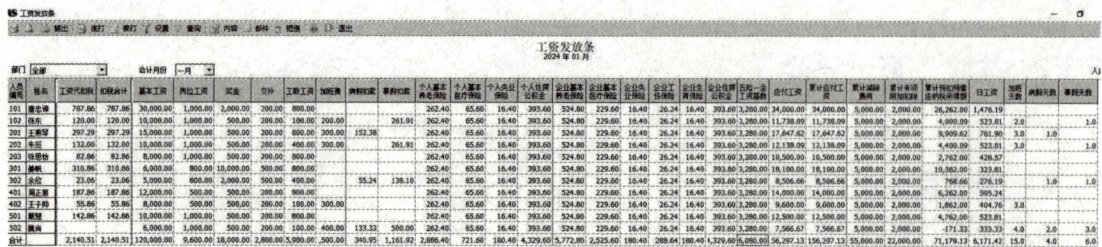

图 5-47　1 月工资发放条

任务 5.4　任务总结

项目五测试

📖【学习经验】

_____

_____

📖【注意事项】

_____

_____

课证融通：设置工资计算公式

红色会计大讲堂：会计名家余肇池

项目六

固定资产管理系统

动画：原创 AI 固定资产核算

学习目标

知识目标： 了解固定资产管理系统的主要功能和与其他子系统之间的关系。

理解固定资产管理系统初始设置与期初数据录入基本规则。

掌握固定资产增加、减少、折旧、资产变动等业务的处理流程和规则。

能力目标： 会根据企业实际需求设置固定资产管理系统参数。

会运用固定资产管理系统进行日常业务操作。

会灵活处理固定资产管理系统中的常见问题和异常情况。

素养目标： 培养严谨细致的工作态度，确保固定资产数据的准确性和完整性。

提升数据管理和维护的责任心，保障系统的稳定运行。

养成主动学习和探索新知识的习惯，提升制造强国自信。

项目概述

固定资产管理系统是财务管理系统的重要组成部分，影响着企业整体的财务状况和报表呈现。固定资产管理系统主要包含系统初始化、日常业务处理和期末业务处理 3 个模块，而资产卡片管理是贯穿这 3 个模块的关键内容，它详细记录资产的各项信息，如名称、规格、购置日期等；可以设置多种折旧方法，满足不同企业的需求；对资产的变动情况进行记录和跟踪，包括调拨、报废等。

固定资产管理系统与其他子系统有紧密关联。固定资产管理系统为总账系统提供重要的数据支持。固定资产管理系统的资产变动、折旧计算等数据会传递到总账系统，以保证财务数据的一致性和完整性。资产新增或折旧的会计凭证会自动传递到总账系统进行记账。当企业采购固定资产时，采购管理系统的相关信息会传递给固定资产管理系统，用于资产的初始入账。固定资产管理系统与供应链管理系统也存在关联，如果启用供应链管理系统，固定资产采购业务完成入库流程时，相关采购信息会自动传递到固定资产管理系统，生成采购资产卡片。同时，固定资产的折旧会影响成本管理系统的成本核算。固定资产管理系统为 UFO 报表系统提供报表数据支持。

固定资产管理系统与其他子系统相互协作、相互支持，共同构成一个完整的企业管理信息系统，保障企业的高效运营和管理。通过这种紧密的关系，实现了数据的共享和流通，避免了信息孤岛的产生，为企业的科学决策和精细管理提供了有力的支撑。

本项目知识图谱如图 6-1 所示。

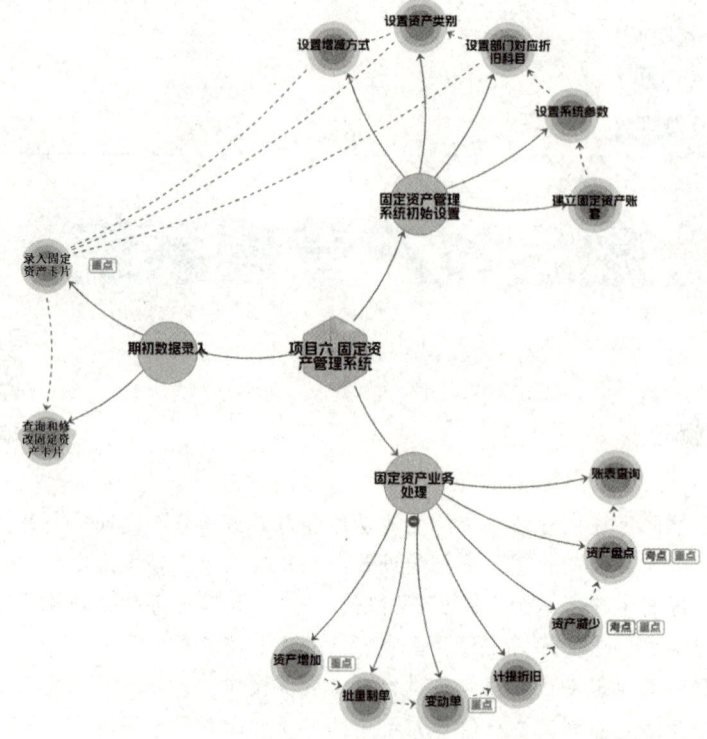

图 6-1　项目六知识图谱

任务 6.1　固定资产管理系统初始设置

6.1.1　建立固定资产账套

📖【任务资料】

请以账套主管身份根据表 6-1 所示的信息建立固定资产账套。

表 6-1　固定资产账套参数

建 账 向 导	参 数 设 置
约定及说明	我同意
启用月份	2024.01
新旧信息	采用"平均年限法（二）"计提折旧
编码方式	固定资产类别编码方式为"2-1-1-2"
	固定资产编码方式按"类别编码+序号"采用自动录入方法，序号长度为 5 位
账务接口	固定资产对账科目为"1601 固定资产"
	累计折旧对账科目为"1602 累计折旧"

📖【任务步骤】

① 2024年1月1日，账套主管唐忠谏（A01）登录"企业应用平台"，执行"业务工作→财务会计"命令，双击"固定资产"选项，系统弹出如图 6-2 所示的信息提示框，单击"是"按钮。

建立固定资产账套

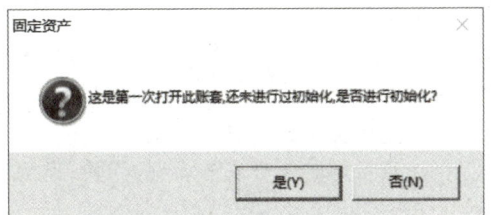

图 6-2　固定资产账套初始化

② 打开"初始化账套向导"对话框，选择"我同意"单选按钮，如图 6-3 所示。

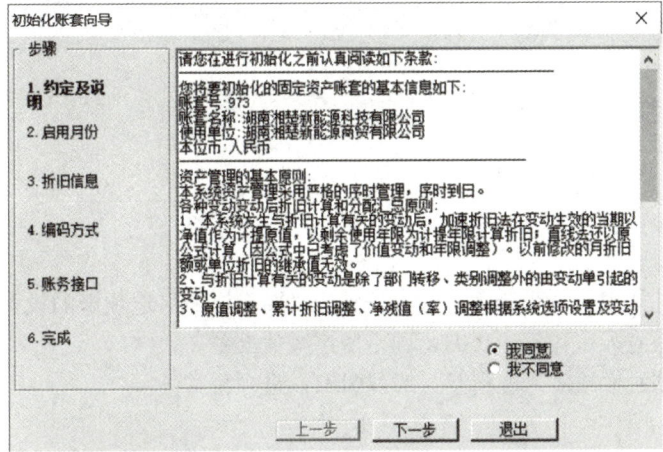

图 6-3　初始化账套向导——约定及说明

③ 单击"下一步"按钮，根据左边的向导步骤，依次根据任务资料完成设置，结果如图 6-4 所示。

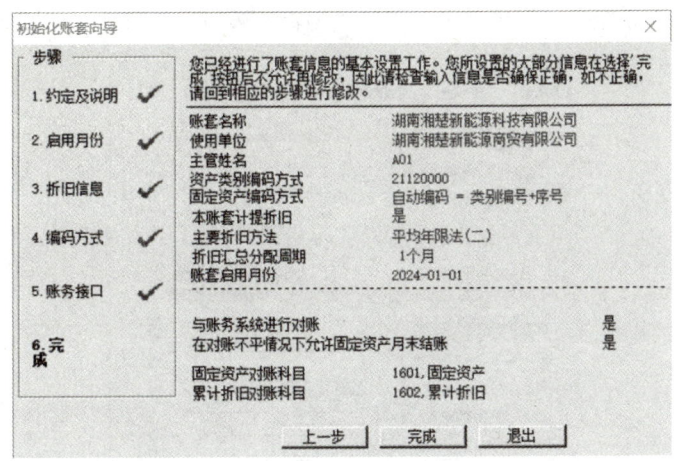

图 6-4　初始化账套参数设置

④ 单击"完成"按钮，弹出信息提示框，单击"是"按钮，弹出"已成功初始化本固定资产账套！"信息提示框，单击"确定"按钮，完成固定资产建账。

> 任务提示
> （1）固定资产启用日期只能查看不可修改。
> （2）本账套计提折旧在初始化时一经设置，不能修改。
> （3）"主要折旧方法"：系统自带的折旧方法有平均年限法（一）、平均年限法（二）、工作量法、年数总和法、双倍余额递减法（一）、双倍余额递减法（二）。选择折旧方法后，在新增资产类别时系统自动带出该折旧方法。
> （4）"折旧汇总分配周期"：一般企业按月计提折旧。
> （5）"资产类别编码方式"：一旦新增某一级资产类别，则该级的类别编码长度不能修改，若该级设定类别，其编码长度可以修改。
> （6）"固定资产编码方式"：系统提供手工录入和自动编码两种固定资产编码方式。
> （7）"在对账不平情况下允许固定资产月末结账"：系统默认勾选此项，表示本系统与总账系统对账不平时固定资产管理系统也可进行月末结账。如果不勾选此项，表示对账不平时不允许在固定资产管理系统进行月末结账。

6.1.2 设置系统参数

📖【任务资料】

请根据所学财务知识，以账套主管的身份完成"固定资产"选项卡的设置。
（1）减值准备缺省入账科目：1603，固定资产减值准备。
（2）增值税进项税额缺省入账科目：22210101，进项税。

📖【任务步骤】

设置系统参数

① 2024年1月1日，账套主管唐忠谏（A01）登录"企业应用平台"，执行"业务工作→财务会计→固定资产→设置"命令，双击"选项"选项，打开"选项"对话框。
② 选择"与账务系统接口"选项卡，单击"编辑"按钮，参数设置如图6-5所示。

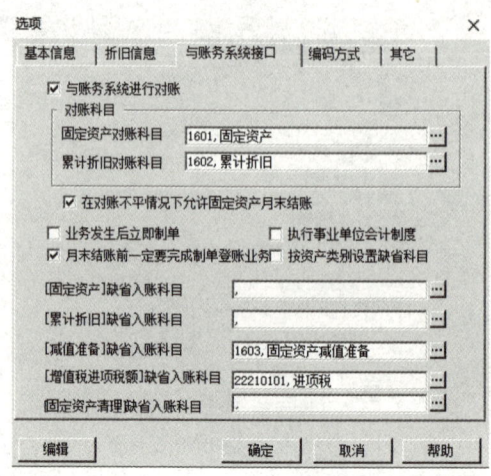

图6-5 设置系统参数

6.1.3 设置部门对应折旧科目

📖【任务资料】

根据财务知识,以账套主管的身份设置固定资产部门对应折旧科目,如表6-2所示。

表6-2 部门对应折旧科目

部门名称	折旧科目
总经办	660204,折旧费
财务部	660204,折旧费
销售部	660103,折旧费
采购部	660204,折旧费
仓储部	660204,折旧费

📖【任务步骤】

设置部门对应折旧科目

① 2024年1月1日,账套主管唐忠谏(A01)登录"企业应用平台",执行"业务工作→财务会计→固定资产→设置"命令,双击"部门对应折旧科目"选项,打开"部门对应折旧科目"窗口。

② 选择"总经办"选项,选择要编辑的部门。

③ 单击"修改"或"编辑"按钮,打开"单张视图"窗口。在"折旧科目"文本框中录入"660204,折旧费",如图6-6所示。单击"保存"按钮。

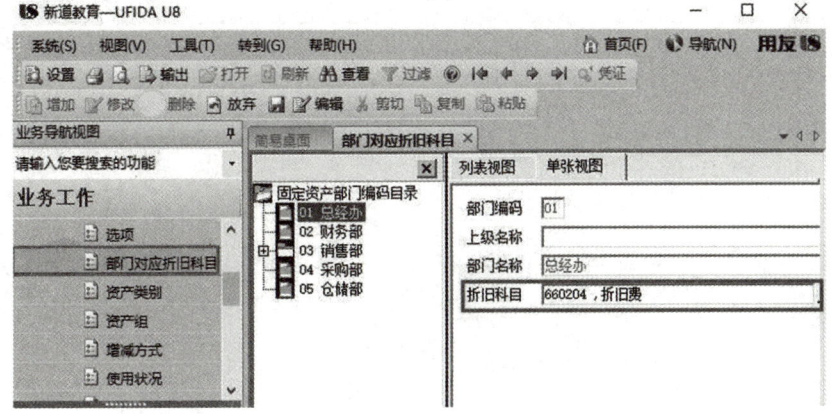

图6-6 设置部门对应折旧科目

④ 以此方法继续录入其他部门对应折旧科目,结果如图6-7所示。

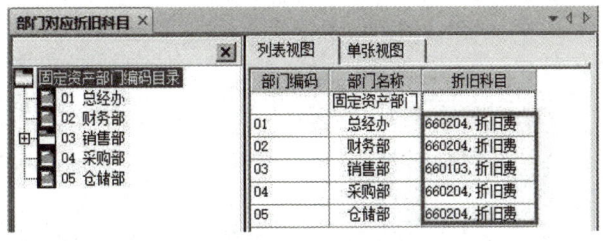

图6-7 部门对应折旧科目

6.1.4 设置资产类别

📖【任务资料】

请以账套主管的身份根据表 6-3 所示的信息设置资产类别。

表 6-3 资产类别信息

编码	类别名称	使用年限	净残值率	计提属性	折旧方法	卡片样式
01	房屋及建筑物	20	0	正常计提	平均年限法（二）	含税卡片样式
02	办公家具	5	0	正常计提	平均年限法（二）	含税卡片样式
03	运输工具	4	0	正常计提	平均年限法（二）	含税卡片样式
04	电子设备	3	0	正常计提	平均年限法（二）	含税卡片样式

📖【任务步骤】

① 2024 年 1 月 1 日，账套主管唐忠谏（A01）登录"企业应用平台"，执行"业务工作→财务会计→固定资产→设置"命令，双击"资产类别"选项，打开"资产类别"窗口。

② 单击"增加"按钮，打开"单张视图"窗口。

③ 根据任务资料，设置"类别名称"为"房屋及建筑物"、"使用年限"为"20"、"卡片样式"为"含税卡片样式"。单击"保存"按钮，结果如图 6-8 所示。

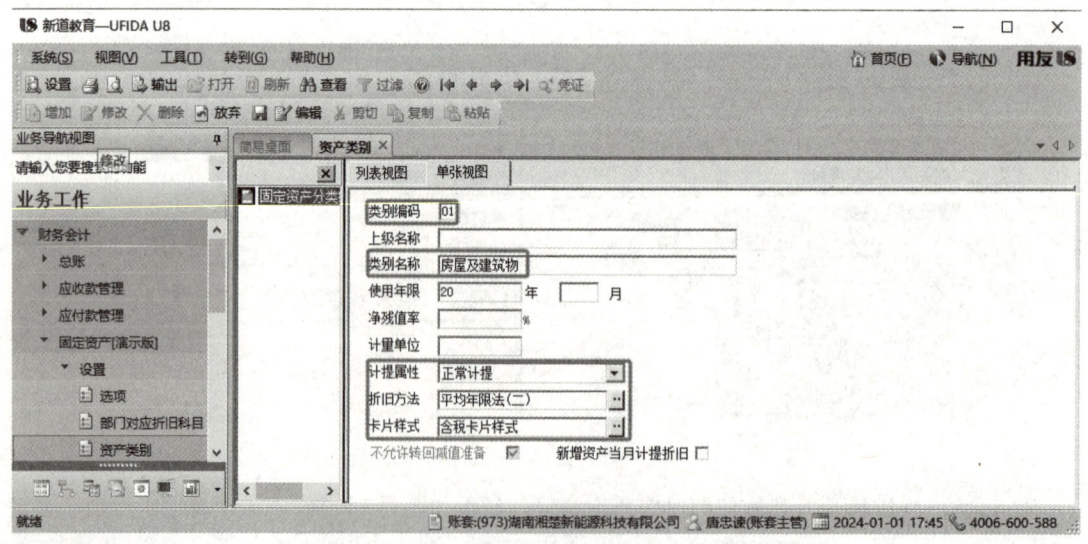

图 6-8 设置资产类别

> 任务提示
>
> （1）"类别名称"：不可与同级资产类别同名。
>
> （2）"计提属性"：系统提供正常计提、总提折旧和总不提折旧 3 个计提属性。计提属性一经选择并使用，不允许修改。
>
> （3）"卡片样式"：从"卡片样式"下拉列表中选择该资产类别对应的卡片样式。

④ 以此方法继续录入第 2、3、4 类资产的类别名称等信息。第 4 个资产类别保存完毕，单击工具栏中的"放弃"按钮，弹出"是否取消本次操作？"信息提示框，单击"是"按钮，返回"列表视图"窗口，结果如图 6-9 所示。

图 6-9 资产类别列表视图

6.1.5 设置增减方式

【任务资料】

请以账套主管的身份设置固定资产增减方式及其对应的会计科目。其中"直接购入"对应入账科目为"100201, 工行岳麓区支行"。若对应会计科目有明细科目，录入时先选它的一级科目，再选这个明细科目。固定资产增减方式及对应入账科目如表 6-4 所示。

表 6-4 固定资产增减方式及对应入账科目

增减方式	增减方式名称	对应入账科目
增加方式	直接购入	100201，工行岳麓区支行
	投资者投入	400101，星辉投资
	捐赠	630103，捐赠
	盘盈	6901，以前年度损益调整
	在建工程	1604，在建工程
减少方式	出售	160601，电子设备
	盘亏	1901，待处理财产损溢
	投资转出	160601，电子设备
	捐赠转出	160601，电子设备
	报废	160601，电子设备
	毁损	160601，电子设备
	融资租出	160601，电子设备

设置增减方式

【任务步骤】

① 2024 年 1 月 1 日，账套主管唐忠谏（A01）登录"企业应用平台"，执行"业务工作→财务会计→固定资产→设置"命令，双击"增减方式"选项，打开"增减方式"窗口。

② 选择"101 直接购入"选项，单击"修改"或"编辑"按钮，设置"对应入账科目"为"100201，工行岳麓区支行"，结果如图 6-10 所示。

③ 单击"保存"按钮。

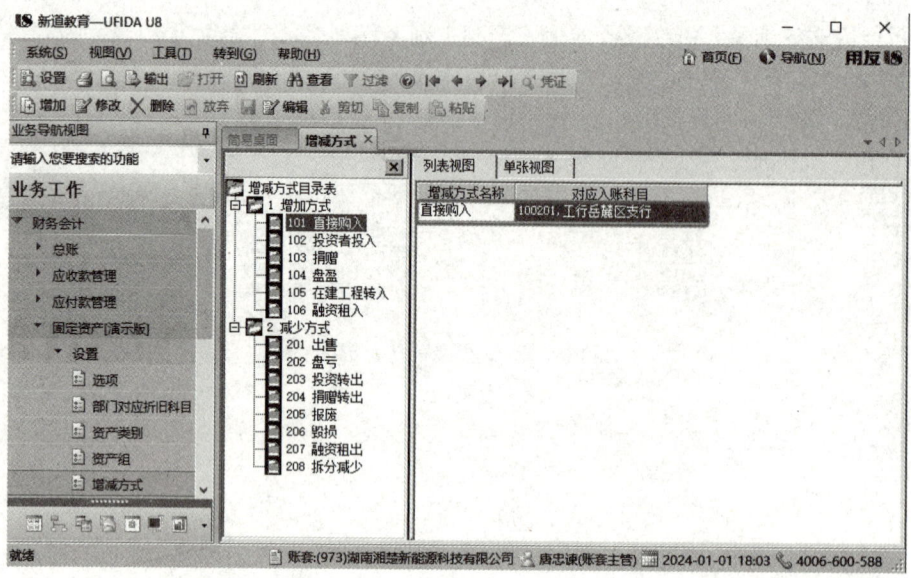

图 6-10　设置增减方式的对应入账科目

④ 继续设置及对应入账科目，结果如图 6-11 所示。

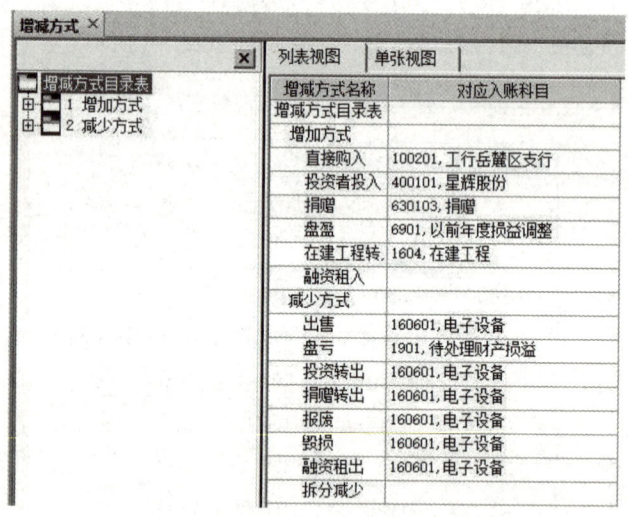

图 6-11　对应入账科目

任务 6.2　期初数据录入

6.2.1　录入固定资产卡片

📖【任务资料】

请以账套主管的身份根据表 6-5 所示的信息录入固定资产卡片，其中资产的增加方式均为"直接购入"，各资产使用状况均为"在用"，多部门使用的固定资产平均分摊折旧费。

表 6-5　固定资产卡片信息

单位：元

资产名称	资产类别	资产原值	使用部门	购入时间	折旧月	净残值率	月折旧额	累计折旧	折旧方法	备注
办公楼	房屋及建筑物	12,000,000	总经办	2021-11-01	240	0.00%	50,000.00	1,250,000	平均年限法（二）	240m²
门市	房屋及建筑物	8,000,000	销售部/门市部	2021-11-01	240	0.00%	33,333.33	833,333.27	平均年限法（二）	100m²
办公桌	办公家具	15,000	总经办	2022-05-01	60	0.00%	250.00	4,750	平均年限法（二）	
办公桌	办公家具	15,000	销售部/门市部	2022-05-01	60	0.00%	250.00	4,750	平均年限法（二）	
轿车	运输设备	150,000	总经办	2022-05-01	48	0.00%	3,125.00	59,375	平均年限法（二）	2 辆
货车	运输设备	300,000	销售部/批发部	2022-05-01	48	0.00%	6,250.00	118,750	平均年限法（二）	2 辆
计算机	电子设备	5,000	总经办	2022-05-01	36	0.00%	138.89	2,638.89	平均年限法（二）	10 台
计算机	电子设备	5,000	销售部/批发部	2022-05-01	36	0.00%	138.89	2,638.89	平均年限法（二）	10 台

📖【任务步骤】

1. 直接录入固定资产卡片

① 2024 年 1 月 1 日，账套主管唐忠谏（A01）登录"企业应用平台"，执行"业务工作→财务会计→固定资产→卡片"命令，双击"录入原始卡片"选项，打开"固定资产类别档案"对话框。

录入固定资产卡片

② 系统默认已勾选"房屋及建筑物"复选框，单击"确定"按钮，打开"固定资产卡片"窗口。根据任务资料录入"房屋及建筑物"固定资产卡片的信息，结果如图 6-12 所示。

③ 单击"保存"按钮，弹出"数据成功保存！"信息提示框。

④ 单击"确定"按钮。根据任务资料完成其他固定资产卡片的录入。

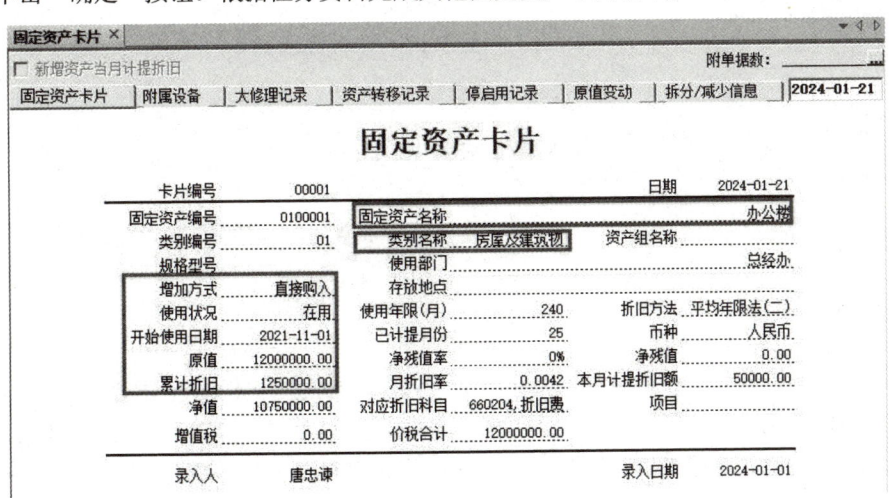

图 6-12　直接录入固定资产卡片

2. 复制功能录入固定资产卡片

① 完成"轿车"第一张固定资产卡片录入后，第二张"轿车"固定资产卡片可以通过"复制"功能进行录入。按照上述方法增加一张固定资产卡片，单击"确定"按钮后，单击"放弃"按钮。弹出"是否取消本次操作？"信息提示框，单击"确定"按钮。

② 单击"复制"按钮，打开"固定资产"对话框，在"起始资产编号"文本框中录入"0300002"，

在"终止资产编号"文本框中录入"0300002",将"卡片复制数量"设为"1",如图6-13所示。

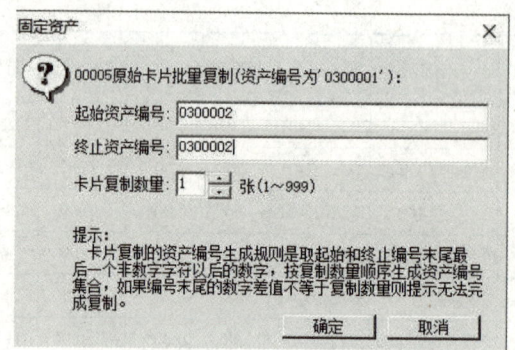

图6-13 复制功能录入固定资产卡片

③ 单击"确定"按钮,弹出"卡片批量复制完成"信息提示框,单击"确定"按钮。按照上述方法,继续完成货车和计算机固定资产卡片的增加操作。

> **任务提示**
>
> 本操作建议按照原始卡片顺序操作。首先完成办公楼、门市、办公桌的原始卡片新增,然后新增一辆轿车的固定资产卡片,再通过"复制"功能完成一辆轿车的固定资产卡片复制。继续使用"复制"功能完成货车和计算机的固定资产卡片的新增操作。

3. 与账务对账

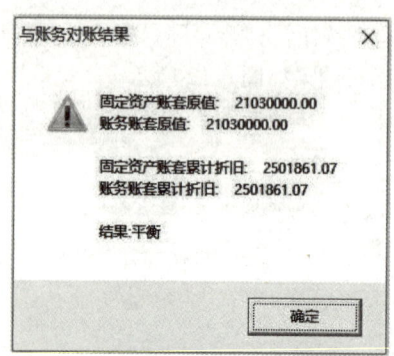

图6-14 与账务对账结果

2024年1月1日,账套主管唐忠谏(A01)登录"企业应用平台",执行"业务工作→财务会计→固定资产→处理"命令,双击"对账"选项,打开"与账务对账结果"对话框,如图6-14所示。

6.2.2 查询和修改固定资产卡片

📖【任务资料】

请以账套主管的身份查询固定资产卡片录入结果。

📖【任务步骤】

2024年1月1日,账套主管唐忠谏(A01)登录"企业应用平台",执行"业务工作→财务会计→固定资产→卡片"命令,双击"卡片管理"选项,打开"卡片管理"窗口,取消勾选"开始使用日期"复选框,单击"确定"按钮,显示在役资产卡片列表,如图6-15所示。该列表为固定资产卡片录入后的结果,如果录入错误,可以进行修改。

> **任务提示**
>
> (1) 已经生成记账凭证的固定资产卡片,若原值或累计折旧录入错误,需要先删除记账凭证,才能修改卡片信息。
> (2) 若固定资产卡片已生成变动单并据此生成记账凭证,如果发现错误,需要先删除记账凭证及变动单,才能修改卡片信息。
> (3) 月末结账后,固定资产的原值、使用部门、使用状况、累计折旧、净残值(率)、折旧

方法、使用年限、资产类别各项目，不能直接通过卡片修改功能修改，只能通过变动单或评估单调整。

（4）卡片删除功能用于将固定资产卡片信息从系统内彻底清除，而非资产减少。以下情况可使用该功能。

① 固定资产卡片录入当月发现有错误，可直接删除该卡片。

② 通过"资产减少"功能处理的卡片，若其保留年限超过了系统选项设定的禁止删除年限，也可执行删除操作。

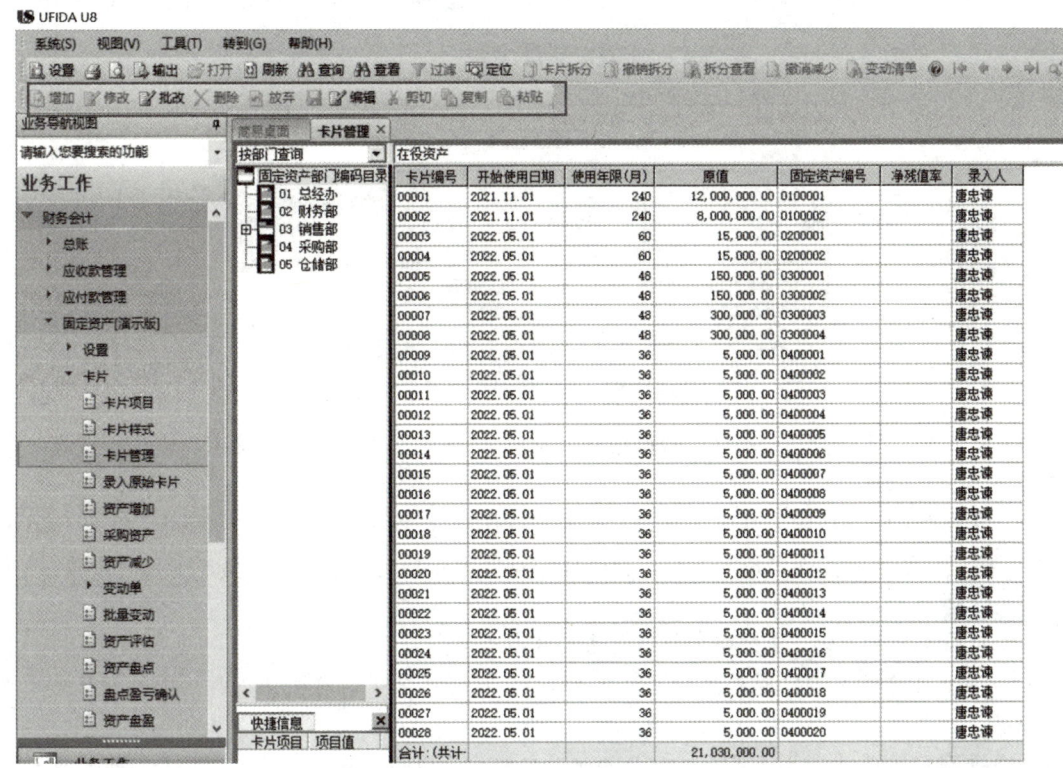

图6-15　在役资产卡片列表

任务6.3　固定资产业务处理

6.3.1　资产增加

📖【任务资料】

2024年1月20日，销售部门市部购买计算机10台，每台无税单价8,000元，收到增值税专用发票，计算机已验收入库，使用"平均年限法（二）"计提折旧。款项以转账付讫。附件为1张增值税专用发票（金额80,000元，税额10,400元）；1张工商银行转账回单；1张固定资产卡片。

— 131 —

【任务步骤】

① 2024 年 1 月 20 日，会计朱觅（W02）登录"企业应用平台"，执行"业务工作→财务会计→固定资产→卡片"命令，双击"资产增加"选项，打开"固定资产类别档案"对话框。

资产增加

② "类别名称"选择"电子设备"，单击"确定"按钮。

③ 打开"固定资产卡片"窗口，根据任务资料录入固定资产卡片信息，结果如图 6-16 所示。

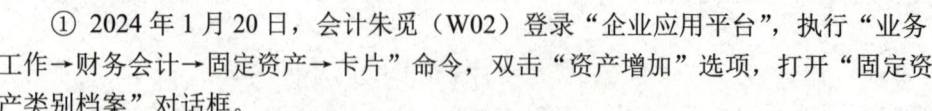

图 6-16　资产增加

④ 单击"保存"按钮，弹出"数据成功保存！"信息提示框，单击"确定"按钮，完成一张固定资产卡片的录入。

⑤ 单击"返回"按钮，弹出"是否取消本次操作？"信息提示框，单击"确定"按钮，单击"复制"按钮，复制 9 张固定资产卡片，具体操作见使用复制功能录入固定资产卡片的步骤。

> **任务提示**
>
> "录入原始卡片"与"资产增加"的联系与区别如下。
>
> （1）从操作方法来看，两者都是录入资产卡片。至于通过哪种方式录入，取决于资产的开始使用日期。
>
> （2）原始卡片是指卡片记录的资产开始使用日期的月份小于其录入系统的月份，即已使用过并已计提折旧的固定资产卡片。
>
> （3）资产增加，是固定资产管理系统的一项核心操作，主要负责为企业新增固定资产卡片，只有当固定资产的"开始使用日期"的所属会计期间与录入该卡片的当前会计期间一致时，才能通过"资产增加"功能录入固定资产卡片。

6.3.2　批量制单

【任务资料】

2024 年 1 月 20 日，生成资产增加的记账凭证。

【任务步骤】

1. 查询制单业务类型

① 2024 年 1 月 20 日，会计朱觅（W02）登录"企业应用平台"，执行"业务工作→财务会

计→固定资产→处理"命令，双击"批量制单"选项，打开"查询条件选择-批量制单"对话框。

② 在"业务类型"下拉列表框中选择"新增资产"选项，如图6-17所示。

③ 单击"确定"按钮，打开"批量制单"窗口。

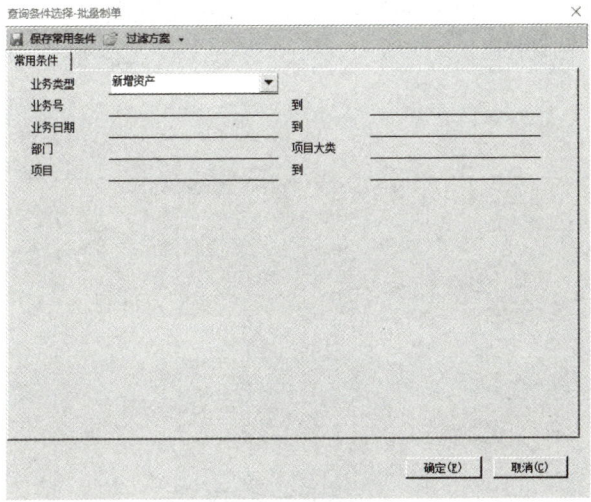

图6-17 新增资产

2．制单选择

在"批量制单"窗口的"制单选择"选项卡中单击"全选"和"合并"按钮，结果如图6-18所示。

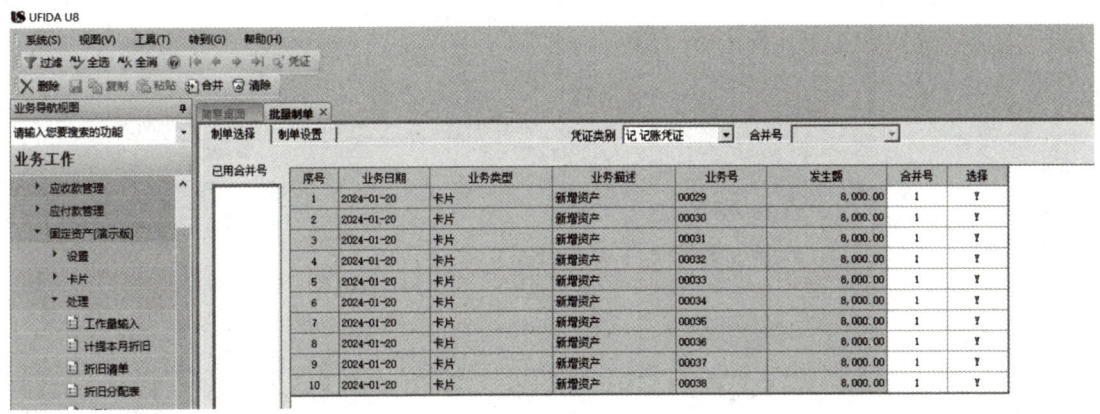

图6-18 批量制单

3．设置制单科目

在"批量制单"窗口的"制单设置"选项卡中为每笔业务设置对应的会计科目，结果如图6-19所示。

4．生成记账凭证

单击"凭证"按钮，系统生成一张记账凭证。按Ctrl+S组合键，打开"辅助项"对话框，设置"结算方式"、"票号"及"发生日期"，单击"确定"按钮，单击"保存"按钮，结果如图6-20所示。

> **任务提示**
>
> （1）批量制单的业务类型有计提折旧、新增资产、减少资产、原值增加、原值减少、累计折旧调整、类别调整、计提减值准备、转回减值准备、增值税调整和评估资产。

（2）如果设置了"业务发生后立即制单"，则在发生上述业务后，系统自动生成记账凭证；如果没有设置，可到"批量制单"中制单或单击对应业务工具栏上的"凭证"按钮制单。

（3）凭证保存后可通过"固定资产→处理→凭证查询"路径进入相应功能界面对凭证进行查询、删除等操作。已经生成凭证的业务类型不允许对其再进行删除或恢复操作。若想对其进行删除或恢复操作，必须先删除对应的记账凭证。

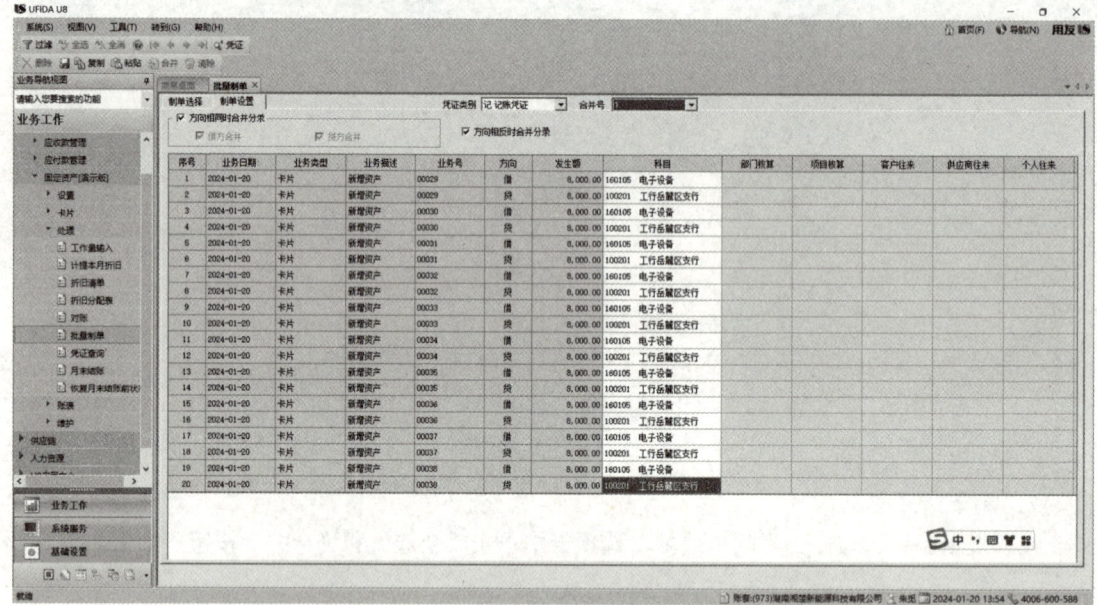

图 6-19　设置制单科目

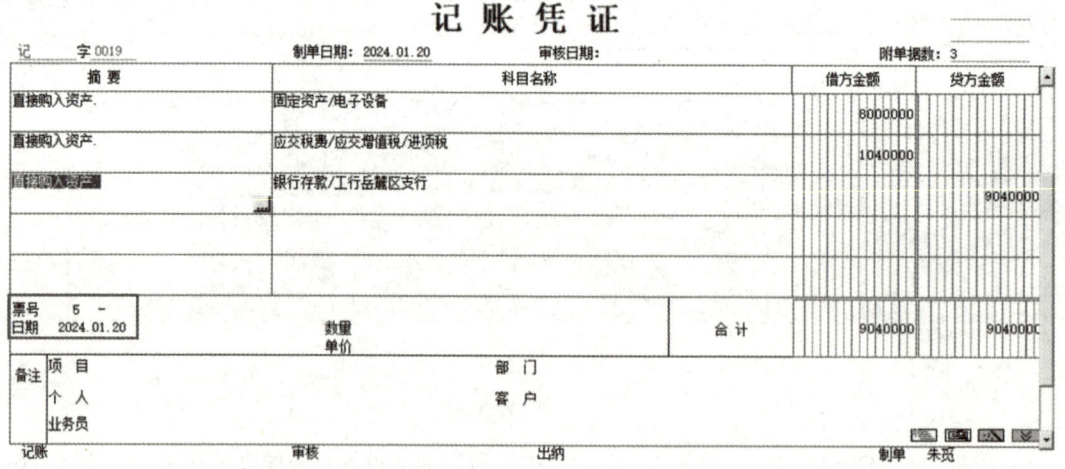

图 6-20　生成记账凭证

6.3.3　变动单

📖【任务资料】

【业务 1】2024 年 1 月 21 日，为销售部/批发部的货车（固定资产编号 0300004，卡片编号 00008）

购买新配件，无税金额为 20,000 元，支付方式为工商银行转账支付，开具普通专用发票。附件为 1 张增值税专用发票，税额 2,600 元；1 张工商银行转账回单。

【业务 2】2024 年 1 月 21 日，固定资产编号 0400001 计算机（卡片编号 00009）大修理停用。

【业务 3】2024 年 1 月 21 日，因固定资产编号 0400001 计算机大修理停用，将批发部的固定资产编号 0400011 计算机（卡片编号 00019）转移到总经办。

【业务 4】2024 年 1 月 21 日，因市场电动轿车普及，轿车贬值。对固定资产编号 0300001（卡片编号 00005）和固定资产编号 0300002（卡片编号 00006）的两辆轿车，每车计提 1,000 元减值准备。

【任务步骤】

1.【业务 1】原值增加

① 2024 年 1 月 21 日，会计朱觅（W02）登录"企业应用平台"，执行"业务工作→财务会计→固定资产→卡片→变动单"命令，双击"原值增加"选项，打开"固定资产变动单——原值增加"窗口。

② 单击"卡片编号"按钮，弹出"固定资产卡片档案"对话框，"卡片编号"选择"00008"，单击"确定"按钮，按照【业务 1】的资料录入相关信息，如图 6-21 所示，单击"保存"按钮。

③ 弹出"数据成功保存！"信息提示框，单击"确定"按钮。

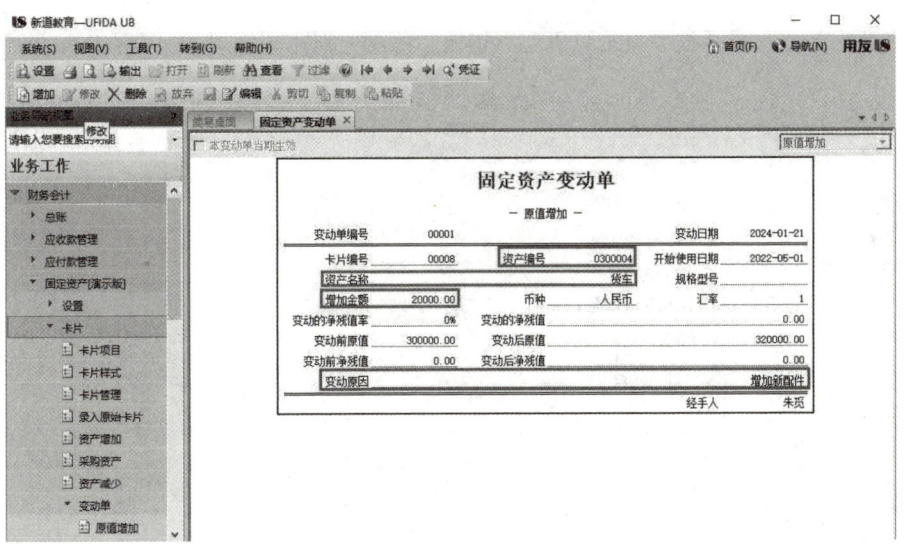

图 6-21 固定资产变动单——原值增加

④ 单击"凭证"按钮，打开"填制凭证"窗口，填制凭证，在第一行"科目名称"中录入"160105"，按回车键，自动显示为"固定资产/电子设备"。第二行摘要栏默认携带上一行摘要，在该行"科目名称"中录入"22210101"，按回车键自动显示为"应交税费/应交增值税/进项税"。增加第三行，在"摘要"中录入"原值增加"，在"科目名称"中录入"100201"，按回车键，自动显示为"银行存款/工行岳麓区支行"。按 Ctrl+S 组合键，打开"辅助项"对话框，完成辅助项设置。设置凭证为"记账凭证"，系统自动生成凭证字号"记字 0021"，结果如图 6-22 所示。

任务提示

（1）可以参照 6.3.2 节批量制单。

（2）固定资产变动单的修改、删除、查询路径为"固定资产→变动单→变动单管理"。

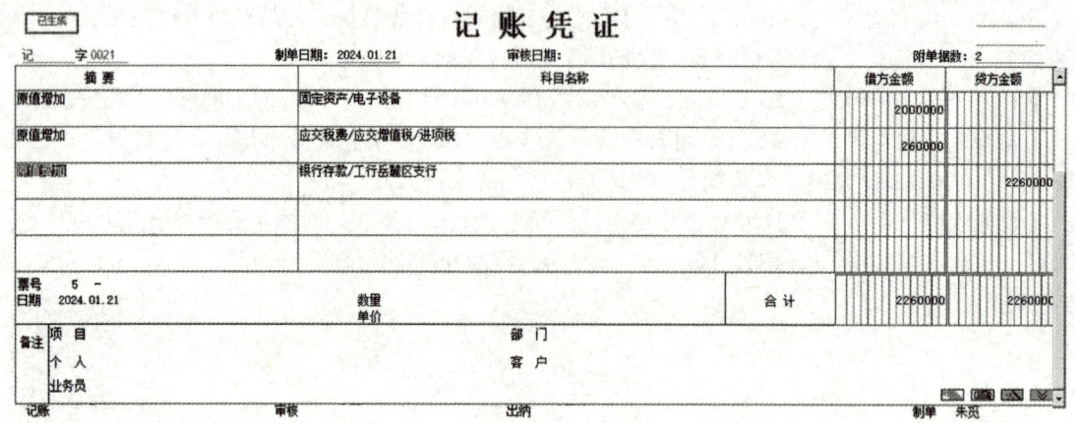

图 6-22　记账凭证

2.【业务 2】使用状况调整

① 2024 年 1 月 21 日，会计朱觅（W02）登录"企业应用平台"，执行"业务工作→财务会计→固定资产→卡片→变动单"命令，双击"使用状况调整"选项，打开"固定资产变动单——使用状况调整"窗口。

② 单击"卡片编号"按钮，在弹出的"固定资产卡片档案"中选择"00009"，单击"确定"按钮。按照【业务 2】的资料录入相关信息，单击"保存"按钮，如图 6-23 所示。

③ 在弹出的信息提示框中单击"确定"按钮。可以根据完成使用状况调整固定资产变动单。

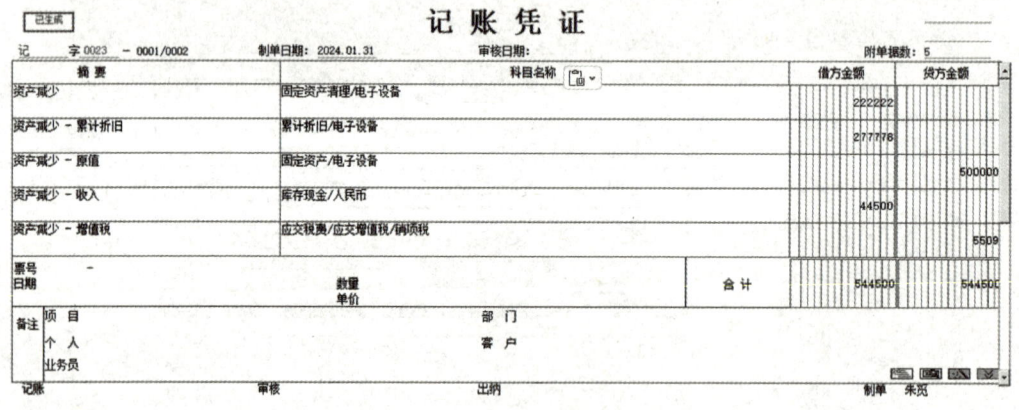

图 6-23　记账凭证

> **任务提示**
> 大修理停用照常计提折旧。

3.【业务 3】部门转移

① 2024 年 1 月 21 日，会计朱觅（W02）登录"企业应用平台"，执行"业务工作→财务会计→固定资产→卡片→变动单"命令，双击"部门转移"选项，打开"固定资产变动单——部门转移"窗口。

② 单击"卡片编号"按钮，设置"卡片编号"为"00019"。按照【业务 3】的资料录入相关信息，如图 6-24 所示。单击"保存"按钮。

③ 弹出"部门已改变，请检查固定资产折旧科目是否正确！"信息提示框，单击"确定"按钮。

项目六　固定资产管理系统

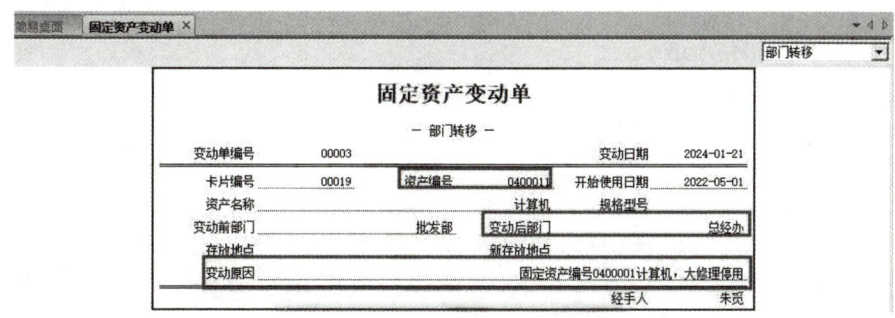

图 6-24　固定资产变动单——部门转移

④ 会计朱觅（W02）登录"企业应用平台"，执行"业务工作→财务会计→固定资产→卡片"命令，双击"卡片管理"选项，打开"卡片管理"窗口，查询资产编号为"0400011"的固定资产卡片，查看折旧科目是否已经修改。

4.【业务 4】计提减值准备

① 2024 年 1 月 21 日，会计朱觅（W02）登录"企业应用平台"，执行"业务工作→财务会计→固定资产→卡片→变动单"命令，双击"计提减值准备"选项，打开"固定资产变动单——计提减值准备"窗口。

② "卡片编号"选择"00005"，按照【业务 4】的资料录入相关信息，如图 6-25 所示，单击"保存"按钮。

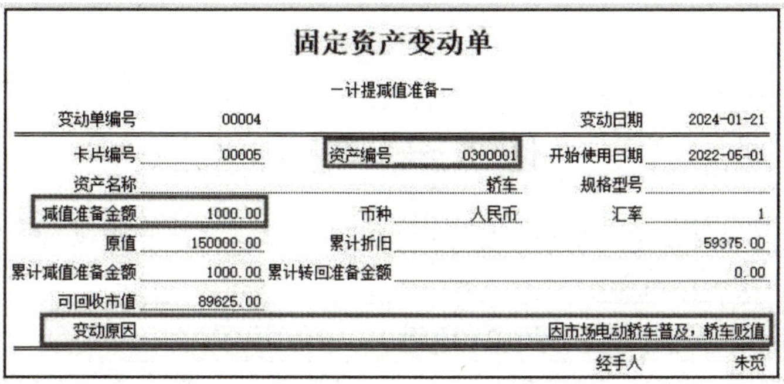

图 6-25　固定资产变动单——计提减值准备

③ 在弹出的信息提示框中，单击"确定"按钮，完成计提减值准备的固定资产变动单增加。

④ 单击"增加"按钮，"卡片编号"选择"00006"，按照【业务 4】的资料录入相关信息，完成固定资产变动单增加。

⑤ 参照 6.3.2 节进行批量制单，"业务类型"选择"计提减值准备"。选择"制单选择"选项卡，单击"全选"按钮，单击"合并"按钮；选择"制单设置"选项卡，录入借方会计科目名称"资产减值损失"，录入贷方会计科目名称"固定资产减值准备"，单击工具栏中的"凭证"按钮，结果如图 6-26 所示。

任务提示

（1）固定资产的预计使用寿命、净残值和折旧方法属于会计估计，其变更采用未来适用法，自变更当期及以后期间按新会计估计处理。

（2）注意区分卡片修改原因是录入错误导致的，还是正常的资产变动，前者在卡片管理中完成，后者通过变动单进行处理。

（3）以下固定资产变动单需生成凭证：原值增加、原值减少、累计折旧调整、类别调整、计提减值准备、转回减值准备、增值税调整。

— 137 —

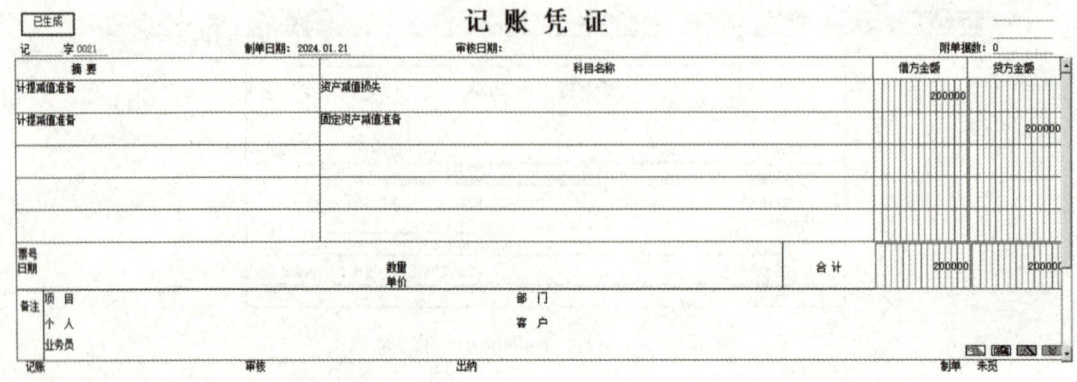

图 6-26 记账凭证

6.3.4 计提折旧

📖【任务资料】

2024 年 1 月 31 日，计提本月固定资产折旧。

📖【任务步骤】

① 2024 年 1 月 31 日，会计朱觅（W02）登录"企业应用平台"，执行"业务工作→财务会计→固定资产→处理"命令，双击"计提本月折旧"选项，弹出"是否要查看折旧清单？"信息提示框，如图 6-27 所示，单击"是"按钮。

② 弹出"本操作将计提本月折旧，并花费一定时间，是否要继续？"信息提示框，单击"是"按钮。

③ 打开"折旧清单"窗口，如图 6-28 所示。

计提折旧

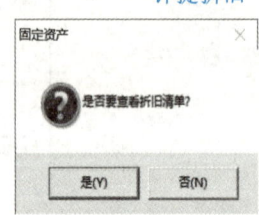

图 6-27 信息提示框

卡片编号	资产编号	资产名称	原值	计提原值	本月计提折旧额	累计折旧	本年计提折旧	减值准备	净值	净残值	折旧率	单位折旧	本月工作量	累计工作量	规格型号
00001	0100001	办公楼	12,000,000.00	000,000.00	50,000.00	300,000.00	50,000.00	0.00	000.00	0.00	0.0042		0.000	0.000	
00002	0100002	门市	8,000,000.00	000,000.00	33,333.33	866,666.60	33,333.33	0.00	333.40	0.00	0.0042		0.000	0.000	
00003	0200001	办公桌	15,000.00	15,000.00	250.00	5,000.00	250.00	0.00	000.00	0.00	0.0167		0.000	0.000	
00004	0200002	办公家具	15,000.00	15,000.00	250.00	5,000.00	250.00	0.00	000.00	0.00	0.0167		0.000	0.000	
00005	0300001	轿车	150,000.00	150,000.00	3,125.00	62,500.00	3,125.00	1,000.00	500.00	0.00	0.0208		0.000	0.000	
00006	0300002	轿车	150,000.00	150,000.00	3,125.00	62,500.00	3,125.00	1,000.00	500.00	0.00	0.0208		0.000	0.000	
00007	0300003	货车	300,000.00	300,000.00	6,250.00	125,000.00	6,250.00	0.00	000.00	0.00	0.0208		0.000	0.000	
00008	0300004	货车	320,000.00	300,000.00	6,250.00	125,000.00	6,250.00	0.00	000.00	0.00	0.0208		0.000	0.000	
00009	0400001	计算机	5,000.00	5,000.00	138.89	2,777.78	138.89	0.00	222.22	0.00	0.0278		0.000	0.000	
00010	0400002	计算机	5,000.00	5,000.00	138.89	2,777.78	138.89	0.00	222.22	0.00	0.0278		0.000	0.000	
00011	0400003	计算机	5,000.00	5,000.00	138.89	2,777.78	138.89	0.00	222.22	0.00	0.0278		0.000	0.000	
00012	0400004	计算机	5,000.00	5,000.00	138.89	2,777.78	138.89	0.00	222.22	0.00	0.0278		0.000	0.000	
00013	0400005	计算机	5,000.00	5,000.00	138.89	2,777.78	138.89	0.00	222.22	0.00	0.0278		0.000	0.000	
00014	0400006	计算机	5,000.00	5,000.00	138.89	2,777.78	138.89	0.00	222.22	0.00	0.0278		0.000	0.000	
00015	0400007	计算机	5,000.00	5,000.00	138.89	2,777.78	138.89	0.00	222.22	0.00	0.0278		0.000	0.000	
00016	0400008	计算机	5,000.00	5,000.00	138.89	2,777.78	138.89	0.00	222.22	0.00	0.0278		0.000	0.000	
00017	0400009	计算机	5,000.00	5,000.00	138.89	2,777.78	138.89	0.00	222.22	0.00	0.0278		0.000	0.000	
00018	0400010	计算机	5,000.00	5,000.00	138.89	2,777.78	138.89	0.00	222.22	0.00	0.0278		0.000	0.000	
00019	0400011	计算机	5,000.00	5,000.00	138.89	2,777.78	138.89	0.00	222.22	0.00	0.0278		0.000	0.000	
00020	0400012	计算机	5,000.00	5,000.00	138.89	2,777.78	138.89	0.00	222.22	0.00	0.0278		0.000	0.000	
00021	0400013	计算机	5,000.00	5,000.00	138.89	2,777.78	138.89	0.00	222.22	0.00	0.0278		0.000	0.000	
00022	0400014	计算机	5,000.00	5,000.00	138.89	2,777.78	138.89	0.00	222.22	0.00	0.0278		0.000	0.000	
00023	0400015	计算机	5,000.00	5,000.00	138.89	2,777.78	138.89	0.00	222.22	0.00	0.0278		0.000	0.000	
00024	0400016	计算机	5,000.00	5,000.00	138.89	2,777.78	138.89	0.00	222.22	0.00	0.0278		0.000	0.000	
00025	0400017	计算机	5,000.00	5,000.00	138.89	2,777.78	138.89	0.00	222.22	0.00	0.0278		0.000	0.000	
00026	0400018	计算机	5,000.00	5,000.00	138.89	2,777.78	138.89	0.00	222.22	0.00	0.0278		0.000	0.000	
00027	0400019	计算机	5,000.00	5,000.00	138.89	2,777.78	138.89	0.00	222.22	0.00	0.0278		0.000	0.000	
00028	0400020	计算机	5,000.00	5,000.00	138.89	2,777.78	138.89	0.00	222.22	0.00	0.0278		0.000	0.000	
合计			21,050,000.00	030,000.00	105,361.13	607,222.20	105,361.13	2,000.00	777.80	0.00			0.000	0.000	

图 6-28 折旧清单

④ 单击"退出"按钮,弹出"计提折旧完成!"信息标提示框,单击"确定"按钮。在"折旧分配表"窗口中选择"按类别分配"单选按钮,单击"凭证"按钮,进入"填制凭证"窗口直接制单或批量制单,步骤不再赘述,结果如图6-29所示。

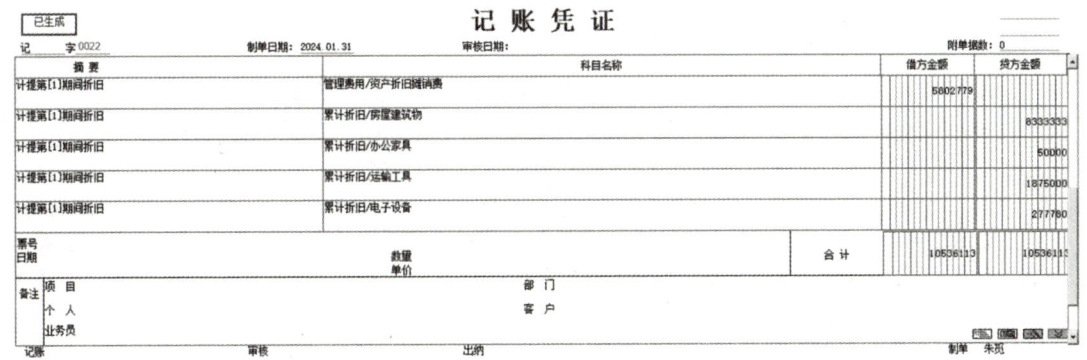

图6-29　记账凭证

6.3.5　资产减少

📖【任务资料】

2024年1月31日,固定资产编号0400001计算机因修理不好,进行报废处理。计算机报废转清理,发生运输清理费用120元,以现金付讫。计算机残值收入565元,现金收讫,并给对方开具增值税专用发票。清理完毕。附件为1张增值税专用发票,金额500元,税额65元;1张运费专用发票,金额110.09元,税额9.91元;1张现金付款收据;1张现金收款收据;1张固定资产清理明细表。

📖【任务步骤】

1. 填写固定资产减少单　　　　　　　　　　　　　　　　　　　　　　　　资产减少

① 2024年1月31日,会计朱觅(W02)登录"企业应用平台",执行"业务工作→财务会计→固定资产→卡片"命令,双击"资产减少"选项,打开"资产减少"窗口。

② 录入固定资产编号或卡片编号,单击"增加"按钮,系统显示需要减少的固定资产。

③ 根据任务资料信息填写清理原因,单击"确定"按钮,弹出"所选卡片已经减少成功!"信息提示框,单击"确定"按钮,结果如图6-30所示。

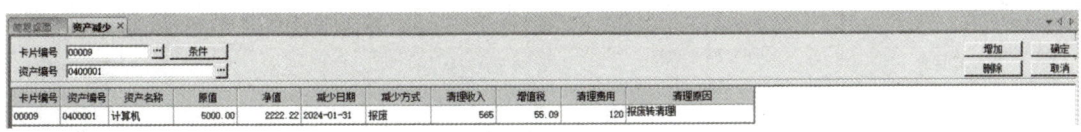

图6-30　固定资产减少

> **任务提示**
>
> 查看已减少资产的卡片,可双击"卡片管理"选项,打开"卡片管理"窗口,从卡片列表的下拉列表框中选择"已减少资产"选项,即可查看已减少资产的卡片。

2. 生成凭证

① 2024 年 1 月 31 日，会计朱觅（W02）登录“企业应用平台”，执行“业务工作→账务会计→固定资产→处理”命令，双击“批量制单”选项，打开“查询条件”对话框，在“业务类型”下拉列表框中选择“减少资产”选项，单击“确定”按钮。打开“批量制单”窗口，双击第一行的“选择”栏，使其显示“Y”，如图 6-31 所示。

制单选择 | 制单设置　凭证类别 记 记账凭证　合并号

已用合并号 1

序号	业务日期	业务类型	业务描述	业务号	发生额	合并号	选择
1	2024-01-31	资产减少	减少资产	00009	5,740.09		Y

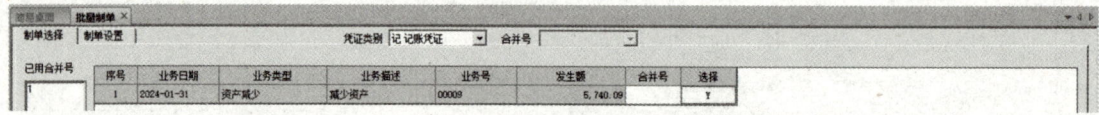

图 6-31　批量制单选择

② 选择“制单设置”选项卡，根据财会知识和任务资料设置对应的会计科目，结果如图 6-32 所示。

制单选择 | 制单设置　凭证类别 记 记账凭证　合并号 00009资产减少

☑ 方向相同时合并分录　☑ 借方合并　☑ 贷方合并　☑ 方向相反时合并分录

序号	业务日期	业务类型	业务描述	业务号	方向	发生额	科目	部门核算	项目核算	客户往来	供应商往来	个人往来
1	2024-01-31	资产减少	减少资产	00009	借	2,777.78	160205 电子设备					
2	2024-01-31	资产减少	减少资产	00009	借	2,222.22	160601 电子设备					
3	2024-01-31	资产减少	减少资产	00009	贷	5,000.00	160105 电子设备					
4	2024-01-31	资产减少	减少资产	00009	借	565.00	100101 人民币					
5	2024-01-31	资产减少	减少资产	00009	贷	565.00	160601 电子设备					
6	2024-01-31	资产减少	减少资产	00009	借	120.00	160601 电子设备					
7	2024-01-31	资产减少	减少资产	00009	贷	120.00	100101 人民币					
8	2024-01-31	资产减少	减少资产	00009	借	55.09	160601 电子设备					
9	2024-01-31	资产减少	减少资产	00009	贷	55.09	22210102 销项税					

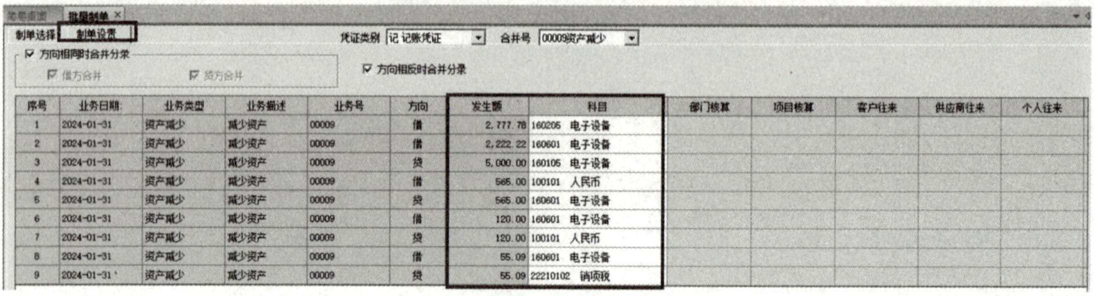

图 6-32　批量制单设置

③ 单击工具栏中的“凭证”按钮，系统自动生成记账凭证，单击“保存”按钮，结果如图 6-33 所示。

记账凭证

记 字 0023 - 0001/0002　制单日期：2024.01.31　审核日期：　附单据数：5

摘要	科目名称	借方金额	贷方金额
资产减少	固定资产清理/电子设备	222222	
资产减少 - 累计折旧	累计折旧/电子设备	277778	
资产减少 - 原值	固定资产/电子设备		500000
资产减少 - 收入	库存现金/人民币	44500	
资产减少 - 增值税	应交税费/应交增值税/销项税		5509
票号 日期	数量 单价　合计	544500	54450[illegible]

备注　项目　部门　个人　客户　业务员

记账　审核　出纳　制单 朱觅

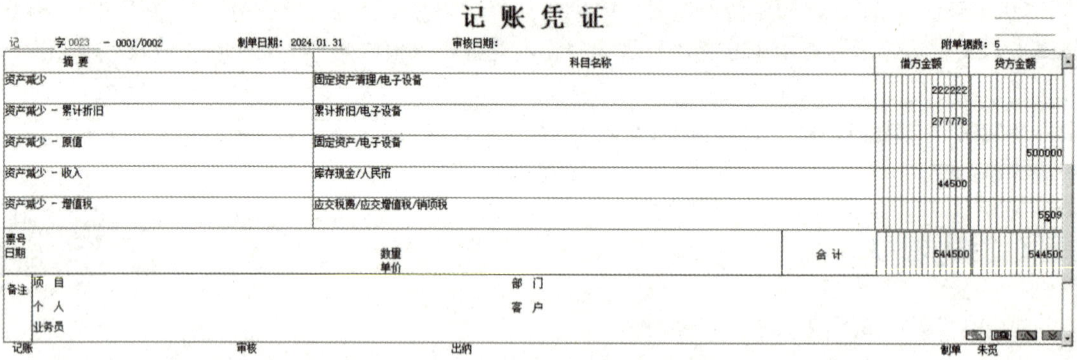

图 6-33　记账凭证

④ 在总账系统的“凭证”选项下双击“填制凭证”选项，打开“填制凭证”窗口，单击“增加”按钮，填制结转固定资产清理损益的记账凭证并保存，结果如图 6-34 所示。

记账凭证

记 字 0024　制单日期：2024.01.31　审核日期：　附单据数：

摘要	科目名称	借方金额	贷方金额
固定资产清理损益	营业外支出	183231	
固定资产清理损益	固定资产清理/电子设备		183231
票号 日期	数量 单价　合计	183231	183231

备注　项目　部门　个人　客户　业务员

记账　审核　出纳　制单 朱觅

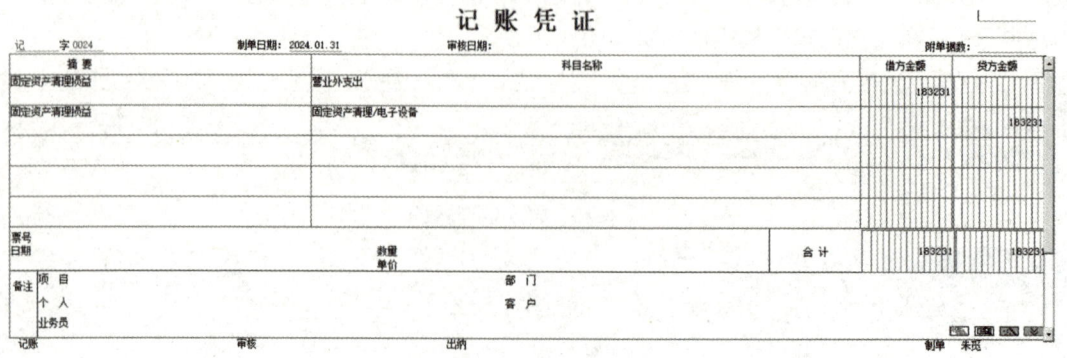

图 6-34　记账凭证

6.3.6 资产盘点

📖 【任务资料】

2024 年 1 月 31 日，对电子设备进行盘点，发现销售部的固定资产编号为 0400014 的计算机丢失。经查，计算机丢失是因销售部保管不当造成的。经批准，由姜帆赔偿损失。

📖 【任务步骤】

资产盘点

1. 选择盘点范围

① 2024 年 1 月 31 日，会计朱觅（W02）登录"企业应用平台"，执行"业务工作→财务会计→固定资产→卡片"命令，双击"资产盘点"选项，打开"资产盘点"窗口。

② 单击"增加"按钮，打开"新增盘点单-数据录入"窗口。

③ 单击"范围"按钮，打开"盘点范围设置"对话框。

④ "资产类别"选择"电子设备[04]"，如图 6-35 所示。

⑤ 单击"确定"按钮，返回"资产盘点"窗口。

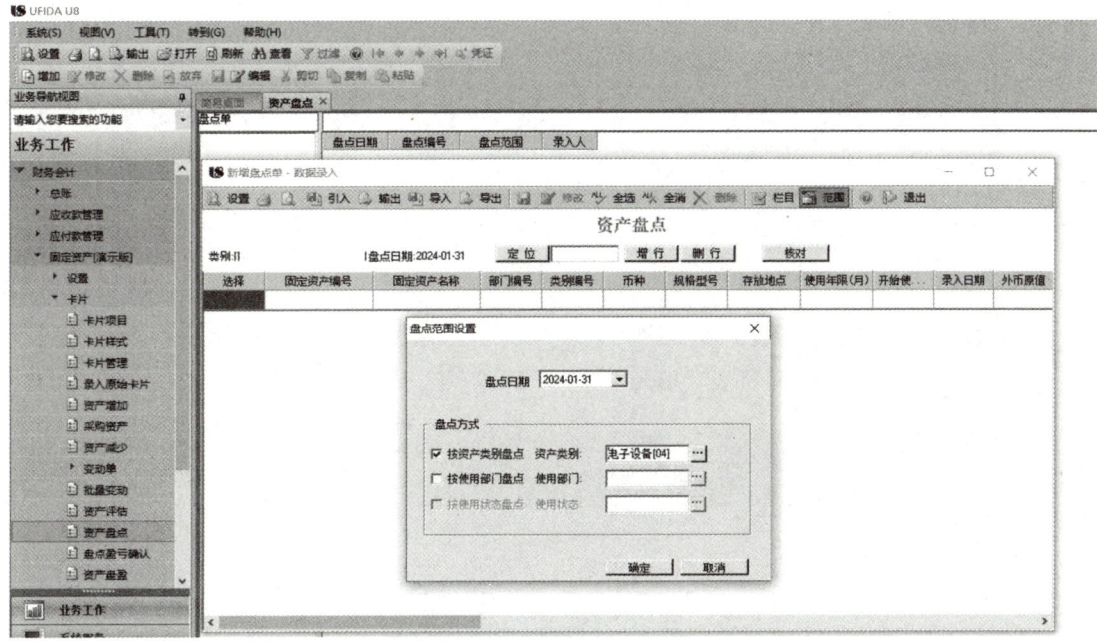

图 6-35 盘点资产

2. 盘点资产

① 在"资产盘点"窗口双击固定资产编号为"0400014"的固定资产"选择"栏，使其显示"Y"，如图 6-36 所示。

② 单击"删行"按钮，删除编号"0400014"的固定资产。

③ 单击"核对"按钮，打开"盘点结果清单"对话框，如图 6-37 所示。

④ 单击"退出"按钮，完成盘点工作。

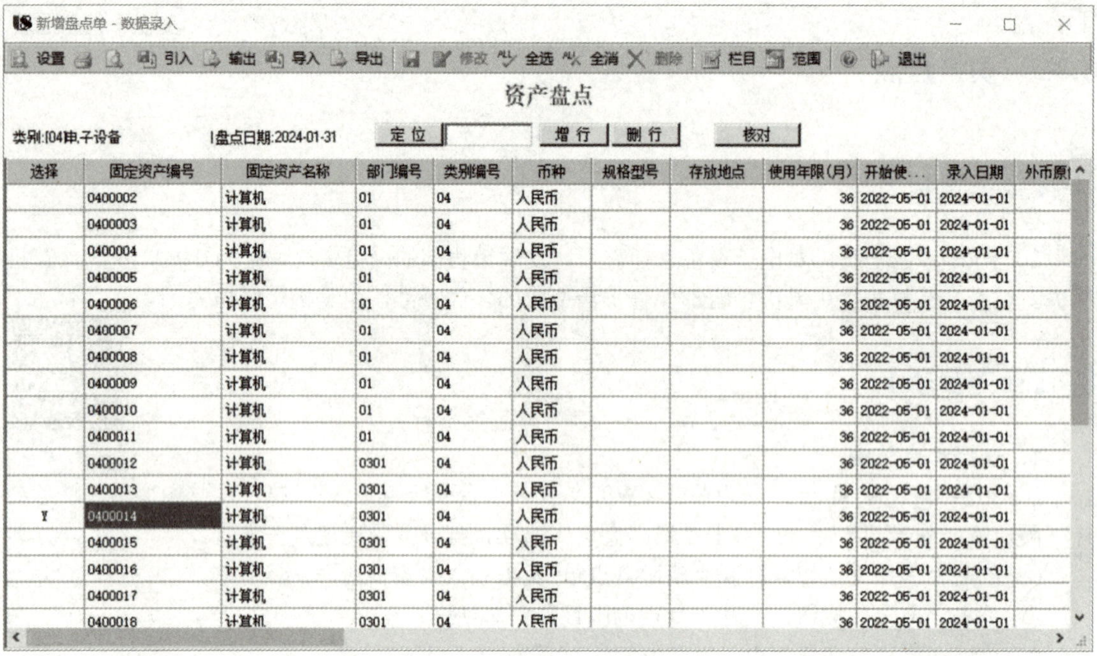

选择	固定资产编号	固定资产名称	部门编号	类别编号	币种	规格型号	存放地点	使用年限(月)	开始使...	录入日期	外币原(
	0400002	计算机	01	04	人民币			36	2022-05-01	2024-01-01	
	0400003	计算机	01	04	人民币			36	2022-05-01	2024-01-01	
	0400004	计算机	01	04	人民币			36	2022-05-01	2024-01-01	
	0400005	计算机	01	04	人民币			36	2022-05-01	2024-01-01	
	0400006	计算机	01	04	人民币			36	2022-05-01	2024-01-01	
	0400007	计算机	01	04	人民币			36	2022-05-01	2024-01-01	
	0400008	计算机	01	04	人民币			36	2022-05-01	2024-01-01	
	0400009	计算机	01	04	人民币			36	2022-05-01	2024-01-01	
	0400010	计算机	01	04	人民币			36	2022-05-01	2024-01-01	
	0400011	计算机	01	04	人民币			36	2022-05-01	2024-01-01	
	0400012	计算机	0301	04	人民币			36	2022-05-01	2024-01-01	
	0400013	计算机	0301	04	人民币			36	2022-05-01	2024-01-01	
Y	0400014	计算机	0301	04	人民币			36	2022-05-01	2024-01-01	
	0400015	计算机	0301	04	人民币			36	2022-05-01	2024-01-01	
	0400016	计算机	0301	04	人民币			36	2022-05-01	2024-01-01	
	0400017	计算机	0301	04	人民币			36	2022-05-01	2024-01-01	
	0400018	计算机	0301	04	人民币			36	2022-05-01	2024-01-01	

图 6-36　盘点资产

卡片编号	固定资产编号	原因	备注
00010	0400002	相同	
00011	0400003	相同	
00012	0400004	相同	
00013	0400005	相同	
00014	0400006	相同	
00015	0400007	相同	
00016	0400008	相同	
00017	0400009	相同	
00018	0400010	相同	
00019	0400011	相同	
00020	0400012	相同	
00021	0400013	相同	
00022	0400014	盘亏	
00023	0400015	相同	
00024	0400016	相同	
00025	0400017	相同	
00026	0400018	相同	

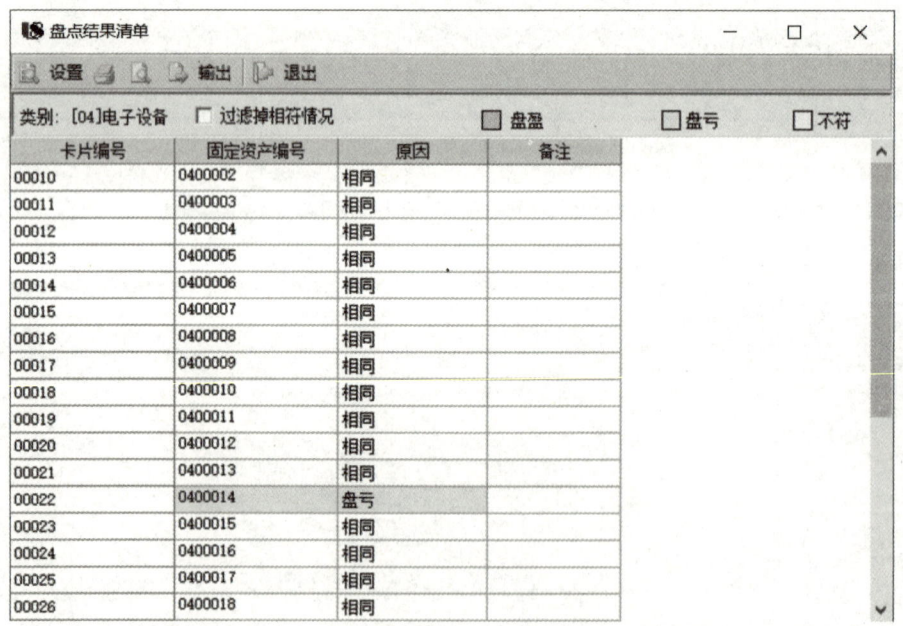

图 6-37　盘点结果

3. 确认资产盘盈盘亏

① 2024 年 1 月 31 日，会计朱觅（W02）登录“企业应用平台”，执行“业务工作→财务会计→固定资产→卡片”命令，双击“盘点盈亏确认”选项，打开“盘点盈亏确认”窗口，在“审核”栏选择“同意”，在“处理意见”栏录入“姜帆赔偿损失”，如图 6-38 所示。

② 单击“保存”按钮，弹出“保存成功”信息提示框。

③ 单击“确认”按钮。

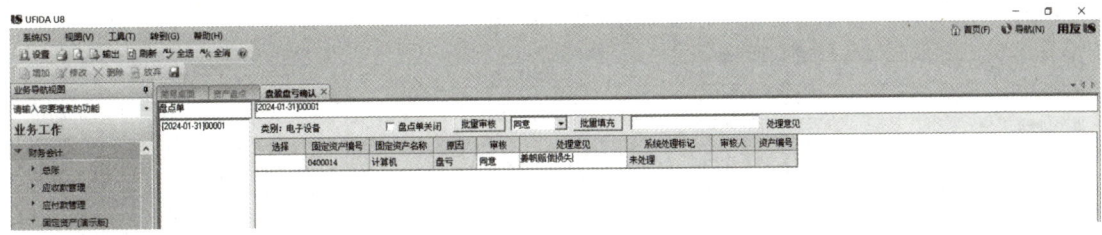

图 6-38 资产盘盈盘亏确认

4. 资产盘亏

① 2024 年 1 月 31 日,会计朱觅(W02)登录"企业应用平台",执行"业务工作→财务会计→固定资产→卡片"命令,双击"资产盘亏"选项,打开"资产盘亏"窗口。

② 双击编号为"0400014"固定资产的"选择"栏,单击工具栏中的"盘亏处理"按钮,打开"资产减少"窗口。在"清理原因"栏录入"资产盘亏",单击"确定"按钮,弹出"所选卡片已经减少成功!"信息提示框,单击"确定"按钮。

5. 批准前会计处理

① 2024 年 1 月 31 日,会计朱觅(W02)登录"企业应用平台",执行"业务工作→财务会计→固定资产→处理"命令,双击"批量制单"选项,打开"查询条件选择-批量制单"对话框,单击"确定"按钮,打开"批量制单"窗口,双击第一行的"选择"栏。

② 选择"制单设置"选项卡,补充完整科目,结果如图 6-39 所示。

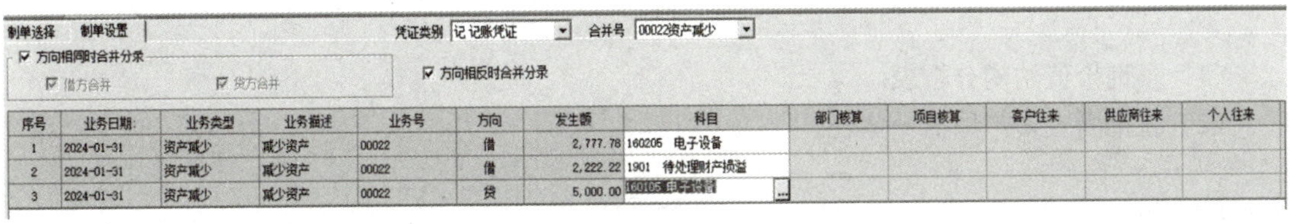

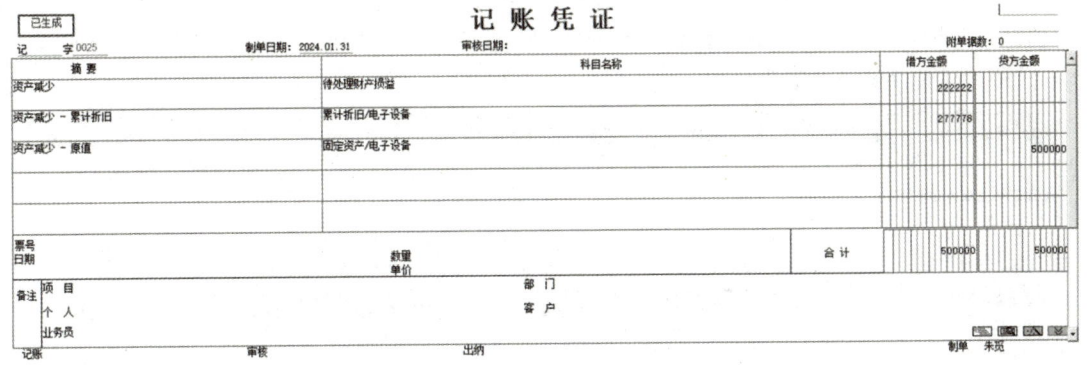

图 6-39 批准前会计处理

③ 单击工具栏中的"凭证"按钮,系统生成一张记账凭证,如图 6-40 所示。

图 6-40 记账凭证

6. 批准后会计处理

在总账系统填制盘亏处理结果的记账凭证,如图 6-41 所示。

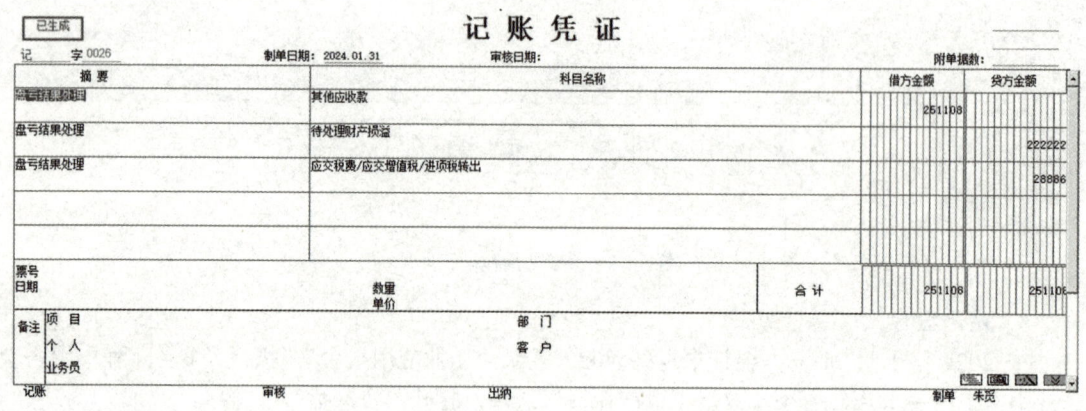

图 6-41　记账凭证

> **任务提示**
> 资产盘亏前应计提折旧。

6.3.7　账表查询

📖【任务资料】

（1）查询价值结构分析表。
（2）查询固定资产原值一览表。

📖【任务步骤】

① 2024年1月31日，会计朱觅（W02）登录"企业应用平台"，执行"业务工作→财务会计→固定资产→账表"命令，双击"我的账表"选项，打开"报表"窗口。单击"分析表"中的"价值结构分析表"选项，打开"价值结构分析表"窗口，单击"确定"按钮，结果如图6-42所示。关闭"价值结构分析表"窗口。

资产类别	数量	计量单位	期末原值	期末累计折旧	期末减值准备	期末净值	累计折旧占原值百分比%	减值准备原值百分比%	净值率%
房屋及建筑物(01)	2		,000,000.00	2,166,666.60		,833,333.40	10.83		89.17
办公家具(02)	2		30,000.00	10,000.00		20,000.00	33.33		66.67
运输工具(03)	4		920,000.00	375,000.00	2,000.00	543,000.00	40.76	0.22	59.02
电子设备(04)	28		170,000.00	50,000.04		119,999.96	29.41		70.59
合计	36		,120,000.00	2,601,666.64	2,000.00	,516,333.36	12.32	0.01	87.67

图 6-42　价值结构分析表

② 在"报表"窗口，单击"统计表"中的"（固定资产原值）一览表"选项，打开"条件（固定资产原值）一览表"对话框，单击"确定"按钮，可以查看（固定资产原值）一览表，如图6-43所示。

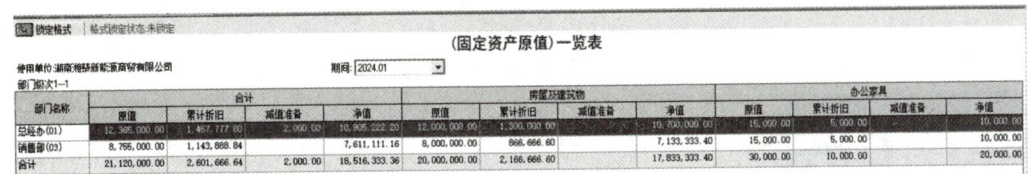

图 6-43 （固定资产原值）一览表

任务 6.4 任务总结

项目六测试

📖【学习经验】

📖【注意事项】

课证融通：固定资产增加

项目七

采购与应付款管理系统

学习目标

知识目标： 了解采购与应付款管理系统的基本功能和模块构成。
熟悉不同采购业务流程，理解单据之间的逻辑关系。
掌握采购与应付款业务信息化操作流程与方法。

能力目标： 会根据业务需求进行采购与应付款管理系统参数设置和自定义。
会运用用友 U8 进行采购与应付款业务的日常操作和管理。
会进行应付款业务的核算与管理工作，包括对账、核销等。

素养目标： 培养学生廉洁自律、严谨细致的工作态度，确保采购与付款数据准确。
培养团队协作精神，促进不同职能部门之间的有效沟通。
树立成本控制和风险管理的观念，合理安排采购与付款活动。

项目概述

在用友 U8 系统中，采购管理系统与应付款管理系统紧密关联，是企业整体信息化管理不可缺少的部分。采购管理系统是供应链管理系统的重要组成部分，对企业物资采购的规范和高效运行起着关键作用。应付款管理系统对采购业务产生的应付款项进行核算、记录和管理，确保企业按时支付款项。

采购管理系统主要进行采购订单处理，动态掌握订单情况；处理到货单、采购发票，并根据采购发票确认采购入库成本。采购管理系统与应付款管理系统一起使用，可以掌握采购业务的付款情况；与库存管理系统一起使用，可以掌握存货的现存量信息，从而减少盲目采购，避免库存积压；与存货核算系统一起使用，可为存货核算提供采购入库成本，便于财务部门及时掌握存货采购成本。

应付款管理系统与系统管理和基础设置共享基础信息，采购管理系统中生成的采购发票等应付单据会传递到应付款管理系统，由其完成审核、补充信息及付款结算全流程处理。应付款管理系统与应收款管理系统之间可以对"应收冲应付"等进行转账处理。应付款管理系统生成的应付或付款凭证自动传递到总账系统进行凭证汇总；采购管理系统与应付款管理系统同时向 UFO 报表系统提供分析数据。

本项目知识图谱如图 7-1 所示。

项目七 采购与应付款管理系统

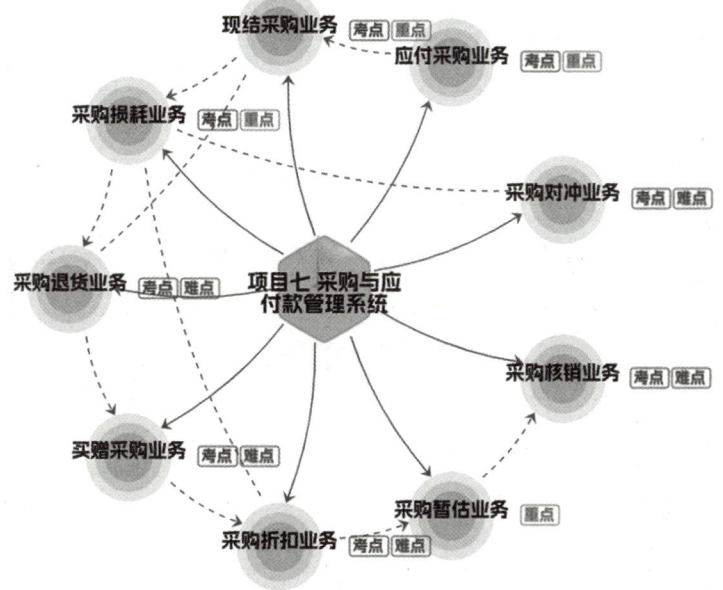

图 7-1 项目七知识图谱

任务 7.1 应付采购业务

微课：应付采购业务

📖【任务资料】

2024 年 1 月 11 日，根据采购计划，采购部周正丽与明升能源公司签订购销合同，材料已经到货入库，款项未支付。

附件 1：购销合同，合同编号 0000000001（系统默认订单编号）。

附件 2：1 张增值税专用发票（发票号 CG03004；SLA110 电池数量 10 个，无税单价 1,000 元；SLA210 电池数量 10 个，无税单价 1,500 元；SLA310 电池数量 10 个，无税单价 2,000 元；税率 13%）。

附件 3：入库单，全部正常入库。

📖【任务步骤】

应付采购业务

1. 填制采购订单

① 2024 年 1 月 11 日，采购部周正丽（G01）登录"企业应用平台"，执行"业务工作→供应链→采购管理→采购订货"命令，双击"采购订单"选项，打开"采购订单"窗口。

② 单击"增加"按钮，新增一张采购订单，编辑表头，"供应商"选择"明升能源"，"部门"选择"采购部"，修改"税率"为"13"。编辑表体，在表体中选择存货，"存货编码"参照生成"4"，录入相关的存货数量和原币单价。依次录入各个存货相关信息。

③ 单击"保存"按钮，单击"审核"按钮，结果如图 7-2 所示。

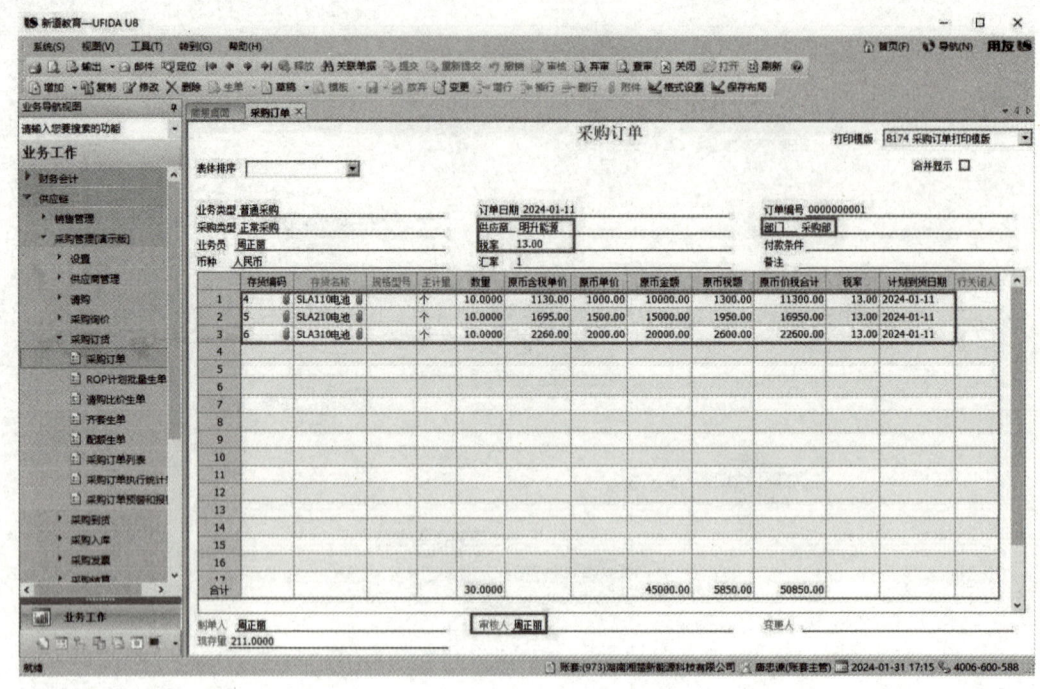

图 7-2 采购订单

> **任务提示**
>
> 制单人和审核人可以为同一人。在"采购订单列表"窗口，选择订单并审核。

2. 生成到货单

① 2024 年 1 月 11 日，采购部周正丽（G01）登录"企业应用平台"，执行"业务工作→供应链→采购管理→采购到货"命令，双击"到货单"选项，打开"到货单"窗口。

② 单击"增加"按钮，执行"生单→采购订单"命令，打开"查询条件选择-采购订单列表过滤"对话框，单击"确定"按钮。

③ 打开"拷贝并执行"窗口，单击"全选"按钮，如图 7-3 所示，单击"确定"按钮。

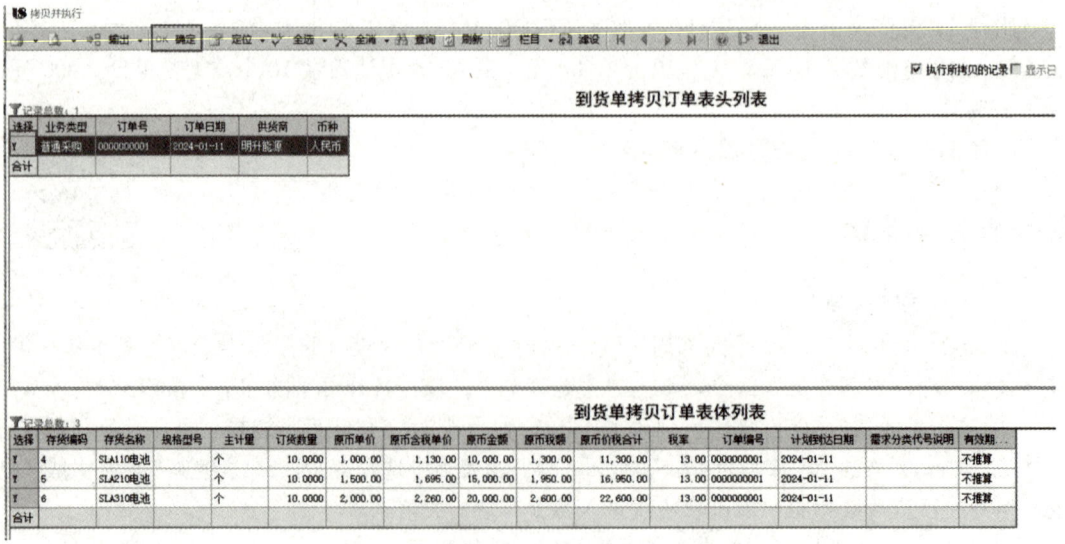

图 7-3 选择要拷贝的采购订单

④ 系统自动生成到货单，单击"保存"按钮，单击"审核"按钮，结果如图 7-4 所示。

	存货编码	存货名称	规格型号	主计量	数量	原币含税单价	原币单价	原币金额	原币税额	原币价税合计	税率	订单号
1	4	SLA110电池		个	10.0000	1130.00	1000.00	10000.00	1300.00	11300.00	13.00	0000000001
2	5	SLA210电池		个	10.0000	1695.00	1500.00	15000.00	1950.00	16950.00	13.00	0000000001
3	6	SLA310电池		个	10.0000	2260.00	2000.00	20000.00	2600.00	22600.00	13.00	0000000001
合计					30.0000			45000.00	5850.00	50850.00		

图 7-4 到货单

> **任务提示**
> （1）可以打开"到货单列表"窗口，选择到货单并审核。
> （2）采购到货单可以手工录入，也可以拷贝采购订单生成到货单。
> （3）如果采购到货单与采购订单信息有差别，可以直接据实录入到货单信息，或者直接修改生成的到货单信息，再单击"保存"按钮，确认修改的到货单。
> （4）没有生成下游单据的采购到货单可以直接删除。
> （5）已经生成下游单据的采购到货单不能直接删除，需要先删除下游单据后，才能删除采购到货单。
> （6）采购入库单与采购发票操作流程没有明确的逻辑关系，可以先生成采购发票，也可以先生成采购入库单。

3. 生成入库单

① 2024 年 1 月 11 日，仓储部戴慧（C01）登录"企业应用平台"，执行"业务工作→供应链→库存管理→入库业务"命令，双击"采购入库单"选项，打开"采购入库单"窗口。

② 执行"生单→采购到货单（蓝字）"命令，打开"查询条件选择-采购到货单列表"对话框，单击"确定"按钮。

③ 打开"拷贝并执行"窗口，单击"全选"按钮，单击"确定"按钮。

> **任务提示**
> （1）可直接执行"业务工作→供应链→库存管理→批量处理→入库业务"命令，双击"采购到货单入库单"选项，打开"查询条件选择-采购到货单列表"对话框，进行批量处理。
> （2）如果提示没有操作权限，可执行"系统管理→权限"命令，在"基本信息"设置中勾选"公共单据"权限，进行权限设置。

⑤ 系统自动生成采购入库单，"仓库"选择"商品仓库"，单击"保存"按钮，单击"审核"按钮，弹出"该单据审核成功"信息提示框，单击"确定"按钮，结果如图7-5所示。

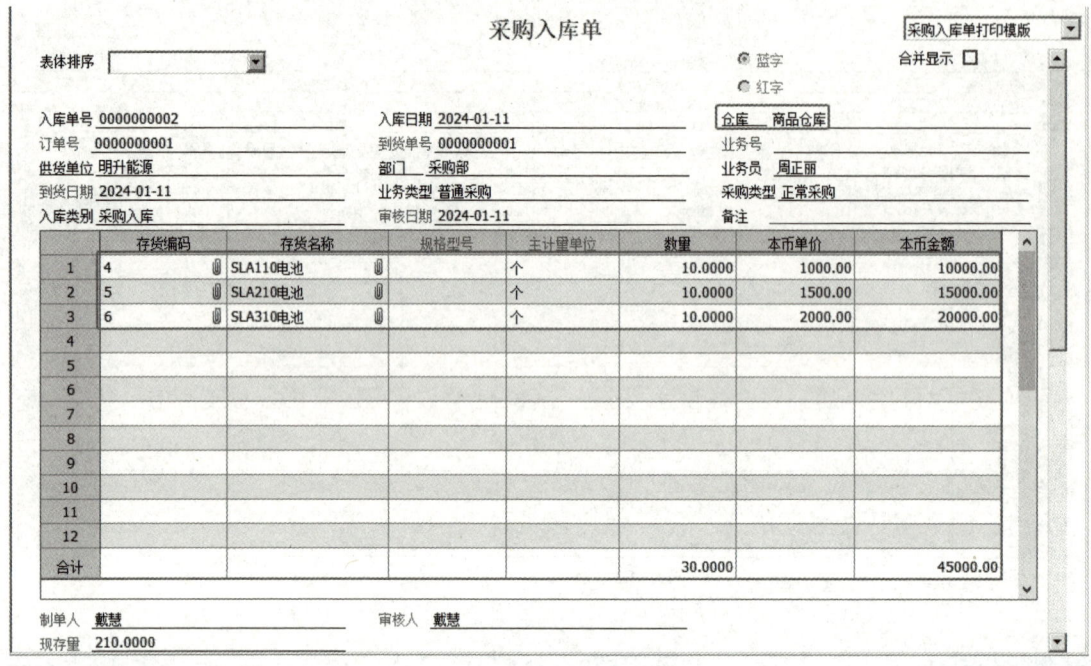

图7-5 采购入库单

> **任务提示**
> （1）采购入库单必须在库存管理系统录入或生成。
> （2）在库存管理系统录入或生成的采购入库单，可以在采购管理系统查看，但不能在该系统进行修改或删除操作。
> （3）如果需要手工录入采购入库单，则在库存管理系统中打开采购入库单对话框时，单击"增加"按钮，可以直接录入采购入库单信息。
> （4）采购入库单可以拷贝采购订单生成，也可以拷贝采购到货单生成。
> （5）根据上游单据被拷贝生成下游单据后，上游单据被锁定，禁止直接修改或删除。若需要调整上游单据内容需要先删除所有关联的下游单据后，才能修改。
> （6）可以在采购管理系统的"采购入库单列表"窗口中查询采购入库单。

4. 生成采购专用发票

① 2024年1月11日，采购部周正丽（G01）登录"企业应用平台"，执行"业务工作→供应链→采购管理→采购发票"命令，双击"专用采购发票"选项，打开"专用发票"窗口。

② 单击"增加"按钮，执行"生单→入库单"命令，打开"查询条件选择-采购入库单列表过滤"对话框，单击"确定"按钮。

③ 打开"拷贝并执行"窗口，选中要拷贝的采购入库单，如图7-6所示，单击"确定"按钮。

④ 系统自动生成专用发票，将"发票号"改为"CG03004"，单击"保存"按钮，结果如图7-7所示。

项目七　采购与应付款管理系统

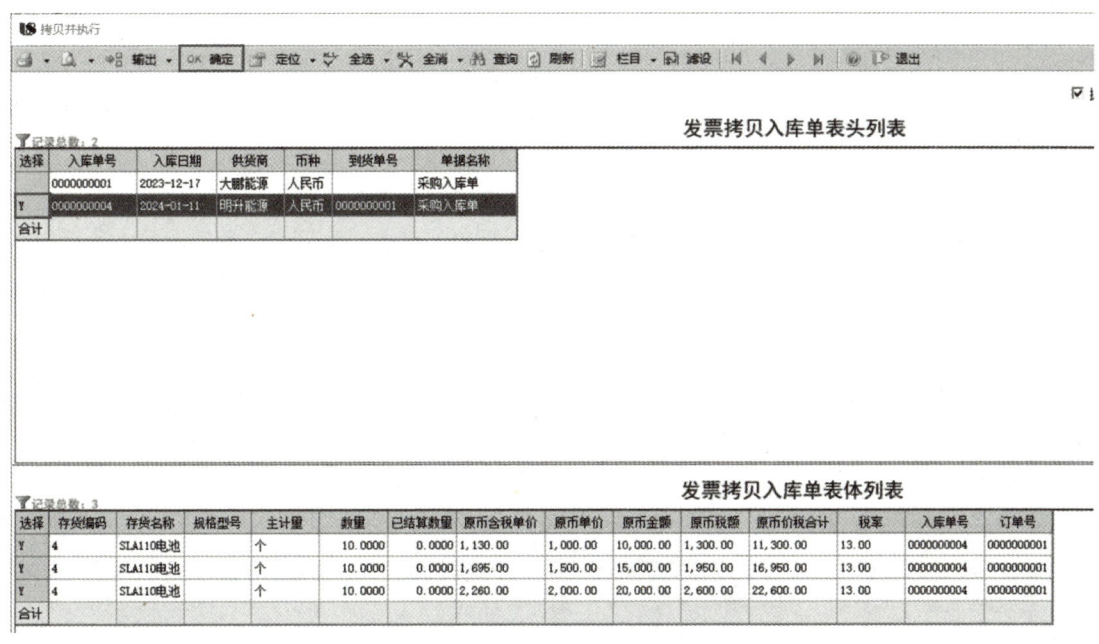

图 7-6　选择要拷贝的采购入库单

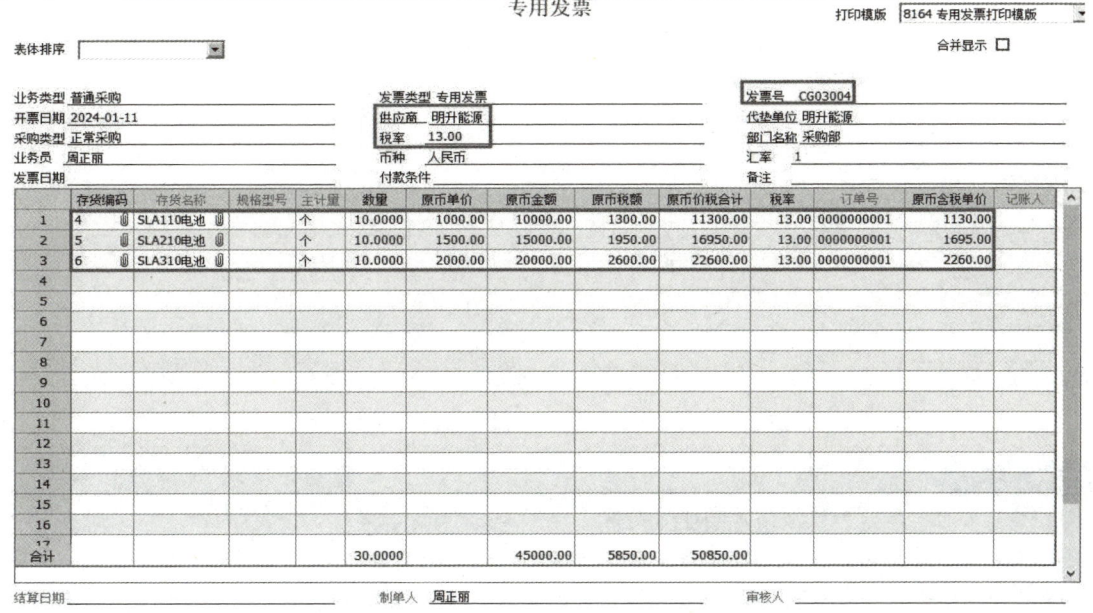

图 7-7　采购专用发票

> **任务提示**
>
> （1）采购发票可以手工录入，也可以根据采购订单、采购入库单参照生成。
>
> （2）如果录入采购专用发票，需要先在"基础档案"中设置有关开户银行的信息，否则，只能录入普通发票。
>
> （3）采购发票中的表头税率是根据专用发票默认税率带入的，可以修改。
>
> （4）采购专用发票的单价为无税单价，金额为无税金额，税额等于无税金额与税率的乘积。
>
> （5）如果收到供应商开具的发票但没有收到货物，可以对发票压单处理，待货物运达后，再录入采购入库单并进行采购结算；也可以先将发票录入系统，以便实时统计在途物资。

— 151 —

5. 采购结算（手工结算）

① 2024年1月11日，采购部周正丽（G01）登录"企业应用平台"，执行"业务工作→供应链→采购管理→采购结算"命令，双击"手工结算"选项，打开"手工结算"窗口。

② 单击"选单"按钮，打开"结算选单"窗口。

③ 单击"查询"按钮，打开"查询条件选择-采购手工结算"对话框，单击"确定"按钮。

④ 回到"结算选单"窗口，选择相应的采购发票和入库单，如图7-8所示，单击"确定"按钮。

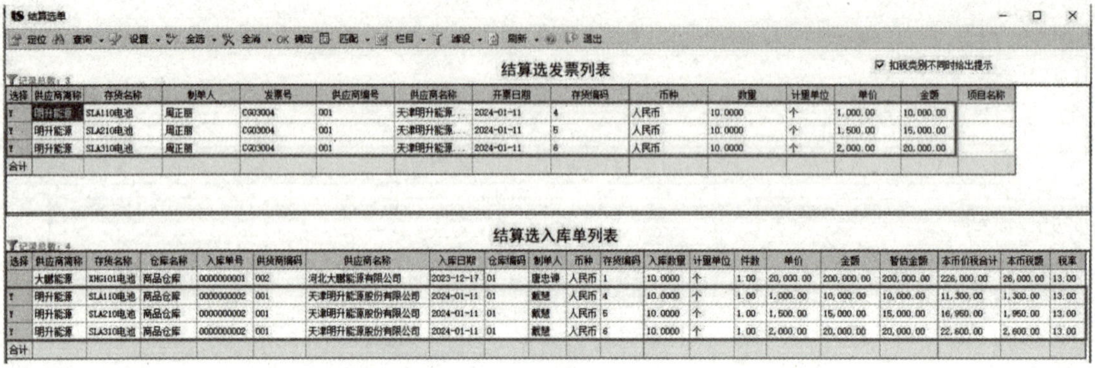

图7-8　选择相应的采购发票和入库单

⑤ 回到"手工结算"窗口，如图7-9所示，单击"结算"按钮，弹出"完成结算！"信息提示框，单击"确定"按钮，完成采购结算。

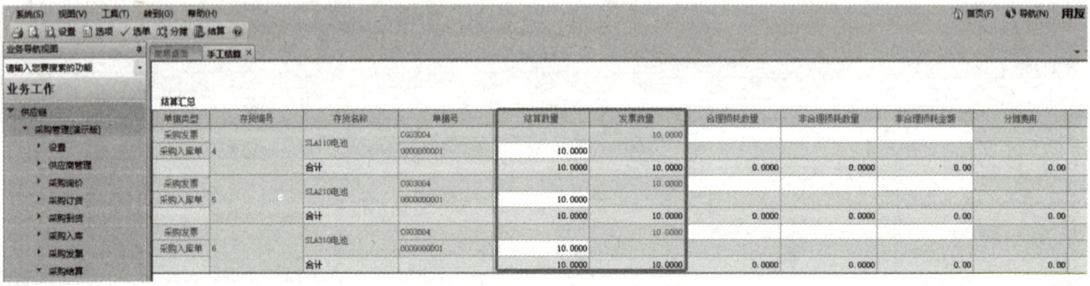

图7-9　"手工结算"窗口

> **任务提示**
>
> （1）采购结算分为自动结算和手工结算。
>
> （2）供货单位相同，当下游单据（采购发票）参照上游单据（采购入库单）自动生成，入库单数量和发票数量一致，且该业务无运费的情况下，可进行自动结算。
>
> （3）当下游单据不关联上游单据自动生成，且入库单数量和发票数量不一致；有溢余短缺、费用分摊等情况时，采用手工结算。

6. 应付单据审核与制单

1）应付单审核

① 2024年1月11日，会计朱觅（W02）登录"企业应用平台"，执行"业务工作→财务会计→应付款管理→应付单据处理"命令，双击"应付单据审核"选项，打开"应付单查询条件"对话框。

② 单击"确定"按钮，打开"单据处理"窗口，选择对应单据，单击"审核"按钮，弹出信息提示框，如图7-10所示，单击"确定"按钮后退出。

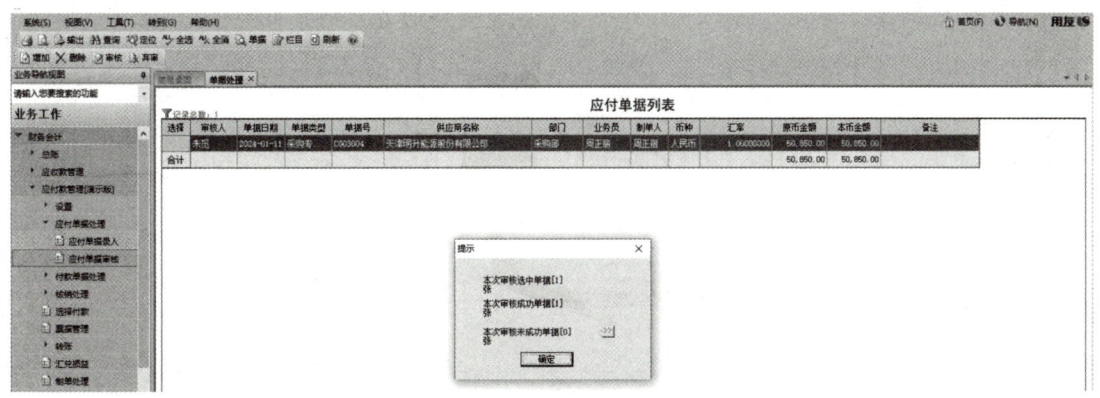

图 7-10　应付单审核信息提示框

2）制单处理

① 双击"制单处理"选项，打开"制单查询"对话框。

② 勾选"发票制单"复选框，单击"确定"按钮，如图 7-11 所示。

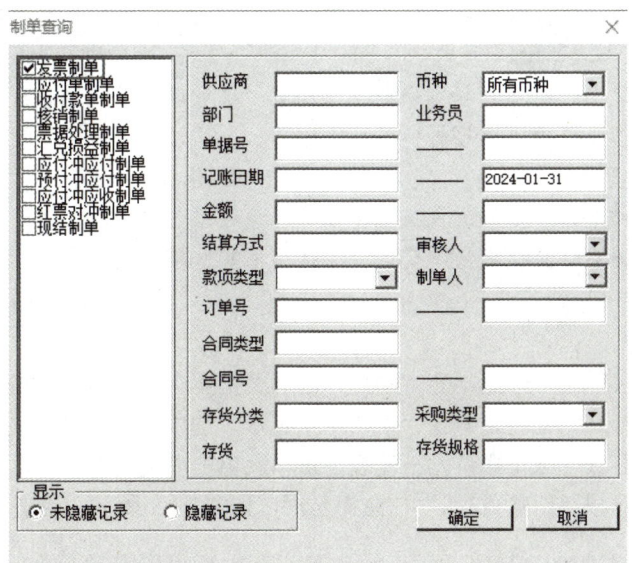

图 7-11　制单查询

③ 打开"制单"窗口，单击"全选"按钮。

④ 单击"制单"按钮，生成一张记账凭证，选中第一行科目名称"1402"（在途物资），双击"项目"栏，打开"辅助项"对话框，修改"数量"为"10"、"金额"为"1000"，设置"项目名称"为"SLA110 电池"，单击"确定"按钮。

⑤ 单击"插分"按钮，新增一行，在"科目名称"中录入"1402"（在途物资），双击该科目名称，打开"辅助项"对话框，修改"数量"为"10"、"金额"为"1500"，设置"项目名称"为"SLA210 电池"。

⑥ 单击"插分"按钮，继续新增一行，在"科目名称"中录入"1402"（在途物资），双击该科目名称，打开"辅助项"对话框，修改"数量"为"10"、"金额"为"1500"，设置"项目名称"为"SLA310 电池"，单击"保存"按钮，结果如图 7-12 所示。

会计信息系统应用

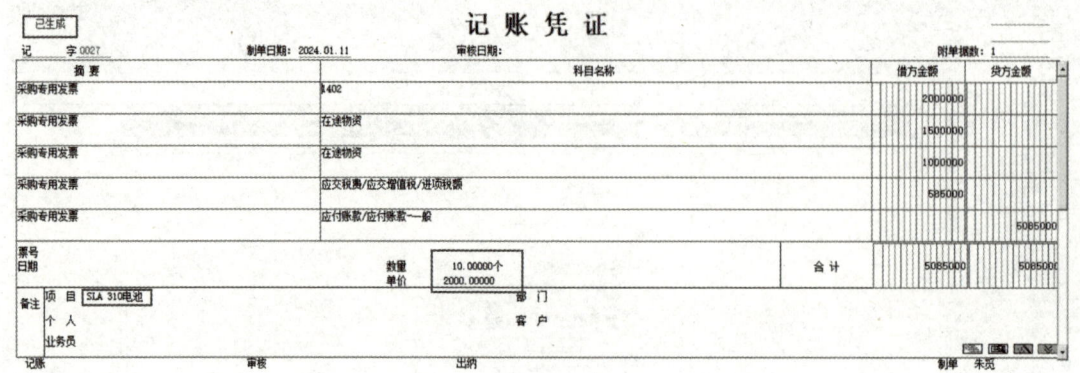

图 7-12　记账凭证

> **任务提示**
> （1）应付科目可以在应付款管理系统的初始设置中设置，如果未设置，可以在生成凭证后补充录入。
> （2）只有采购结算后的采购发票才能自动传递到应付款管理系统，并且需要在应付款管理系统中审核确认，才能形成应付账款。
> （3）在应付款管理系统中可以根据采购发票制单，也可以根据应付单或其他单据制单。
> （4）在应付款管理系统中可以根据一条记录制单，也可以根据多条记录合并制单，用户可以根据制单序号进行处理。
> （5）可以在采购结算后针对每笔业务立即制单，也可以月末一次制单。
> （6）采购发票需要在存货核算系统记账。可以在采购发票记账前制单，也可以在采购发票记账后制单。

7. 采购成本确认

① 2024 年 1 月 11 日，会计朱觅（W02）登录"企业应用平台"，执行"业务工作→供应链→存货核算→业务核算"命令，双击"正常单据记账"选项，打开"查询条件选择"对话框，单击"确定"按钮，打开"未记账单据一览表"窗口。单击"全选"按钮，单击"记账"按钮，将采购入库单记账，弹出"记账成功。"信息提示框，如图 7-13 所示，单击"确定"按钮。

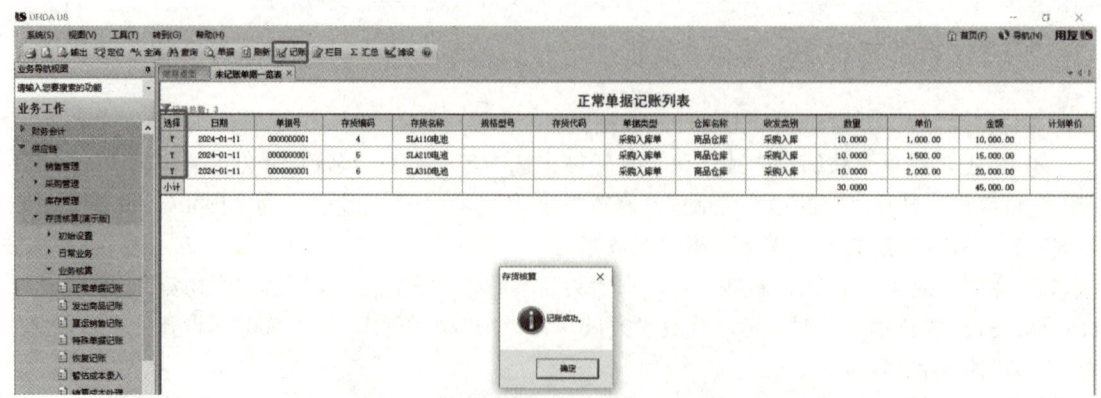

图 7-13　采购入库单记账成功信息提示框

② 执行"业务工作→供应链→存货核算→财务核算"命令，双击"生成凭证"选项，打开"生成凭证"窗口。单击"选择"按钮，打开"查询条件"对话框，单击"确定"按钮，打开"选择单据"窗口。单击"全选"按钮，单击"确定"按钮。在"生成凭证"窗口中添加会计科目的

项目大类和项目编码,结果如图 7-14 所示。

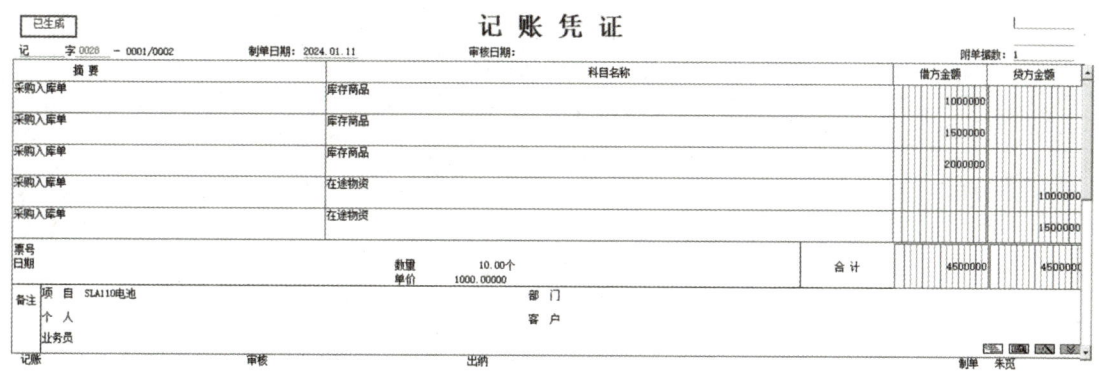

图 7-14　生成凭证

③ 单击"生成"按钮,生成一张记账凭证,单击"保存"按钮,结果如图 7-15 所示。

图 7-15　记账凭证

任务 7.2　现结采购业务

动画:现结采购业务

📖【任务资料】

2014 年 1 月 12 日,采购部周正丽从海南南光能源有限公司(南光能源)购买 XHG103 电池,收到 1 张增值税专用发票,并已经到货入库,款项已由银行转账支付。

附件 1:购销合同,合同编号 0000000002(系统默认订单编号)。

附件 2:1 张增值税专用发票(发票号 CG03005,XHG103 电池数量 10 个,无税单价 40,000 元,税率 13%)。

附件 3:入库单,全部正常入库。

附件 4:工商银行付款凭证,金额 452,000 元。

📖【任务步骤】

1. 填制采购订单

① 2024 年 1 月 12 日,采购部周正丽(G01)登录"企业应用平台",执行"业务工作→供应链→采购管理→采购订货"命令,双击"采购订单"选项,打开"采购订单"窗口。

现结采购业务

② 单击"增加"按钮，新增一张采购订单，编辑表头，"供应商"选择"南光能源"，"部门"选择"采购部"，修改"税率"为"13"。编辑表体，在表体中选择存货，"存货编码"参照生成"3"，"数量"为"10"，在"原币单价"栏中录入"40000"。

③ 单击"保存"按钮，单击"审核"按钮，结果如图7-16所示。

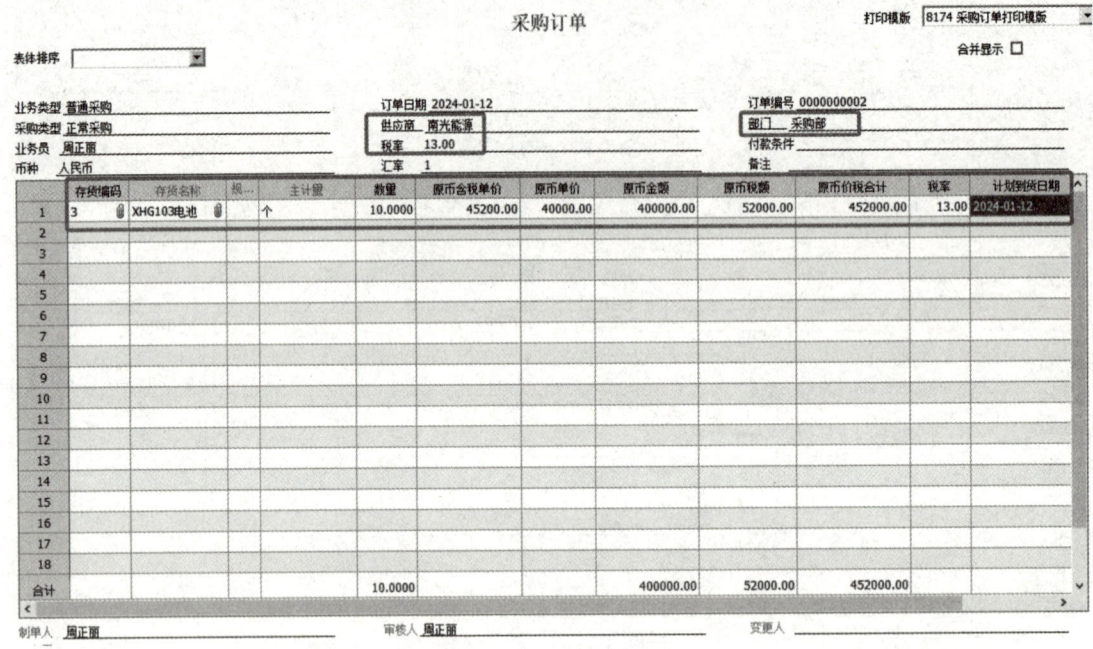

图7-16 采购订单

2. 生成到货单

① 2024年1月12日，采购部周正丽（G01）登录"企业应用平台"，执行"业务工作→供应链→采购管理→采购到货"命令，双击"到货单"选项，打开"到货单"窗口。

② 单击"增加"按钮，执行"生单→采购订单"命令，打开"查询条件选择-采购订单列表过滤"对话框，单击"确定"按钮。

③ 打开"拷贝并执行"窗口，单击"全选"按钮，单击"确定"按钮。

④ 系统自动生成到货单，单击"保存"按钮，单击"审核"按钮，结果如图7-17所示。

3. 生成入库单

① 2024年1月12日，仓储部戴慧（C01）登录"企业应用平台"，执行"业务工作→供应链→库存管理→入库业务"命令，双击"采购入库单"选项，打开"采购入库单"窗口。

② 执行"生单→采购到货单（蓝字）"命令，打开"查询条件选择-采购到货单列表"对话框，单击"确定"按钮。

③ 打开"拷贝并执行"窗口，单击"全选"按钮，单击"确定"按钮。

④ 系统自动生成采购入库单，"仓库"选择"商品仓库"，单击"保存"按钮，单击"审核"按钮，弹出"该单据审核成功"信息提示框，单击"确定"按钮，结果如图7-18所示。

4. 生成采购专用发票并现付

① 2024年1月12日，采购部周正丽（G01）登录"企业应用平台"，执行"业务工作→供应链→采购管理→采购发票"命令，双击"专用采购发票"选项，打开"专用发票"窗口。

② 单击"增加"按钮，执行"生单→入库单"命令，打开"查询条件选择-采购入库单列表过滤"对话框，单击"确定"按钮。

项目七　采购与应付款管理系统

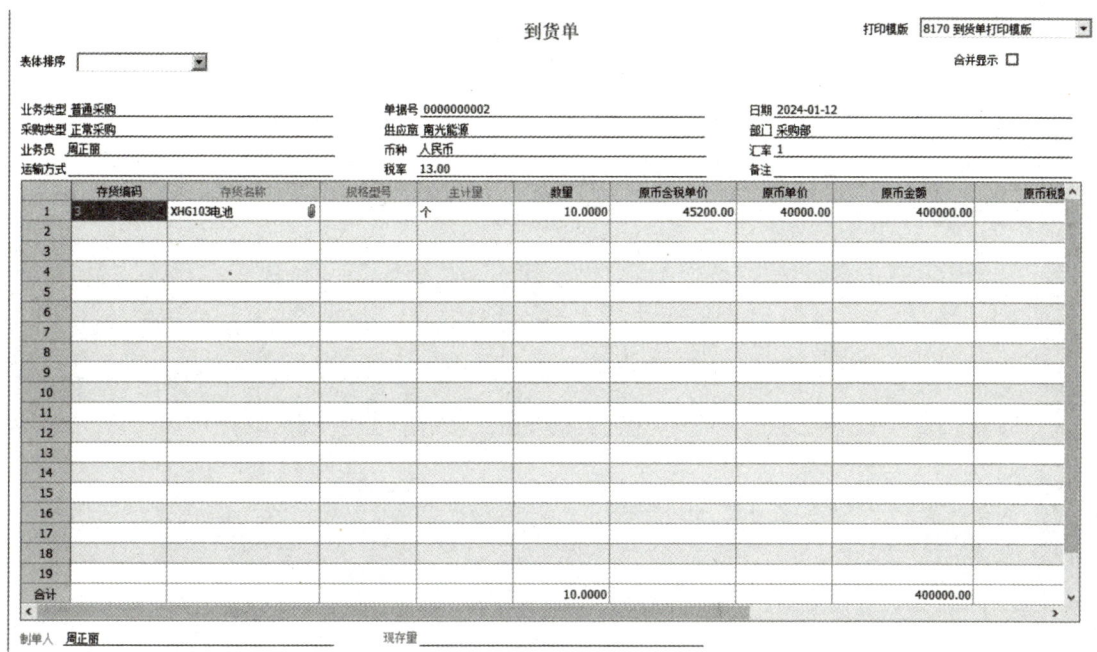

图 7-17　到货单

图 7-18　采购入库单

③ 打开"拷贝并执行"窗口，选中要拷贝的采购入库单，单击"确定"按钮。

④ 系统自动生成专用发票，将"发票号"改为"CG03005"，单击"保存"按钮，结果如图 7-19 所示。

⑤ 单击"现付"按钮，打开"采购现付"对话框，"结算方式"选择"5-银行转账"，在"原币金额"栏中录入"452000"，"项目大类编码"选择"00"，"项目编码"选择"103"，如图 7-20 所示，单击"确定"按钮。

— 157 —

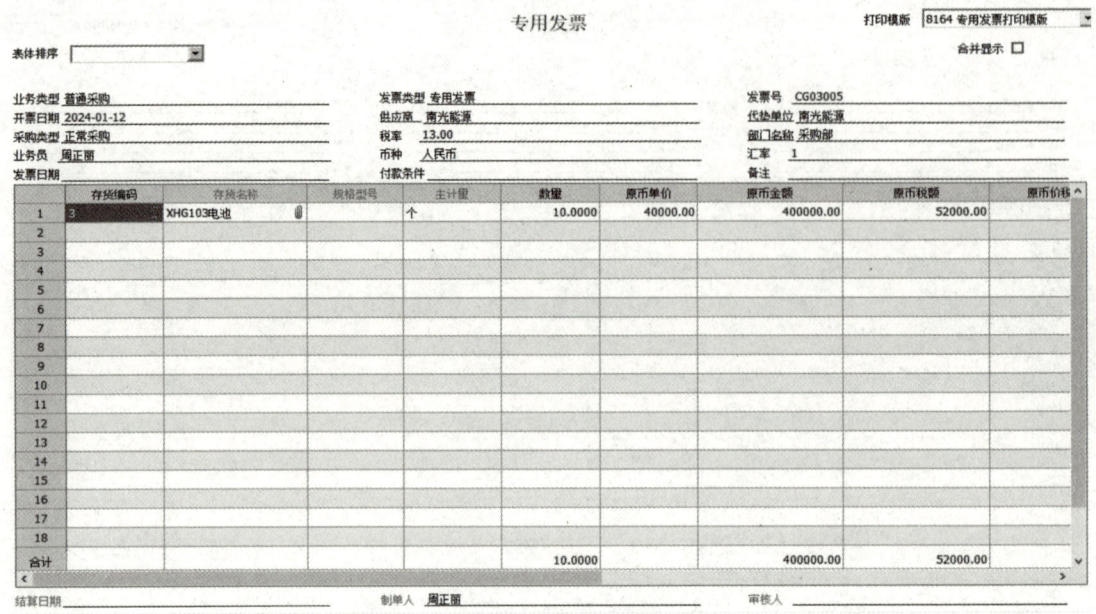

图 7-19 采购专用发票

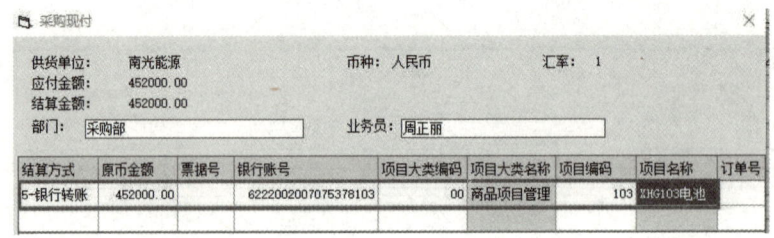

图 7-20 采购现付

⑥ 采购专用发票显示"已现付",如图 7-21 所示。

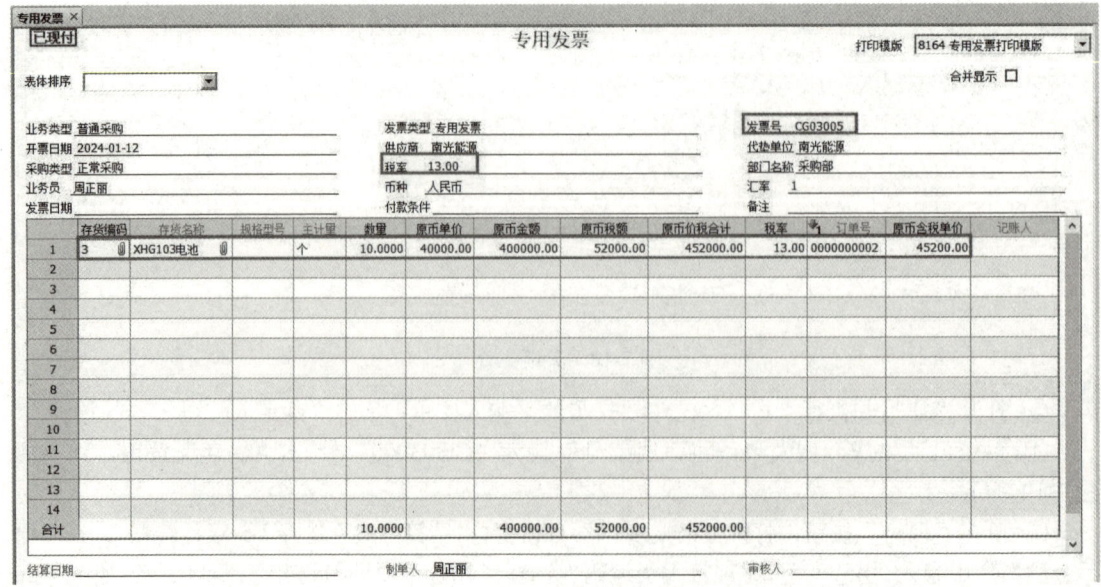

图 7-21 采购专用发票已现付

5. 采购结算（手工结算）

① 2024 年 1 月 12 日，采购部周正丽（G01）登录"企业应用平台"，执行"业务工作→供应链→采购管理→采购结算"命令，双击"手工结算"选项，打开"手工结算"窗口。

② 单击"选单"按钮，打开"结算选单"窗口。

③ 单击"查询"按钮，打开"查询条件选择-采购手工结算"对话框，单击"确定"按钮。

④ 回到"结算选单"窗口，选择相应的采购发票和入库单，单击"确定"按钮。

⑤ 回到"手工结算"窗口，单击"结算"按钮，弹出"完成结算！"信息提示框，单击"确定"按钮，完成采购结算。双击"结算单列表"选项，在对应窗口中可查询结算单，如图 7-22 所示。

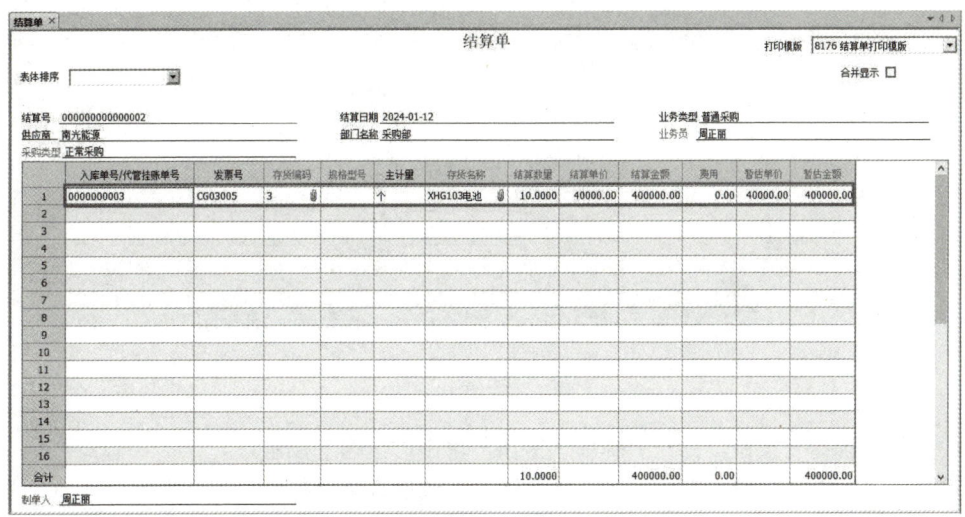

图 7-22　结算单

6. 现付单据审核与制单

① 2024 年 1 月 12 日，会计朱觅（W02）登录"企业应用平台"，执行"业务工作→财务会计→应付款管理→应付单据处理"命令，双击"应付单据审核"选项，打开"应付单查询条件"对话框，勾选"包含现结发票"复选框，如图 7-23 所示。

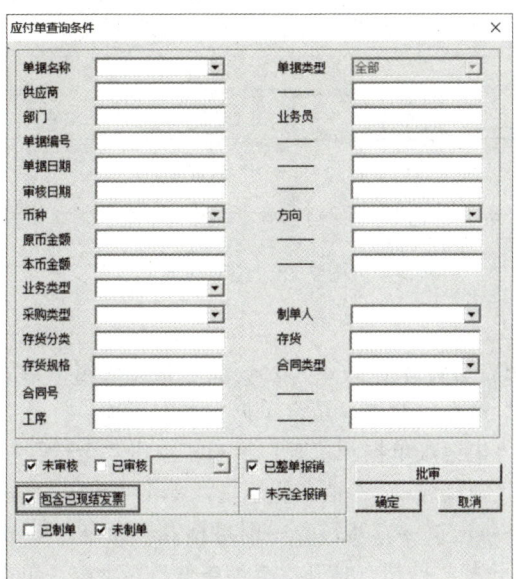

图 7-23　应付单审核查询条件

② 单击"确定"按钮，打开"单据处理"窗口，选中要审核的单据，单击"审核"按钮，系统完成审核并给出审核报告，单击"确定"按钮。

③ 双击"制单处理"选项，打开"制单查询"对话框，勾选"现结制单"复选框，如图7-24所示。

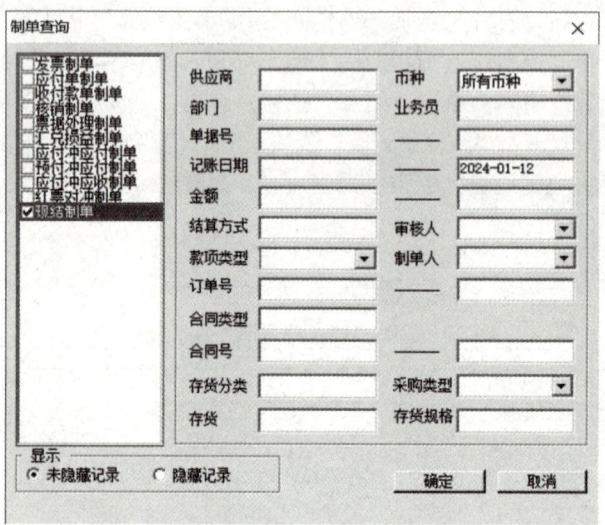

图7-24 制单查询

④ 单击"确定"按钮，打开"制单"窗口，单击"全选"按钮。

⑤ 单击"制单"按钮，生成一张记账凭证，修改借方会计科目"在途物资"（1402）的项目名称为"XHG103电池"，数量为"10"，单击"保存"按钮，结果如图7-25所示。

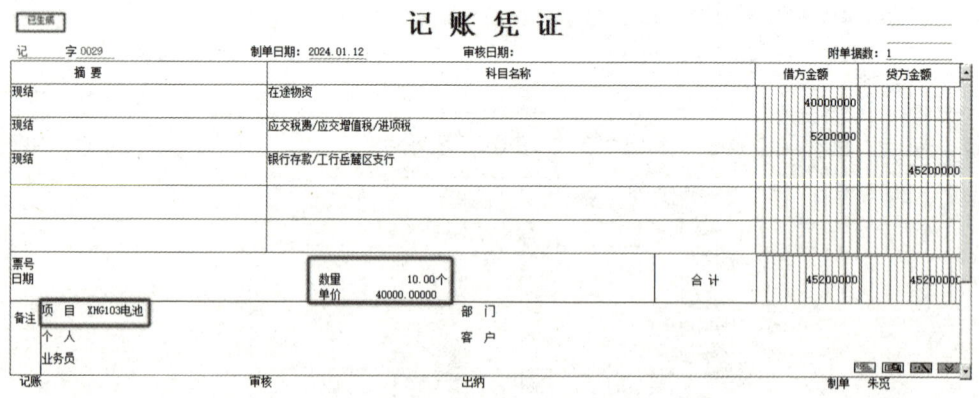

图7-25 记账凭证

7. 采购成本确认

① 2024年1月12日，会计朱觅（W02）登录"企业应用平台"，执行"业务工作→供应链→存货核算→业务核算"命令，双击"正常单据记账"选项，打开"查询条件选择"对话框，单击"确定"按钮，打开"未记账单据一览表"窗口。单击"全选"按钮，单击"记账"按钮，将采购入库单记账，弹出"记账成功。"信息提示框，单击"确定"按钮。

② 执行"业务工作→供应链→存货核算→财务核算"命令，双击"生成凭证"选项，打开"生成凭证"窗口。单击"选择"按钮，打开"查询条件"对话框，单击"确定"按钮，打开"选择单据"窗口。单击"全选"按钮，单击"确定"按钮，打开"生成凭证"窗口，修改"项目大

类"为"00"、"项目编码"为"103"。

③ 单击"生成"按钮,生成一张记账凭证,单击"保存"按钮,结果如图 7-26 所示。

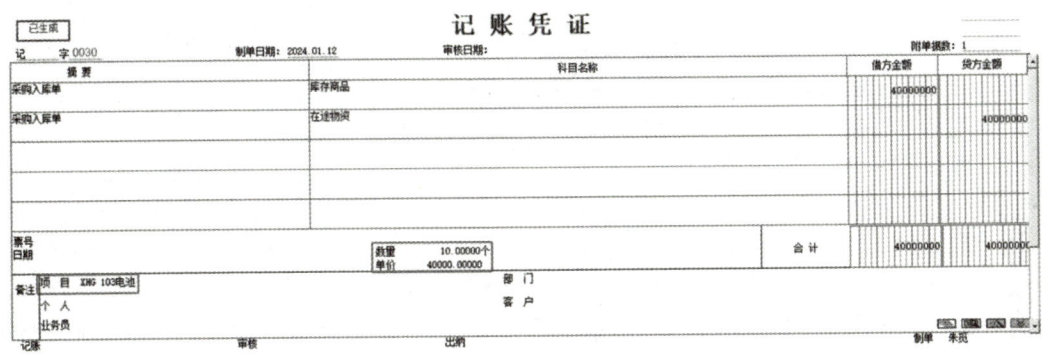

图 7-26　记账凭证

任务 7.3　采购损耗业务

7.3.1　非合理损耗业务

动画：采购非合理损耗业务

📖【任务资料】

（1）2024 年 1 月 13 日，采购部周正丽从河北大鹏能源有限公司（大鹏能源）购买 XHG101 电池，签订购销合同。

附件 1：购销合同，合同信息：数量 10 个，单价 20,000 元/个；合同编号 0000000003（系统默认订单编号）；合同结算方式：转账支票；付款条件：4/10，2/20，n/30（现金折扣按货物价款计算，不考虑增值税）；计划到货时间 1 月 15 日。

（2）2024 年 1 月 15 日，收到合同编号 0000000003 购销合同的货物和增值税发票。验收入库时发现短缺 1 个电池，与大鹏能源进行沟通后，确认属于大鹏能源的责任。

附件 1：1 张增值税专用发票（发票号 CG03006，XHG101 电池数量 10 个，无税单价 20,000 元，税率 13%）。

附件 2：入库单。应收 10 个，实收 9 个。

📖【任务步骤】

采购非合理损耗业务

1. 填制采购订单

① 2024 年 1 月 13 日，采购部周正丽（G01）登录"企业应用平台"，执行"业务工作→供应链→采购管理→采购订货"命令，双击"采购订单"选项，打开"采购订单"窗口。

② 单击"增加"按钮，新增一张采购订单，编辑表头，"供应商"选择"大鹏能源"，"部门"选择"采购部"，修改"税率"为"13"，选择"付款条件"为"4/10，2/20，n/30"。编辑表体，在表体中选择存货，在"存货编码""数量""原币单价"栏中依次录入"1""10""20000"。

③ 单击"保存"按钮，单击"审核"按钮，结果如图 7-27 所示。

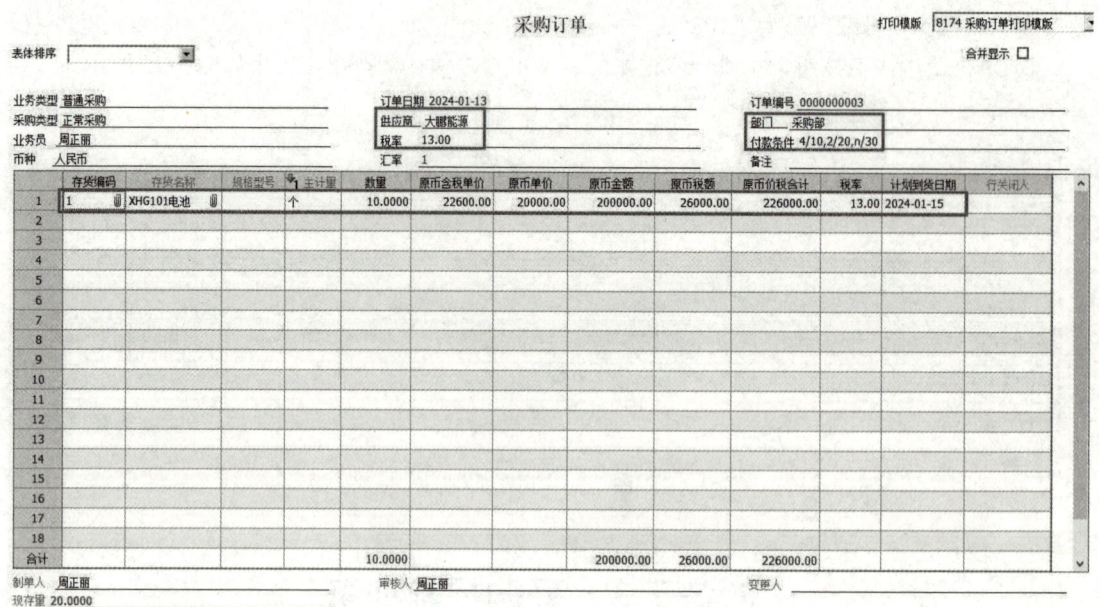

图 7-27　采购订单

2. 生成到货单

① 2024 年 1 月 15 日，采购部周正丽（G01）登录"企业应用平台"，执行"业务工作→供应链→采购管理→采购订货"命令，双击"到货单"选项，打开"到货单"窗口。

② 执行"生单→采购订单"命令，打开"查询条件选择-采购订单列表过滤"对话框，单击"确定"按钮。

③ 打开"拷贝并执行"窗口，单击"全选"按钮，单击"确定"按钮

④ 系统自动生成到货单，单击"保存"按钮，单击"审核"按钮，结果如图 7-28 所示。

图 7-28　到货单

3. 生成入库单

① 2024 年 1 月 15 日，仓储部戴慧（C01）登录"企业应用平台"，执行"业务工作→供应

链→库存管理→入库业务"命令，双击"采购入库单"选项，打开"采购入库单"窗口。

② 执行"生单→采购到货单（蓝字）"命令，打开"查询条件选择-采购到货单列表"对话框，单击"确定"按钮。

③ 打开"拷贝并执行"窗口，选中要拷贝的到货单，单击"确定"按钮。

④ 系统自动生成采购入库单，选择"仓库"为"商品仓库"，修改"数量"为"9"，单击"保存"按钮，单击"审核"按钮，弹出"该单据审核成功"信息提示框，单击"确定"按钮，结果如图 7-29 所示。

图 7-29　采购入库单

4. 生成采购专用发票

① 2024 年 1 月 15 日，采购部周正丽（G01）登录"企业应用平台"，执行"业务工作→供应链→采购管理→采购发票"命令，双击"专用采购发票"选项，打开"专用发票"窗口。

② 单击"增加"按钮，执行"生单→采购订单"命令，打开"查询条件选择-采购订单列表过滤"对话框，单击"确定"按钮。

③ 打开"拷贝并执行"窗口，选中要拷贝的订单，单击"确定"按钮。

④ 系统自动生成专用发票，将"发票号"改为"CG03006"，将"税率"改为"13"，单击"保存"按钮，结果如图 7-30 所示。

> **任务提示**
>
> 本操作因为采购入库数量少于发票数量，所以，不能根据采购入库单生成采购专用发票，可以根据采购订单生单，也可以根据实际收到的采购专用发票进行手工录入。

5. 采购结算（手工结算）

① 2024 年 1 月 15 日，采购部周正丽（G01）登录"企业应用平台"，执行"业务工作→供应链→采购管理→采购结算"命令，双击"手工结算"选项，打开"手工结算"窗口。

② 单击"选单"按钮，打开"结算选单"窗口。

③ 单击"查询"按钮，打开"查询条件选择-采购手工结算"对话框，单击"确定"按钮。

④ 回到"结算选单"窗口，选择相应的采购发票和入库单，单击"确定"按钮。

⑤ 回到"手工结算"窗口,在"非合理损耗数量"栏中录入"1",在"非合理损耗金额"栏中录入"20000","非合理损耗类型"选择"1",在"进项税转出金额"栏中录入"2600",单击"结算"按钮,弹出"完成结算!"信息提示框,单击"确定"按钮,完成采购结算,结果如图 7-31 所示。

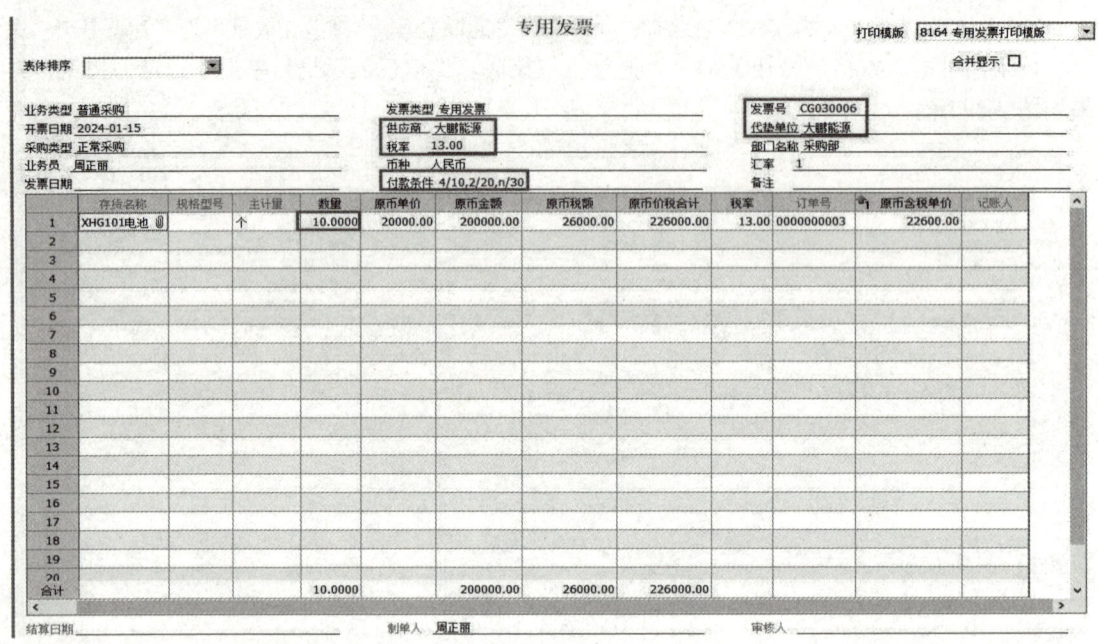

图 7-30　采购专用发票

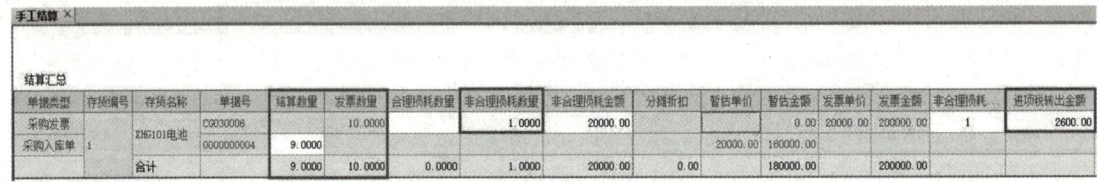

图 7-31　采购结算

6. 应付单据审核与制单

① 2024 年 1 月 15 日,会计朱觅(W02)登录企业应用平台,执行"业务工作→财务会计→应付款管理→应付单据处理"命令,双击"应付单据审核"选项,打开"应付单查询条件"对话框。

② 单击"确定"按钮,打开"单据处理"窗口,可以查看应付单据列表,如图 7-32 所示。

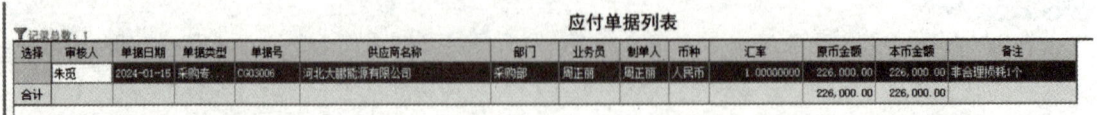

图 7-32　应付单据列表

③ 双击要审核的单据,打开"专用发票"窗口,单击"审核"按钮,弹出"是否制单"信息提示框,单击"是"按钮。

④ 生成一张记账凭证,修改借方会计科目"在途物资"(1402)的"项目名称"为"XHG101电池"、"数量"为"10",单击"保存"按钮,结果如图 7-33 所示。

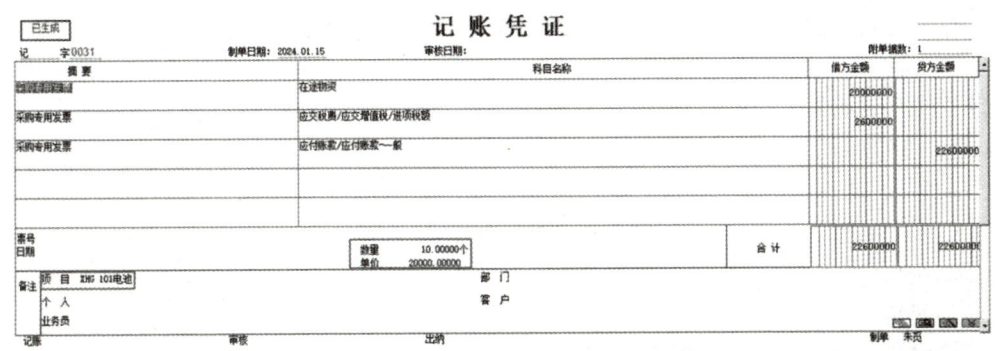

图 7-33 记账凭证

7. 采购成本确认

① 2024 年 1 月 15 日，会计朱觅（W02）登录"企业应用平台"，执行"业务工作→供应链→存货核算→业务核算"命令，双击"正常单据记账"，打开"查询条件选择"对话框，单击"确定"按钮，打开"未记账单据一览表"窗口。单击"全选"按钮，单击"记账"按钮，将采购入库单记账，弹出"记账成功。"信息提示框，单击"确定"按钮。

② 执行"业务工作→供应链→存货核算→财务核算"命令，双击"生成凭证"选项，单击"选择"按钮，打开"查询条件"窗口，单击"确定"按钮，打开"选择单据"对话框。单击"全选"按钮，单击"确定"按钮，打开"生成凭证"窗口。

③ 单击"生成"按钮，生成一张记账凭证。修改借方会计科目"库存商品"（1405）项目名称为"XHG101 电池"、数量为"9"。修改贷方会计科目"在途物资"（1402）项目名称为"XHG101 电池"，单击"保存"按钮，结果如图 7-34 所示。

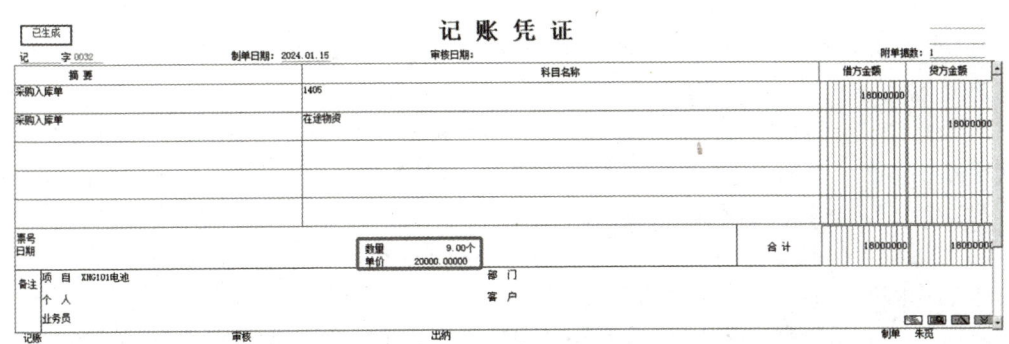

图 7-34 记账凭证

8. 非合理损耗赔偿处理

① 2024 年 1 月 15 日，会计朱觅（W02）登录企业应用平台，执行"业务工作→财务会计→应付款管理→应付单据处理"命令，双击"应付单据录入"选项，打开"单据类别"对话框，"方向"选择"负向"，如图 7-35 所示，单击"确定"按钮。

② 填制一张红字应付单。"供应商"为"大鹏能源"，"金额"为"22600"，"摘要"可选填或填"非合理损耗赔偿"。单击"保存"按钮，单击"审核"按钮，弹出"是否立即制单？"信息提示框，单击"是"按钮。

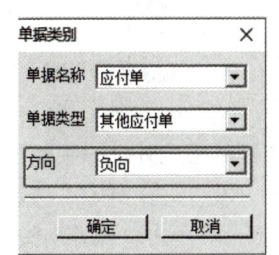

图 7-35 应付单据类别选择

③ 生成一张记账凭证，修改借方会计科目为"在途物资"（1402）、"数量"为"-1"、"项目

名称"为"XHG101 电池"、"单价"为"20000"。完成借方会计科目设置后,自动生成相应贷方会计科目及金额。按回车键,自动生成第三行摘要,修改第三行贷方会计科目为"应交税费/应交增值税/进项税转出"(22210111),单击"贷方金额"栏,按"="键取差值,单击"保存"按钮,结果如图7-36所示。

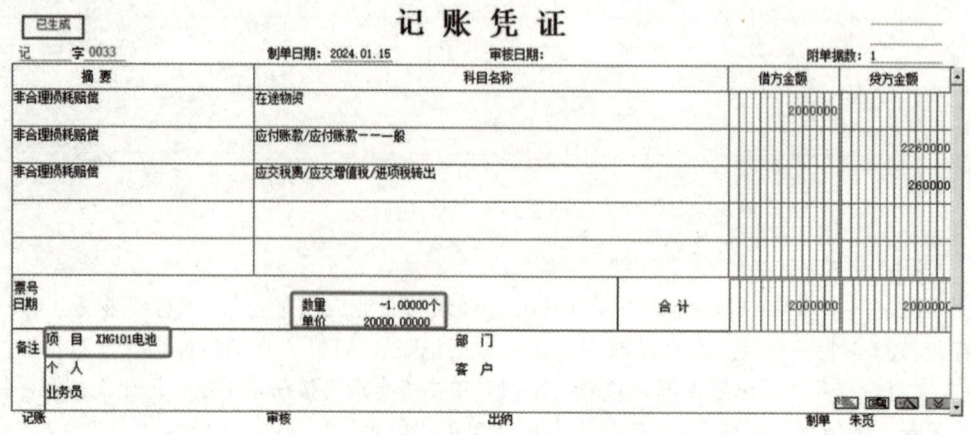

图 7-36　记账凭证

7.3.2 合理损耗业务

📖【任务资料】

微课:采购损耗业务

(1) 2024 年 1 月 16 日,采购部周正丽从长沙瑞杰美包装材料有限公司(瑞杰美)购买木箱,签订购销合同。

附件 1:购销合同(合同信息:数量 400 个,无税单价 30 元/个;合同编号 0000000004(系统默认订单编号);合同约定预付定金 10%的货款;预计到货时间 1 月 18 日;运费由对方承担)。

附件 2:工商银行付款凭证,金额 1,356 元。

(2) 2024 年 1 月 18 日,收到合同编号 0000000004 购销合同的货物和增值税发票。验收中发现损坏 2 个木箱,属于运输途中的合理损耗。

附件 1:1 张增值税专用发票(发票号 CG03007,木箱 400 个,无税单价 30 元,税率 13%)。

附件 2:入库单。应收 400 个,实收 398 个。

📖【任务步骤】

采购合理损耗业务

1. 填制采购订单

① 2024 年 1 月 16 日,采购部周正丽(G01)登录"企业应用平台",执行"业务工作→供应链→采购管理→采购订货"命令,双击"采购订单"选项,打开"采购订单"窗口。

② 单击"增加"按钮,新增一张采购订单,根据业务信息编辑表头、表体信息,修改到货时间。

③ 单击"保存"按钮,单击"审核"按钮,结果如图 7-37 所示。

2. 出纳填制付款单并制单

1)填制付款单

① 2024 年 1 月 16 日,出纳张思怡(W03)登录"企业应用平台",执行"业务工作→财务会

计→应付款管理→付款单据处理"命令，双击"付款单据录入"选项，打开"付款单"窗口。

② 单击"增加"按钮，按照任务资料填写表头。在表体中，选择"款项类型"为"预付款"，在"备注"处录入"预付定金1356元"。

③ 单击"保存"按钮，结果如图7-38所示。

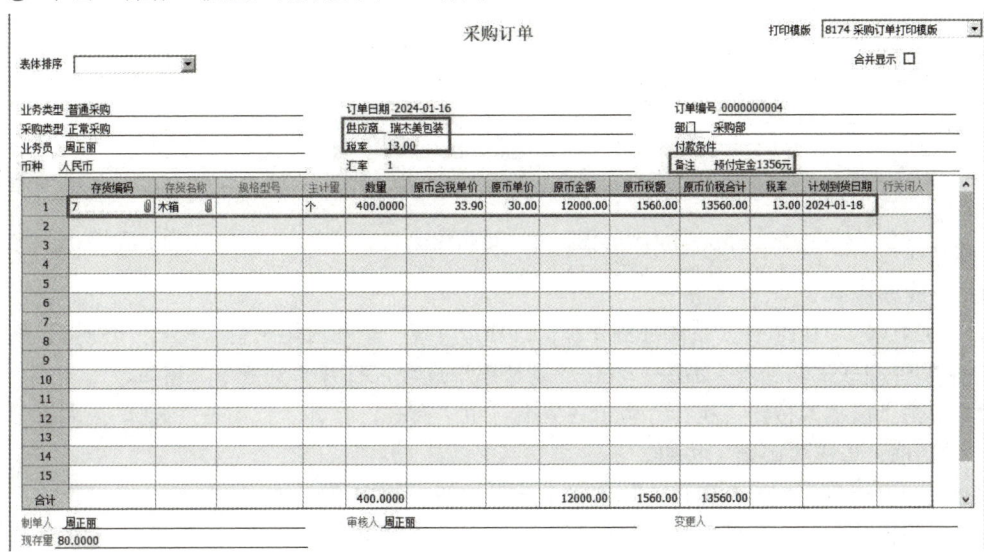

图 7-37 采购订单

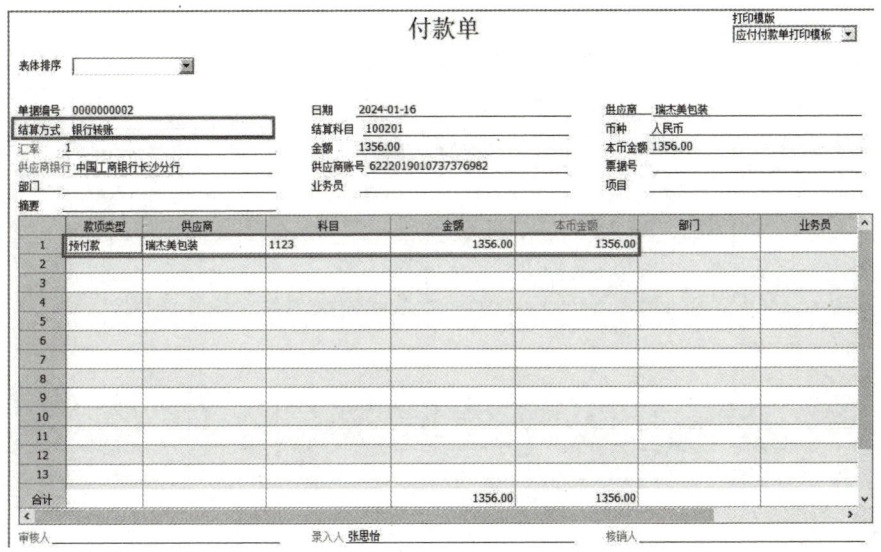

图 7-38 付款单

2）付款单审核与制单

① 2024年1月16日，会计朱觅（W02）登录"企业应用平台"，执行"业务工作→财务会计→应付款管理→付款单据处理"命令，双击"付款单据审核"选项，打开"付款单查询条件"对话框，单击"确定"按钮，打开"单据处理"窗口。

② 单击"全选"按钮，单击"审核"按钮，系统完成审核并给出审核报告，单击"确定"按钮。

③ 双击"制单处理"选项，打开"制单查询"对话框，单击"确定"按钮，打开"制单"窗口，单击"全选"按钮。

④ 单击"制单"按钮，生成一张记账凭证，单击"保存"按钮，结果如图7-39所示。

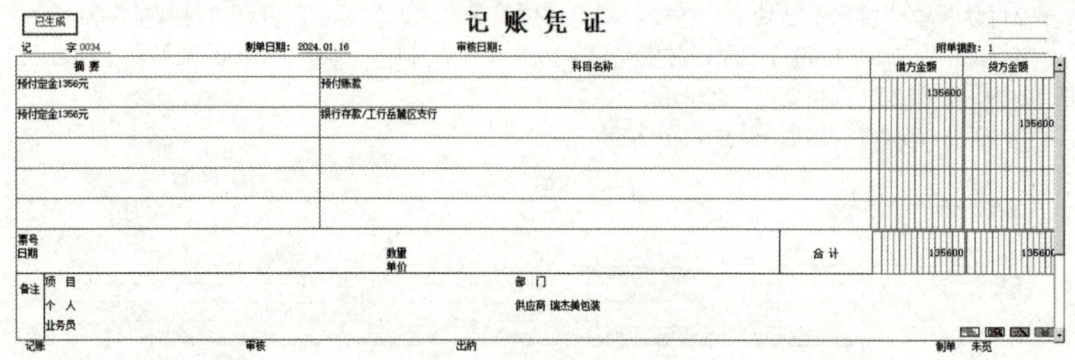

图 7-39　记账凭证

3. 生成到货单

① 2024年1月18日，采购部周正丽（G01）登录"企业应用平台"，执行"业务工作→供应链→采购管理→采购到货"命令，双击"到货单"选项，打开"到货单"窗口。

② 单击"增加"按钮，执行"生单→采购订单"命令，打开"查询条件选择-采购订单列表过滤"对话框，单击"确定"按钮。

③ 打开"拷贝并执行"窗口，单击"全选"按钮，单击"确定"按钮。

④ 系统自动生成到货单，单击"保存"按钮，单击"审核"按钮，结果如图7-40所示。

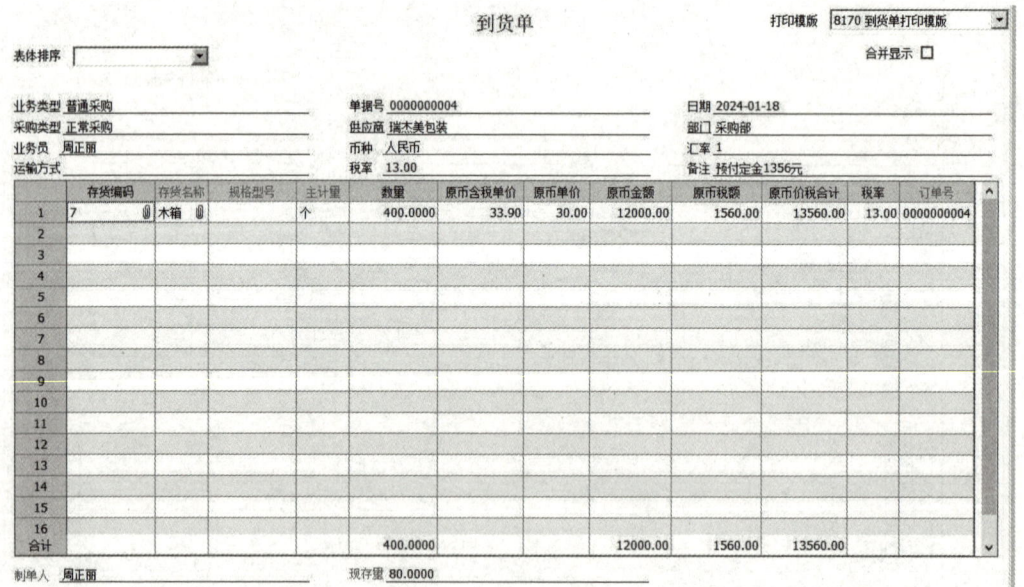

图 7-40　到货单

4. 生成入库单

① 2024年1月18日，仓储部戴慧（C01）登录"企业应用平台"，执行"业务工作→供应链→库存管理→入库业务"命令，双击"采购入库单"选项，打开"采购入库单"窗口。

② 执行"生单→采购到货单（蓝字）"命令，打开"查询条件选择-采购订单列表"对话框，单击"确定"按钮。

③ 打开"拷贝并执行"窗口，单击"全选"按钮，单击"确定"按钮。

④ 系统自动生成采购入库单，"仓库"选择"周转材料仓库"，修改"数量"为"398"，单击"保存"按钮，单击"修改"按钮，"备注"改为"预付定金10%，合理损耗2个"，单击"保存"按钮，

单击"审核"按钮,弹出"该单据审核成功"信息提示框,单击"确定"按钮,结果如图7-41所示。

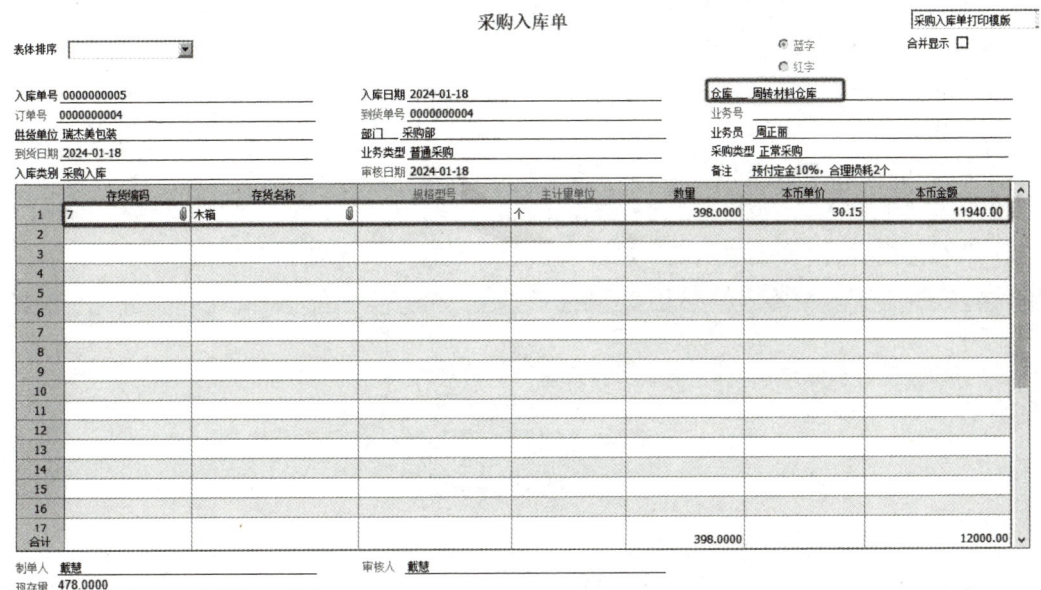

图 7-41 采购入库单

5. 生成采购专用发票

① 2024年1月18日,采购部周正丽(G01)登录"企业应用平台",执行"业务工作→供应链→采购管理→采购发票"命令,双击"专用采购发票"选项,打开"专用发票"窗口。

② 单击"增加"按钮,执行"生单→采购订单"命令,打开"查询条件选择-采购订单列表过滤"对话框,单击"确定"按钮。

③ 打开"拷贝并执行"窗口,选中所要拷贝的订单,单击"确定"按钮。

④ 系统自动生成专用发票,将"发票号"改为"CG03007",将"税率"改为"13",可以根据业务情况录入备注信息,单击"保存"按钮,结果如图7-42所示。

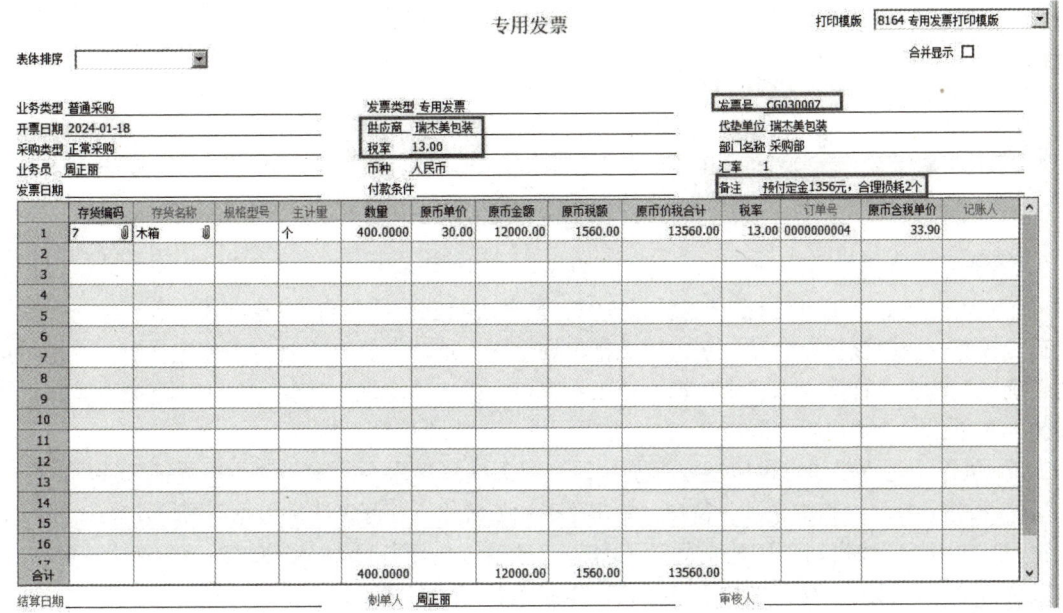

图 7-42 采购专用发票

6. 采购结算（手工结算）

① 2024年1月18日，采购部周正丽（G01）登录"企业应用平台"，执行"业务工作→供应链→采购管理→采购结算"命令，双击"手工结算"选项，打开"手工结算"窗口。

② 单击"选单"按钮，打开"结算选单"对话框。

③ 单击"查询"按钮，打开"查询条件选择-采购手工结算"对话框，单击"确定"按钮。

④ 选择相应的采购发票和入库单，单击"确定"按钮。

⑤ 回到"手工结算"窗口，在"合理损耗数量"栏录入"2"，单击"结算"按钮，弹出"完成结算！"信息提示框，单击"确定"按钮，完成采购结算，结果如图7-43所示。

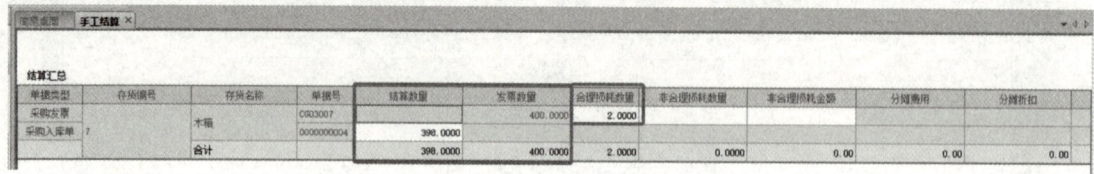

图7-43 采购结算

7. 应付单据审核与制单

① 2024年1月18日，会计朱觅（W02）登录"企业应用平台"，执行"业务工作→财务会计→应付款管理→应付单据处理"命令，双击"应付单据审核"选项，打开"应付单查询条件"对话框。

② 单击"确定"按钮，打开"单据处理"窗口，双击要审核的单据，打开"专用发票"窗口，单击"审核"按钮，弹出"是否立即制单"信息提示框，单击"是"按钮。

③ 生成一张记账凭证，单击"保存"按钮，结果如图7-44所示。

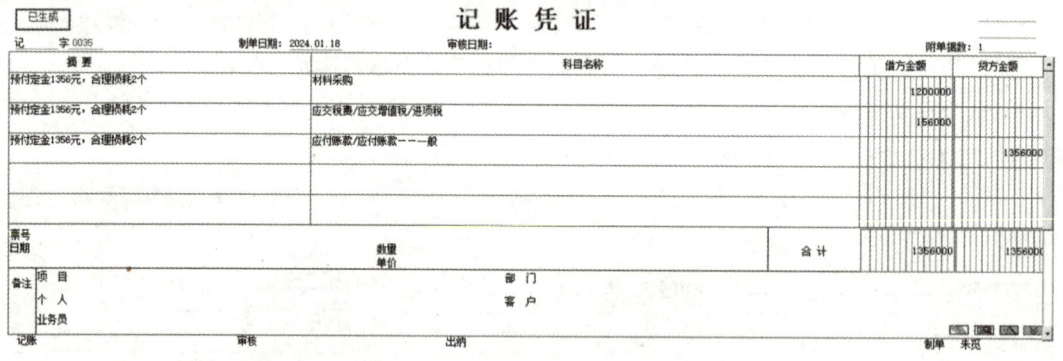

图7-44 记账凭证

8. 采购成本确认

① 2024年1月18日，会计朱觅（W02）登录"企业应用平台"，执行"业务工作→供应链→存货核算→业务核算"命令，双击"正常单据记账"选项，打开"查询条件选择"对话框，单击"确定"按钮，打开"未记账单据一览表"窗口。单击"全选"按钮，单击"记账"按钮，将采购入库单记账，弹出"记账成功。"信息提示框，单击"确定"按钮。

② 执行"业务工作→供应链→存货核算→财务核算"命令，双击"生成凭证"选项，单击"选择"按钮，打开"查询条件"窗口，单击"确定"按钮，打开"选择单据"窗口。单击"全选"按钮，单击"确定"按钮，打开"生成凭证"窗口，修改借方会计科目为"周转材料/包装箱"（141101），修改贷方会计科目为"材料采购"（1401），如图7-45所示。

图 7-45　生成凭证修改

③ 单击"生成"按钮，生成一张记账凭证，单击"保存"按钮，结果如图 7-46 所示。

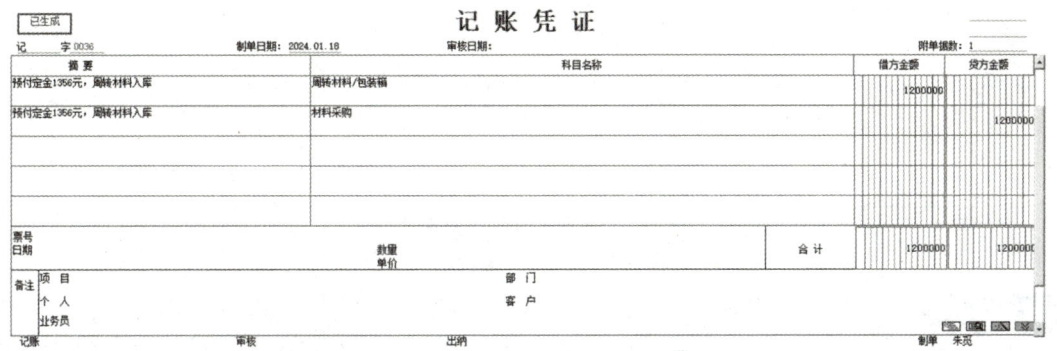

图 7-46　记账凭证

任务 7.4　采购退货业务

微课：采购退货业务

📖【任务资料】

2024 年 1 月 19 日，从海南南光能源有限公司（南光能源）购买的 XHG103 电池因质量问题，退货 2 个。

附件 1：红字增值税发票（发票号 CG03008，数量-2 个，单价 4,000 元，税率 13%）。

附件 2：入库单。应收-2 个，实收-2 个。

附件 3：工商银行收款凭证，金额 90,400 元。

📖【任务步骤】

1. 生成采购退货单

采购退货业务

① 2024 年 1 月 19 日，采购部周正丽（G01）登录"企业应用平台"，执行"业务工作→供应链→采购管理→采购到货"命令，双击"采购退货单"选项，打开"采购退货单"窗口。

② 单击"增加"按钮，执行"生单→到货单"命令，打开"查询条件选择-采购退货单列表过滤"对话框，单击"确定"按钮。

③ 打开"拷贝并执行"窗口，选中要拷贝的到货单，单击"确定"按钮，系统自动生成采购退货单，修改"采购类型"为"采购退货"，修改"数量"为"-2"，修改"税率"为"13"，单击"保存"按钮。

④ 单击"审核"按钮，如图 7-47 所示。

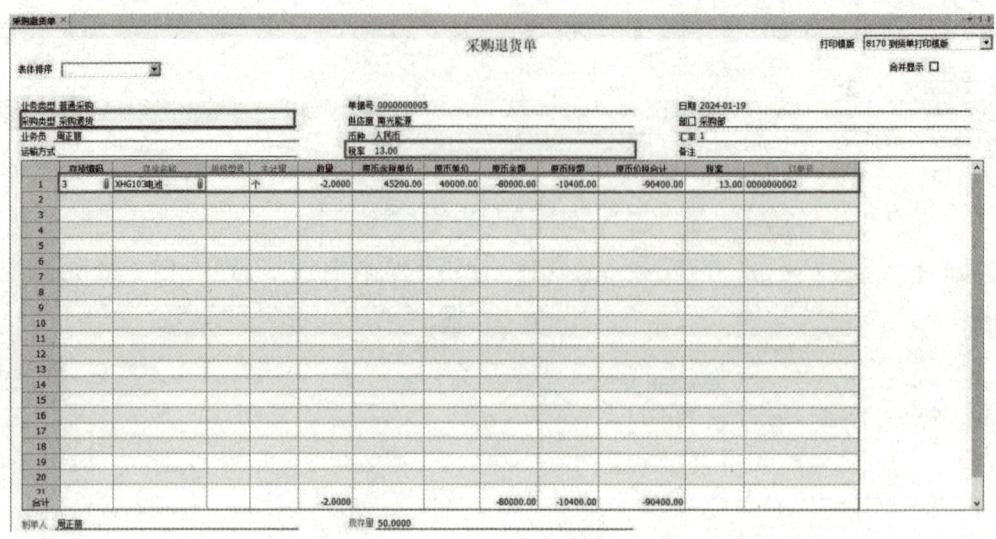

图 7-47 采购退货单

> **任务提示**
> 选择"采购类型"选项时,如果只出现"正常采购"默认选项,单击"采购类型档案基本参照"窗口中的"全选"按钮,即可出现全部采购类型,选择"采购退货"即可。

2. 生成红字采购入库单

① 2024 年 1 月 19 日,仓储部戴慧(C01)登录"企业应用平台",执行"业务工作→供应链→库存管理→入库业务"命令,双击"采购入库单"选项,打开"采购入库单"窗口。

② 执行"生单→采购到货单(红字)"命令,打开"查询条件选择-采购到货单列表"对话框,单击"确定"按钮。

③ 打开"拷贝并执行"窗口,选中所要拷贝的到货单,单击"确定"按钮。

④ 系统自动生成采购入库单,"仓库"选择"商品仓库",单击"保存"按钮,单击"审核"按钮,弹出审核成功信息提示框,单击"确定"按钮,结果如图 7-48 所示。

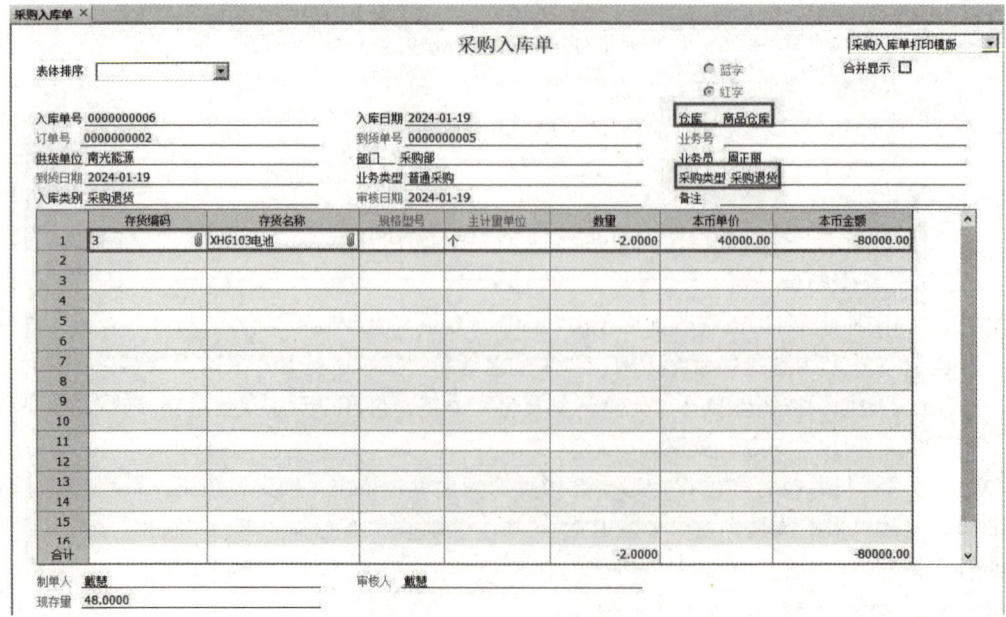

图 7-48 红字采购入库单

3. 生成红字专用采购发票

① 2024 年 1 月 19 日，采购部周正丽（G01）登录"企业应用平台"，执行"业务工作→供应链→采购管理→采购发票"命令，双击"红字专用采购发票"选项，打开"专用发票"窗口。

② 单击"增加"按钮，执行"生单→入库单"命令，打开"查询条件选择-采购入库单列表过滤"对话框，单击"确定"按钮。

③ 打开"拷贝并执行"窗口，选中要拷贝的入库单，单击"确定"按钮。

④ 系统自动生成专用发票，将"发票号"改为"CG03008"，将"税率"改为"13"，单击"保存"按钮，结果如图 7-49 所示。

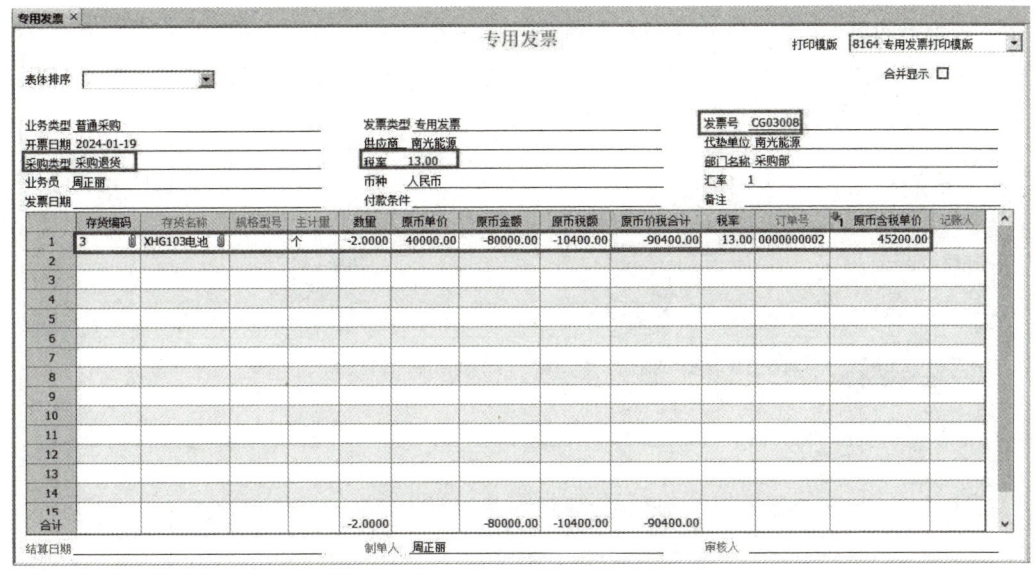

图 7-49　红字专用采购发票

4. 采购结算（手工结算）

① 2024 年 1 月 19 日，采购部周正丽（G01）登录"企业应用平台"，执行"业务工作→供应链→采购管理→采购结算"命令，双击"手工结算"选项，打开"手工结算"窗口。

② 单击"选单"按钮，打开"结算选单"窗口。

③ 单击"查询"按钮，打开"查询条件选择-采购手工结算"对话框，单击"确定"按钮。

④ 回到"结算选单"窗口，选择相应的采购发票和入库单，单击"确定"按钮。

⑤ 回到"手工结算"窗口，单击"结算"按钮，弹出"完成结算！"信息提示框，单击"确定"按钮，完成采购结算，结果如图 7-50 所示。

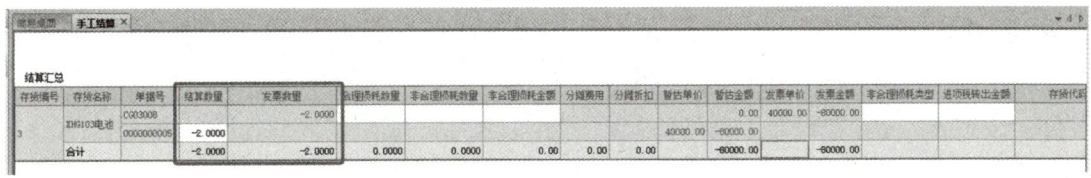

图 7-50　手工结算

5. 应付单据审核

① 2024 年 1 月 19 日，会计朱觅（W02）登录"企业应用平台"，执行"业务工作→财务会计→应付款管理→应付单据处理→应付单据审核"命令，打开"应付单查询条件"对话框。

② 单击"确定"按钮，打开"单据处理"窗口，单击"全选"按钮，单击"审核"按钮，系统完成审核并给出审核报告，单击"确定"按钮后退出，如图 7-51 所示。

					应付单据列表							
选择	审核人	单据日期	单据类型	单据号	供应商名称	部门	业务员	制单人	币种	汇率	原币金额	本币金额	备注
	朱觅	2024-01-19	采购专用发票	CG03008	海南南光能源有限公司	采购部	周正丽	周正丽	人民币	1.00000000	-90,400.00	-90,400.00	
合计											-90,400.00	-90,400.00	

图 7-51　应付单据列表

6. 填制红字收款单

① 2024 年 1 月 19 日，出纳张思怡（W03）登录"企业应用平台"，执行"业务工作→财务会计→应付款管理→付款单据处理"命令，双击"付款单据录入"选项，打开"收付款单录入"窗口。

② 单击"切换"按钮，单据从付款单变为红字收款单。

③ 单击"增加"按钮，按照业务资料信息录入红字收款单信息，"结算方式"选择"银行转账"，"金额"改为"90400"，录入完毕，单击"保存"按钮，结果如图 7-52 所示。

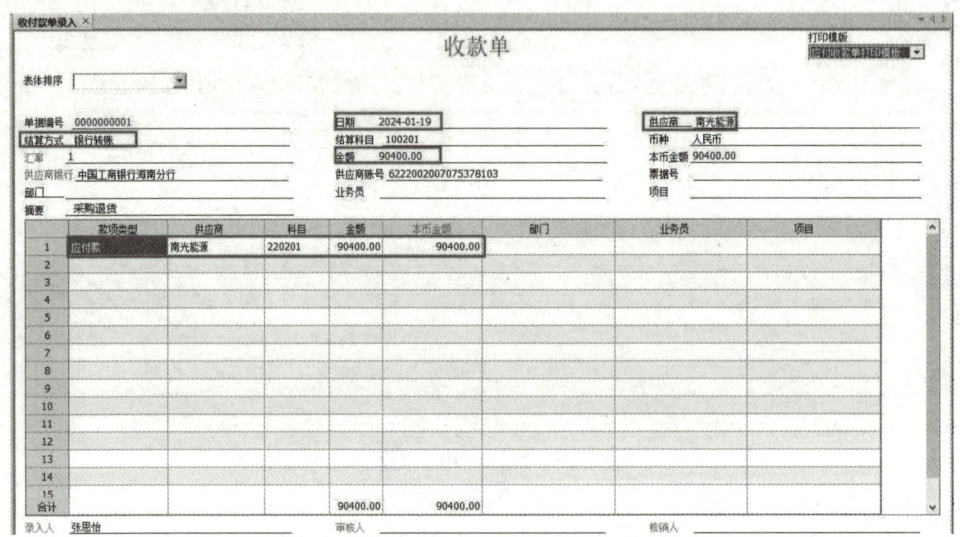

图 7-52　红字收款单

7. 收款单审核

2024 年 1 月 19 日，会计朱觅（W02）登录"企业应用平台"，执行"业务工作→财务会计→应付款管理→付款单据处理"命令，双击"付款单据审核"选项，弹出"付款单查询条件"对话框，单击"确定"按钮，打开"收付款单列表"窗口，单击"全选"按钮，单击"审核"按钮，系统完成审核并给出审核报告，单击"确定"按钮，如图 7-53 所示。

					收付款单列表							
选择	审核人	单据日期	单据类型	单据号	供应商	部门	业务员	结算方式	票据号	币种	汇率	原币金额	本币金额
	朱觅	2024-01-19	收款单	0000000001	海南南光能源有限公司			银行转账		人民币	1.00000000	-90,400.00	-90,400.00
合计												-90,400.00	-90,400.00

图 7-53　红字收款单审核

8. 手工核销

① 2024 年 1 月 19 日，会计朱觅（W02）登录"企业应用平台"，执行"业务工作→财务会计→应付款管理→核销处理"命令，双击"手工核销"选项，打开"核销条件"对话框。

② "供应商"选择"南光能源"。

③ 选择"收付款单"选项卡，"单据类型"选择"收款单"，单击"确定"按钮，如图 7-54 所示。

项目七 采购与应付款管理系统

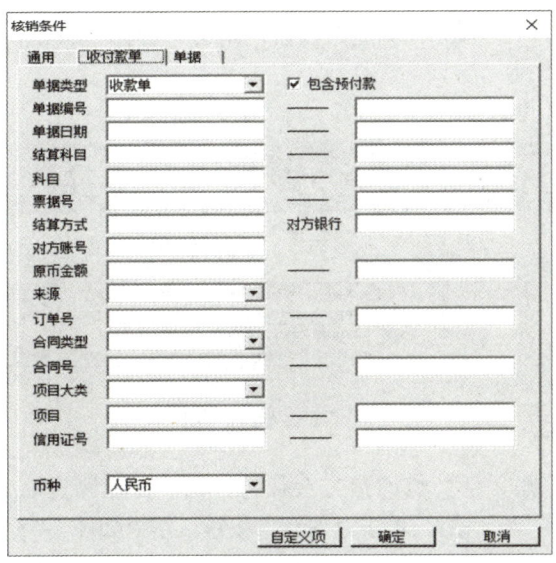

图 7-54 核销条件选择

④ 打开"单据核销"对话框,在"采购专用发票"的"本次结算"栏中录入"90400",如图 7-55 所示,单击"保存"按钮。

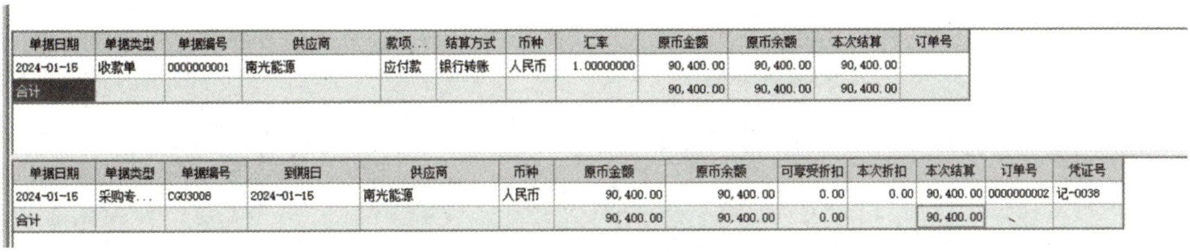

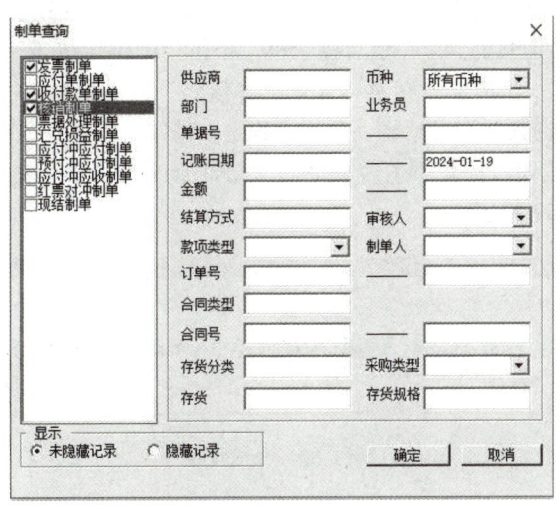

图 7-55 单据核销

9. 应付合并制单

① 2024 年 1 月 19 日,会计朱觅(W02)登录"企业应用平台",执行"业务工作→财务会计→应付款管理"命令,双击"制单处理"选项,打开"制单查询"对话框,勾选"发票制单"、"收付款单制单"和"核销制单"复选框,单击"确定"按钮,如图 7-56 所示。

图 7-56 制单查询

— 175 —

② 打开"制单"窗口,单击"全选"按钮,单击"合并"按钮,单击"制单"按钮,如图 7-57 所示。

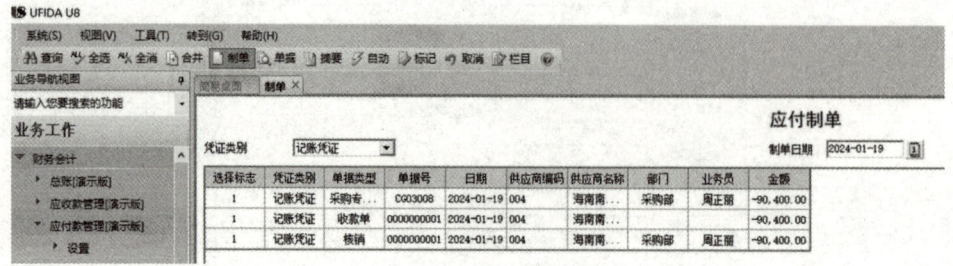

图 7-57　应付制单

③ 生成一张红字记账凭证,修改借方会计科目为"在途物资"(1402)、"项目名称"为"XHG103 电池"、"数量"为"-2",单击"保存"按钮,结果如图 7-58 所示。

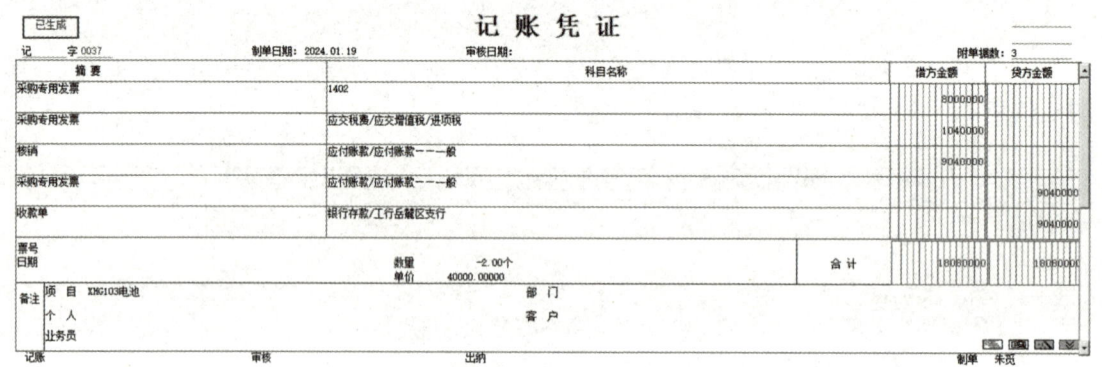

图 7-58　记账凭证

10. 采购成本确认

① 2024 年 1 月 19 日,会计朱觅(W02)登录"企业应用平台",执行"业务工作→供应链→存货核算→业务核算"命令,双击"正常单据记账"选项,打开"查询条件选择"对话框,单击"确定"按钮,打开"未记账单据一览表"窗口。单击"全选"按钮,单击"记账"按钮,将采购入库单记账,弹出"记账成功。"信息提示框,单击"确定"按钮。

② 执行"业务工作→供应链→存货核算→财务核算"命令,双击"生成凭证"选项,单击"选择"按钮,打开"查询条件"对话框,单击"确定"按钮,打开"选择单据"窗口,选中相关采购单,单击"确定"按钮。打开"生成凭证"窗口,修改"项目大类"为"00"、"项目编码"为"103",结果如图 7-59 所示。

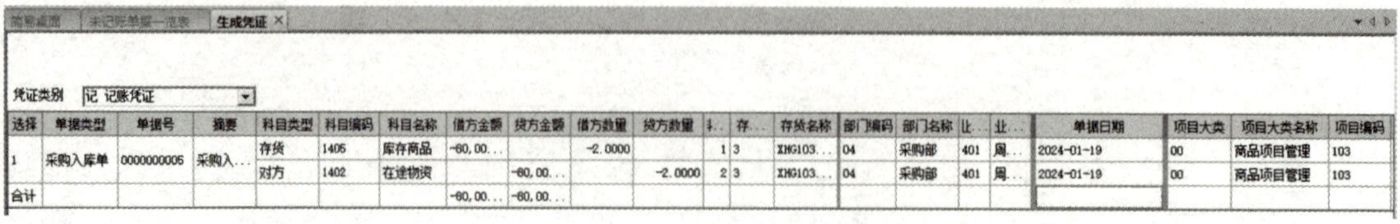

图 7-59　生成凭证

③ 单击"生成"按钮,生成一张记账凭证,单击"保存"按钮,结果如图 7-60 所示。

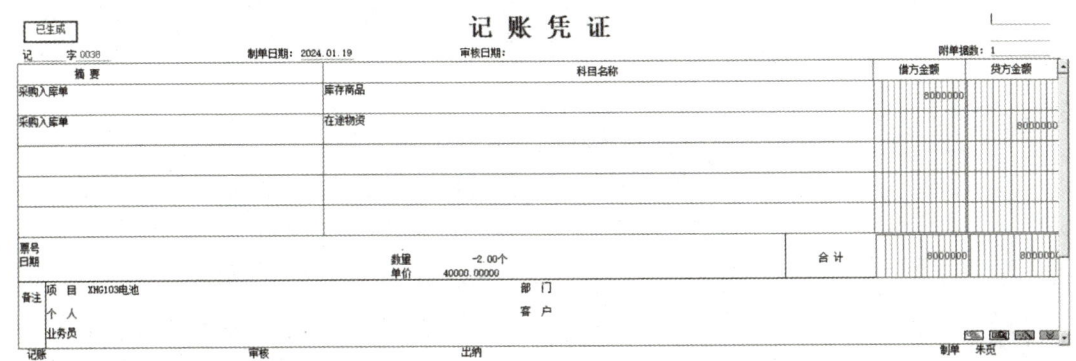

图 7-60 记账凭证

任务 7.5 买赠采购业务

动画：买赠采购业务

📖【任务资料】

2024 年 1 月 20 日，采购部周正丽从北京金之华能源有限公司（金之华能源）购买 XHG102 电池 10 个，获得免费赠送的 SLA110 电池 2 个。财务核算赠品以 0 成本入库，不计入采购成本中。

附件 1：购销合同，备注免费赠送 SLA110 电池 2 个。

附件 2：增值税专用发票（发票号 CG03009；XHG102 电池数量 10 个，单价 30,000 元，税率 13%；SLA110 电池数量 2 个，单价 0 元，税率 13%）。

附件 3：2 张入库单。

📖【任务步骤】

1. 填制采购订单

买赠采购业务

① 2024 年 1 月 20 日，采购部周正丽（G01）登录"企业应用平台"，执行"业务工作→供应链→采购管理→采购订货"命令，双击"采购订单"选项，打开"采购订单"窗口。

② 单击"增加"按钮，新增一张采购订单，编辑表头，"供应商"选择"金之华能源"，"部门"选择"采购部"，修改"税率"为"13"。编辑表体，在表体中参照生成相关存货编码，录入"数量"和"原币单价"信息。

③ 单击"保存"按钮，单击"审核"按钮，结果如图 7-61 所示。

2. 生成到货单

① 2024 年 1 月 20 日，采购部周正丽（G01）登录"企业应用平台"，执行"业务工作→供应链→采购管理→采购到货"命令，双击"到货单"选项，打开"到货单"窗口。

② 单击"增加"按钮，执行"生单→采购订单"命令，打开"查询条件选择-采购订单列表过滤"对话框，单击"确定"按钮。

③ 打开"拷贝并执行"窗口，选中要拷贝的订单，单击"确定"按钮。

④ 系统自动生成到货单，单击"保存"按钮，单击"审核"按钮，结果如图 7-62 所示。

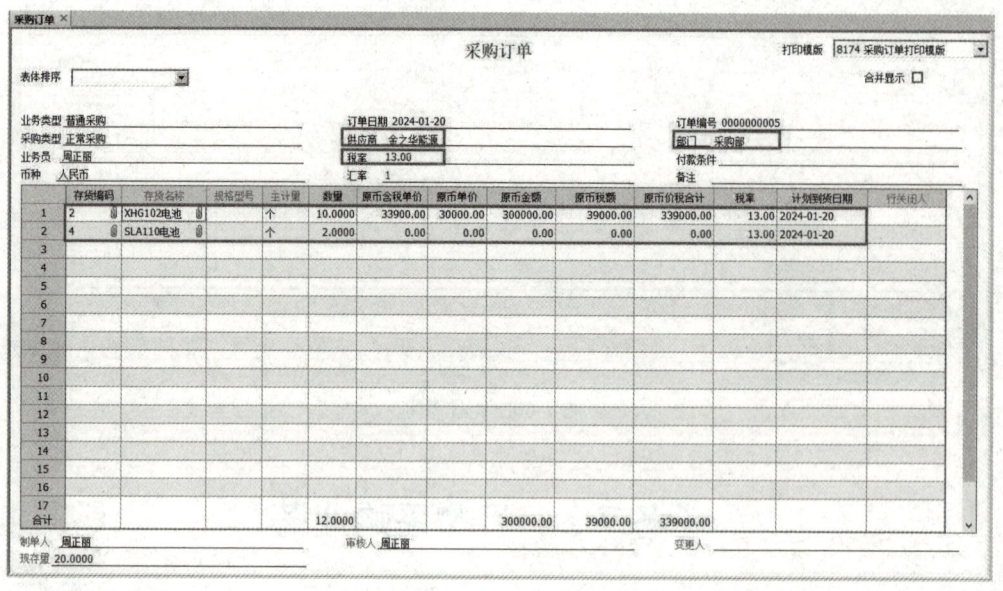

图 7-61 采购订单

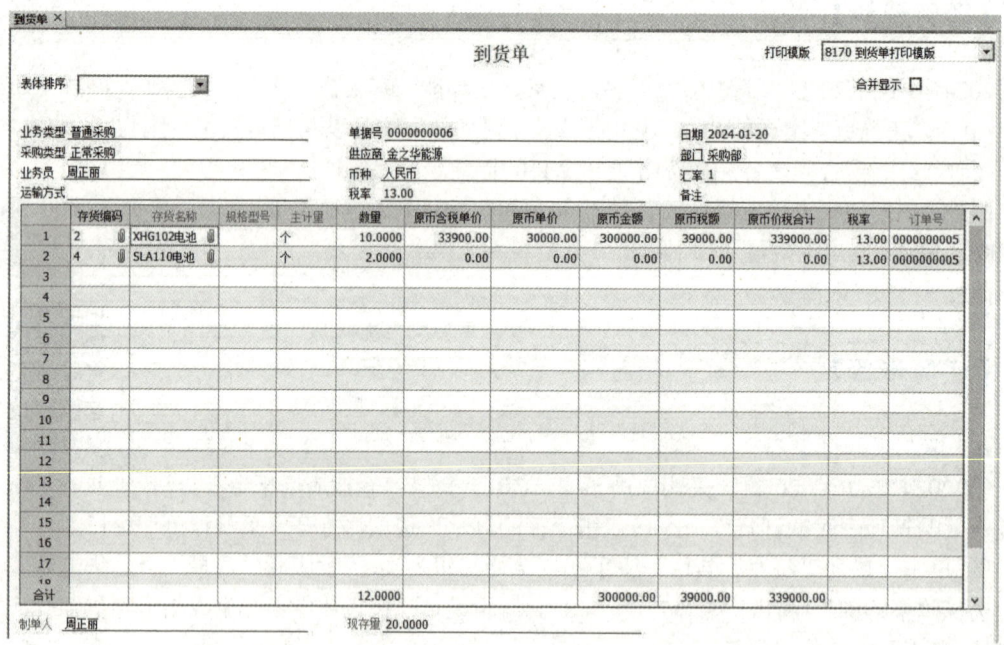

图 7-62 到货单

3. 生成入库单

① 2024 年 1 月 20 日，仓储部戴慧（C01）登录"企业应用平台"，执行"业务工作→供应链→库存管理→入库业务"命令，双击"采购入库单"选项，打开"采购入库单"窗口。

② 执行"生单→采购到货单（蓝字）"命令，打开"查询条件选择-采购到货单列表"对话框，单击"确定"按钮。

③ 打开"拷贝并执行"窗口，本业务是买赠采购，需要分批入库。选择表头为"金之华能源"的到货单，在该到货单表体中选择"XHG102 电池"，单击"确定"按钮。

④ 系统自动生成采购入库单，"仓库"选择"商品仓库"，单击"保存"按钮，单击"审核"按钮，弹出"该单据审核成功"信息提示框，单击"确定"按钮，结果如图 7-63 所示。

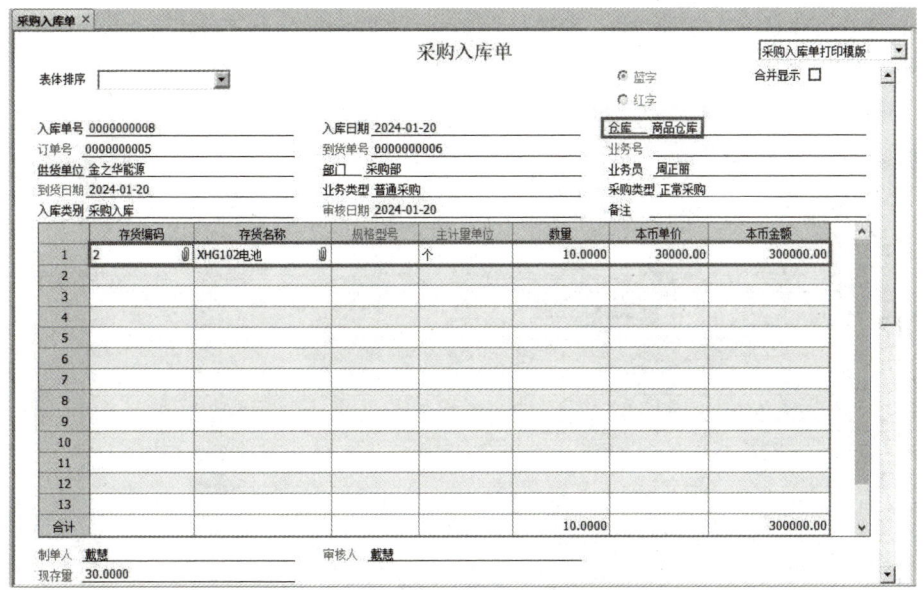

图 7-63 采购入库单

⑤ 重复步骤②~④，选中赠品"SLA110 电池"的采购到货单，"仓库"选择"赠品库"，单击"保存"按钮，单击"审核"按钮。赠品不计入采购成本，不参与采购结算与成本确认，结果如图 7-64 所示。

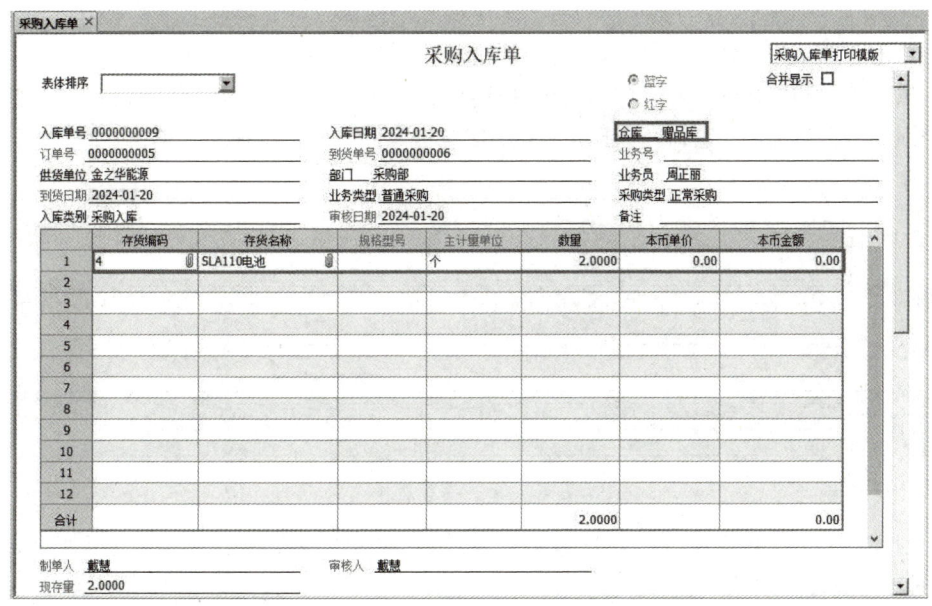

图 7-64 赠品采购入库单

4. 生成采购专用发票

① 2024 年 1 月 20 日，采购部周正丽（G01）登录"企业应用平台"，执行"业务工作→供应链→采购管理→采购发票"命令，双击"专用采购发票"选项，打开"专用发票"窗口。

② 单击"增加"按钮，执行"生单→采购订单"命令，打开"查询条件选择-采购订单列表过滤"对话框，单击"确定"按钮。

③ 打开"拷贝并执行"窗口，选中要拷贝的订单，单击"确定"按钮。

④ 系统自动生成专用发票，将"发票号"改为"CG03009"，将"税率"改为"13"，单击"保存"按钮，结果如图 7-65 所示。

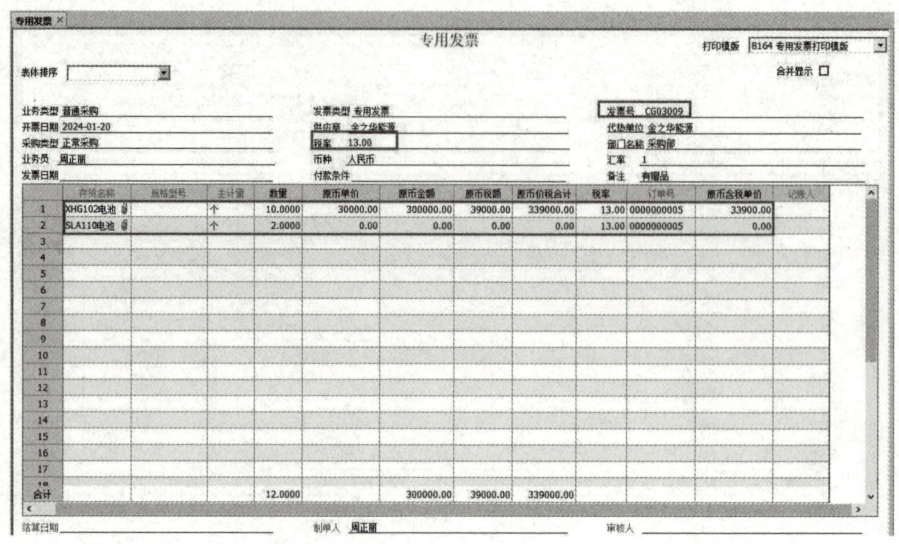

图 7-65　采购专用发票

5. 采购结算（手工结算）

① 2024 年 1 月 20 日，采购部周正丽（G01）登录"企业应用平台"，执行"业务工作→供应链→采购管理→采购结算"命令，双击"手工结算"选项，打开"手工结算"窗口。

② 单击"选单"按钮，打开"结算选单"窗口。

③ 单击"查询"按钮，打开"查询条件选择-采购手工结算"对话框，单击"确定"按钮。

④ 回到"结算选单"窗口，选择"XHG102 电池"的发票和入库单，单击"确定"按钮，如图 7-66 所示。

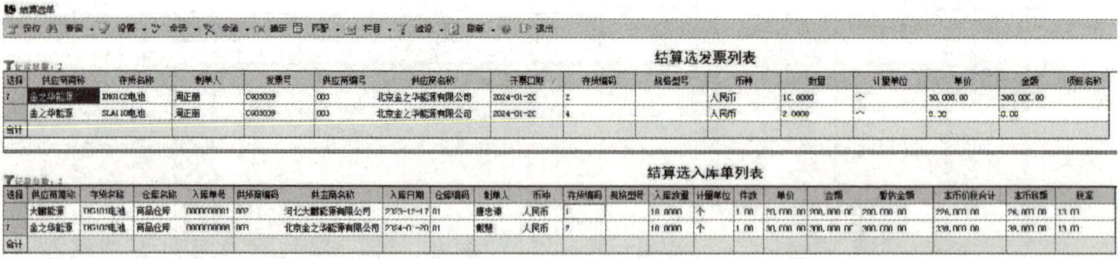

图 7-66　结算选单

⑤ 回到"手工结算"窗口，单击"结算"按钮，弹出"完成结算！"信息提示框，单击"确定"按钮，完成采购结算。

6. 应付单审核与制单

① 2024 年 1 月 20 日，会计朱觅（W02）登录"企业应用平台"，执行"业务工作→财务会计→应付款管理→应付单据处理"命令，双击"应付单据审核"选项，打开"应付单查询条件"对话框。

② 单击"确定"按钮，打开"单据处理"窗口，双击单据，打开"专用发票"窗口，单击"审核"按钮，弹出"是否立即制单？"信息提示框，单击"是"按钮。

③ 生成一张记账凭证，修改借方会计科目"在途物资"（1402）项目名称为"XHG102 电池"，数量为"10"，单价为"30000"，单击"保存"按钮，结果如图 7-67 所示。

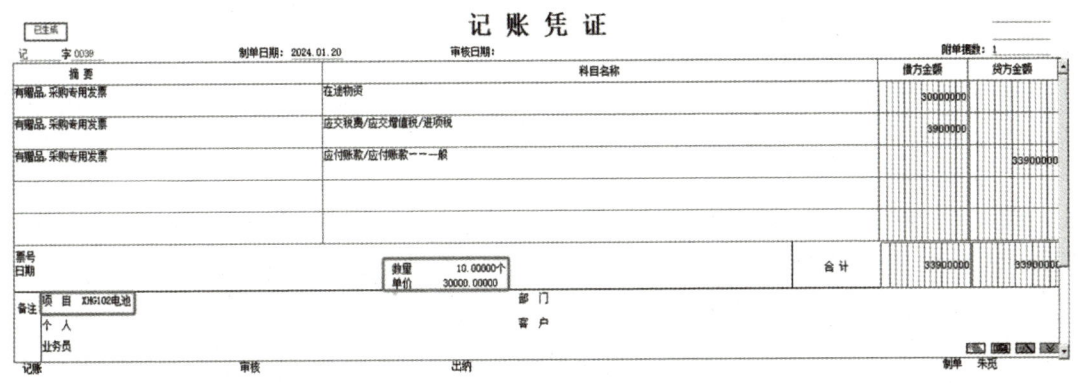

图 7-67　记账凭证

7. 采购成本确认

① 2024 年 1 月 20 日，会计朱觅（W02）登录"企业应用平台"，执行"业务工作→供应链→存货核算→业务核算"命令，双击"正常单据记账"选项，打开"查询条件选择"对话框。

② 单击"确定"按钮，打开"未记账单据一览表"窗口。选中相应采购入库单，单击"记账"按钮，将采购入库单记账，弹出"记账成功。"信息提示框，单击"确定"按钮。

③ 执行"业务工作→供应链→存货核算→财务核算"命令，双击"生成凭证"选项，打开"生成凭证"窗口，单击"选择"按钮，打开"查询条件"对话框，单击"确定"按钮，打开"选择单据"窗口。选中待生成凭证的单据，单击"确定"按钮。打开"生成凭证"窗口，分别修改会计科目的"项目大类"为"00"、"项目编码"为"102"。

④ 单击"生成"按钮，生成一张记账凭证，单击"保存"按钮，结果如图 7-68 所示。

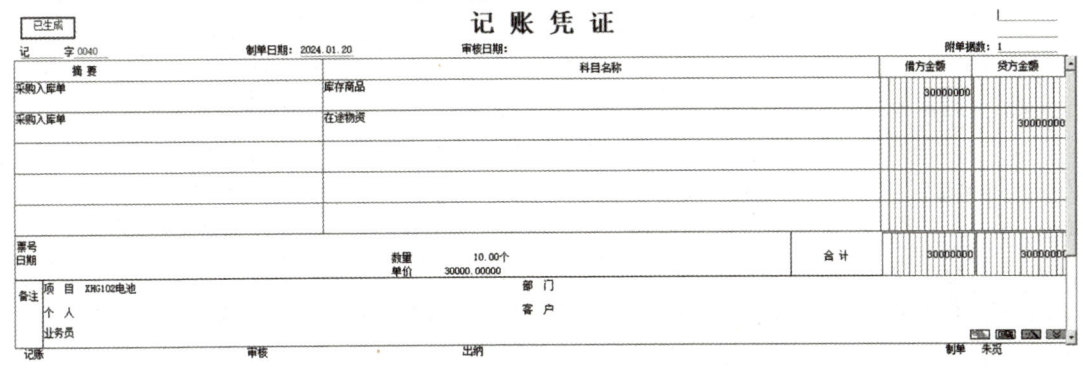

图 7-68　记账凭证

任务 7.6　采购折扣业务

【任务资料】

2024 年 1 月 22 日，支付从河北大鹏能源有限公司（大鹏能源）购买 XHG101 电池的货款，根据合同规定（合同编号为系统默认），享受 4% 的现金折扣，备注非合理损耗 1 件，由大鹏能源赔付，需进行红票对冲。

附件 1：工商银行转账支票存根（票号 12738347；用途：支付货款；金额：196,200 元）。

【任务步骤】

采购折扣业务

1. 填制付款单

2024 年 1 月 22 日，出纳张思怡（W03）登录“企业应用平台”，执行“业务工作→财务会计→应付款管理→付款单据处理”命令，双击“付款单据录入”选项，打开“收付款单录入”窗口，录入付款相关信息，单击“保存”按钮，结果如图 7-69 所示。

付款单

打印模版 应付付款单打印模板

表体排序

单据编号 0000000003　日期 2024-01-22　供应商 大鹏能源
结算方式 转账支票　结算科目 100201　币种 人民币
汇率 1　金额 196200.00　本币金额 196200.00
供应商银行 中国工商银行石家庄分行　供应商账号 6222020200737380163　票据号
部门 采购部　业务员 周正丽　项目
摘要

	款项类型	供应商	科目	金额	本币金额	部门	业务员
1	应付款	大鹏能源	220201	196200.00	196200.00	采购部	周正丽
2							
3							
4							
5							
6							
7							
8							
9							
10							
11							
12							
13							
14							
15							
16							
17							
合计				196200.00	196200.00		

审核人　录入人 张思怡　核销人

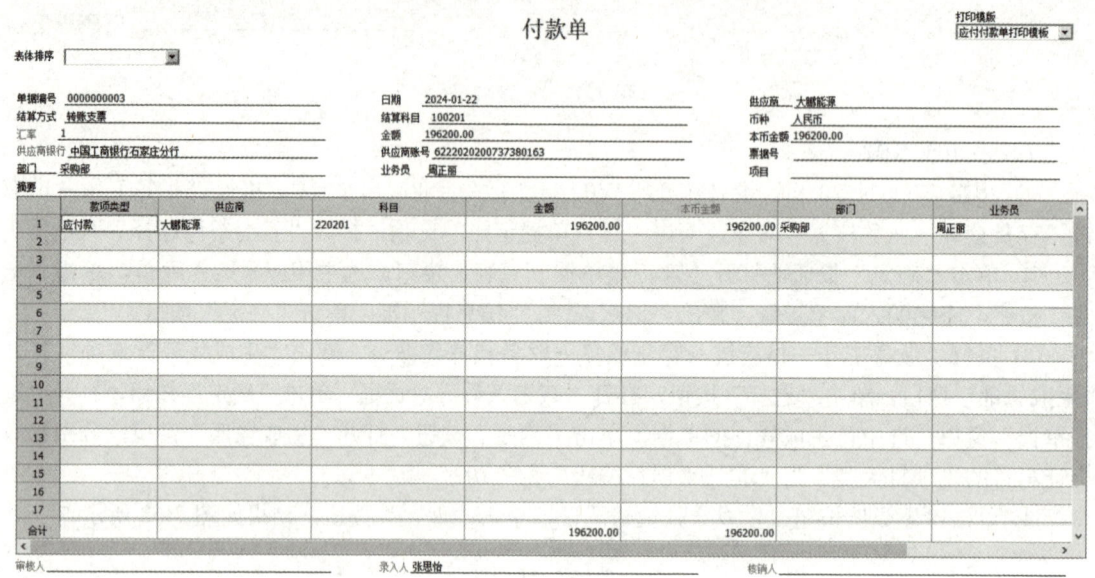

图 7-69　付款单

2. 付款单审核

① 2024 年 1 月 22 日，会计朱觅（W02）登录“企业应用平台”，执行“业务工作→财务会计→应付款管理→付款单据处理”命令，双击“付款单审核”选项，打开“付款单查询条件”对话框。

② 单击“确定”按钮，打开“收付款单列表”窗口。

③ 单击“选择”或“全选”按钮，单击“审核”按钮，系统完成审核并给出审核报告。

④ 单击“确定”按钮，如图 7-70 所示。

收付款单列表

记录总数：1

选择	审核人	单据日期	单据类型	单据编号	供应商	部门	业务员	结算方式	票据号	币种	汇率	原币金额	本币金额	备注
	朱觅	2024-01-22	付款单	0000000003	河北大鹏能源有限公司	采购部	周正丽	转账支票		人民币	1.00000000	196,200.00	196,200.00	
合计												196,200.00	196,200.00	

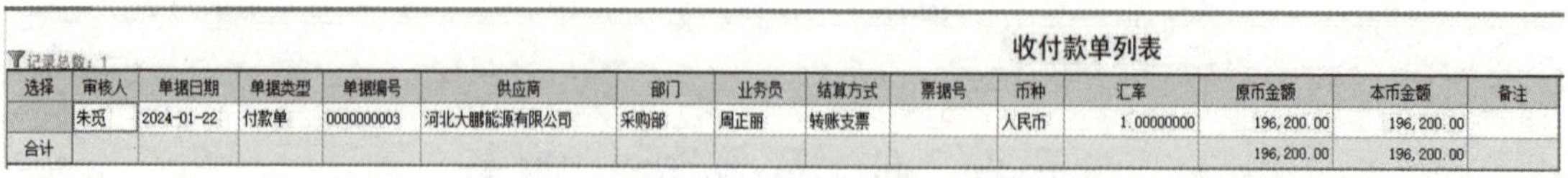

图 7-70　付款单审核

3. 手工核销

2024 年 1 月 22 日，会计朱觅（W02）登录“企业应用平台”，执行“业务工作→财务会计→应付款管理→核销处理”命令，双击“手工核销”选项，打开“核销条件”对话框，“供应商”选择“大鹏能源”，单击“确定”按钮。打开“单据核销”窗口，在“本次结算”栏中录入“196200”，在“本次折扣”栏中录入“7200”，如图 7-71 所示。单击“保存”按钮。

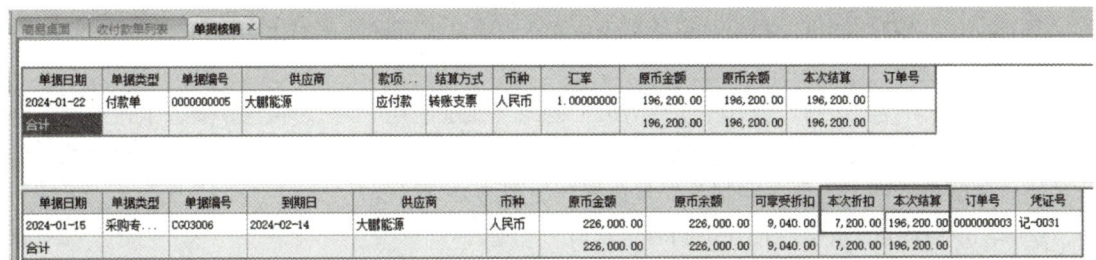

图 7-71　手工核销

如果核销错误，可执行"业务工作→财务会计→应付款管理→其他操作"命令，双击"取消操作"选项，在打开的对话框中，"操作类型"选择"核销"，如图 7-72 所示。

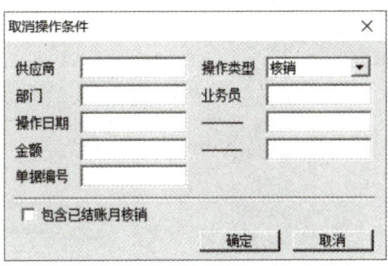

图 7-72　取消手工核销

4. 红票对冲

① 2024 年 1 月 22 日，会计朱觅（W02）登录"企业应用平台"，执行"业务工作→财务会计→应付款管理→转账→红票对冲"命令，双击"手工对冲"选项，打开"红票对冲条件"对话框，"供应商"选择"002—河北大鹏能源有限公司"，如图 7-73 所示。

② 单击"确定"按钮，打开"红票对冲"窗口，在"对冲金额"栏中录入"22600"，如图 7-74 所示。

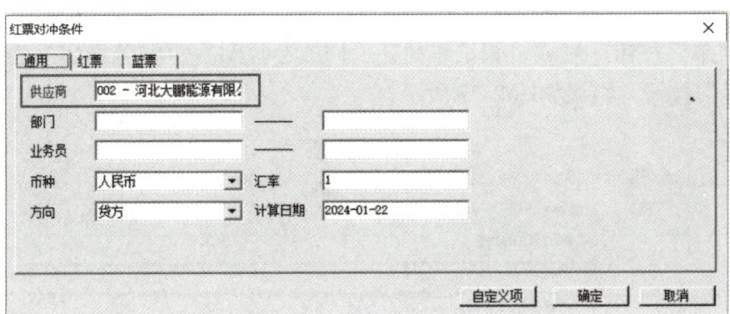

图 7-73　红票对冲条件

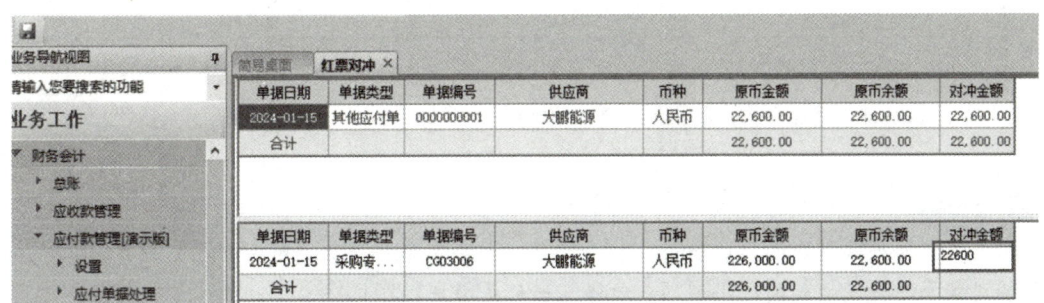

图 7-74　红票对冲

③ 单击"保存"按钮,弹出"是否立即制单?"信息提示框,单击"否"按钮。

5. 合并制单

① 2024 年 1 月 22 日,会计朱觅(W02)登录"企业应用平台",执行"业务工作→财务会计→应付款管理"命令,双击"制单处理"选项,打开"制单查询"对话框,勾选"收付款单制单"、"核销制单"和"红票对冲制单"复选框,如图 7-75 所示。

② 单击"确定"按钮,打开"制单"窗口。

③ 单击"全选",单击"合并"按钮,结果如图 7-76 所示。

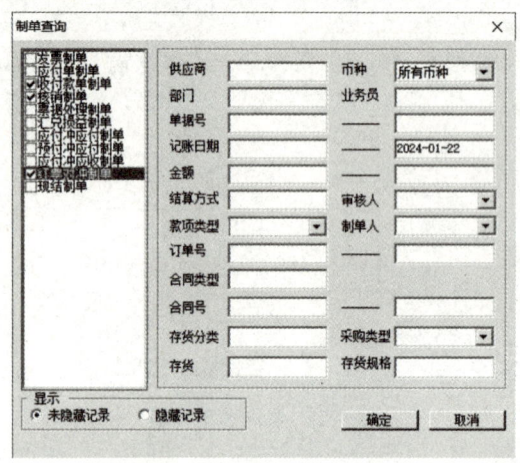

图 7-75 制单查询

图 7-76 应付制单

④ 单击"制单"按钮,生成一张记账凭证,修改会计科目"财务费用"的方向为"借方红字",单击"保存"按钮,结果如图 7-77 所示。

图 7-77 记账凭证

任务提示

(1)用友财务软件中的财务费用默认为借方。因为在软件中如把财务费用放贷方,结转本年利润的时候无法将其结转到本年利润,所以,财务费用用红字记在借方,便于结转损益和编制财务报表。

（2）进行红票对冲操作，既可以在执行任务 7.3.1 的非合理损耗业务期间同步完成，也可留待月末再做。

任务 7.7　采购暂估业务

【任务资料】

2024 年 1 月 23 日，采购员收到河北大鹏能源有限公司（大鹏能源）购买 XHG101 电池的发票（发票号 CG03010）。经查，发票上载明的 XHG101 电池，仓管部已于上月验收入库。暂估入库价格 20,000 元。

附件 1：增值税专用发票（数量 10 个，无税单价 19,000 元，税率 13%）。

【任务步骤】

采购暂估业务

1. 生成采购发票

① 2024 年 1 月 23 日，采购部周正丽（G01）登录“企业应用平台”，执行“业务工作→供应链→采购管理→采购发票”命令，双击“专用采购发票”选项，打开“专用发票”窗口。

② 单击“增加”按钮，执行“生单→入库单”命令，打开“查询条件选择-采购入库单列表过滤”对话框，单击“确定”按钮。

③ 打开“拷贝并执行”窗口，选中要拷贝的采购入库单，单击“确定”按钮。

④ 系统自动生成专用发票，将“发票号”改为“CG03010”，将“税率”改为“13”，将“单价”改为“19000”，单击“保存”按钮，结果如图 7-78 所示。

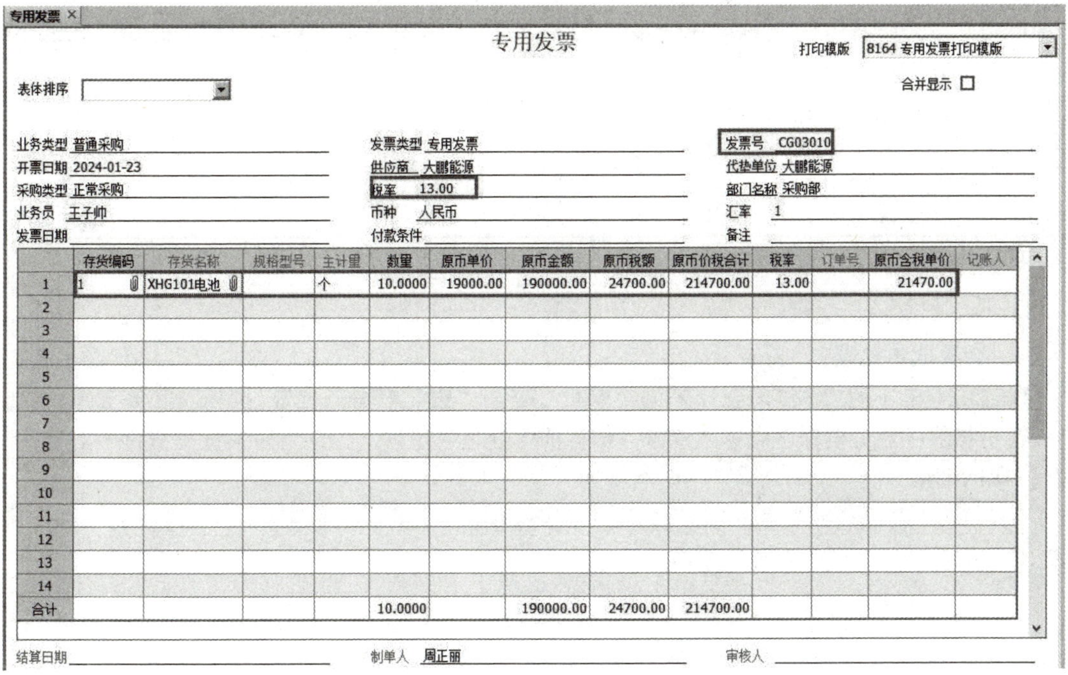
专用发票

打印模版 8164 专用发票打印模版

表体排序

合并显示

业务类型 普通采购　发票类型 专用发票　发票号 CG03010

开票日期 2024-01-23　供应商 大鹏能源　代垫单位 大鹏能源

采购类型 正常采购　税率 13.00　部门名称 采购部

业务员 王子帅　币种 人民币　汇率 1

发票日期　付款条件　备注

	存货编码	存货名称	规格型号	主计量	数量	原币单价	原币金额	原币税额	原币价税合计	税率	订单号	原币含税单价	记账人
1	1	XHG101电池		个	10.0000	19000.00	190000.00	24700.00	214700.00	13.00		21470.00	
2													
3													
4													
5													
6													
7													
8													
9													
10													
11													
12													
13													
14													
合计					10.0000		190000.00	24700.00	214700.00				

结算日期　制单人 周正丽　审核人

图 7-78　采购专用发票

2. 采购结算（手工结算）

① 2024 年 1 月 23 日，采购部周正丽（G01）登录"企业应用平台"，执行"业务工作→供应链→采购管理→采购结算"命令，双击"手工结算"选项，打开"手工结算"窗口。

② 单击"选单"按钮，打开"结算选单"窗口。

③ 单击"查询"按钮，打开"查询条件选择-采购手工结算"对话框，单击"确定"按钮。

④ 选择相应的发票和入库单，单击"确定"按钮，回到"手工结算"窗口，如图 7-79 所示。

结算汇总												
单据类型	存货编号	存货名称	单据号	结算数量	发票数量	合理损耗数量	非合理损耗数量	非合理损耗金额	暂估单价	暂估金额	发票单价	发票金额
采购发票		XHG101电池	CG03010		10.0000					0.00	19000.00	190000.00
采购入库单	1		0000000001	10.0000					20000.00	200000.00		
		合计		10.0000	10.0000	0.0000	0.0000	0.00		200000.00		190000.00

图 7-79　本业务的结算汇总

⑤ 单击"结算"按钮，弹出信息提示框，单击"确定"按钮，完成采购结算。

3. 应付单审核与制单

① 2024 年 1 月 23 日，会计朱觅（W02）登录"企业应用平台"，执行"业务工作→财务会计→应付款管理→应付单据处理"命令，双击"应付单据审核"选项，打开"应付单查询条件"对话框。

② 单击"确定"按钮，打开"单据处理"窗口，双击要审核的单据，打开"专用发票"窗口，单击"审核"按钮，弹出"是否立即制单？"信息提示框，单击"是"按钮。

③ 生成一张记账凭证，修改借方会计科目为"在途物资"、"项目名称"为"XHG101 电池"、"数量"为"10"，单击"保存"按钮，结果如图 7-80 所示。

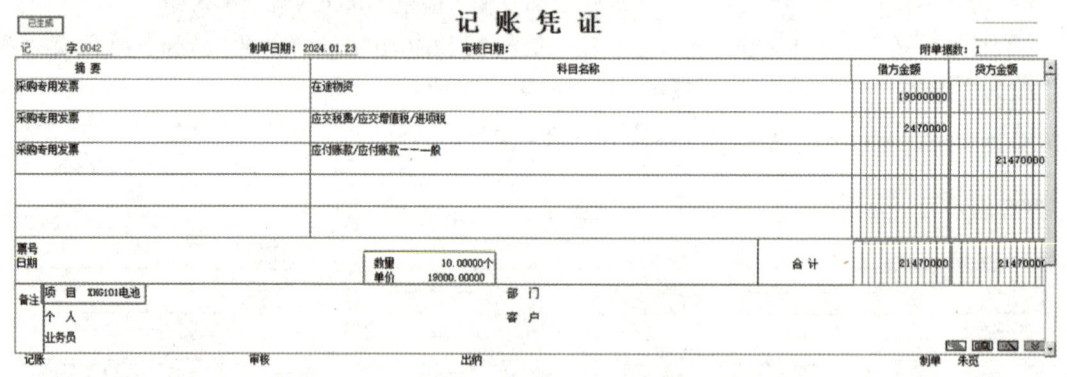

图 7-80　记账凭证

4. 结算成本处理

① 2024 年 1 月 23 日，会计朱觅（W02）登录"企业应用平台"，执行"业务工作→供应链→存货核算→业务核算"命令，双击"结算成本处理"选项，打开"暂估处理查询"对话框，如图 7-81 所示。

② 勾选"商品仓库"复选框，再勾选"未全部结算完的单据是否显示"复选框。单击"确定"按钮，打开"暂估结算表"窗口。

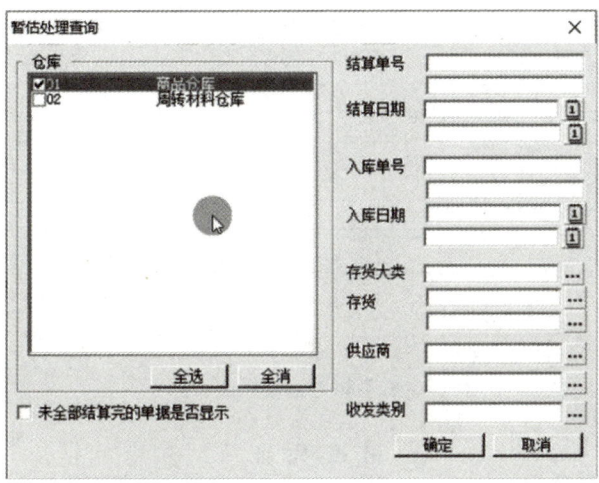

图 7-81 暂估处理查询

③ 单击"选择"或"全选"按钮,选中要暂估结算的结算单。
④ 单击"暂估"按钮,弹出"暂估处理完成。"信息提示框。
⑤ 单击"确定"按钮,暂估处理完成,结果如图 7-82 所示。

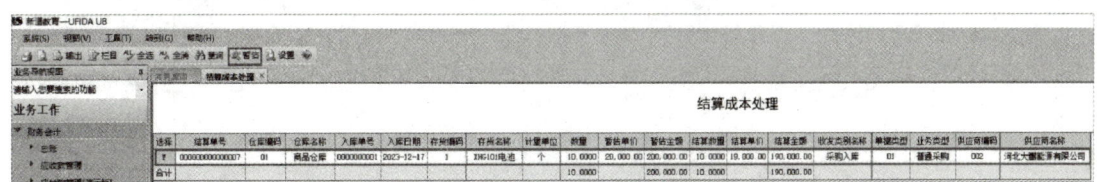

图 7-82 结算成本处理

5. 生成红蓝回冲单凭证

① 执行"存货核算→财务核算"命令,双击"生成凭证"选项,单击"选择"按钮,打开"查询条件"对话框,单击"确定"按钮,打开"选择单据"窗口。

② 单击"全选"按钮,选中待生成凭证的单据,单击"确定"按钮,如图 7-83 所示。

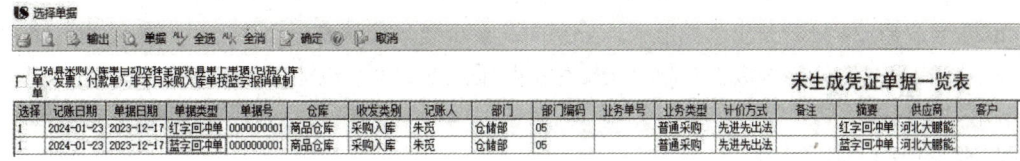

图 7-83 选择单据

③ 在"生成凭证"窗口中修改贷方会计科目为"应付账款/暂估(220202)",修改"库存商品"会计科目的"项目大类"为"00"、"项目编码"为"101",结果如图 7-84 所示。

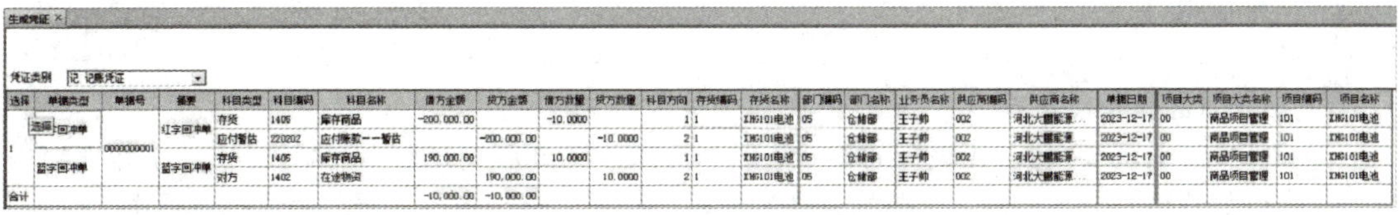

图 7-84 记账凭证设置

④ 单击"生成"按钮,生成两张记账凭证。单击"保存"按钮,单击"下一张"按钮 ,浏览第二张记账凭证。凭证结果如图 7-85 和图 7-86 所示。

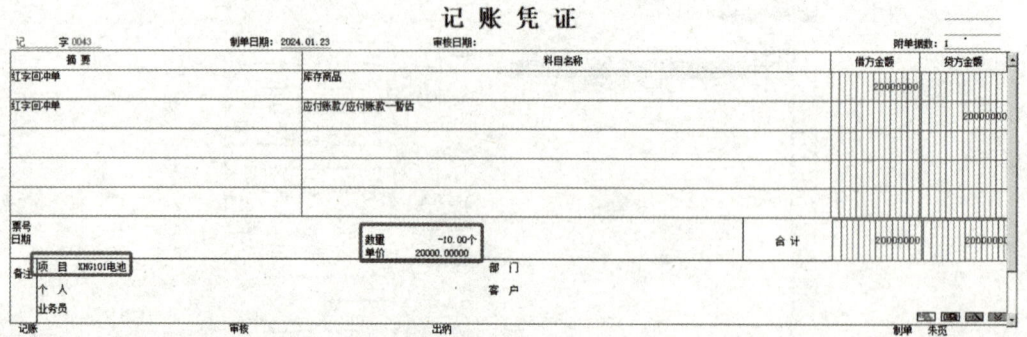

图 7-85　记账凭证

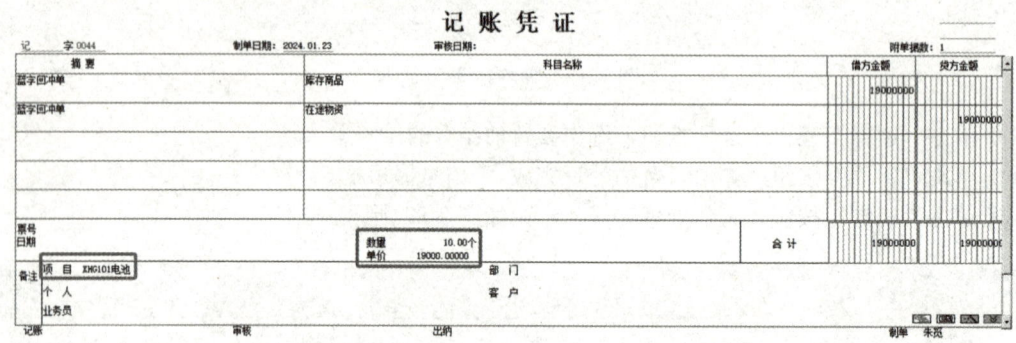

图 7-86　记账凭证

任务 7.8　采购核销业务

 【任务资料】

2024 年 1 月 24 日，开出承兑汇票，分别向北京金之华能源有限公司支付上月采购 XHG102 电池货款，向天津明升能源股份有限公司支付上月采购 SLA110 电池货款。

附件 1：银行承兑汇票（票号 35678331；票据到期日 3 月 24 日；金额 339,000 元；备注：上月采购 XHG102 电池货款）。

附件 2：商业承兑汇票（票号 45678331；票据到期日 3 月 24 日；金额 113,000 元；备注：上月采购 SLA110 电池货款）。

 【任务步骤】

1. 出纳张思怡填制票据

① 2024 年 1 月 24 日，出纳张思怡（W03）登录"企业应用平台"，执行"业务工作→财务会计→应付款管理"命令，双击"票据管理"选项，打开"查询条件选择"对话框，单击"确定"按钮。单击"增加"按钮，"票据类型"选择"银行承兑汇票"，录入票据信息，单击"保存"按钮，结果如图 7-87 所示。

采购核销业务

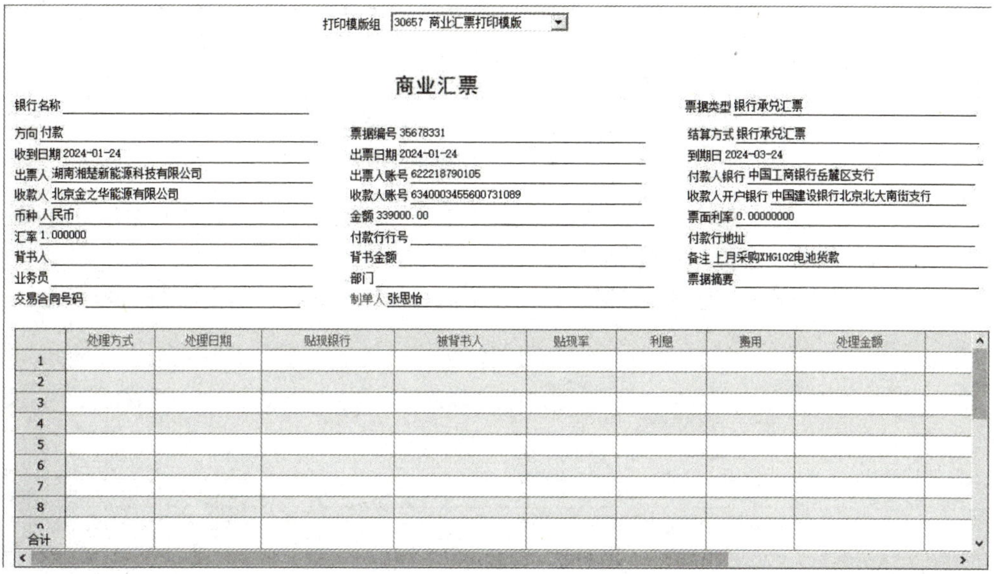

图 7-87　银行承兑汇票

② 单击"增加"按钮,"票据类型"选择"商业承兑汇票",录入票据信息,单击"保存"按钮,结果如图 7-88 所示。

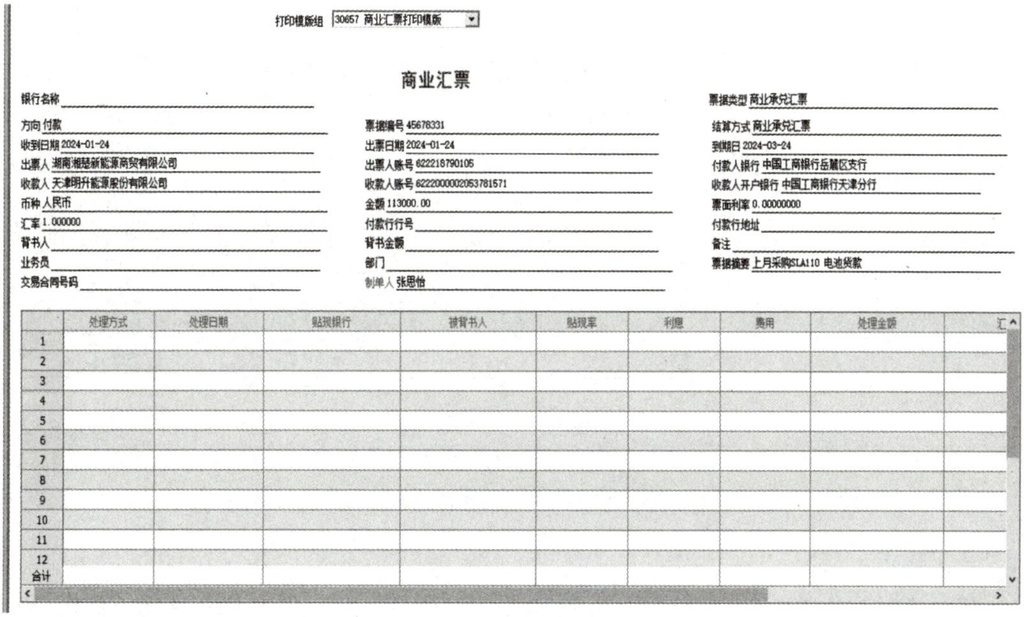

图 7-88　商业承兑汇票

2. 付款单审核与制单

① 2024 年 1 月 24 日,会计朱觅(W02)登录"企业应用平台",执行"业务工作→财务会计→应付款管理→付款单据处理"命令,双击"付款单审核"选项,打开"付款单查询条件"对话框。

② 单击"确定"按钮,打开"收付款单列表"窗口。

③ 单击"全选"按钮,单击"审核"按钮,系统完成审核并给出审核报告。

④ 单击"确定"按钮,如图 7-89 所示。

记录总数：2

收付款单列表

选择	审核人	单据日期	单据类型	单据编号	供应商	部门	业务员	结算方式	票据号	币种	汇率	原币金额	本币金额
	朱觅	2024-01-24	付款单	0000000004	北京金之华能源有限公司			银行承兑汇票	35678331	人民币	1.00000000	339,000.00	339,000.00
	朱觅	2024-01-24	付款单	0000000005	天津明升能源股份有限公司			商业承兑汇票	45678331	人民币	1.00000000	113,000.00	113,000.00
合计												452,000.00	452,000.00

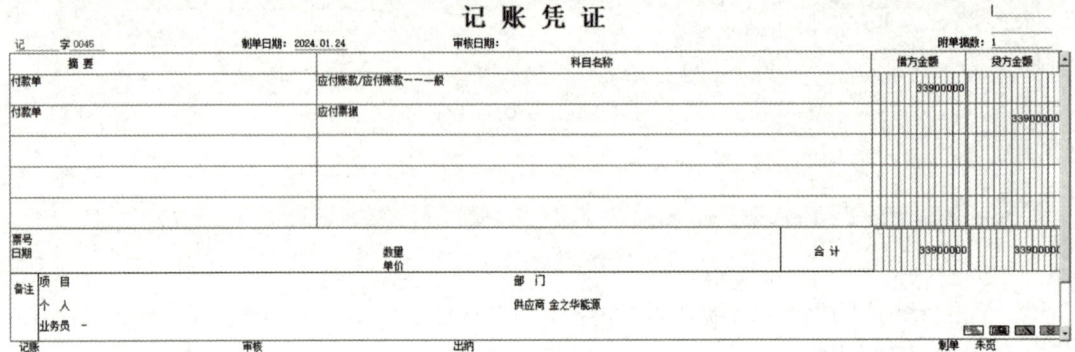

图 7-89 收付款单审核

⑤ 双击“制单处理”选项，打开“制单查询”对话框，勾选“收付款单制单”复选框。

⑥ 单击“确定”按钮，打开“制单”窗口。

⑦ 单击“制单”按钮，生成一张记账凭证，单击“保存”按钮，结果如图 7-90 所示。

记 账 凭 证

记 字 0045 制单日期：2024.01.24 审核日期： 附单据数：1

摘 要	科目名称	借方金额	贷方金额
付款单	应付账款/应付账款———般	33900000	
付款单	应付票据		33900000
票号 日期	数量 单价 合 计	33900000	3390000(

备注 项 目 部 门

个 人 供应商 金之华能源

业务员 -

记账 审核 出纳 制单 朱觅

图 7-90 记账凭证

⑧ 单击“下一张”按钮，单击“保存”按钮，结果如图 7-91 所示。

记 账 凭 证

记 字 0046 制单日期：2024.01.24 审核日期： 附单据数：1

摘 要	科目名称	借方金额	贷方金额
付款单	应付账款/应付账款———般	11300000	
付款单	应付票据		11300000
票号 日期	数量 单价 合 计	11300000	1130000(

备注 项 目 部 门

个 人 供应商 明升能源

业务员 -

记账 审核 出纳 制单 朱觅

图 7-91 记账凭证

3. 手工核销

① 执行“财务会计→应付款管理→核销处理”命令，双击“手工核销”选项，打开“核销条件”对话框，“供应商”选择“金之华能源”，单击“确定”按钮，打开“单据核销”窗口，在“本次结算”栏中录入“339000”，单击“保存”按钮，结果如图 7-92 所示。

单据日期	单据类型	单据编号	供应商	款项...	结算方式	币种	汇率	原币金额	原币余额	本次结算	订单号
2024-01-24	付款单	0000000004	金之华能源	应付款	银行承...	人民币	1.0000000	339,000.00	339,000.00	339,000.00	
合计								339,000.00	339,000.00	339,000.00	

单据日期	单据类型	单据编号	到期日	供应商	币种	原币金额	原币余额	可享受折扣	本次折扣	本次结算	订单号	凭证号
2023-12-20	采购专...	CG03001	2023-12-20	金之华能源	人民币	339,000.00	339,000.00	0.00	0.00	339,000.00		
2024-01-20	采购专...	CG03009	2024-01-20	金之华能源	人民币	339,000.00	339,000.00	0.00			000000005	记-0045
合计						678,000.00	678,000.00	0.00		339,000.00		

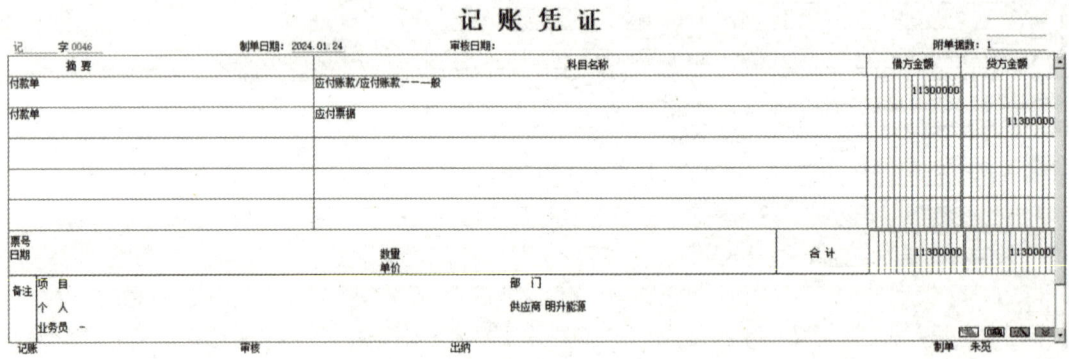

图 7-92 手工核销（1）

② 重复以上操作，"供应商"选择"明升能源"，单击"确定"按钮，打开"单据核销"窗口，在"本次结算"栏中录入"113000"，单击"保存"按钮，如图7-93所示。

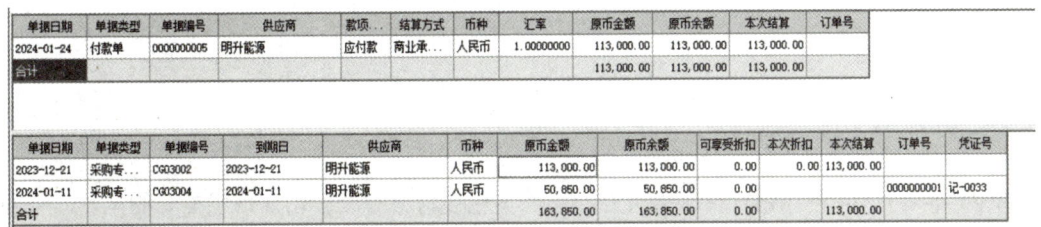

图 7-93　手工核销（2）

4. 核销制单

① 双击"制单处理"选项，打开"制单查询"对话框，勾选"核销制单"复选框。
② 单击"确定"按钮，打开"核销制单"窗口。
③ 单击"制单"按钮，生成一张记账凭证，单击"保存"按钮，结果如图7-94所示。

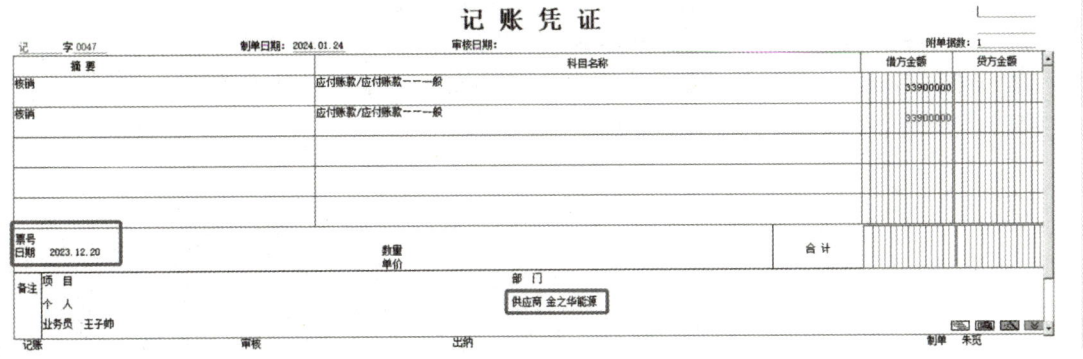

图 7-94　记账凭证

④ 单击"下一张"按钮 ➡，单击"保存"按钮，结果如图7-95所示。

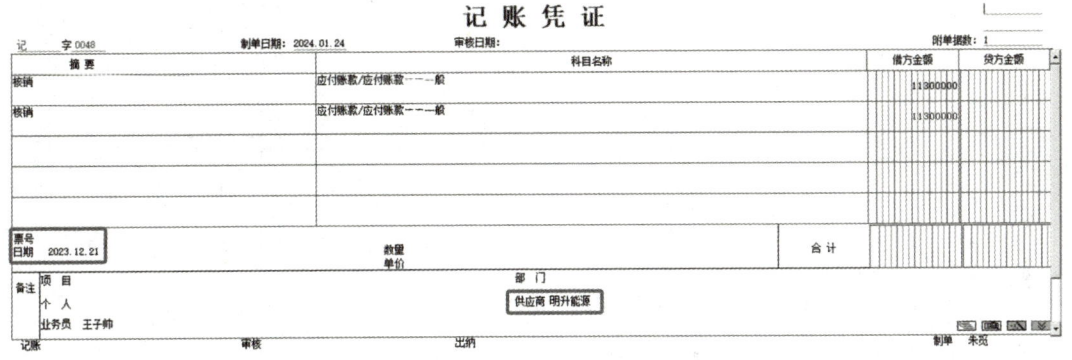

图 7-95　记账凭证

> **任务提示**
>
> 财务核算中，核销是否制单取决于核销双方单据的入账科目是否相同，相同时可不制单。

任务 7.9　采购对冲业务

📖【任务资料】

2024年1月24日，银行转账支付长沙瑞杰美包装材料有限公司（瑞杰美）的尾款。合同编号：0000000004，经查看合同已经支付10%的定金。

附件1：工商银行付款凭证，金额12,204元。

📖【任务步骤】

1. 预付冲应付并制单

① 2024年1月24日，会计朱觅（W02）登录"企业应用平台"，执行"业务工作→财务会计→应付款管理→转账"命令，双击"预付冲应付"选项，打开"预付冲应付"对话框。

② 选择"预付款"选项卡，"供应商"选择"005-长沙瑞杰美包装材料有限公司"。单击"过滤"按钮，如图7-96所示，在"转账金额"栏中录入"1356"。

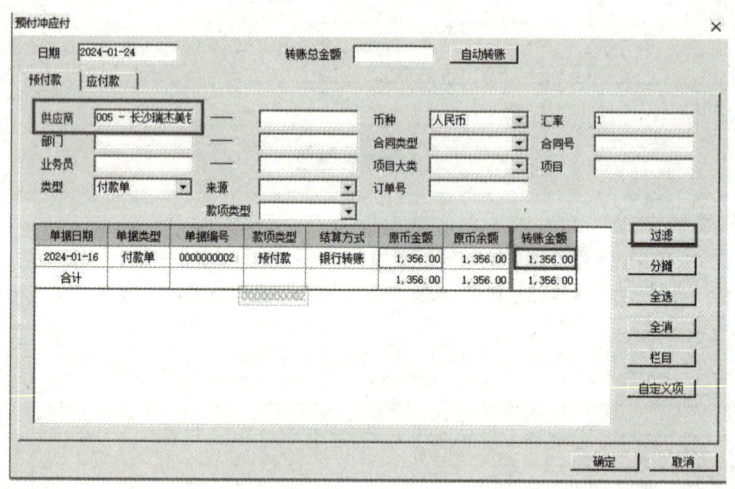

图7-96　预付冲应付（1）

③ 选择"应付款"选项卡，单击"过滤"按钮，如图7-97所示，在所过滤采购发票的"转账金额"栏中录入"1356"。

④ 单击"确定"按钮，弹出"是否立即制单？"信息提示框，单击"是"按钮。

⑤ 打开"填制凭证"窗口，单击"保存"按钮，结果如图7-98所示。

2. 填制付款单

2024年1月24日，出纳张思怡（W03）登录"企业应用平台"，执行"业务工作→财务会计→应付款管理→付款单据处理"命令，双击"付款单据录入"选项，打开"收付款单录入"窗口，单击"增加"按钮，录入付款相关信息，单击"保存"按钮，结果如图7-99所示。

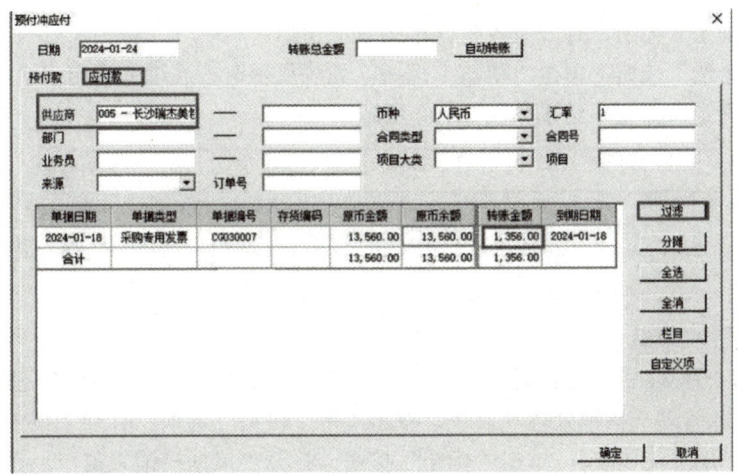

图 7-97 预付冲应付（2）

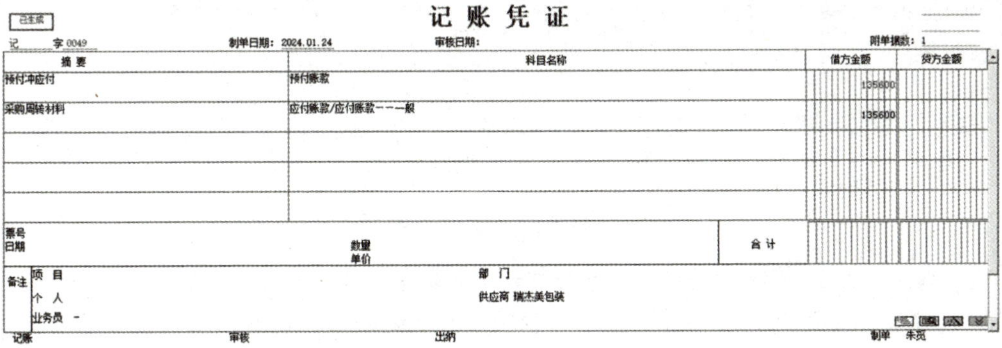

图 7-98 记账凭证

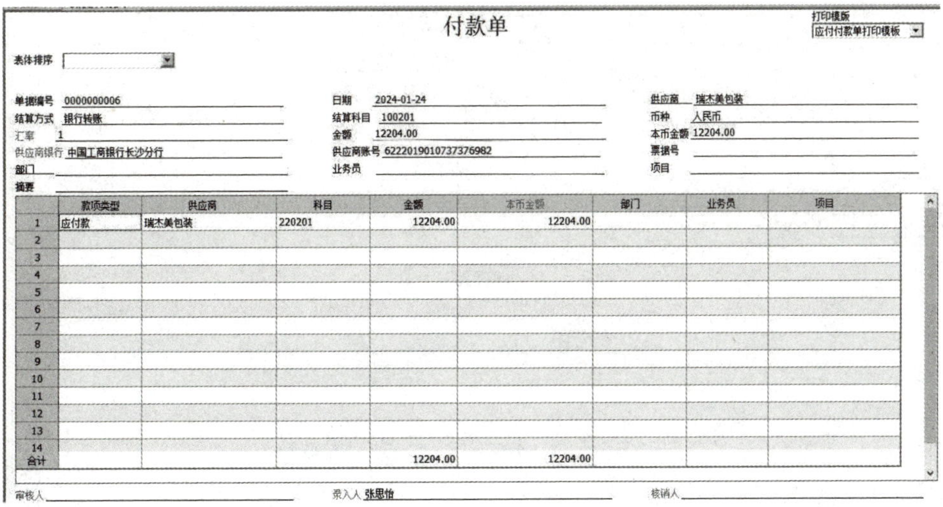

图 7-99 付款单

3. 付款单审核

① 2024 年 1 月 24 日，会计财务部朱觅（W02）登录"企业应用平台"，执行"业务工作→财务会计→应付款管理→付款单据处理"命令，双击"付款单审核"选项，打开"付款单查询条件"对话框。

② 单击“确定”按钮，打开“收付款单列表”窗口。

③ 单击“全选”按钮，单击“审核”按钮，系统显示审核通过并给出审核报告。

④ 单击“确定”按钮，结果如图 7-100 所示。

收付款单列表

记录总数：1

选择	审核人	单据日期	单据类型	单据编号	供应商	部门	业务员	结算方式	票据号	币种	汇率	原币金额	本币金额	备注
	朱觅	2024-01-24	付款单	0000000006	长沙瑞杰美包装材料有限公司			银行转账		人民币	1.00000000	12,204.00	12,204.00	
合计												12,204.00	12,204.00	

图 7-100　收付款单列表

4. 核销并合并制单

① 2024 年 1 月 24 日，会计财务部朱觅（W02）登录“企业应用平台”，执行“业务工作→财务会计→应付款管理→核销处理”命令，双击“手工核销”选项，打开“核销条件”对话框，“供应商”选择“瑞杰美包装”，单击“确定”按钮，打开“单据核销”窗口，在采购专用发票的“本次结算”栏中录入“12204”，如图 7-101 所示，单击“保存”按钮。

单据日期	单据类型	单据编号	供应商	款项...	结算方式	币种	汇率	原币金额	原币余额	本次结算	订单号
2024-01-24	付款单	0000000006	瑞杰美包装	应付款	银行转账	人民币	1.00000000	12,204.00	12,204.00	12,204.00	
合计								12,204.00	12,204.00	12,204.00	

单据日期	单据类型	单据编号	到期日	供应商	币种	原币金额	原币余额	可享受折扣	本次折扣	本次结算	订单号	凭证号
2024-01-18	采购专...	CG03007	2024-01-18	瑞杰美包装	人民币	13,560.00	12,204.00	0.00	0.00	12,204.00	0000000004	记-0041
合计						13,560.00	12,204.00	0.00		12,204.00		

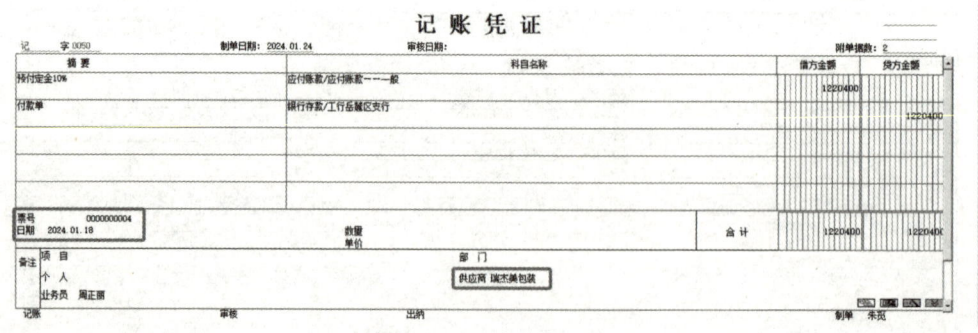

图 7-101　手工核销

② 执行“业务工作→财务会计→应付款管理”命令，双击“制单处理”选项，打开“制单查询”对话框，勾选“收付款单制单”和“核销制单”复选框。

③ 单击“确定”按钮，打开“核销制单”窗口，单击“全选”按钮，单击“合并”按钮，单击“制单”按钮，结果如图 7-102 所示。

记 账 凭 证

记　字 0050　制单日期：2024.01.24　审核日期：　附单据数：2

摘要	科目名称	借方金额	贷方金额
预付定金10%	应付账款/应付账款——一般	1220400	
付款单	银行存款/工行岳麓区支行		1220400
票号 0000000004 日期 2024.01.18	数量 单价　合计	1220400	1220400

备注　项目　部门

个人　供应商 瑞杰美包装

业务员 周正丽

记账　审核　出纳　制单 朱觅

图 7-102　记账凭证

任务 7.10　任务总结

项目七测试

【学习经验】

📖【注意事项】

_____
_____

课证融通：采购管理

新技术：RPA 发票查验

项目八

销售与应收款管理系统

学习目标

知识目标： 了解销售与应收款管理系统的基本概念和功能模块。
理解销售与应收款管理系统与其他子系统的关联。
掌握销售与应收款业务信息化操作的流程与方法。

能力目标： 会操作销售与应收款管理系统，会设计不同销售业务流程。
会运用用友 U8 进行销售与应收款业务的日常操作和管理。
会处理应收款的核算、核销、信用管理等工作。

素养目标： 培养严谨细致的工作态度，确保销售和应收款数据的准确。
提升沟通协作能力，与销售、财务等部门协同工作。
树立应收账款风险防范意识，培养诚信经营的职业理念。

项目概述

动画：销售管理系统

在用友 U8 系统中，销售与应收款管理系统具有极其重要的地位，销售与应收款业务是企业运营的关键环节之一，直接关系到企业的收入来源和资金回笼。

销售管理系统主要进行销售订单处理，动态掌握订单情况；处理出库单、销售发票，并根据销售发票确认销售出库成本。销售管理系统与应收款管理系统一起使用可以掌握销售业务的收款情况；与库存管理系统一起使用，可实时掌握库存状态，确保销售有货可发；与存货核算系统一起使用，可为存货核算提供销售出库成本，便于财务部门及时掌握销售成本。

销售管理系统与其他子系统紧密关联，共同构建起企业完整的运营管理体系。应收款管理系统与系统管理和基础设置共享基础信息，销售管理系统中生成的销售发票等应收单据会传递到应收款管理系统，由其完成审核、处理收款结算业务等流程处理。

本项目知识图谱如图 8-1 所示。

项目八　销售与应收款管理系统

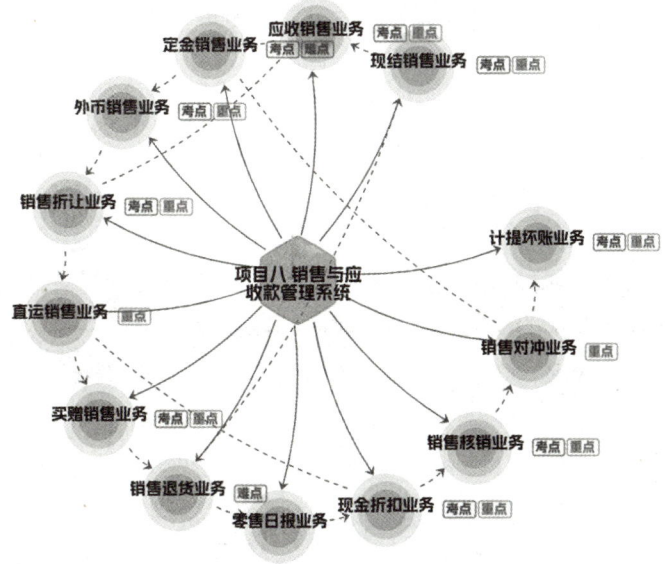

图 8-1　项目八知识图谱

任务 8.1　现结销售业务

微课：现结销售业务

📖【任务资料】

2024 年 1 月 15 日，销售部姜帆与岳阳康家电动车科技有限公司（康家）签订销售 XHG101 电池的购销合同，货已经发出。

附件 1：购销合同（合同编号默认；名称：XHG101 电池；数量：20 个，单价：30,000 元）。

附件 2：增值税专用发票（发票号 XS0304；名称：XHG101 电池；数量：20 个，单价：30,000 元；税率：13%）。

附件 3：工商银行进账单，金额 678,000 元。

附件 4：出库单。

📖【任务步骤】

现结销售业务

1. 填制销售订单

① 2024 年 1 月 15 日，销售部姜帆（X01）登录"企业应用平台"，执行"业务工作→供应链→销售管理→销售订货"命令，双击"销售订单"选项，打开"销售订单"窗口。

② 单击"增加"按钮，按照购销合同录入销售订单信息。

③ 单击"保存"按钮，单击"审核"按钮，如图 8-2 所示。

2. 生成发货单

① 2024 年 1 月 15 日，销售部姜帆（X01）登录"企业应用平台"，执行"业务工作→供应链→销售管理→销售发货"命令，双击"发货单"选项，打开"发货单"窗口。

② 单击"增加"按钮，打开"查询条件选择-参照订单"对话框，单击"确定"按钮，打开"参照生单"窗口，选择相应的销售订单，单击"确定"按钮。

③ 回到"发货单"窗口,"仓库名称"选择"商品仓库",单击"保存"按钮,单击"审核"按钮,结果如图 8-3 所示。

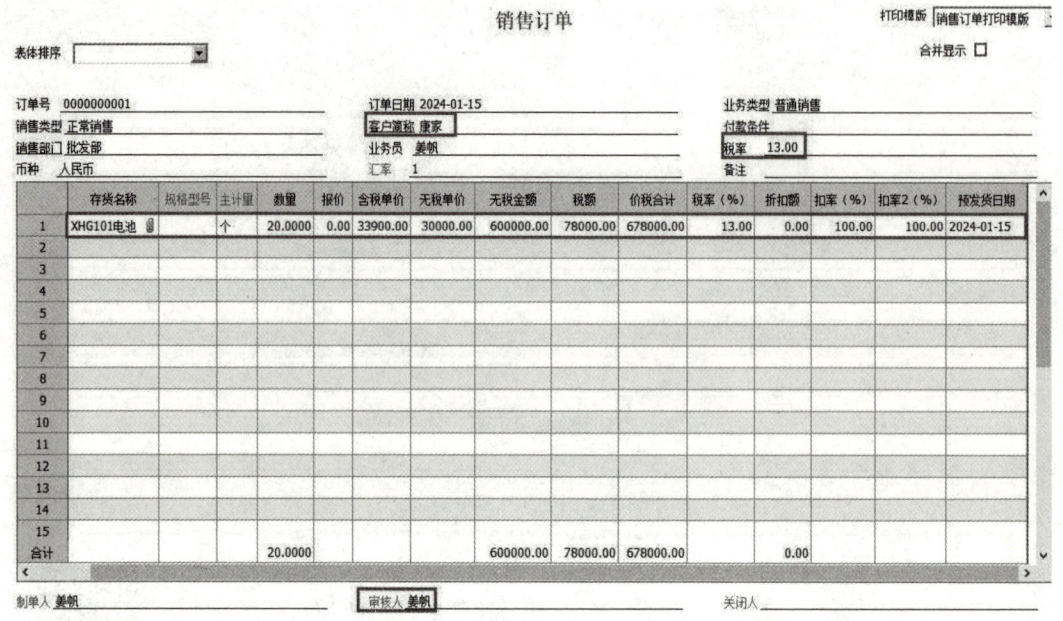

图 8-2　销售订单

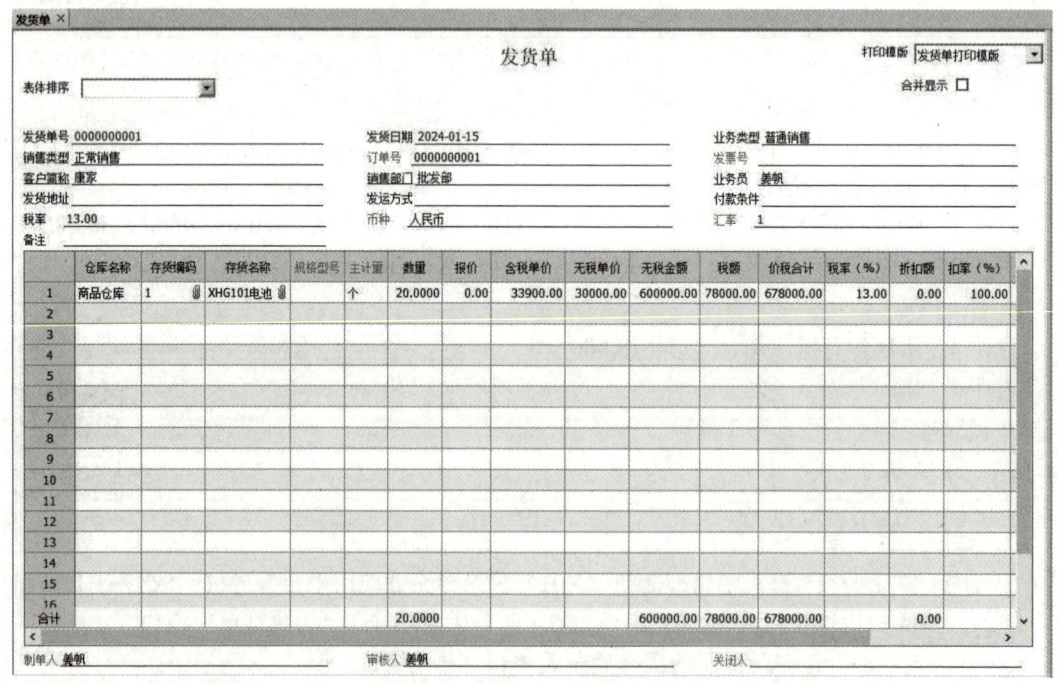

图 8-3　发货单

3. 生成销售专用发票

① 2024 年 1 月 15 日,销售部姜帆(X01)登录"企业应用平台",执行"业务工作→供应链→销售管理→销售开票"命令,双击"销售专用发票"选项,打开"销售专用发票"窗口。

② 单击"增加"按钮,打开"查询条件选择-发票参照发货单"对话框,单击"确定"按钮。

③ 打开"参照生单"窗口，选择相应的发货单，单击"确定"按钮。

④ 回到"销售专用发票"窗口，修改"发票号"为"XS0304"，单击"保存"按钮，结果如图 8-4 所示。

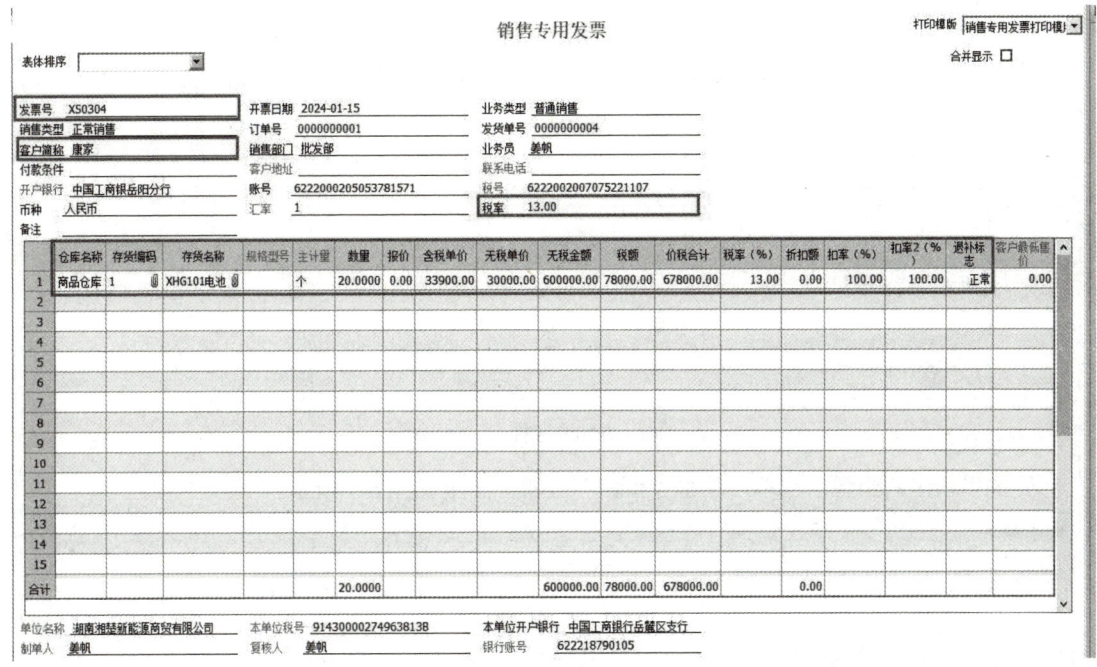

图 8-4　销售专用发票

⑤ 单击"现结"按钮，打开"现结"对话框，"结算方式"选择"5-银行转账"，在"原币金额"栏中录入"678000"，修改"项目大类编码"为"00"、"项目编码"为"101"，如图 8-5 所示。

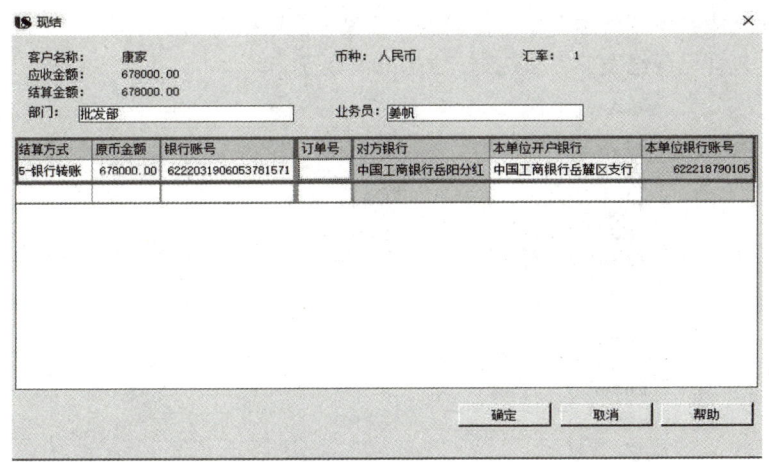

图 8-5　"现结"窗口

⑥ 单击"确定"按钮，销售专用发票左上角出现"现结"字样。
⑦ 单击"复核"按钮，结果如图 8-6 所示。

4．销售出库单审核

① 2024 年 1 月 15 日，仓储部戴慧（C01）登录"企业应用平台"，执行"业务工作→供应链→库存管理→单据列表"命令，双击"销售出库单列表"选项，打开"查询条件选择-销售出库单列表"对话框，单击"确定"按钮，打开"销售出库单列表"窗口。

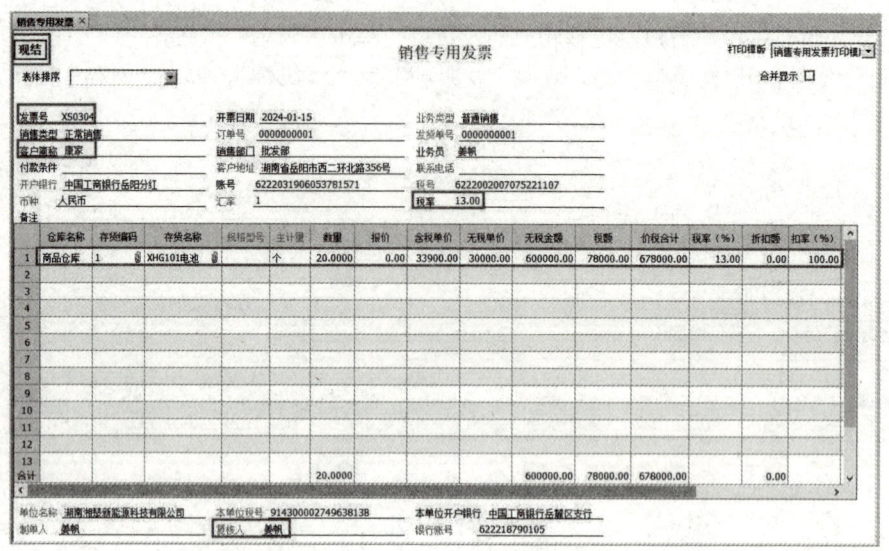

图 8-6 销售发票现结与复核

② 选择相应的销售出库单,单击"审核"按钮,结果如图 8-7 所示。

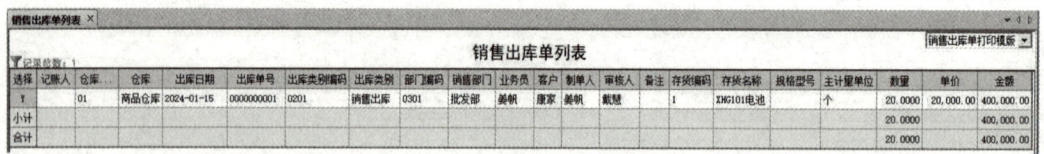

图 8-7 出库单审核

5. 应收单审核与现结制单

① 2024 年 1 月 15 日,会计朱觅(W02)登录"企业应用平台",执行"业务工作→财务会计→应收款管理→应收单据处理"命令,双击"应收单据审核"选项,打开"应收单查询条件"对话框,勾选"包含已现结发票"复选框,如图 8-8 所示。

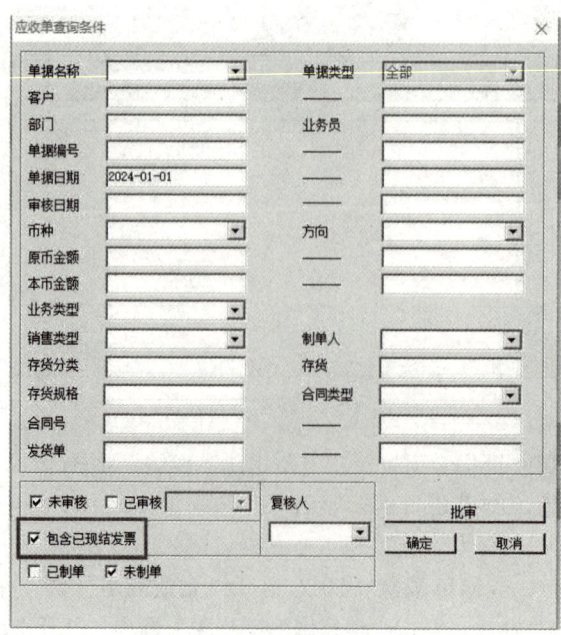

图 8-8 应收单查询条件

— 200 —

② 单击"确定"按钮，打开"单据处理"窗口，双击相应单据，打开"销售发票"窗口，单击"审核"按钮，弹出"是否立即制单？"信息提示框，单击"否"按钮，完成单据审核。

③ 双击"制单处理"选项，打开"制单查询"对话框，勾选"现结制单"复选框，单击"确定"按钮。

④ 打开"制单"窗口，选择需要制单的记录，单击"制单"按钮，生成记账凭证，修改借方会计科目为"银行存款/工行岳麓区支行"（100201），修改贷方会计科目为"主营业务收入"（6001）、"项目名称"为"XHG101 电池"、"数量"为"20"，单击"保存"按钮，结果如图 8-9 所示。

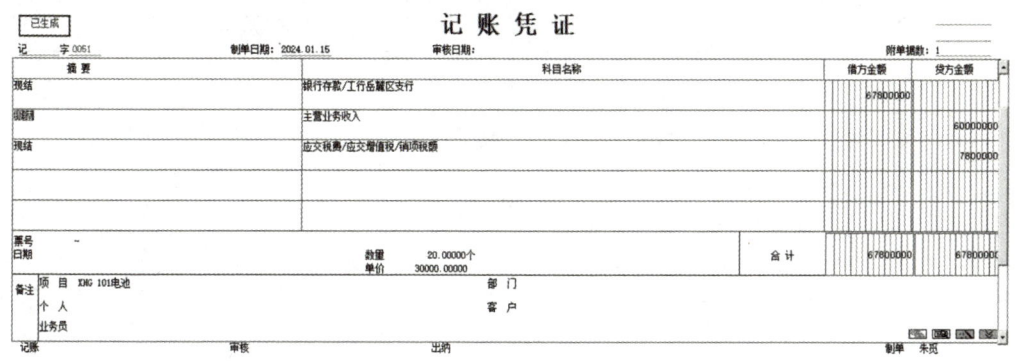

图 8-9　记账凭证

6．结转销售成本

① 2024 年 1 月 23 日[①]，会计朱觅（W02）登录"企业应用平台"，执行"业务工作→供应链→存货核算→业务核算"命令，双击"正常单据记账"选项，打开"查询条件选择"对话框，单击"确定"按钮，打开"未记账单据一览表"窗口。

② 选中相应单据，单击"记账"按钮，弹出"记账成功。"信息提示框，如图 8-10 所示，单击"确定"按钮。

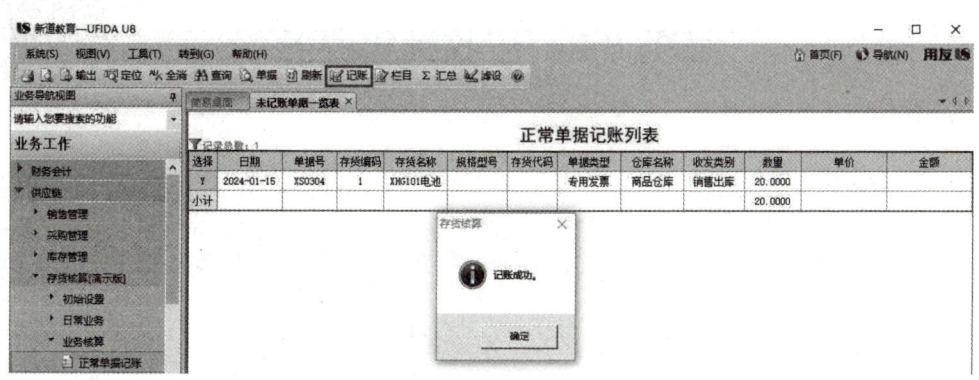

图 8-10　正常单据记账

③ 执行"业务工作→供应链→存货核算→财务核算"命令，双击"生成凭证"选项，打开"生成凭证"窗口，单击"选择"按钮，打开"查询条件"对话框，单击"确定"按钮，打开"选择单据"窗口，如图 8-11 所示，单击"全选"按钮，单击"确定"按钮。

④ 在"生成凭证"窗口中出现凭证信息，修改会计科目的"项目大类"为"00"、"项目编码"为"101"，如图 8-12 所示。

---

① 本教学账套销售成本结转时间统一为 1 月 23 日。

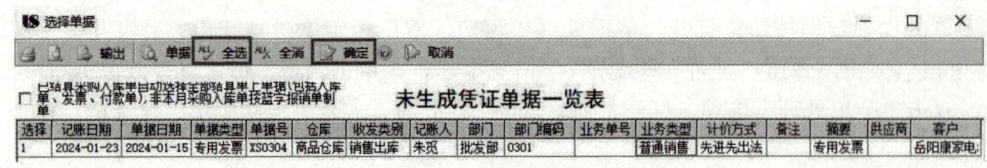

图 8-11　选择单据

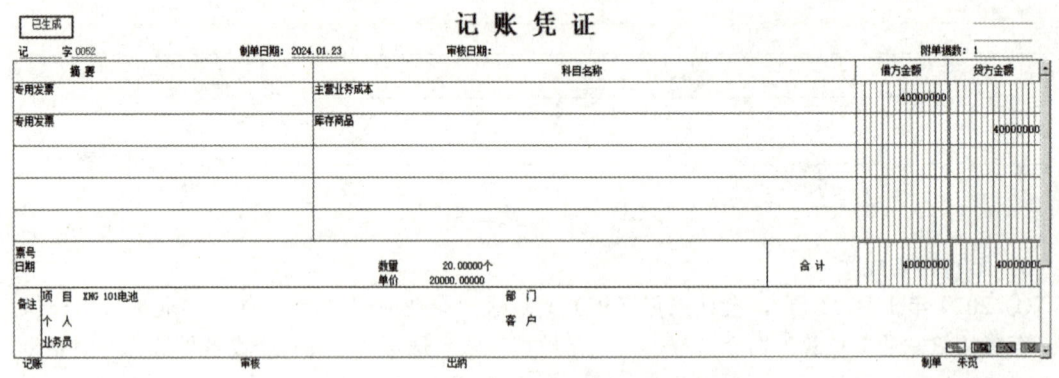

图 8-12　生成凭证设置

⑤ 单击"生成"按钮，生成一张记账凭证，单击"保存"按钮，结果如图 8-13 所示。

图 8-13　记账凭证

任务 8.2　应收销售业务

动画：应收销售业务

📖【任务资料】

2024 年 1 月 16 日，销售批发部姜帆与岳阳康家电动车科技有限公司（康家）签订销售 XHG102 电池的购销合同，当日发货。

附件 1：购销合同（合同编号默认；名称：XHG102 电池；数量：15 个，单价：45,000 元）。

附件 2：增值税专用发票（销售发票号：XS0305；名称：XHG102 电池；数量：15 个，单价：45,000 元；税率：13%）。

附件 3：出库单。

应收销售业务

📖【任务步骤】

1. 填制销售订单

① 2024 年 1 月 16 日，销售部姜帆（X01）登录"企业应用平台"，执行"业务工作→供应

链→销售管理→销售订货"命令,双击"销售订单"选项,打开"销售订单"窗口。

② 单击"增加"按钮,按照购销合同录入销售订单信息。

③ 单击"保存"按钮,单击"审核"按钮,如图8-14所示。

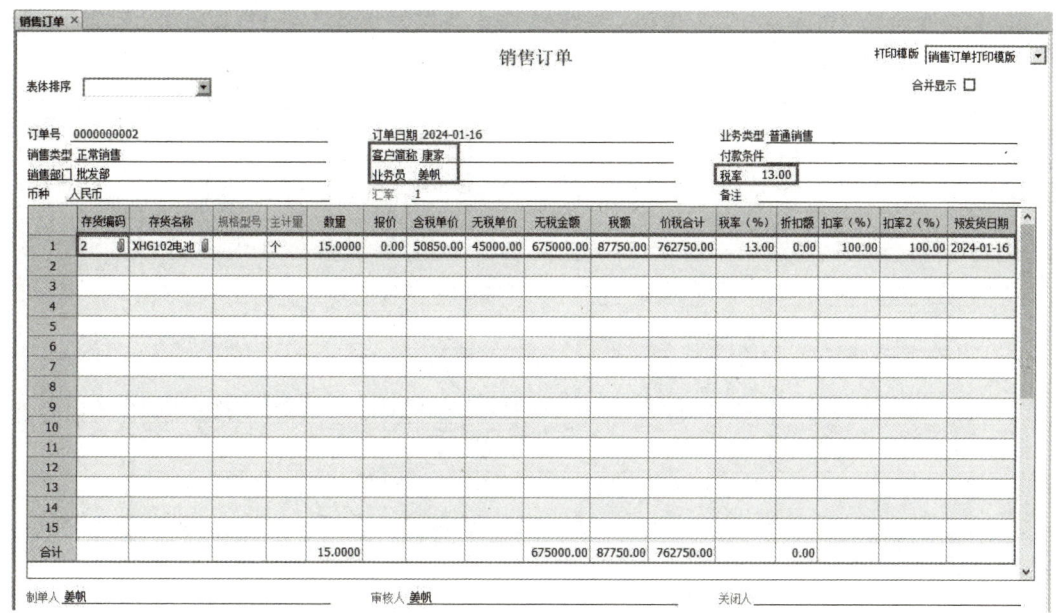

图8-14 销售订单

2. 生成发货单

① 2024年1月16日,销售部姜帆(X01)登录"企业应用平台",执行"业务工作→供应链→销售管理→销售发货"命令,双击"发货单"选项,打开"发货单"窗口。

② 单击"增加"按钮,打开"查询条件选择-参照订单"对话框,"客户编码"选择"001",单击"确定"按钮,打开"参照生单"窗口,选择相应的销售订单,单击"确定"按钮。

③ 回到"发货单"窗口,"仓库名称"选择"商品仓库",单击"保存"按钮,单击"审核"按钮,结果如图8-15所示。

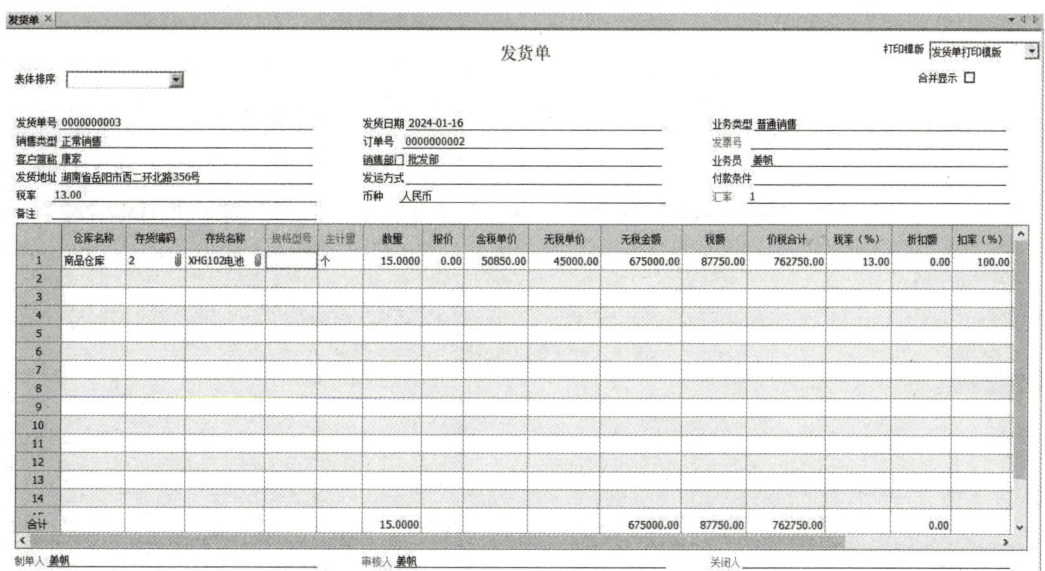

图8-15 发货单

3. 生成销售专用发票

① 2024 年 1 月 16 日，销售部姜帆（X01）登录"企业应用平台"，执行"业务工作→供应链→销售管理→销售开票"命令，双击"销售专用发票"选项，打开"销售专用发票"窗口。

② 单击"增加"按钮，打开"查询条件选择-发票参照发货单"对话框，单击"确定"按钮。

③ 打开"参照订单"窗口，选择相应的发货单，单击"确定"按钮。

④ 回到"销售专用发票"窗口，修改"发票号"为"XS0305"，单击"保存"按钮，单击"复核"按钮，如图 8-16 所示。

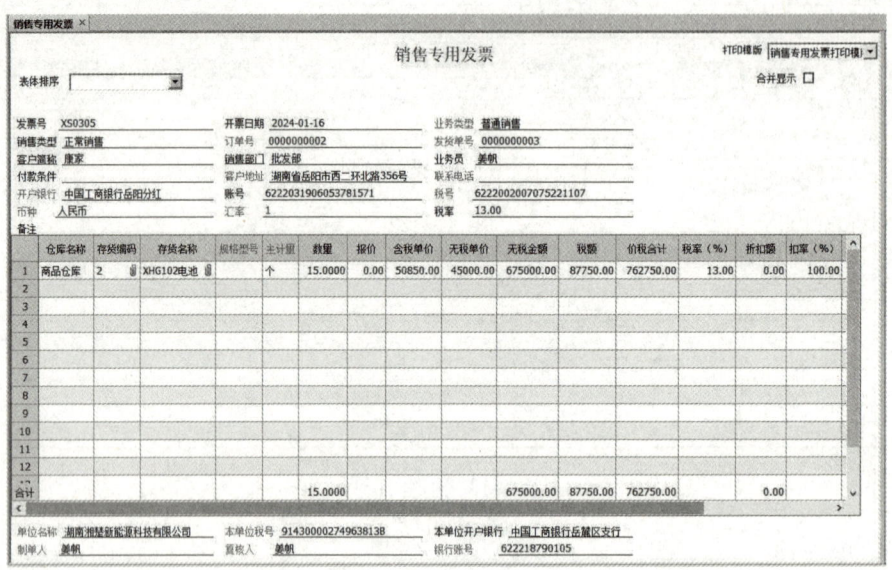

图 8-16　销售专用发票

4. 销售出库单审核

① 2024 年 1 月 16 日，仓储部戴慧（C01）登录"企业应用平台"，执行"业务工作→供应链→库存管理→单据列表"命令，双击"销售出库单列表"选项，打开"查询条件选择-销售出库单列表"对话框，单击"确定"按钮，打开"销售出库单列表"窗口。

② 选择相应的销售出库单，单击"审核"按钮，结果如图 8-17 所示。

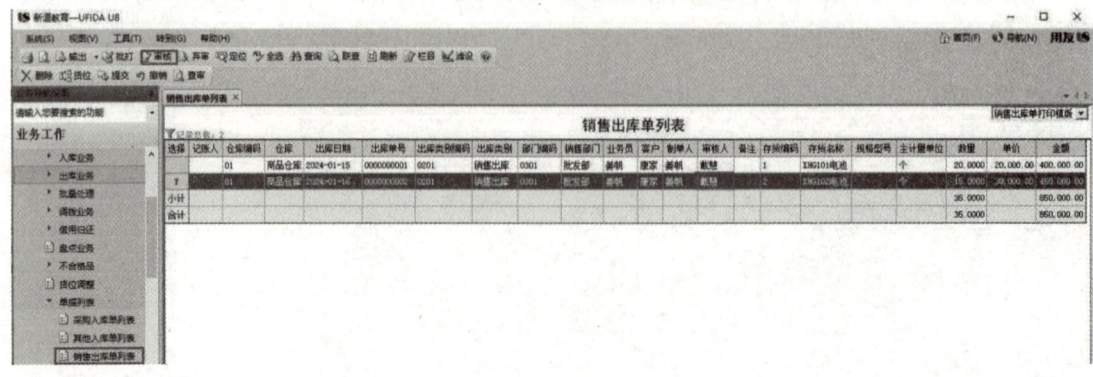

图 8-17　销售出库单列表

5. 应收单审核与制单

① 2024 年 1 月 16 日，会计朱觅（W02）登录"企业应用平台"，执行"业务工作→财务会计→应收款管理→应收单据处理"命令，双击"应收单据审核"选项，打开"应收单查询条件"对话框。

② 单击"确定"按钮，打开"单据处理"窗口，双击相应单据，打开"销售发票"窗口，单击"审核"按钮，弹出"是否立即制单？"信息提示框，单击"是"按钮。

③ 生成记账凭证，修改贷方会计科目为"主营业务收入"（6001）、"项目名称"为"XHG102电池"，单击"保存"按钮，结果如图8-18所示。

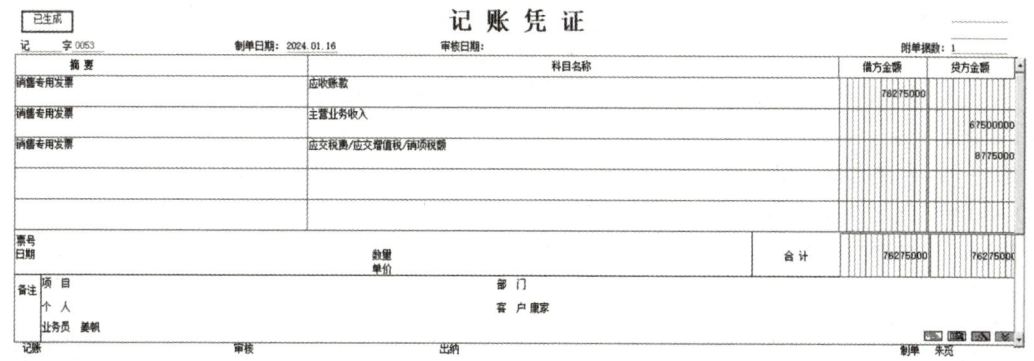

图 8-18　记账凭证

6. 结转销售成本

① 2024年1月23日，会计朱觅（W02）登录"企业应用平台"，执行"业务工作→供应链→存货核算→业务核算"命令，双击"正常单据记账"选项，打开"查询条件选择"对话框，单击"确定"按钮，打开"未记账单据一览表"窗口。

② 选中相应单据，单击"记账"按钮，弹出"记账成功。"信息提示框，单击"确定"按钮，结果如图8-19所示。

图 8-19　正常单据记账

③ 执行"业务工作→供应链→存货核算→财务核算"命令，双击"生成凭证"选项，打开"生成凭证"窗口，单击"选择"按钮，打开"查询条件"对话框，单击"确定"按钮，打开"选择单据"窗口。单击"全选"按钮，单击"确定"按钮。

④ 在"生成凭证"窗口中出现凭证信息，修改会计科目的"项目大类"为"00"、"项目编码"为"102"。

⑤ 单击"生成"按钮，生成一张记账凭证，单击"保存"按钮，结果如图8-20所示。

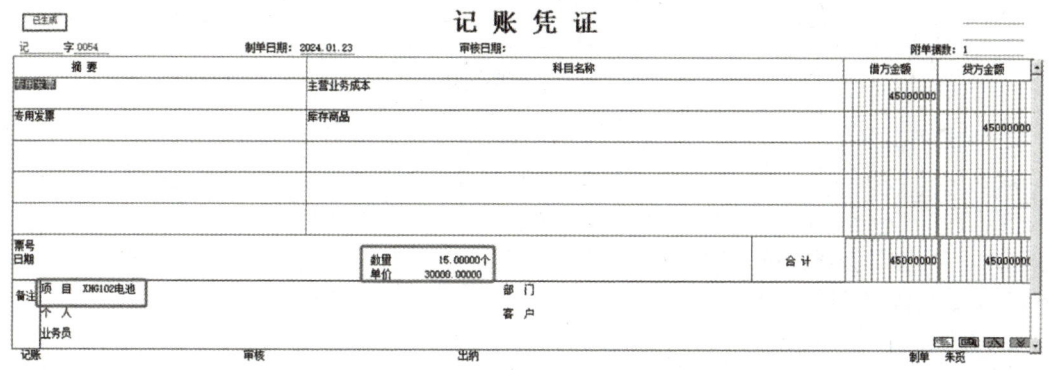

图 8-20　记账凭证

任务 8.3　定金销售业务

📖【任务资料】

2024 年 1 月 17 日，销售部姜帆与郴州圣旺电动汽车科技有限公司（圣旺）签订销售 SLA110 电池的购销合同。

附件 1：购销合同（名称：SLA110 电池；数量：200 个；单价：1,700 元；合同说明收取定金 40,000 元；预计发货日期 1 月 31 日）。

附件 2：工商银行进账单（金额 40,000 元；票据种类：转账支票；票据号码 12738348）。

📖【任务步骤】

定金销售业务

1. 填制销售订单

① 2024 年 1 月 17 日，销售部姜帆（X01）登录"企业应用平台"，执行"业务工作→供应链→销售管理→销售订货"命令，双击"销售订单"选项，打开"销售订单"窗口。

② 单击"增加"按钮，按照购销合同录入销售订单信息，将"备注"修改为"定金销售"。

③ 单击"保存"按钮，单击"审核"按钮，如图 8-21 所示。

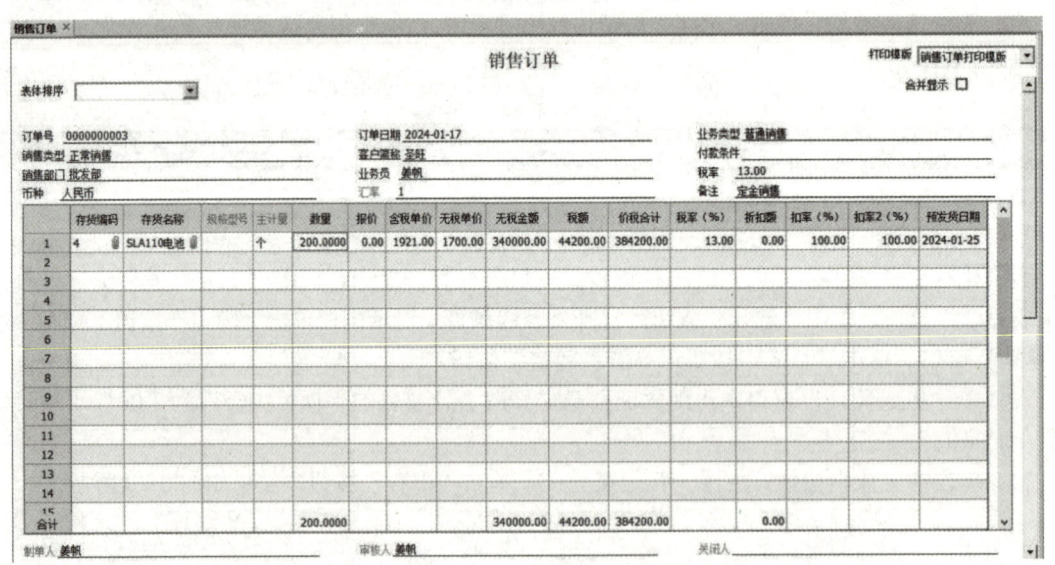

图 8-21　销售订单

2. 填制收款单

2024 年 1 月 17 日，出纳张思怡（W03）登录"企业应用平台"，执行"业务工作→财务会计→应收款管理→收款单据处理"命令，双击"收款单据录入"选项，打开"收付款单录入"窗口，单击"增加"按钮，录入收款单相关信息，"款项类型"选择"预收款"，单击"保存"按钮，结果如图 8-22 所示。

3. 收款单审核并制单

① 2024 年 1 月 17 日，会计朱觅（W02）登录"企业应用平台"，执行"业务工作→财务会计→应收款管理→收款单据处理"命令，双击"收款单据审核"选项，打开"收款单查询条件"对话框

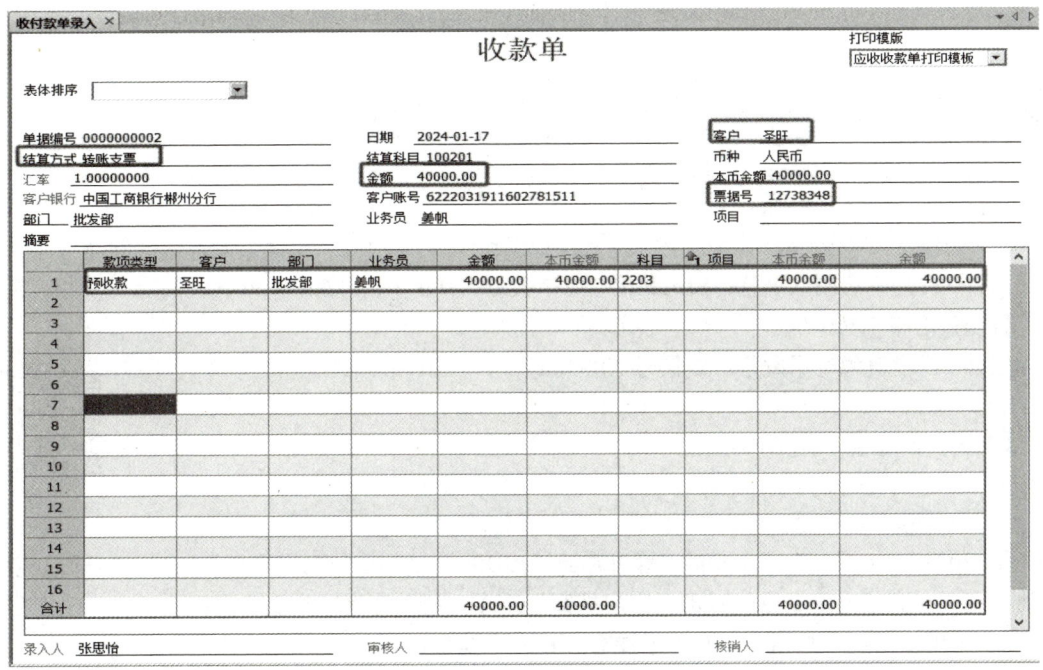

图 8-22 收款单

② 单击"确定"按钮,打开"收付款单列表"窗口。
③ 双击列表中的收款单,打开"收付款单录入"窗口。
④ 单击"审核"按钮,弹出"是否立即制单?"信息提示框,单击"是"按钮。
⑤ 生成一张记账凭证,单击"保存"按钮,结果如图 8-23 所示。

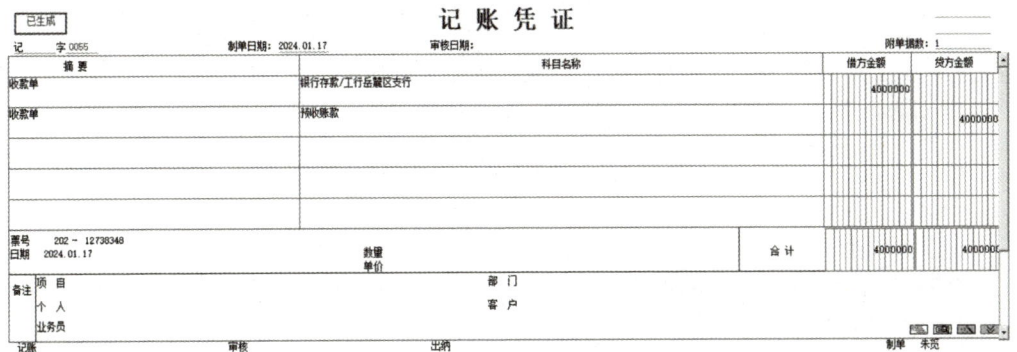

图 8-23 记账凭证

任务 8.4　外币销售业务

📖【任务资料】

2024 年 1 月 17 日,销售部姜帆商务谈妥与一家湖南进出口公司的合作,并签订销售合同,开出销售发票,发票号 XS0306。当日发货并出库。该进出口公司资料如表 8-1 所示。

表 8-1 进出口公司资料

客户编码	客户名称	客户简称	所属分类	所属地区	币种	税号	地址	开户银行	银行账号
004	湖南福通贸易有限公司	福通贸易	0202 SLA系列客户	02 国外	美元	91430105597576191F	长沙市开福区三一大道203号万煦园C2栋109	招行开福区支行	623668308800

附件1：购销合同（名称：SLA210电池；数量：100个；金额：350美元；当日发货；汇率取1月当月汇率7.11040）。

附件2：增值税专用发票，发票号XS0306。

外币销售业务

📖【任务步骤】

1. 新增客户档案

① 2024年1月17日，账套主管唐忠谏（A01）登录"企业应用平台"，执行"基础设置→基础档案→客商信息"命令，双击"客户档案"选项，打开"客户档案"窗口。

② 单击"增加"按钮，打开"增加客户档案"窗口。

③ 根据任务资料，进行客户档案设置，结果如图8-24所示。

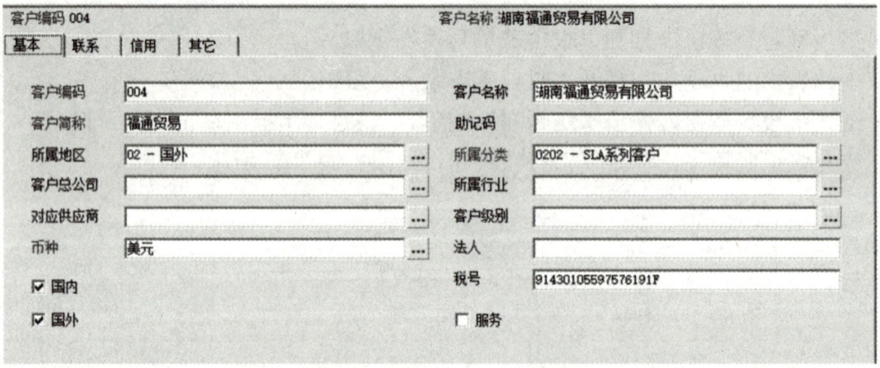

图 8-24 新增客户档案

2. 填制销售订单

① 2024年1月17日，销售部姜帆（X01）登录"企业应用平台"，执行"业务工作→供应链→销售管理→销售订货"命令，双击"销售订单"选项，打开"销售订单"窗口。

② 单击"增加"按钮，按照购销合同录入销售订单信息。

③ 单击"保存"按钮，单击"审核"按钮，如图8-25所示。

3. 生成发货单

① 2024年1月17日，仓储部戴慧（C01）登录"企业应用平台"，执行"业务工作→供应链→销售管理→销售发货"命令，双击"发货单"选项，打开"发货单"窗口。

② 单击"增加"按钮，打开"查询条件选择-参照订单"对话框，单击"确定"按钮，打开"参照生单"窗口，选择相应的销售订单，单击"确定"按钮。

③ 回到"发货单"窗口，"仓库名称"选择"商品仓库"，单击"保存"按钮，单击"审核"按钮，结果如图8-26所示。

项目八　销售与应收款管理系统

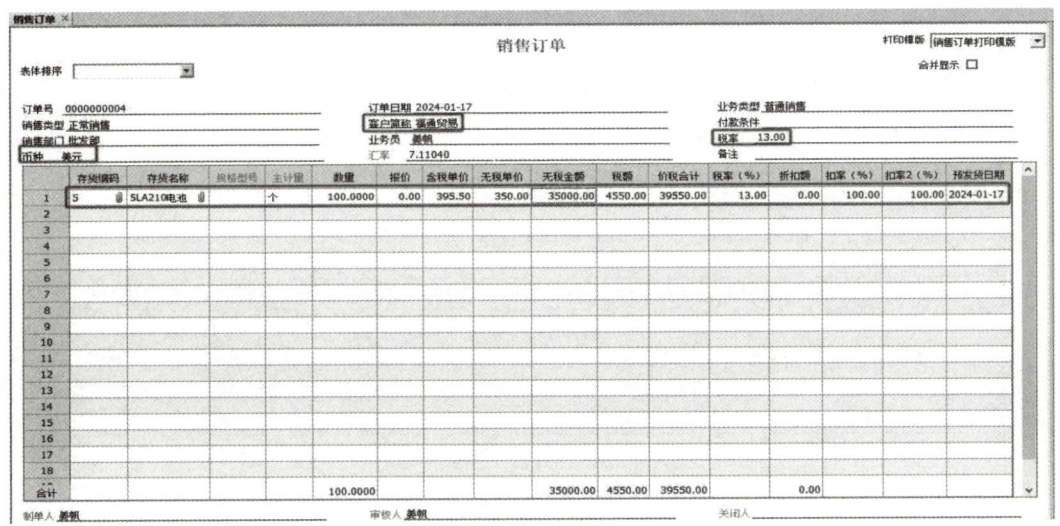

图 8-25　销售订单

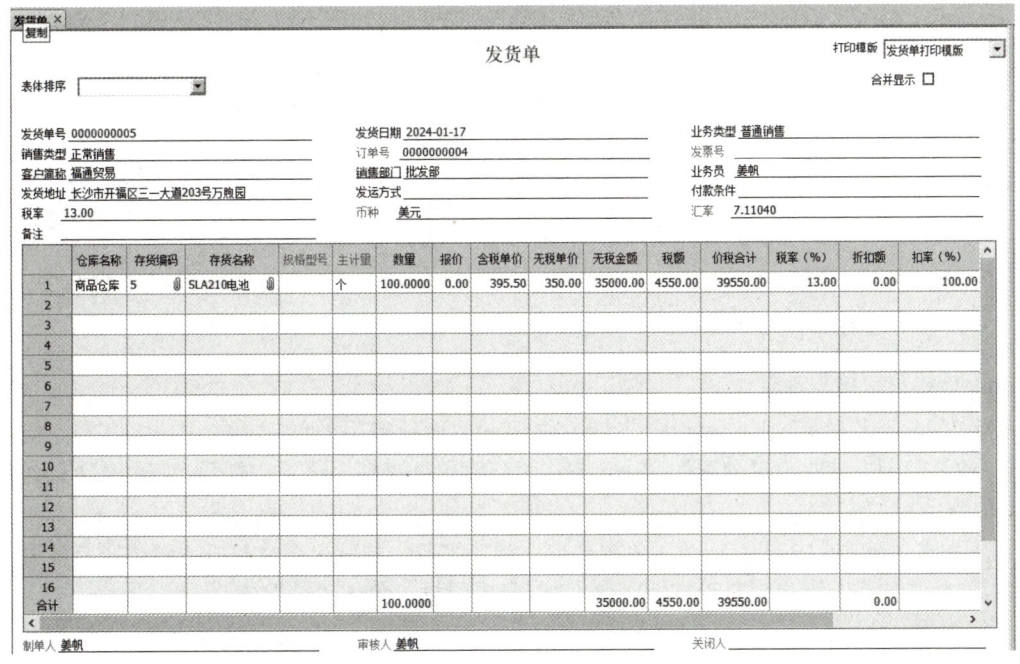

图 8-26　发货单

4. 生成销售专用发票

① 2024 年 1 月 17 日，仓储部戴慧（C01）登录"企业应用平台"，执行"业务工作→供应链→销售管理→销售开票"命令，双击"销售专用发票"选项，打开"销售专用发票"窗口。

② 单击"增加"按钮，打开"查询条件选择-发票参照发货单"对话框，单击"确定"按钮。

③ 打开"参照生单"窗口，选择相应的订单，单击"确定"按钮。

④ 回到"销售专用发票"窗口，修改"发票号"为"XS0306"，单击"保存"按钮，单击"复核"按钮，结果如图 8-27 所示。

5. 销售出库单审核

① 2024 年 1 月 17 日，仓储部戴慧（C01）登录"企业应用平台"，执行"业务工作→供应链→库存管理→单据列表"命令，双击"销售出库单列表"选项，打开"查询条件选择-销售出

209

库单列表"对话框，单击"确定"按钮，打开"销售出库单列表"窗口。

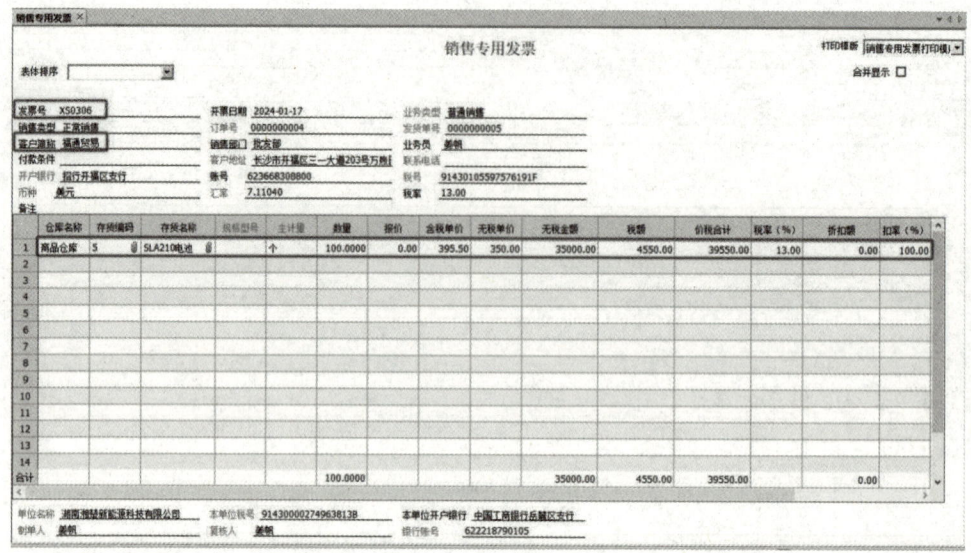

图 8-27　销售专用发票

② 选择相应的销售出库单，单击"审核"按钮，结果如图 8-28 所示。

图 8-28　销售出库单列表

6. 应收单审核与制单

① 2024 年 1 月 17 日，会计朱觅（W02）登录"企业应用平台"，执行"业务工作→财务会计→应收款管理→应收单据处理"命令，双击"应收单据审核"选项，打开"应收单查询条件"对话框。

② 单击"确定"按钮，打开"单据处理"窗口，双击相应单据，打开"销售发票"窗口，单击"审核"按钮，弹出"是否立即制单？"信息提示框，单击"是"按钮。

③ 生成一张记账凭证，修改借方会计科目为"应收账款"（1122），修改贷方会计科目为"主营业务收入"（6001）、"项目名称"为"SLA210 电池"，单击"保存"按钮，结果如图 8-29 所示。

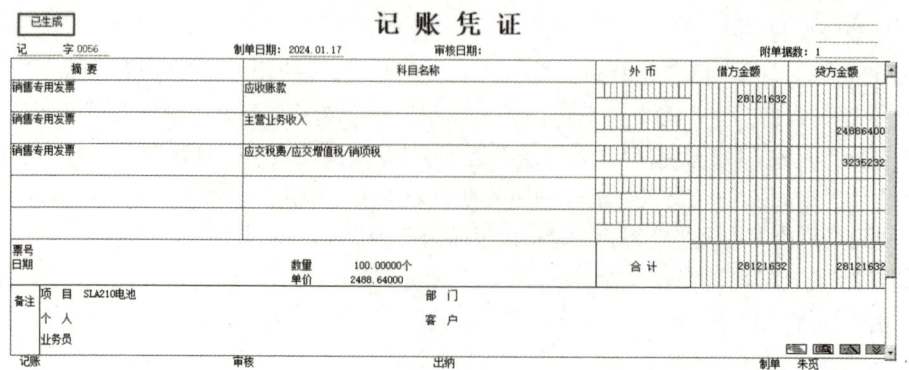

图 8-29　记账凭证

7. 结转销售成本

① 2024 年 1 月 23 日，会计朱觅（W02）登录"企业应用平台"，执行"业务工作→供应链→存货核算→业务核算"命令，双击"正常单据记账"选项，打开"查询条件选择"对话框，单击"确定"按钮，打开"未记账单据一览表"窗口。

② 选择相应单据，单击"记账"按钮，弹出"记账成功。"信息提示框，单击"确定"按钮。

③ 执行"业务工作→供应链→存货核算→财务核算"命令，双击"生成凭证"选项，打开"生成凭证"窗口，单击"选择"按钮，打开"查询条件"对话框，单击"确定"按钮，打开"选择单据"窗口。单击"全选"按钮，单击"确定"按钮。

④ 在"生成凭证"窗口中出现凭证信息，修改会计科目的"项目大类"为"00"、"项目编码"为"202"。

⑤ 单击"生成"按钮，生成一张记账凭证，单击"保存"按钮，结果如图 8-30 所示。

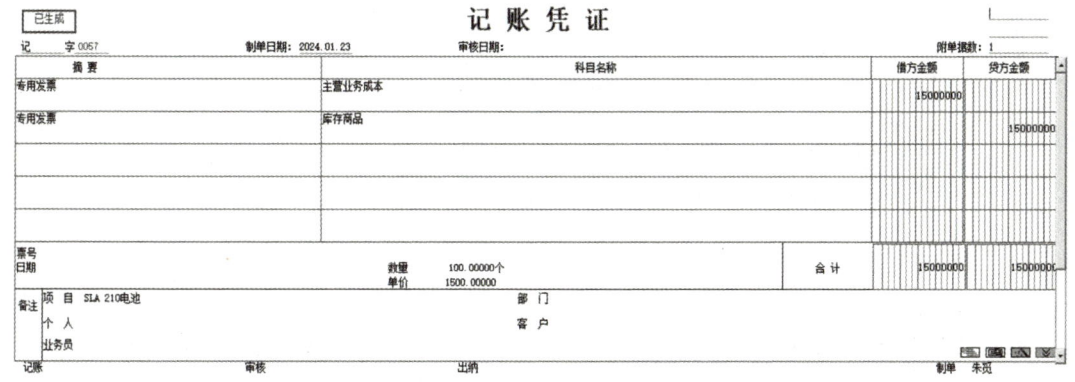

图 8-30　记账凭证

任务 8.5　销售折让业务

📖【任务资料】

2024 年 1 月 19 日，销售部姜帆销售给康家的 XHG102 电池，有 1 个电池的续航时间不达标，经协商，公司给予对方无税金额 10,000 元现金折让。余款当日收到。

附件 1：工商银行收款凭证，金额 751,450 元。

附件 2：红字专用销售发票，发票号 XS0307。

销售折让业务

📖【任务步骤】

1. 生成红字专用销售发票

① 2024 年 1 月 19 日，销售部姜帆（X01）登录"企业应用平台"，执行"业务工作→供应链→销售管理→销售开票"命令，双击"红字专用销售发票"选项，打开"销售专用发票"窗口。

② 单击"增加"按钮，弹出"查询条件选择-发票参照发货单"对话框，关闭该对话框。

③ 执行"生单→参照订单"命令，打开"查询条件选择-参照订单"对话框，"客户编码"参照生成"001"，单击"确定"按钮。

④ 打开"参照生单"窗口，选择相应的订单，单击"确定"按钮。

⑤ 返回"销售专用发票"窗口，修改"发票号"为"XS0307"、"仓库名称"为"商品仓库"、"数量"为"-1"、"无税单价"为"10000"、"退补标志"为"退补"，单击"保存"按钮，单击"复核"按钮，结果如图8-31所示。

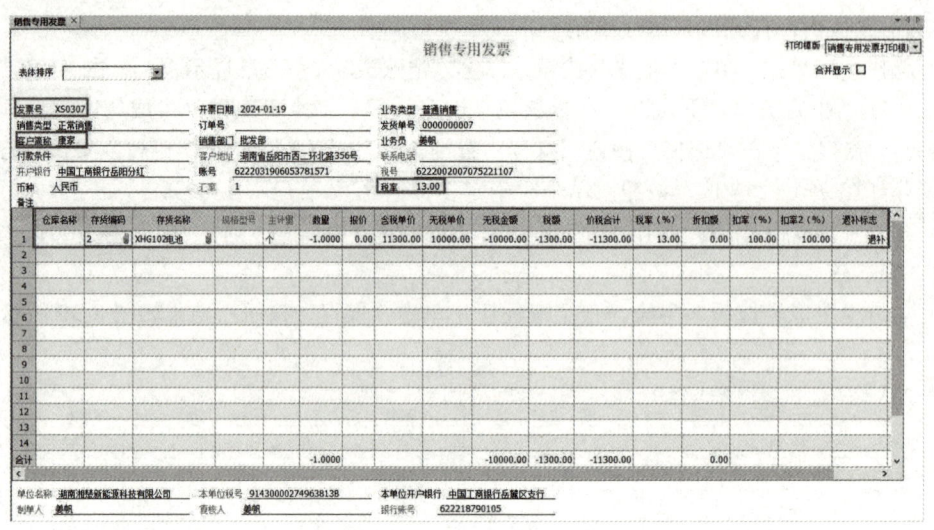

图 8-31　红字销售专用发票

2. 应收单审核与制单

① 2024年1月19日，会计朱觅（W02）登录"企业应用平台"，执行"业务工作→财务会计→应收款管理→应收单据处理"命令，双击"应收单据审核"选项，打开"应收单查询条件"对话框。

② 单击"确定"按钮，打开"单据处理"窗口，双击列表中的单据，打开"销售发票"窗口，单击"审核"按钮，弹出"是否立即制单？"信息提示框，单击"是"按钮。

③ 生成一张记账凭证，修改贷方会计科目为"主营业务收入"（6001）、"项目名称"为"XHG102电池"，单击"保存"按钮，结果如图8-32所示。

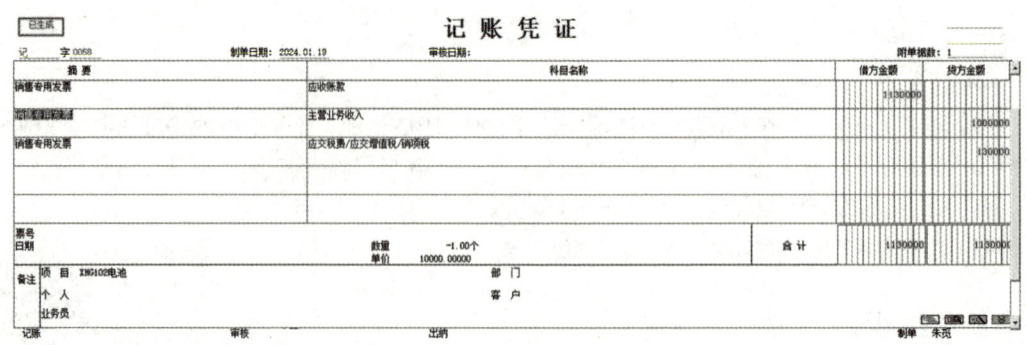

图 8-32　记账凭证

3. 红票对冲

① 2024年1月19日，会计朱觅（W02）登录"企业应用平台"，执行"业务工作→财务会计→应收账款管理→转账→红票对冲"命令，双击"手工对冲"选项，打开"红票对冲条件"对话框。

② 录入客户信息，如图8-33所示，单击"确定"按钮。

③ 打开"红票对冲"窗口，在此张单据的"对冲金额"栏中录入"11300"，如图8-34所示，单击"保存"按钮。

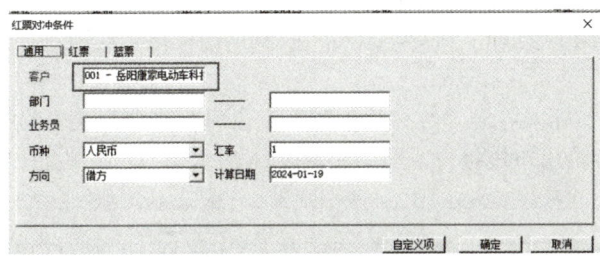

图 8-33 红票对冲条件

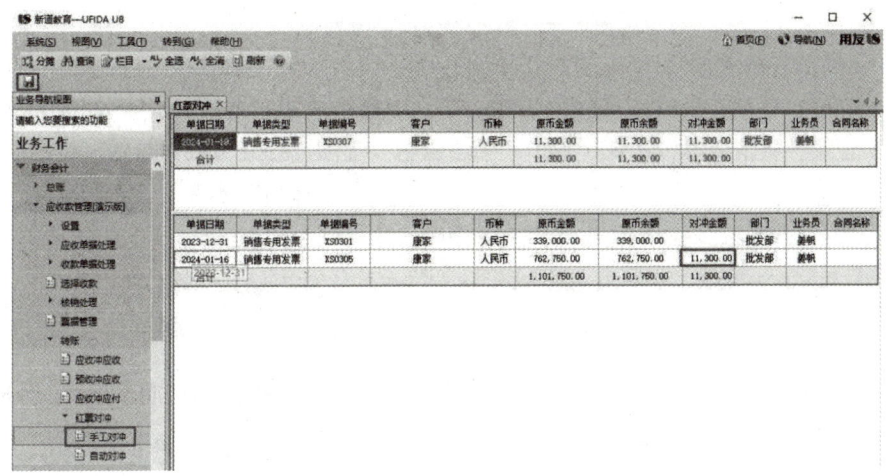

图 8-34 红票对冲

④ 弹出"是否立即制单？"信息提示框，单击"否"按钮。

4．填制收款单

2024 年 1 月 19 日，出纳张思怡（W03）登录"企业应用平台"，执行"业务工作→财务会计→应收款管理→收款单据处理"命令，双击"收款单据录入"选项，打开"收付款单录入"窗口，单击"增加"按钮，录入收款单相关信息，单击"保存"按钮，结果如图 8-35 所示。

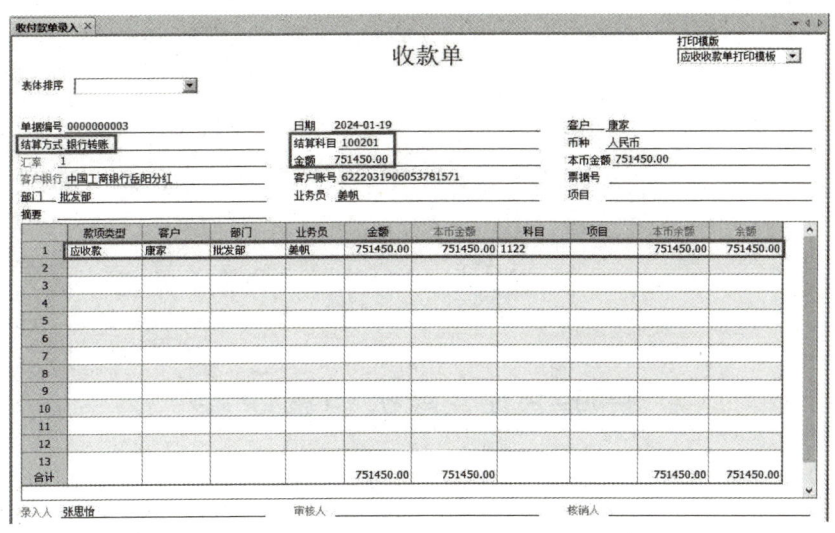

图 8-35 收款单

5．收款单审核

① 2024 年 1 月 19 日，会计朱觅（W02）登录"企业应用平台"，执行"业务工作→财务会

计→应收款管理→收款单据处理”命令，双击“收款单据审核”选项，打开“收款单查询条件”对话框。

② 单击“确定”按钮，打开“收付款单列表”窗口。选中列表中的收款单，单击“审核”按钮，系统进行审核并给出审核报告，结果如图 8-36 所示。

收付款单列表 ×

收付款单列表

记录总数：1

选择	审核人	单据日期	单据类型	单据编号	客户名称	部门	业务员	结算方式	票据号	币种	汇率	原币金额	本币金额	备注
	朱觅	2024-01-19	收款单	0000000003	岳阳康家电动车科技有限公司	批发部	姜帆	银行转账		人民币	1.00000000	751,450.00	751,450.00	
合计												751,450.00	751,450.00	

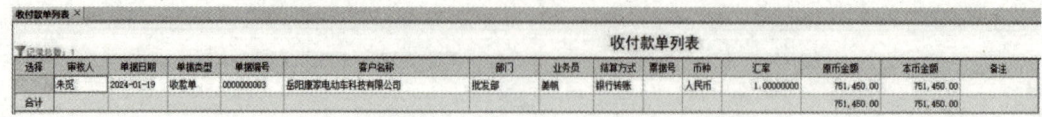

图 8-36　收付款单列表

6. 手工核销并制单

① 2024 年 1 月 19 日，会计朱觅（W02）登录“企业应用平台”，执行“业务工作→财务会计→应收款管理→核销处理”命令，双击“手工核销”选项，打开“核销条件”对话框，“客户”选择“001”，单击“确定”按钮，打开“单据核销”窗口，在相应单据的“本次结算”栏中录入“751450”，单击“保存”按钮，结果如图 8-37 所示。

单据日期	单据类型	单据编号	客户	款项类型	结算方式	币种	汇率	原币金额	原币余额	本次结算金额	订单号
2024-01-19	收款单	0000000003	康家	应收款	银行转账	人民币	1.00000000	751,450.00	751,450.00	751,450.00	
合计								751,450.00	751,450.00	751,450.00	

单据日期	单据类型	单据编号	到期日	客户	币种	原币金额	原币余额	可享受折扣	本次折扣	本次结算	订单号	凭证号
2023-12-25	销售专...	XS0301	2023-12-25	康家	人民币	339,000.00	339,000.00	0.00				
2024-01-16	销售专...	XS0305	2024-01-16	康家	人民币	762,750.00	751,450.00	0.00	0.00	751,450.00	0000000002	记-0053
合计						1,101,750.00	1,090,450.00	0.00		751,450.00		

图 8-37　手工核销

② 双击“制单处理”选项，弹出“制单查询”对话框，选择“收付款制单”、“核销制单”和“红票对冲制单”复选框，单击“确定”按钮，单击“合并”按钮，单击“制单”按钮，系统自动生成凭证，单击“保存”按钮，结果如图 8-38 所示。

已生成

记账凭证

记　字 0059　制单日期：2024.01.19　审核日期：　附单据数：3

摘要	科目名称	借方金额	贷方金额
收款单	银行存款/工行岳麓区支行	75145000	
红票对冲	应收账款	1130000	
红票对冲	应收账款	1130000	
销售专用发票	应收账款		75145000
票号 5 - 日期 2024.01.19	数量 单价　合计	75145000	75145000

备注　项　目　　部　门

个　人　　客　户

业务员

记账　审核　出纳　制单　朱觅

图 8-38　记账凭证

任务 8.6　直运销售业务

【任务资料】

2024 年 1 月 20 日，销售部姜帆与常德梅拉德能源动力科技有限公司（梅拉德）签订直运销售合同。

附件1：购销合同（名称：SLA310电池；数量：100个；无税单价：3,400元；税率：13%；当日发货；付款条件：4/10，2/20，n/30）。

附件2：开具销售专用发票（发票号XS0308）。

2024年1月20日，采购部向明升能源订购SLA130电池100个，无税单价2,000元/个，增值税税率13%。明升能源承诺当日将货直接发给梅拉德，并将增值税发票送达本公司。

附件1：购销合同（名称：SLA310电池；数量：100个；无税单价：2,000元；税率：13%，当日发货）。

附件2：采购专用发票（发票号CG03011）。

【任务步骤】

1. 填制直运销售订单

① 2024年1月20日，销售部姜帆（X01）登录"企业应用平台"，执行"业务工作→供应链→销售管理→销售订货"命令，双击"销售订单"选项，打开"销售订单"窗口。

② 单击"增加"按钮，"业务类型"选择"直运销售"，按照购销合同录入其他销售订单信息。

③ 录入完毕，单击"保存"按钮，单击"审核"按钮，如图8-39所示。

直运销售业务

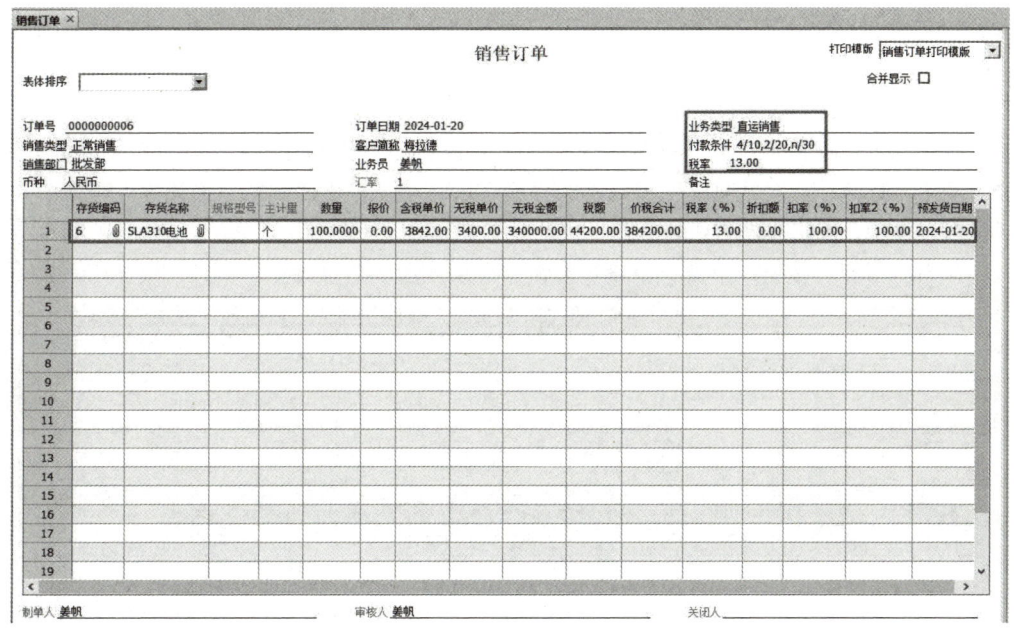

图8-39 销售订单

2. 生成销售专用发票

① 2024年1月20日，销售部姜帆（X01）登录"企业应用平台"，执行"业务工作→供应链→销售管理→销售开票"命令，双击"销售专用发票"选项，打开"销售专用发票"窗口。

② 单击"增加"按钮，打开"查询条件选择-发票参照发货单"对话框，单击"确定"按钮。

③ 打开"参照生单"窗口，选择相应的销售订单，单击"确定"按钮。

④ 回到"销售专用发票"窗口，修改"发票号"为"XS0308"，单击"保存"按钮，单击"复核"按钮，如图8-40所示。

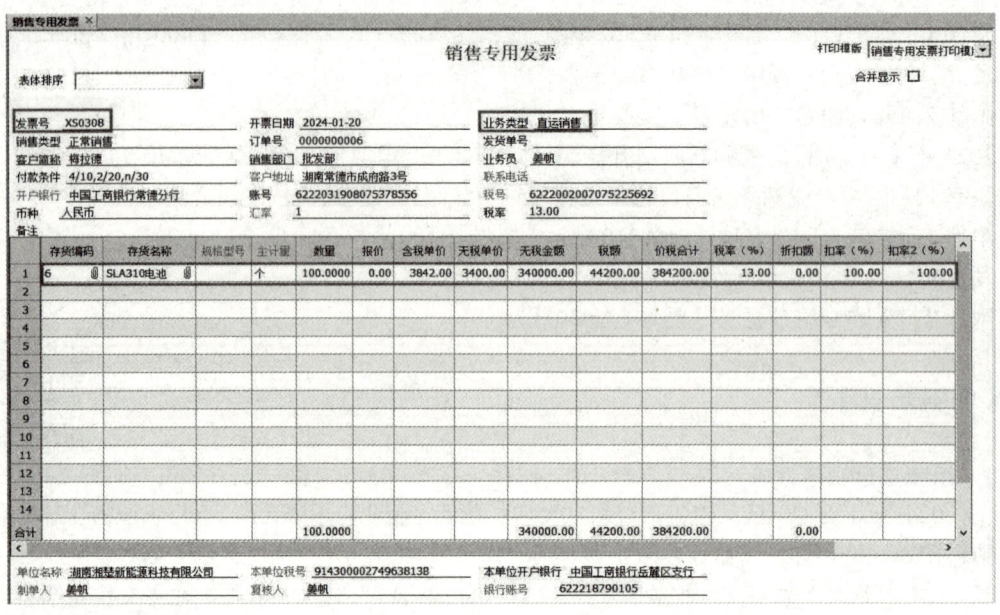

图 8-40　销售专用发票

3. 生成直运采购订单

① 2024 年 1 月 20 日，采购部周正丽（G01）登录"企业应用平台"，执行"业务工作→供应链→采购管理→采购订货"命令，双击"采购订单"选项，打开"采购订单"窗口。

② 单击"增加"按钮，"业务类型"选择"直运采购"。

③ 执行"生单→销售订单"命令，打开"查询条件选择-销售订单列表过滤"对话框，单击"确定"按钮，打开"拷贝并执行"窗口，选择相应的订单，单击"确定"按钮。

④ 根据采购合同修改采购订单信息。

⑤ 单击"保存"按钮，单击"审核"按钮，结果如图 8-41 所示。

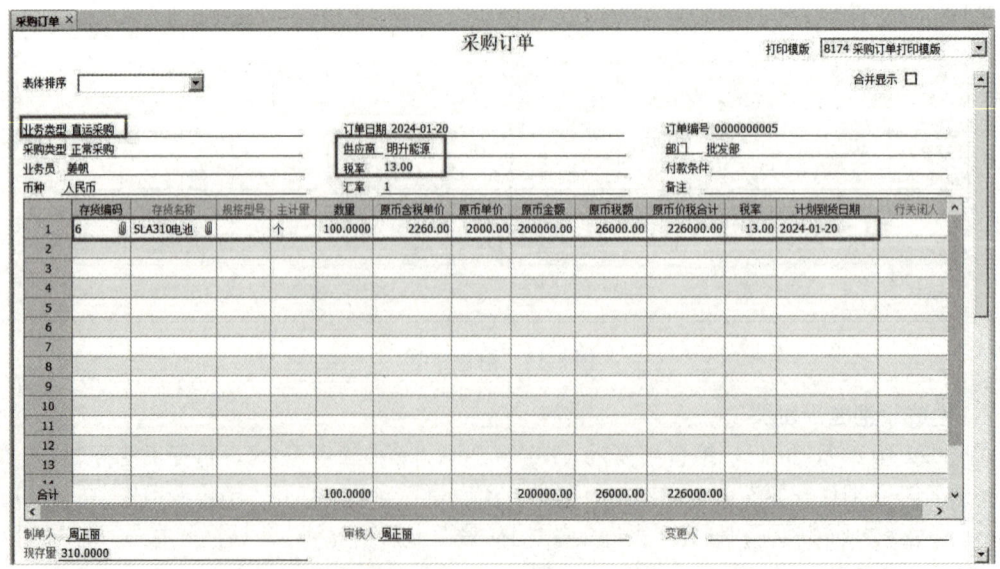

图 8-41　采购订单

4. 生成采购专用发票

① 2024 年 1 月 20 日，采购部周正丽（G01）登录"企业应用平台"，执行"业务工作→供

应链→采购管理→采购发票"命令,双击"专用采购发票"选项,打开"专用发票"窗口。

② 单击"增加"按钮,"业务类型"选择"直运采购"。

③ 执行"生单→采购订单"命令,打开"查询条件选择-采购订单列表过滤"对话框,单击"确定"按钮,打开"拷贝并执行"窗口,选择相应的订单,单击"确定"按钮。

④ 系统自动生成专用发票,将"发票号"改为"CG03011",将"税率"修改为"13",单击"保存"按钮,结果如图 8-42 所示。

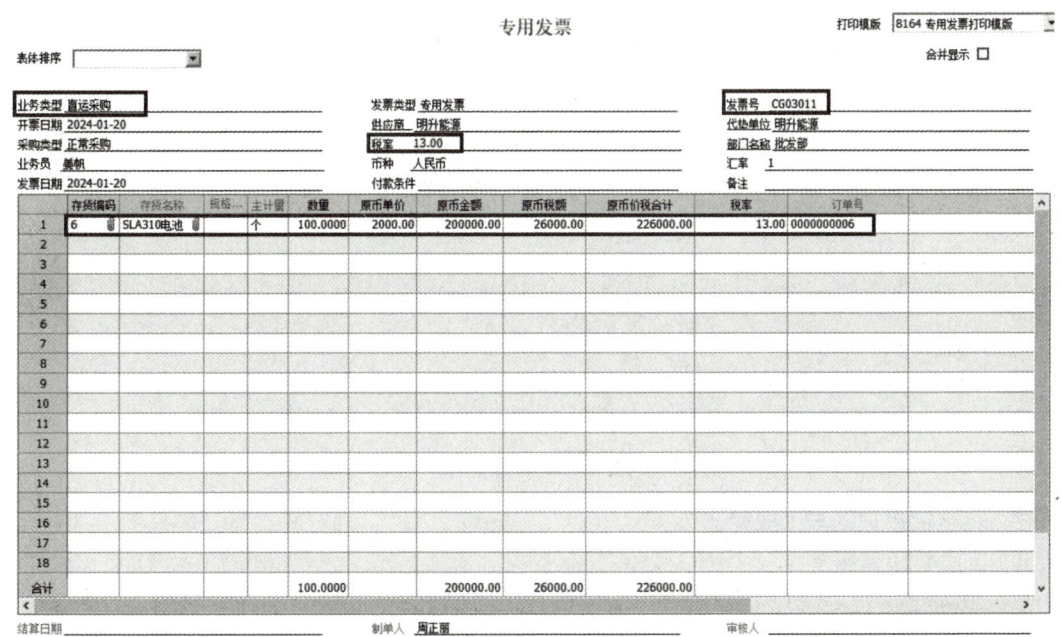

图 8-42 采购专用发票

5. 应收单审核与制单

① 2024 年 1 月 20 日,会计朱觅(W02)登录"企业应用平台",执行"业务工作→财务会计→应收款管理→应收单据处理"命令,双击"应收单据审核"选项,打开"应收单查询条件"对话框。

② 单击"确定"按钮,打开"单据处理"窗口,双击相应单据,打开"销售发票"窗口,单击"审核"按钮,弹出"是否立即制单?"信息提示框,单击"是"按钮。

③ 生成一张记账凭证,修改贷方会计科目为"主营业务收入"(6001)、"项目名称"为"SLA310电池",单击"保存"按钮,结果如图 8-43 所示。

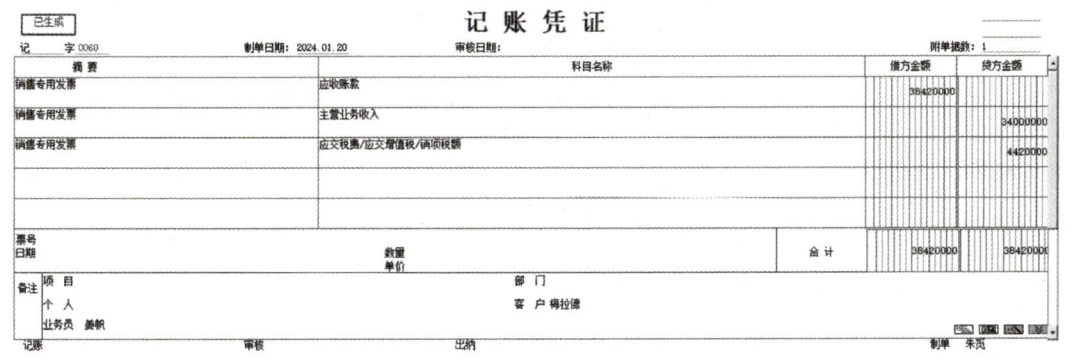

图 8-43 记账凭证

6. 应付单审核与制单

① 2024 年 1 月 20 日，会计朱觅（W02）登录“企业应用平台”，执行“业务工作→财务会计→应付款管理→应付单据处理”命令，双击“应付单据审核”选项，打开“应付单查询条件”对话框。

② 单击“确定”按钮，打开“单据处理”窗口，双击相应单据，打开“专用发票”窗口，单击“审核”按钮，弹出“是否立即制单？”信息提示框，单击“是”按钮。

③ 生成一张记账凭证，修改借方会计科目为“在途物资”（1402）、“项目名称”为“SLA310 电池”，单击“保存”按钮，结果如图 8-44 所示。

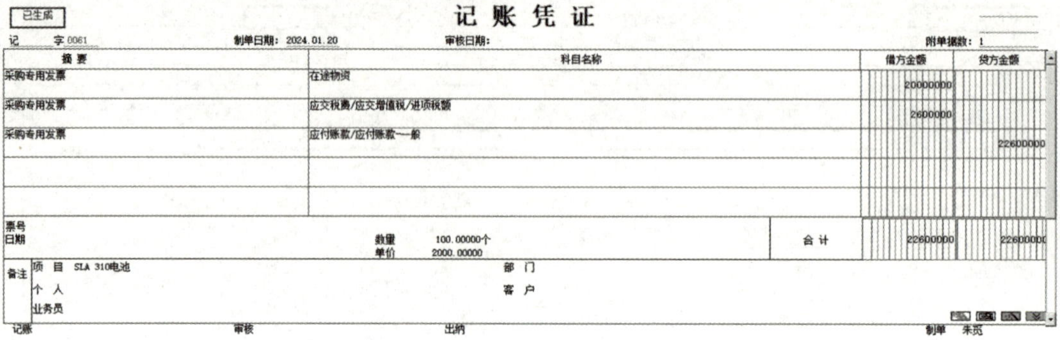

图 8-44 记账凭证

7. 直运销售记账与生成凭证

1）直运销售记账单据

① 2024 年 1 月 23 日，会计朱觅（W02）登录“企业应用平台”，执行“业务工作→存货核算→业务核算”命令，双击“直运销售记账”选项，打开“直运采购发票核算查询条件”对话框。

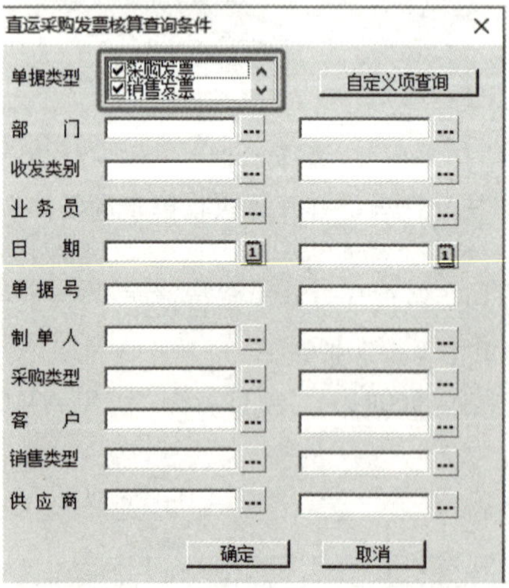

图 8-45 单据类型选择

② 勾选“采购发票”和“销售发票”复选框，如图 8-45 所示，单击“确定”按钮。

③ 打开“未记账单据一览表”窗口，单击“全选”按钮，单击“记账”按钮，弹出“记账成功。”信息提示框，单击“确定”按钮，结果如图 8-46 所示。

2）生成凭证

① 2024 年 1 月 23 日，会计朱觅（W02）登录“企业应用平台”，执行“业务工作→存货核算→财务核算”命令，双击“生成凭证”选项，打开“生成凭证”窗口，单击“选择”按钮，打开“查询条件”对话框，单击“确定”按钮，打开“选择单据”窗口。单击“全选”按钮，单击“确定”按钮。

未记账单据一览表

直运销售记账

记录总数：2

选择	日期	单据号	存货编码	存货名称	规格型号	收发类别	单据类型	数量	单价	金额	存货自由项1	存货自由项2	存货自由项3
Y	2024-01-20	CG0311	6	SLA310电池		采购入库	采购发票	100.0000	2,000.00	200,000.00			
Y	2024-01-20	XS0308	6	SLA310电池		销售出库	专用发票	100.0000					
小计								200.0000		200,000.00			

图 8-46 直运销售记账

② 在"生成凭证"窗口中出现凭证信息，修改存货科目的"科目编码"为"11402"、"项目大类"为"00"、"项目编码"为"203"，结果如图 8-47 所示。

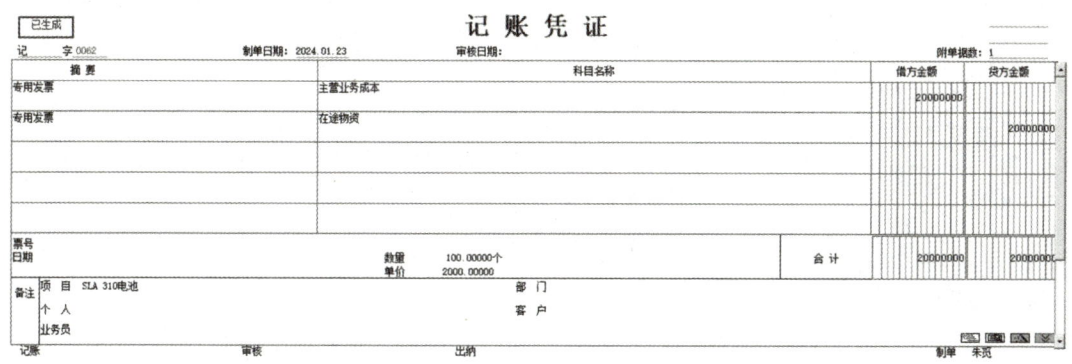

图 8-47　生成凭证设置

③ 单击"生成"按钮，生成一张记账凭证，单击"保存"按钮，结果如图 8-48 所示。

图 8-48　记账凭证

> **任务提示**
>
> 在直运业务中，直运采购成本的确认不需要生成凭证。

任务 8.7　买赠销售业务

📖【任务资料】

2024 年 1 月 21 日，销售部姜帆与郴州圣旺电动汽车科技有限公司（圣旺）签订买赠销售合同。买 200 个 SLA310 电池，赠送 1 个 SLA110 电池。货当日发出，并分批出库。

附件 1：购销合同（名称：SLA310 电池；数量：200 个；无税单价：3,400 元；税率：13%；名称：SLA110 电池；数量：1 个；无税单价：0 元；备注：赠品）。

附件 2：销售专用发票，发票号 XS03009。

买赠销售业务

📖【任务步骤】

1. 填制销售订单

① 2024 年 1 月 21 日，销售部姜帆（X01）登录"企业应用平台"，执行"业务工作→供应链→销售管理→销售订货"命令，双击"销售订单"选项，打开"销售订单"窗口。

② 单击"增加"按钮，按照购销合同录入销售订单信息。

③ 单击"保存"按钮，单击"审核"按钮，如图 8-49 所示。

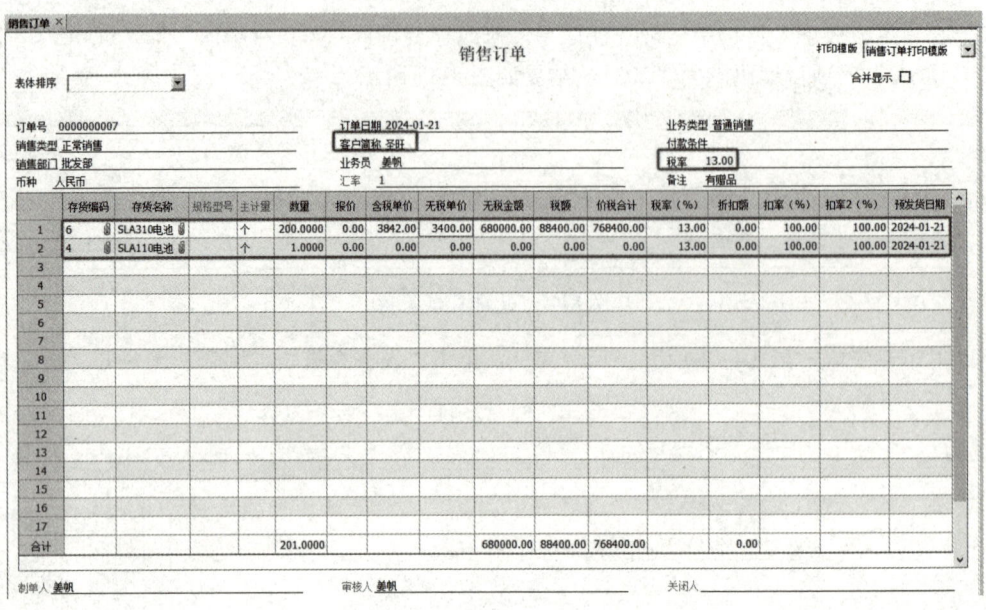

图 8-49 销售订单

2. 生成发货单

① 2024 年 1 月 21 日，销售部姜帆（X01）登录"企业应用平台"，执行"业务工作→供应链→销售管理→销售发货"命令，双击"发货单"选项，打开"发货单"窗口。

② 单击"增加"按钮，打开"查询条件选择-参照订单"对话框，单击"确定"按钮，打开"参照生单"窗口，选择相应的销售订单，单击"确定"按钮。

③ 回到"发货单"窗口，"仓库名称"分别选择"商品仓库""赠品库"，单击"保存"按钮，单击"审核"按钮，结果如图 8-50 所示。

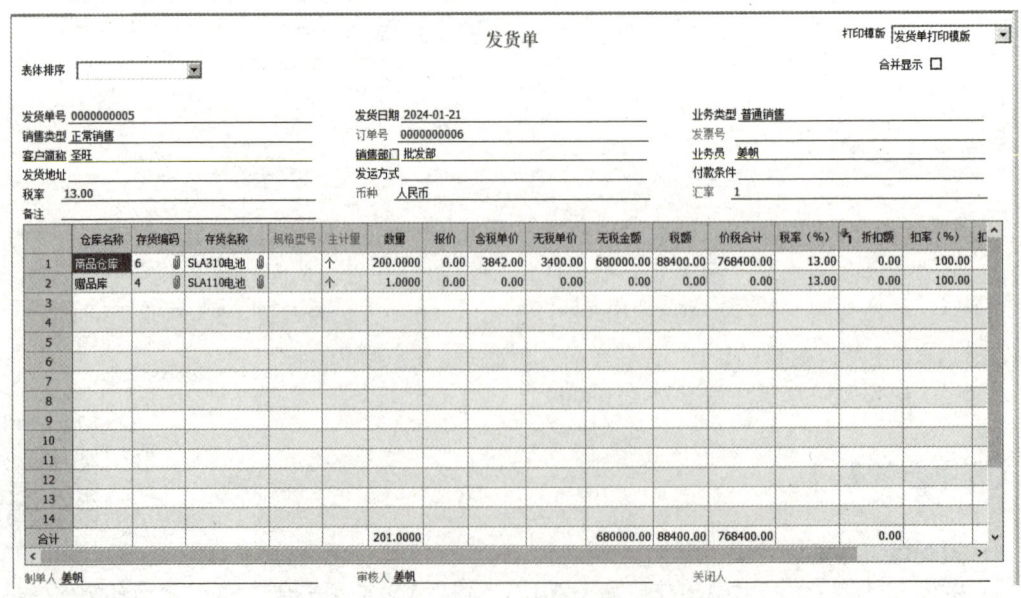

图 8-50 发货单

3. 生成销售专用发票

① 2024 年 1 月 21 日，销售部姜帆（X01）登录"企业应用平台"，执行"业务工作→供应链→销售管理→销售开票"命令，双击"销售专用发票"选项，打开"销售专用发票"窗口。

② 单击"增加"按钮,打开"查询条件选择-发票参照发货单"对话框,单击"确定"按钮,打开"参照生单"窗口,选择相应的订单,单击"确定"按钮。

③ 回到"销售专用发票"窗口,修改"发票号"为"XS0309",修改"税率"为13,单击"保存"按钮,单击"审核"按钮,结果如图8-51所示。

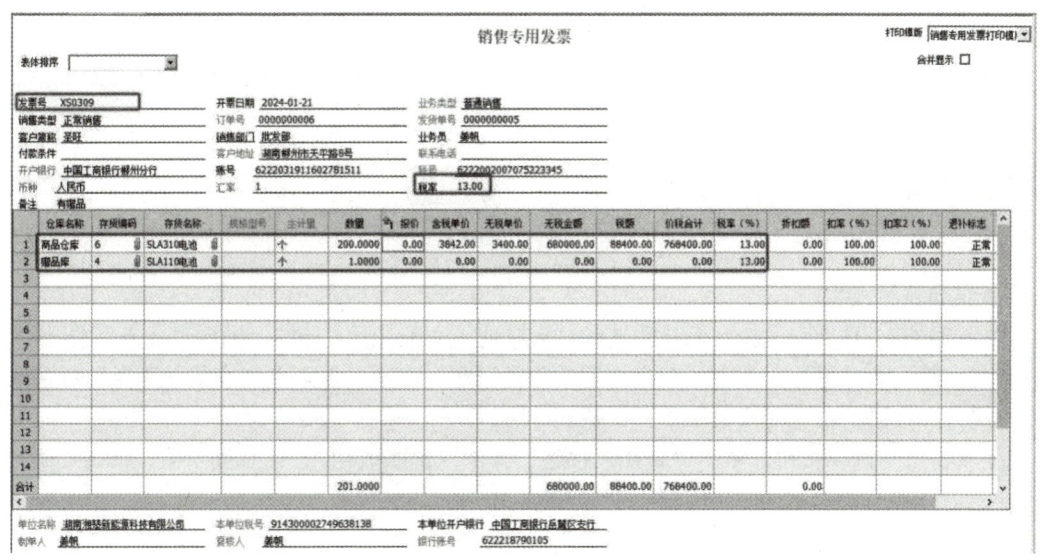

图 8-51 销售专用发票

4. 销售出库单审核

① 2024年1月21日,由仓储部戴慧(C01)登录"企业应用平台",执行"业务工作→供应链→库存管理→单据列表"命令,双击"销售出库单列表"选项,打开"查询条件选择-销售出库单列表"对话框,单击"确定"按钮。

② 打开"销售出库单列表"窗口,在"选择"栏勾选销售出库单,单击"审核"按钮,结果如图8-52所示。

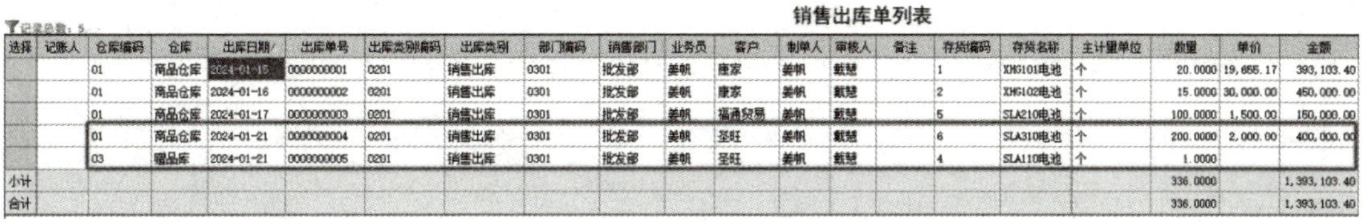

图 8-52 销售出库单列表

> **任务提示**
>
> 本操作是有赠品的销售出库,出库单系统自动分配出库。

5. 应收单审核与制单

① 2024年1月21日,会计朱觅(W02)登录"企业应用平台",执行"业务工作→财务会计→应收款管理→应收单据处理"命令,双击"应收单据审核"选项,打开"应收单查询条件"对话框,单击"确定"按钮。

② 打开"单据处理"窗口,双击相应单据,打开"销售发票"窗口,单击"审核"按钮,弹出"是否立即制单?"信息提示框,单击"是"按钮。

③ 生成一张记账凭证,修改贷方会计科目为"主营业务收入"(6001)、"项目名称"为"SLA310电池"、"数量"为"200"、"单价"为"3400",单击"保存"按钮,结果如图8-53所示。

已生成
记账凭证
记 字 0063　制单日期：2024.01.21　审核日期：　附单据数：1

摘要	科目名称	借方金额	贷方金额
有赠品，销售专用发票	应收账款	76840000	
有赠品，销售专用发票	主营业务收入		68000000
有赠品，销售专用发票	应交税费/应交增值税/销项税额		8840000
票号 日期	数量 200.00000个 单价 3400.00000　合计	76840000	76840000

备注　项目 SLA 310电池　部门
个人　客户
业务员
记账　审核　出纳　制单 朱觅

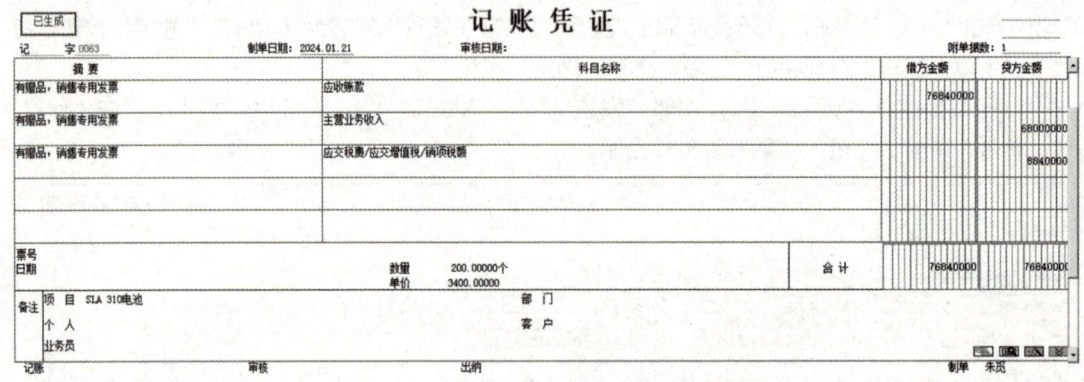

图 8-53　记账凭证

6. 结转销售成本

① 2024 年 1 月 23 日，会计朱觅（W02）登录“企业应用平台”，执行“业务工作→供应链→存货核算→业务核算”命令，双击“正常单据记账”选项，打开“查询条件选择”对话框，单击“确定”按钮，打开“未记账单据一览表”窗口。

② 单击“全选”按钮，单击“记账”按钮，弹出“记账成功。”信息提示框，单击“确定”按钮。

③ 执行“业务工作→供应链→存货核算→财务核算”命令，双击“生成凭证”选项，打开“生成凭证”窗口，单击“选择”按钮，打开“查询条件”对话框，单击“确定”按钮，打开“选择单据”窗口。单击“全选”按钮，单击“确定”按钮。

④ 在“生成凭证”窗口中出现凭证信息，修改会计科目的“项目大类”为“00”、“项目编码”为“203”，如图 8-54 所示。

凭证类别　记 记账凭证

选择	单据类型	单据号	摘要	科目类型	科目编码	科目名称	借方金额	贷方金额	借方数量	贷方数量	存货名称	部门编码	部门名称	业务员名称	单据日期	项目大类	项目大类名称	项目编码	项目名称
1	专用发票	XS0309	有赠品	对方	6401	主营业务成本	400,000.00		200.0000		SLA310电池	0301	批发部	姜帆	2024-01-21	00	商品项目管理	203	SLA310电池
				存货	1405	库存商品		400,000.00		200.0000	SLA310电池	0301	批发部	姜帆	2024-01-21	00	商品项目管理	203	SLA310电池
合计							400,000.00	400,000.00											

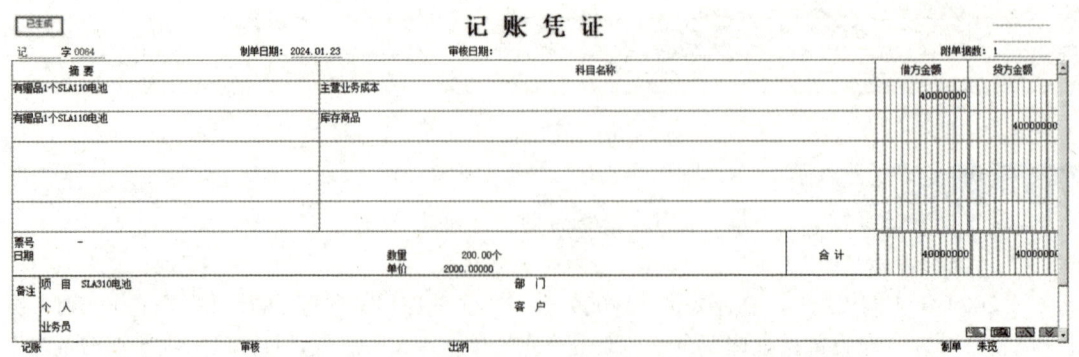

图 8-54　生成凭证设置

⑤ 单击“生成”按钮，生成一张记账凭证，单击“保存”按钮，结果如图 8-55 所示。

已生成
记账凭证
记 字 0064　制单日期：2024.01.23　审核日期：　附单据数：1

摘要	科目名称	借方金额	贷方金额
有赠品1个SLA110电池	主营业务成本	40000000	
有赠品1个SLA110电池	库存商品		40000000
票号 - 日期	数量 200.00个 单价 2000.00000　合计	40000000	40000000

备注　项目 SLA310电池　部门
个人　客户
业务员
记账　审核　出纳　制单 朱觅

图 8-55　记账凭证

任务提示

本企业赠品是零成本入库，故赠品无销售成本结转。

任务 8.8 销售退货业务

📖【任务资料】

2024年1月21日，康家退回1月15日订单 XHG101 电池2个，原因为质量问题，即日办理退货，并于当日退还价税款及红字发票（使用现结功能处理）。

附件1：红字增值税专用发票，发票号 XS0310。
附件2：工商银行付款凭证，金额 67,800 元。

📖【任务步骤】

1. 生成退货单

① 2024年1月21日，销售部姜帆（X01）登录"企业应用平台"，执行"业务工作→供应链→销售管理→销售发货"命令，双击"退货单"选项，打开"退货单"窗口。

② 单击"增加"按钮，打开"查询条件选择-参照订单"对话框，单击"确定"按钮，打开"参照生单"窗口，选择相应的销售订单，单击"确定"按钮。

③ 回到"退货单"窗口，"仓库名称"选择"商品仓库"，"销售类型"选择"销售退货"，"销售数量"设为"-2"。

④ 单击"保存"按钮，单击"审核"按钮，结果如图 8-56 所示。

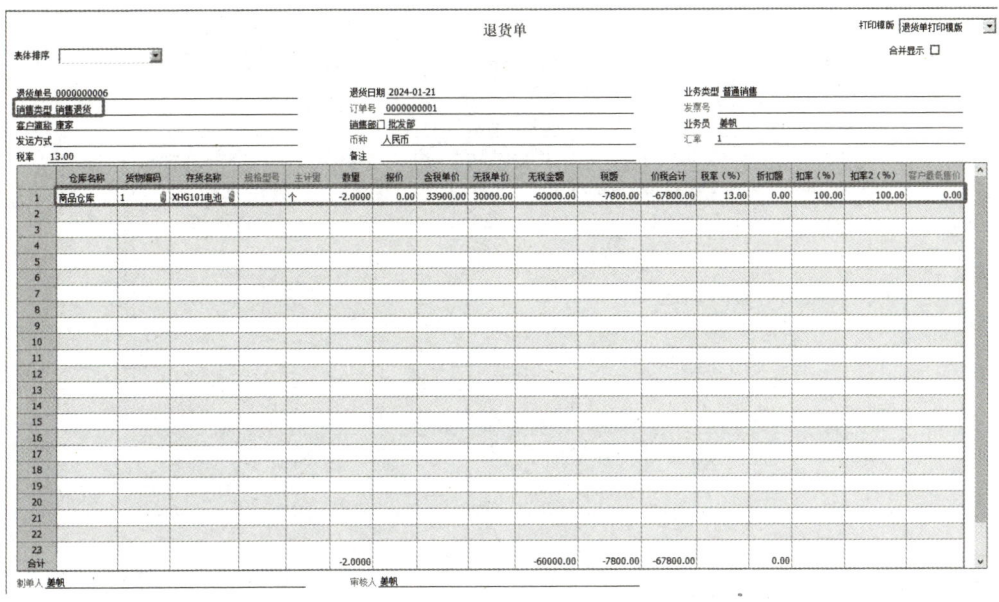

图 8-56　退货单

2. 红字出库单审核

① 2024年1月21日，仓储部戴慧（C01）登录"企业应用平台"，执行"业务工作→供应链→库存管理→单据列表"命令，双击"销售出库单列表"选项，打开"查询条件选择-销售出库单列表"对话框，单击"确定"按钮，打开"销售出库单列表"窗口。

② 双击相应的销售出库单，打开"销售出库单"窗口，单击"审核"按钮，弹出"该单据审核成功。"信息提示框，单击"确定"按钮，结果如图8-57所示。

选择	记账人	仓库编码	仓库	出库日期	出库单号	出	出库类别	部门编码	销售部门	业务员	客户	制单人	审核人	备注	存货编码	存货名称
		01	商品仓库	2024-01-15	0000000001	0201	销售出库	0301	批发部	姜帆	康家	姜帆	戴慧		1	DG101电池
		01	商品仓库	2024-01-16	0000000002	0201	销售出库	0301	批发部	姜帆	康家	姜帆	戴慧		2	DG102电池
		01	商品仓库	2024-01-17	0000000003	0201	销售出库	0301	批发部	姜帆	福通贸易	姜帆	戴慧		5	SLA210电池
		01	商品仓库	2024-01-21	0000000006	0201	销售出库	0301	批发部	姜帆	圣旺	姜帆	戴慧		6	SLA310电池
		03	赠品库	2024-01-21	0000000007	0201	销售出库	0301	批发部	姜帆	圣旺	姜帆	戴慧	有赠品	4	SLA110电池
		01	商品仓库	2024-01-21	0000000008	0202	销售退货	0301	批发部	姜帆	康家	姜帆	戴慧		1	DG101电池

图8-57 销售出库单列表

3. 生成红字专用销售发票

① 2024年1月21日，销售部姜帆（X01）登录"企业应用平台"，执行"业务工作→供应链→销售管理→销售开票"命令，双击"红字专用销售发票"选项，打开"销售专用发票"对话框。

② 单击"增加"按钮，打开"查询条件选择-发票参照发货单"对话框，关闭该对话框，返回"销售专用发票"窗口。

③ 执行"生单→参照订单"命令，打开"查询条件选择-参照订单"对话框，"发货单类型"选择"红字记录"，单击"确定"按钮。

④ 打开"参照生单"窗口，选择相应的销售发货单，单击"确定"按钮。

⑤ 返回"销售专用发票"窗口，修改"发票号"为"XS0310"，单击"保存"按钮。

⑥ 单击"现结"按钮，打开"现结"对话框，选择"结算方式"为"5-银行转账"，在"原币金额"录入"-67800"，如图8-58所示。

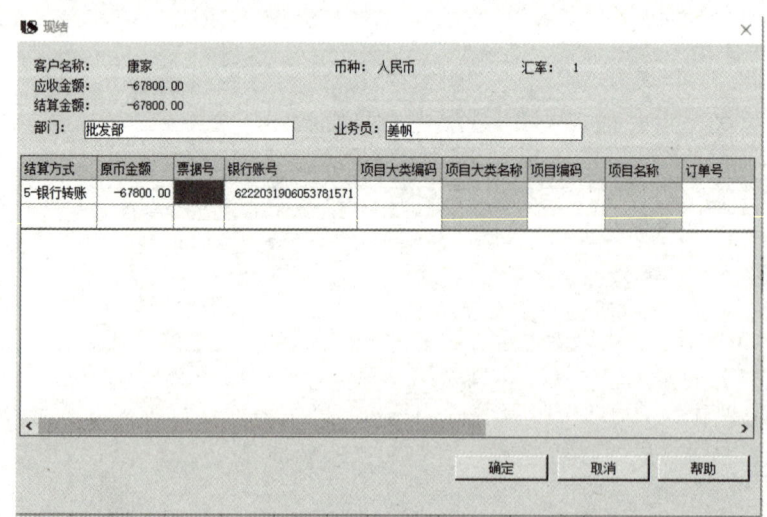

图8-58 现结

⑥ 单击"确定"按钮，发票上显示"已结"字样。单击"复核"按钮，结果如图8-59所示。

4. 应收单审核与现结制单

① 2024年1月21日，会计朱觅（W02）登录"企业应用平台"，执行"业务工作→财务会计→应收款管理→应收单据处理"命令，双击"应收单据审核"选项，打开"应收单查询条件"对话框，勾选"包含已现结发票"复选框。

② 单击"确定"按钮，打开"应收单据列表"窗口，单击"全选"按钮，单击"审核"按

钮，系统进行审核并给出审核报告，结果如图8-60所示。

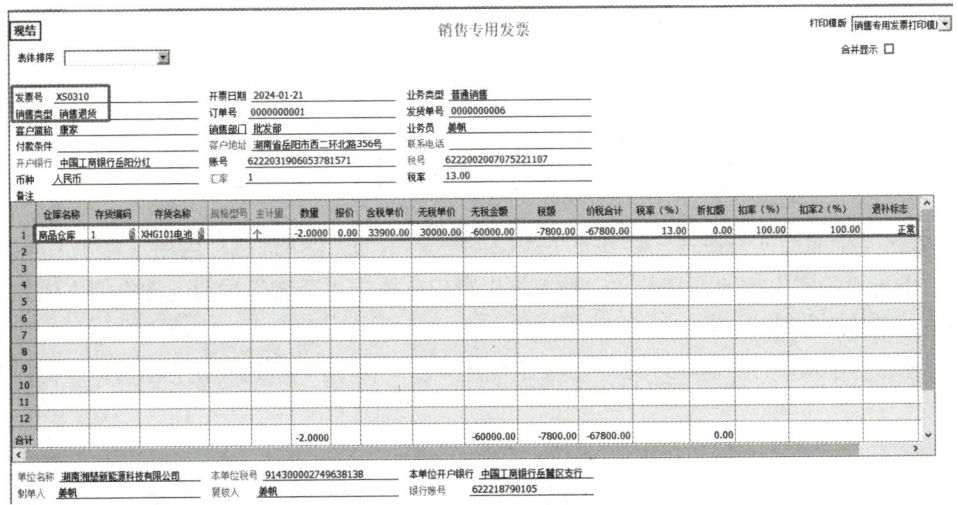

图 8-59 销售专用发票

图 8-60 应收单审核

③ 双击"制单处理"选项，打开"制单查询"对话框，勾选"应收单制单"与"现结制单"复选框，单击"确定"按钮。

④ 在"制单"窗口选择需要制单的记录，单击"制单"按钮，生成记账凭证，修改借方会计科目为"银行存款/工行岳麓区支行"（100201），修改贷方会计科目为"主营业务收入"（6001）、"项目名称"为"XHG101电池"、"数量"为"-2"、"单价"为"30000"，单击"保存"按钮，结果如图8-61所示。

图 8-61 记账凭证

5. 冲减销售成本

① 2024年1月23日，会计朱觅（W02）登录"企业应用平台"，执行"业务工作→供应链→存货核算→业务核算"命令，双击"正常单据记账"选项，打开"查询条件选择"对话框，单击"确定"按钮，打开"未记账单据一览表"窗口。

② 单击“全选”按钮，单击“记账”按钮，显示手工输入单价列表，在“单价”处录入“20000”，如图 8-62 所示。单击“确定”按钮，弹出“记账成功。”信息提示框。

手工输入单价列表

记录总数：1

选择	存货代码	规格型号	部门编码	仓库编码	仓库名称	部门名称	单价	存货自由项1
Y				01	商品仓库		20,000.00	
小计								

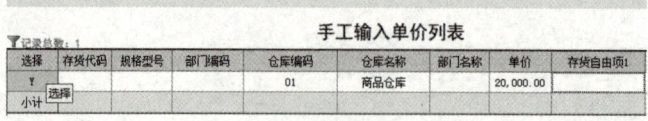

图 8-62　手工输入单价列表

③ 双击“生成凭证”选项，打开“生成凭证”窗口，单击“选择”按钮，打开“查询条件”对话框，单击“确定”按钮，打开“选择单据”窗口。单击“全选”按钮，选中待生成凭证的单据，单击“确定”按钮。

④ 返回“生成凭证”窗口，修改“项目大类”为“00”，“项目编码”为“101”，如图 8-63 所示。

凭证类别　记 记账凭证

选择	单据类型	单据号	摘要	科目类型	科目编码	科目名称	借方金额	贷方金额	借方数量	贷方数量	存货名称	部门编码	部门名称	业务员名称	单据日期	项目大类	项目大类名称	项目编码	项目名称
1	专用发票	XS0310	专用发票	对方	6401	主营业务成本	-40,000.00		-2.0000		XHG101电池	0301	批发部	姜帆	2024-01-21	00	商品项目管理	101	XHG101电池
				存货	1405	库存商品		-40,000.00		-2.0000	XHG101电池	0301	批发部	姜帆	2024-01-21	00	商品项目管理	101	XHG101电池
合计							-40,000.00	-40,000.00											

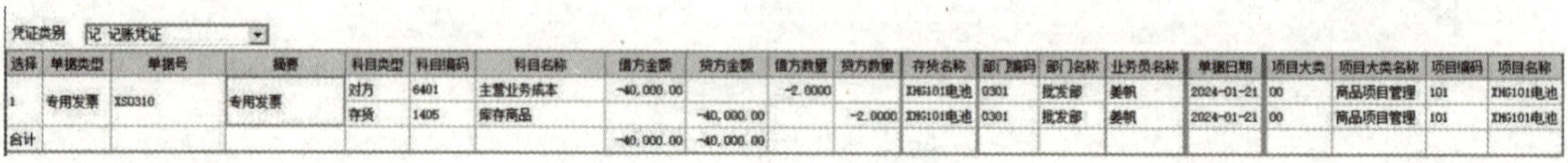

图 8-63　生成凭证设置

⑤ 单击“生成”按钮，生成一张记账凭证，单击“保存”按钮，结果如图 8-64 所示。

已生成

记账凭证

记　字 0066　制单日期：2024.01.23　审核日期：　附单据数：1

摘要	科目名称	借方金额	贷方金额
专用发票	主营业务成本	4000000	
专用发票	库存商品		4000000
票号 日期	数量 -2.00000个 单价 20000.00000 合计	4000000	4000000

备注　项　目 XHG101电池　部　门

个　人　客　户

业务员

记账　审核　出纳　制单　朱贝

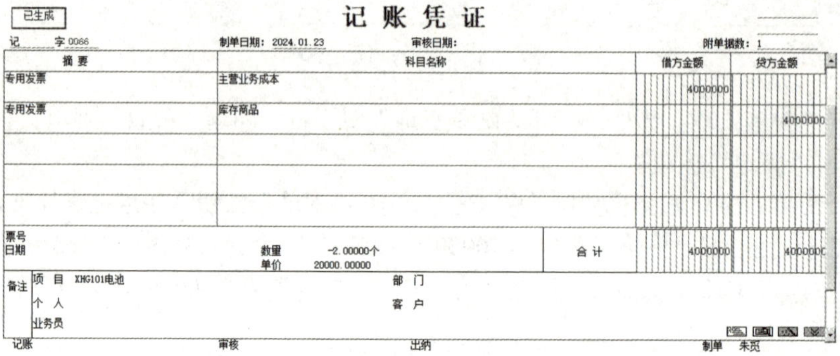

图 8-64　记账凭证

任务 8.9　零售日报业务

【任务资料】

2024 年 1 月 21 日，销售部余欣统计零售情况，销售统计表如表 8-2 所示。

表 8-2　销售统计表

存货名称	销售数量/个	含税单价/元	税　率	支付方式
XHG101 电池	3	39,550.00	0.13	银行转账
XHG102 电池	2	56,500.00	0.13	银行转账
XHG103 电池	1	73,450.00	0.13	银行转账
SLA210 电池	18	3,164.00	0.13	现金
SLA310 电池	12	4,181.00	0.13	微信

其中：客户银行转账收款 305,100 元，现金收款 56,952 元，微信收款 50,172 元。

📖【任务步骤】

1. 填制零售日报

零售日报业务

① 2024 年 1 月 21 日，销售部余欣（X02）登录"企业应用平台"，执行"业务工作→销售管理→零售日报"命令，双击"零售日报"选项，打开"零售日报"窗口。

② 单击"增加"按钮，按照业务资料填写日报信息。

③ 单击"保存"按钮，单击"现结"按钮，打开"现结"对话框，设置"结算方式"和"原币金额"，如图 8-65 所示。

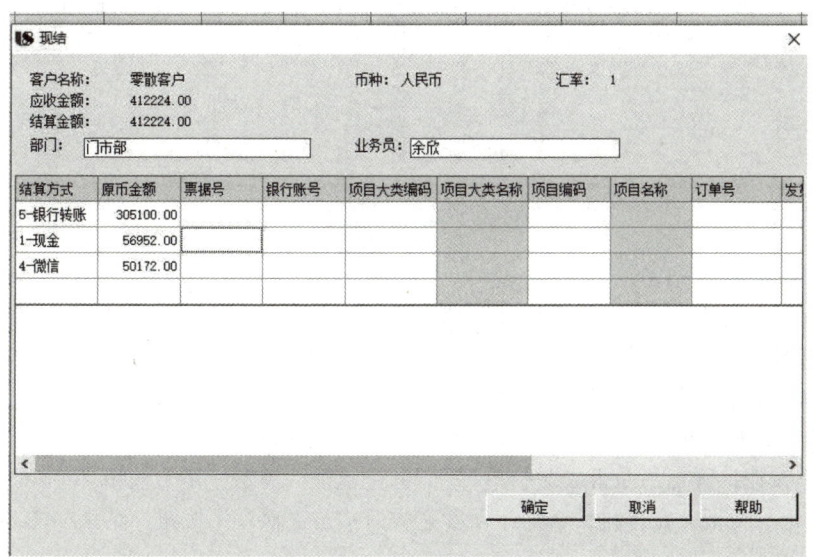

图 8-65 零售日报现结

④ 单击"确定"按钮。零售日报显示"已结"字样。

⑤ 单击"复核"按钮，结果如图 8-66 所示。

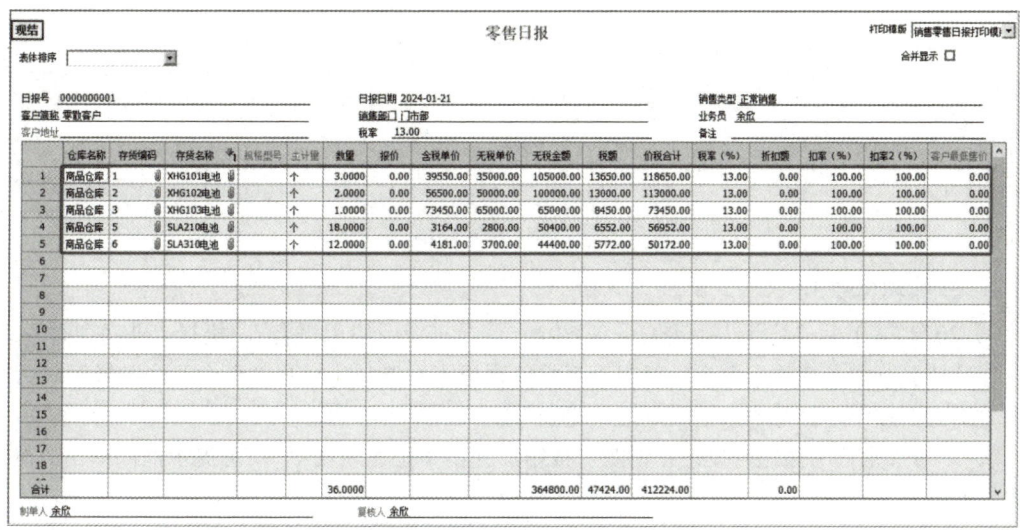

图 8-66 零售日报现结与复核

> **任务提示**
> （1）每张零售日报复核时将自动生成一张发货单和一张出库单。
> （2）如果需要取消销售现结，需设置销售员的"销售弃结"权限，方法如下：主管执行"系统管理→权限"命令，选择"X01姜帆"，选择"供应链"下拉菜单，勾选"销售弃结"权限。

2. 销售出库单审核

① 2024年1月21日，仓储部戴慧（C01）登录"企业应用平台"，执行"业务工作→供应链→库存管理→单据列表"命令，双击"销售出库单列表"选项，打开"查询条件选择-销售出库单列表"对话框，单击"确定"按钮，打开"销售出库单列表"窗口。

② 选择相应的销售出库单，单击"审核"按钮，结果如图8-67所示。

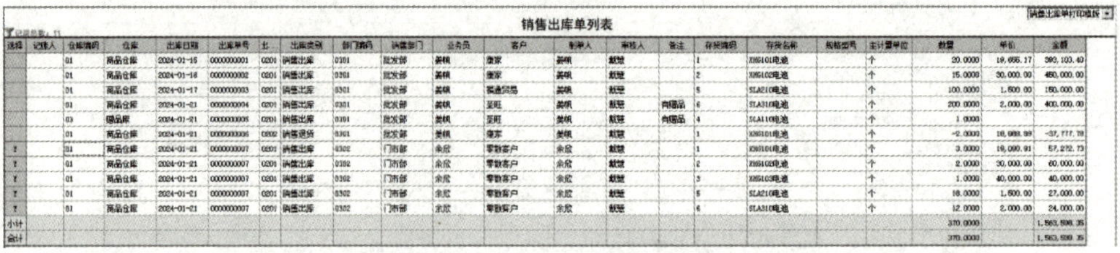

图8-67 销售出库单列表

3. 应收单审核与现结制单

① 2024年1月21日，会计朱觅（W02）登录"企业应用平台"，执行"业务工作→财务会计→应收款管理→应收单据处理"命令，双击"应收单据审核"选项，打开"应收单查询条件"对话框，勾选"包含已现结发票"复选框。

② 单击"确定"按钮，打开"单据处理"窗口，双击相应单据，打开"销售发票"窗口，单击"审核"按钮，弹出"是否立即制单？"信息提示框，单击"是"按钮。

③ 生成记账凭证，完善科目名称，设置完成后单击"保存"按钮，结果如图8-68所示。

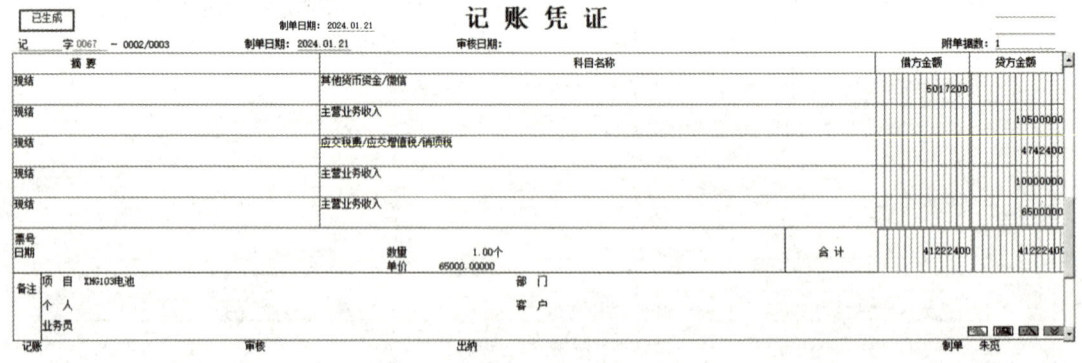

图8-68 记账凭证

4. 结转销售成本

① 2024年1月23日，会计朱觅（W02）登录"企业应用平台"，执行"业务工作→供应链→存货核算→业务核算"命令，双击"正常单据记账"选项，打开"查询条件选择"对话框，单击"确定"按钮，打开"未记账单据一览表"窗口。

② 单击"全选"按钮，单击"记账"按钮，弹出"记账成功。"信息提示框，单击"确定"按钮，如图8-69所示。

③ 执行"业务工作→供应链→存货核算→财务核算"命令，双击"生成凭证"选项，打开"生成凭证"窗口，单击"选择"按钮，打开"查询条件"对话框，单击"确定"按钮，打开"选择

单据”窗口。单击“全选”按钮，单击“确定”按钮。

正常单据记账列表

记录总数：5

选择	日期	单据号	存货编码	存货名称	规格型号	存货代码	单据类型	仓库名称	收发类别	数量	单价	金额	计划单价
Y	2024-01-31	0000000001	1	XHG101电池			销售日报	商品仓库	销售出库	3.0000			
Y	2024-01-31	0000000001	2	XHG102电池			销售日报	商品仓库	销售出库	2.0000			
Y	2024-01-31	0000000001	3	XHG103电池			销售日报	商品仓库	销售出库	1.0000			
Y	2024-01-31	0000000001	5	SLA210电池			销售日报	商品仓库	销售出库	18.0000			
Y	2024-01-31	0000000001	6	SLA310电池			销售日报	商品仓库	销售出库	12.0000			
小计										36.0000			

图 8-69　正常单据记账列表

④ 在“生成凭证”窗口中出现凭证信息，修改会计科目的“项目大类”和“项目编码”，如图 8-70 所示。

凭证类别　记 记账凭证

选择	单据类型	单据号	摘要	科目类型	科目编码	科目名称	借方金额	贷方金额	借方数量	贷方数量	存货名称	部门编码	部门名称	业务员名称	单据日期	项目大类	项目大类名称	项目编码	项目名称
1	销售日报	0000000001	销售日报	对方	6401	主营业务成本	60,000.00		3.0000		XHG101电池	0302	门市部	余欣	2024-01-21	00	商品项目管理	101	XHG101电池
				存货	1405	库存商品		60,000.00		3.0000	XHG101电池	0302	门市部	余欣	2024-01-21	00	商品项目管理	101	XHG101电池
				对方	6401	主营业务成本	60,000.00		2.0000		XHG102电池	0302	门市部	余欣	2024-01-21	00	商品项目管理	102	XHG102电池
				存货	1405	库存商品		60,000.00		2.0000	XHG102电池	0302	门市部	余欣	2024-01-21	00	商品项目管理	102	XHG102电池
				对方	6401	主营业务成本	40,000.00		1.0000		XHG103电池	0302	门市部	余欣	2024-01-21	00	商品项目管理	103	XHG103电池
				存货	1405	库存商品		40,000.00		1.0000	XHG103电池	0302	门市部	余欣	2024-01-21	00	商品项目管理	103	XHG103电池
				对方	6401	主营业务成本	27,000.00		18.0000		SLA210电池	0302	门市部	余欣	2024-01-21	00	商品项目管理	202	SLA210电池
				存货	1405	库存商品		27,000.00		18.0000	SLA210电池	0302	门市部	余欣	2024-01-21	00	商品项目管理	202	SLA210电池
				对方	6401	主营业务成本	24,000.00		12.0000		SLA310电池	0302	门市部	余欣	2024-01-21	00	商品项目管理	203	SLA310电池
				存货	1405	库存商品		24,000.00		12.0000	SLA310电池	0302	门市部	余欣	2024-01-21	00	商品项目管理	203	SLA310电池
合计							211,000.00	211,000.00											

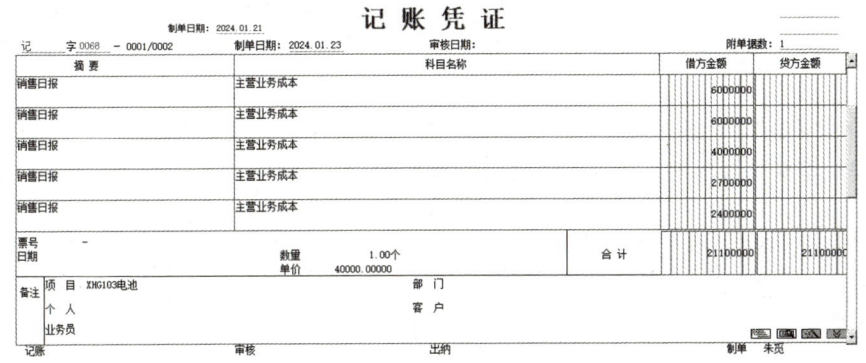

图 8-70　生成凭证设置

⑤ 单击“生成”按钮，生成记账凭证，单击“保存”按钮，结果如图 8-71 所示。

记 账 凭 证

制单日期：2024.01.21

记　字 0068 － 0001/0002　　制单日期：2024.01.23　　审核日期：　　附单据数：1

摘 要	科目名称	借方金额	贷方金额
销售日报	主营业务成本	6000000	
销售日报	主营业务成本	6000000	
销售日报	主营业务成本	4000000	
销售日报	主营业务成本	2700000	
销售日报	主营业务成本	2400000	
票号 － 日期	数量 1.00个 单价 40000.00000 合 计	21100000	21100000

备注　项 目 XHG103电池　　部 门

个 人　　客 户

业务员

记账　　审核　　出纳　　制单 朱觅

图 8-71　记账凭证

任务 8.10　现金折扣业务

【任务资料】

2024 年 1 月 30 日，根据 1 月 20 日与梅拉德签订的直运销售合同，梅拉德以银行转账的方式向本公司支付 96%的不含税货款。

附件：工商银行收款凭证，金额 370,600 元。

【任务步骤】

现金折扣业务

1. 填制收款单

2024 年 1 月 30 日，出纳张思怡（W03）登录“企业应用平台”，执行“业务工作→财务会计

→应收款管理→收款单据处理"命令，双击"收款单据录入"选项，打开"收付款单录入"窗口，录入收款单相关信息，单击"保存"按钮，结果如图8-72所示。

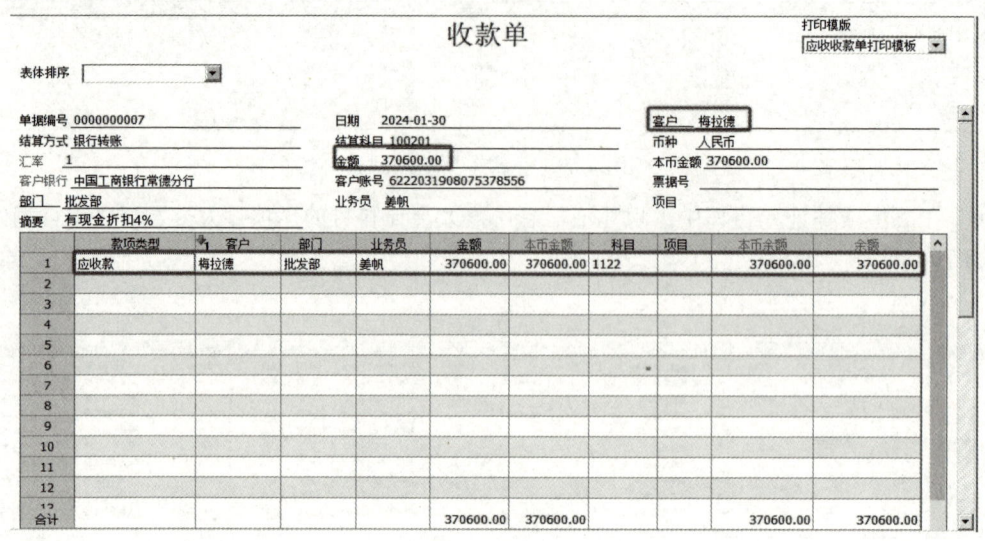

图8-72 收款单

2. 收款单审核

① 2024年1月30日，会计朱觅（W02）登录"企业应用平台"，执行"业务工作→财务会计→应收款管理→收款单据处理"命令，双击"收款单据审核"选项，打开"收款单查询条件"对话框。

② 单击"确定"按钮，打开"收付款单列表"窗口。单击"全选"按钮，单击"审核"按钮，系统进行审核并给出审核报告，结果如图8-73所示。

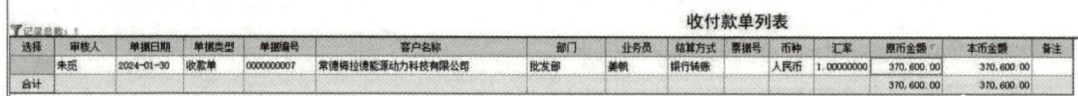

图8-73 收付款单列表

3. 手工核销

① 执行"财务会计→应收款管理→核销处理"命令，双击"手工核销"选项，打开"核销条件"对话框，"客户"选择"梅拉德"，单击"确定"按钮，打开"单据核销"窗口，在"2024-01-20"单据的"本次结算"栏中录入"370,600"，自动生成折扣金额为"13,600.00"，结果如图8-74所示。

② 单击"保存"按钮，核销完成。

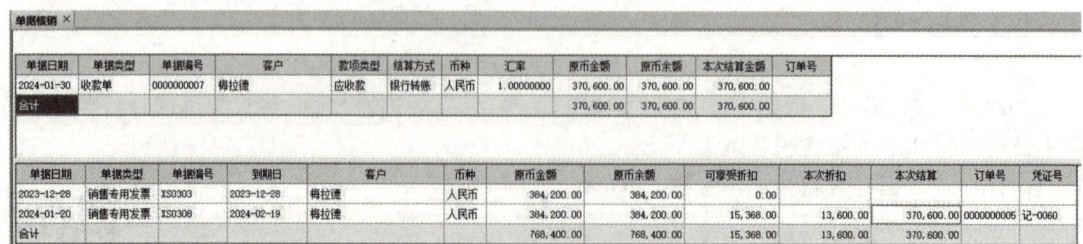

图8-74 手工核销

4. 合并制单

① 2024年1月30日，会计朱觅（W02）登录"企业应用平台"，执行"业务工作→财务会计→

应收款管理”命令，双击“制单处理”选项，打开“制单查询”对话框，勾选“收付款单制单”和“核销制单”复选框，单击“确定”按钮。

② 打开“制单”窗口，单击“全选”按钮，单击“合并”按钮，“选择标志”显示为“1”，如图 8-75 所示。

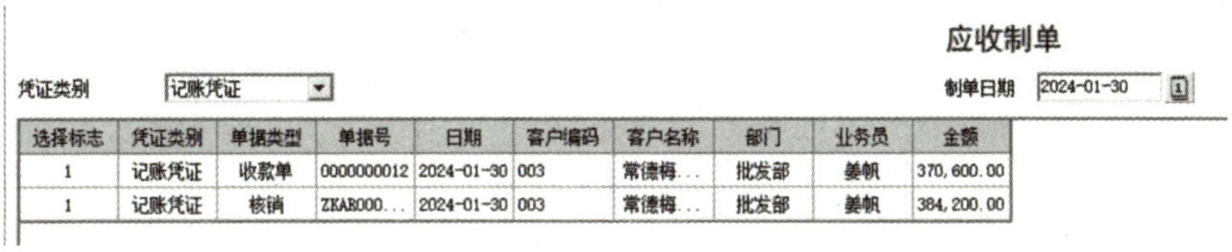

应收制单

凭证类别 记账凭证　　制单日期 2024-01-30

选择标志	凭证类别	单据类型	单据号	日期	客户编码	客户名称	部门	业务员	金额
1	记账凭证	收款单	0000000012	2024-01-30	003	常德梅...	批发部	姜帆	370,600.00
1	记账凭证	核销	ZKAR000...	2024-01-30	003	常德梅...	批发部	姜帆	384,200.00

图 8-75　制单选择

③ 单击“制单”按钮，生成记账凭证，单击“保存”按钮，结果如图 8-76 所示。

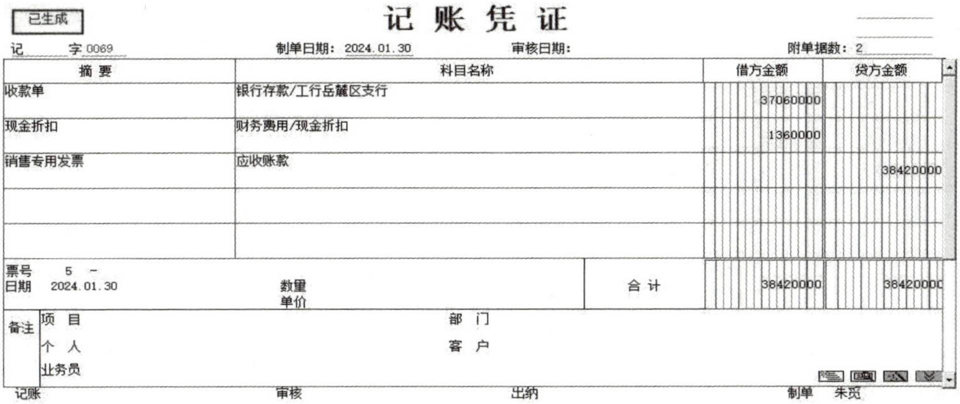

已生成

记 账 凭 证

记 字 0069　　制单日期：2024.01.30　　审核日期：　　附单据数：2

摘要	科目名称	借方金额	贷方金额
收款单	银行存款/工行岳麓区支行	37060000	
现金折扣	财务费用/现金折扣	1360000	
销售专用发票	应收账款		38420000
票号 5 – 日期 2024.01.30	数量 单价　　合计	38420000	38420000

备注　项目　　部门

个人　　客户

业务员

记账　审核　出纳　制单 朱览

图 8-76　记账凭证

任务提示

本书对现金折扣进行会计处理，采用了计入财务费用的方式。尽管现行准则要求按可变对价冲减收入，但考虑到初学者的入门难度、过往会计实务习惯，以及资料回溯便利性，沿用旧法更便于教学。建议读者在学习后续内容时，结合会计准则中更新的内容，深入学习当前的规定。

任务 8.11　销售核销业务

【任务资料】

2024 年 1 月 31 日，分别收到康家 XHG103 电池、圣旺 SLA210 电池和梅拉德 SLA310 电池的货款。

附件 1：银行承兑汇票（票号 39828354；票据到期日 3 月 31 日；金额 339,000 元；备注：上月康家 XHG103 电池货款）。

附件 2：商业承兑汇票（票号 48765368；票据到期日 3 月 31 日；金额 288,150 元；备注：上月圣旺 LA210 电池货款）。

附件 3：商业承兑汇票（票号 48765399；票据到期日 3 月 31 日；金额 384,200 元；备注：上月梅拉德 SLA310 电池货款）。

销售核销业务

【任务步骤】

1. 填制银行承兑汇票

① 2024 年 1 月 31 日，出纳张思怡（W03）登录"企业应用平台"，执行"业务工作→财务会计→应收款管理"命令，双击"票据管理"选项，打开"查询条件选择"对话框，单击"确定"按钮。

② 单击"增加"按钮，打开"应收票据"窗口，"票据类型"选择"银行承兑汇票"，录入相关票据信息，单击"保存"按钮，结果如图 8-77 所示。

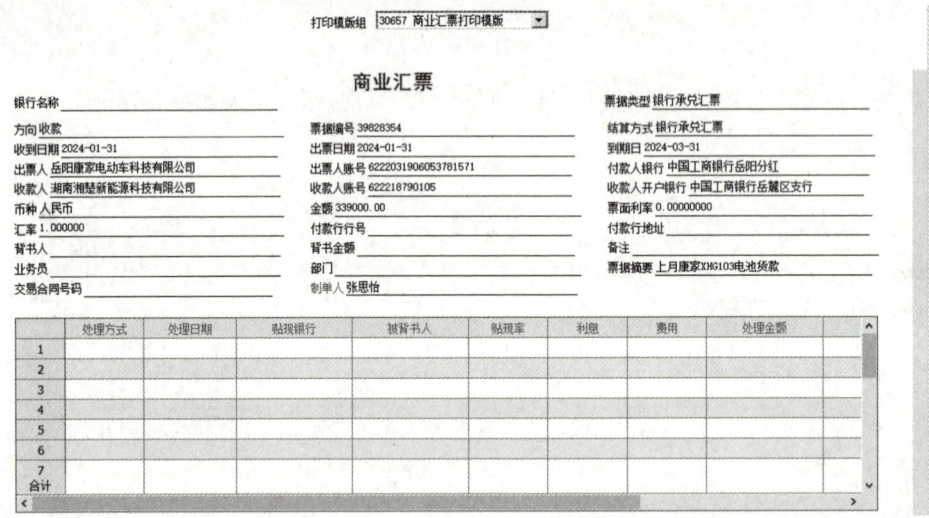

图 8-77 银行承兑汇票

③ 继续单击"增加"按钮，新增一张商业汇票，"票据类型"选择"商业承兑汇票"，录入相关票据信息，单击"保存"按钮，结果如图 8-78 所示。

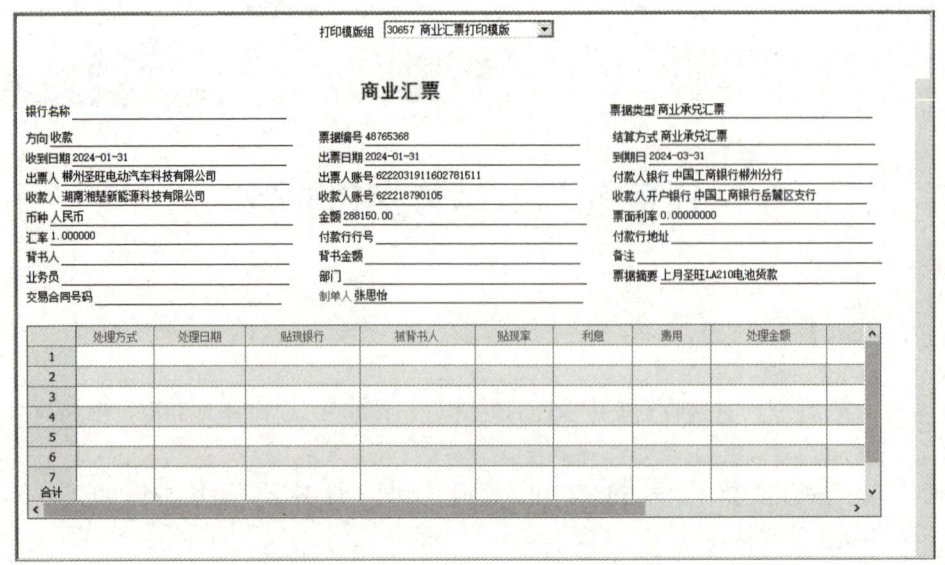

图 8-78 商业承兑汇票

④ 继续单击"增加"按钮，新增一张商业汇票，"票据类型"选择"商业承兑汇票"，录入相关票据信息，单击"保存"按钮，结果如图 8-79 所示。

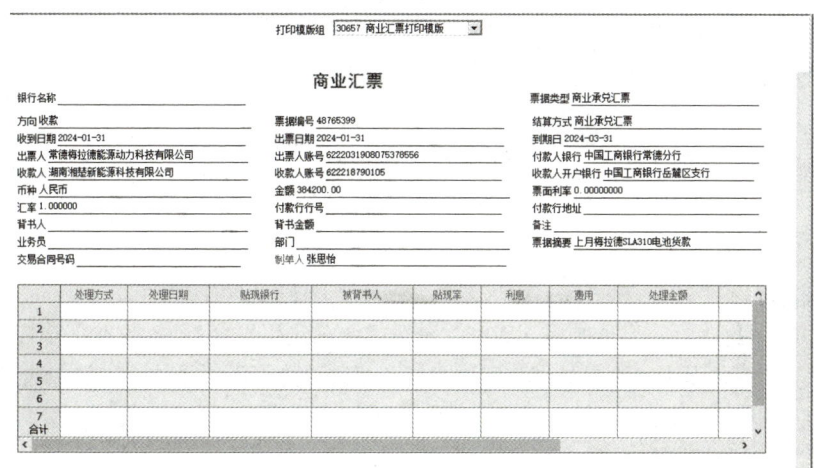

图 8-79　商业承兑汇票

2. 收款单审核

① 2024 年 1 月 31 日，会计朱觅（W02）登录"企业应用平台"，执行"业务工作→财务会计→应收款管理→收款单据处理"命令，双击"收款单据审核"选项，打开"收款单查询条件"对话框。

② 单击"确定"按钮，打开"收付款单列表"窗口。单击"全选"按钮，单击"审核"按钮，系统进行审核并给出审核报告，结果如图 8-80 所示。

图 8-80　收付款单列表

3. 手工核销

① 2024 年 1 月 31 日，会计朱觅（W02）登录"企业应用平台"，执行"业务工作→财务会计→应收款管理→核销处理"命令，双击"手工核销"选项，打开"核销条件"对话框，"客户"选择"康家"，单击"确定"按钮，打开"单据核销"窗口，在"2023-12-25"单据的"本次结算"栏中录入"339,000"，单击"保存"按钮，结果如图 8-81 所示。

单据日期	单据类型	单据编号	客户	款项类型	结算方式	币种	汇率	原币金额	原币余额	本次结算金额	订单号
2024-01-31	收款单	0000000007	康家	应收款	银行承…	人民币	1.00000000	339,000.00	339,000.00	339,000.00	
合计									339,000.00	339,000.00	

单据类型	单据编号	到期日	客户	币种	原币金额	原币余额	可享受折扣	本次折扣	本次结算	订单号	凭证号
2023-12-25	销售专…	XS0301	2023-12-25	康家	人民币	339,000.00	339,000.00	0.00	0.00	339,000.00	
合计						339,000.00	339,000.00		0.00	339,000.00	

图 8-81　手工核销（1）

② 重复上述操作，完成圣旺和梅拉德两个客户的手工核销，结果如图 8-82 和图 8-83 所示。

单据日期	单据类型	单据编号	客户	款项类型	结算方式	币种	汇率	原币金额	原币余额	本次结算金额	订单号
2024-01-17	收款单	0000000002	圣旺	预收款	转账支票	人民币	1.00000000	40,000.00	40,000.00		
2024-01-31	收款单	0000000009	圣旺	应收款	商业承…	人民币	1.00000000	288,150.00	288,150.00	288,150.00	
合计									328,150.00	328,150.00	288,150.00	

单据日期	单据类型	单据编号	到期日	客户	币种	原币金额	原币余额	可享受折扣	本次折扣	本次结算	订单号	凭证号
2023-12-26	销售专…	XS0302	2023-12-26	圣旺	人民币	288,150.00	288,150.00	0.00		288,150.00		
2024-01-21	销售专…	XS0309	2024-01-21	圣旺	人民币	768,400.00	768,400.00	0.00			0000000006	记-0063
合计						1,056,550.00	1,056,550.00			288,150.00		

图 8-82　手工核销（2）

图 8-83 手工核销（3）

4. 批量制单

① 2024 年 1 月 31 日，会计朱觅（W02）登录"企业应用平台"，执行"业务工作→财务会计→应收款管理"命令，双击"制单处理"选项，打开"制单查询"对话框，勾选"收付款单制单"和"核销制单"复选框。

② 单击"确定"按钮，打开"制单"窗口。

③ "凭证类别"选择"记账凭证"，根据客户编码设置"选择标志"，依次设置为"1""1""2""2""3""3"，如图 8-84 所示。

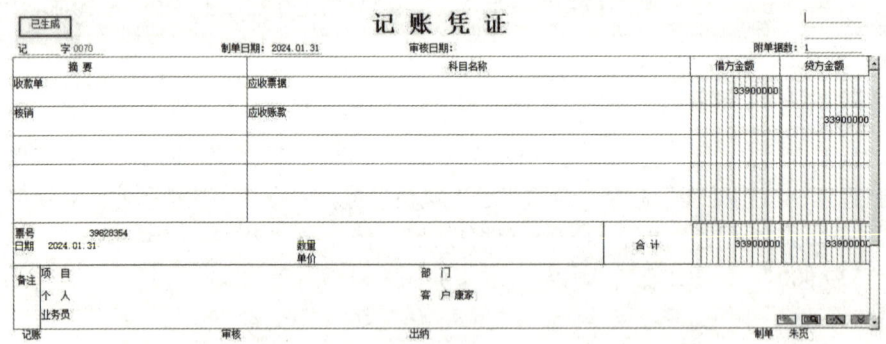

图 8-84 记账凭证选择

④ 单击"制单"按钮，生成记账凭证，单击"保存"按钮，结果如图 8-85 所示。

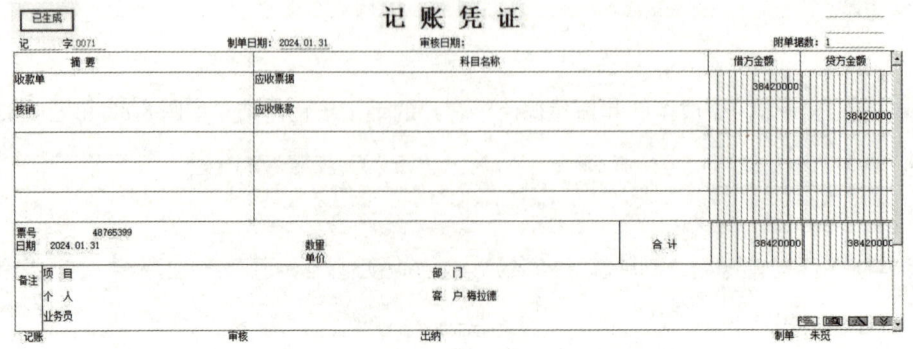

图 8-85 记账凭证

⑤ 单击"下一张"按钮，查看下一张凭证，单击"保存"按钮，结果如图 8-86 所示。

图 8-86 记账凭证

⑥ 继续单击"下一张"按钮，单击"保存"按钮，结果如图8-87所示。

图 8-87　记账凭证

任务 8.12　销售对冲业务

📖【任务资料】

2024年1月31日，仓库完成1月17日与圣旺签订的销售订单，按照合同要求出库，销售部开具发票，财务部用定金冲销相应应收款。

附件1：出库单。
附件2：销售专用发票（销售发票号 XS0311）。

销售对冲业务

📖【任务步骤】

1. 生成发货单

① 2024年1月31日，销售部姜帆（X01）登录"企业应用平台"，执行"业务工作→供应链→销售管理→销售发货"命令，双击"发货单"选项，打开"发货单"窗口。

② 单击"增加"按钮，打开"查询条件选择-参照订单"对话框，单击"确定"按钮，选择相应的销售订单，单击"确定"按钮。

③ 返回"发货单"窗口，"仓库名称"选择"商品仓库"，单击"保存"按钮，单击"审核"按钮，结果如图8-88所示。

2. 生成销售专用发票

① 2024年1月31日，销售部姜帆（X01）登录"企业应用平台"，执行"业务工作→供应链→销售管理→销售开票"命令，双击"销售专用发票"选项，打开"销售专用发票"窗口。

② 单击"增加"按钮，打开"查询条件选择-发票参照发货单"对话框，单击"确定"按钮，打开"参照生单"窗口，选择相应的销售订单，单击"确定"按钮。

③ 返回"销售专用发票"窗口，修改"发票号"为"XS0311"，修改"税率"为"13"，单击"保存"按钮，单击"复核"按钮，结果如图8-89所示。

图 8-88　发货单

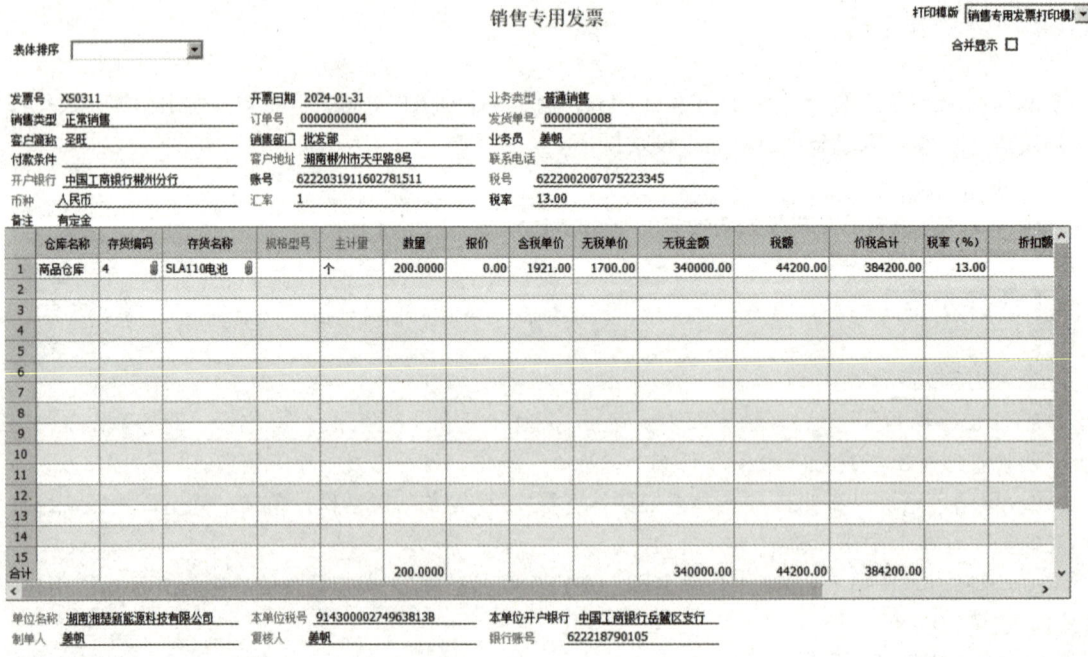

图 8-89　销售专用发票

3．销售出库单审核

① 2024 年 1 月 31 日，仓储部戴慧（C01）登录"企业应用平台"，执行"业务工作→供应链→库存管理→单据列表"命令，双击"销售出库单列表"选项，打开"查询条件选择-销售出库单列表"对话框，单击"确定"按钮，打开"销售出库单列表"窗口。

② 选择相应的销售出库单，单击"审核"按钮，结果如图 8-90 所示。

销售出库单列表

记录总数：12

选择	记账人	仓库编码	仓库	出库日期	出库单号	扎...	出库类别	部门编码	销售部门	业务员	客户	制单人	审核人	备注	存货编码	存货名称
		01	商品仓库	2024-01-15	0000000001	0201	销售出库	0301	批发部	姜帆	康家	姜帆	戴慧		1	XHG101电池
		01	商品仓库	2024-01-16	0000000002	0201	销售出库	0301	批发部	姜帆	康家	姜帆	戴慧		2	XHG102电池
		01	商品仓库	2024-01-17	0000000003	0201	销售出库	0301	批发部	姜帆	福通贸易	姜帆	戴慧		5	SLA210电池
		01	商品仓库	2024-01-21	0000000004	0201	销售出库	0301	批发部	姜帆	圣旺	姜帆	戴慧	有赠品1个SLA1...	6	SLA310电池
		03	赠品库	2024-01-21	0000000005	0201	销售出库	0301	批发部	姜帆	圣旺	姜帆	戴慧	有赠品1个SLA1...	4	SLA110电池
		01	商品仓库	2024-01-21	0000000006	0201	销售出库	0301	批发部	姜帆	康家	姜帆	戴慧		1	XHG101电池
		01	商品仓库	2024-01-21	0000000007	0201	销售出库	0302	门市部	余欣	零散客户	余欣	戴慧		1	XHG101电池
		01	商品仓库	2024-01-21	0000000007	0201	销售出库	0302	门市部	余欣	零散客户	余欣	戴慧		2	XHG102电池
		01	商品仓库	2024-01-21	0000000007	0201	销售出库	0302	门市部	余欣	零散客户	余欣	戴慧		3	XHG103电池
		01	商品仓库	2024-01-21	0000000007	0201	销售出库	0302	门市部	余欣	零散客户	余欣	戴慧		5	SLA210电池
		01	商品仓库	2024-01-21	0000000007	0201	销售出库	0302	门市部	余欣	零散客户	余欣	戴慧		6	SLA310电池
		01	商品仓库	2024-01-31	0000000008	0201	销售出库	0301	批发部	姜帆	圣旺	姜帆	戴慧	有定金	4	SLA110电池
小计																
合计																

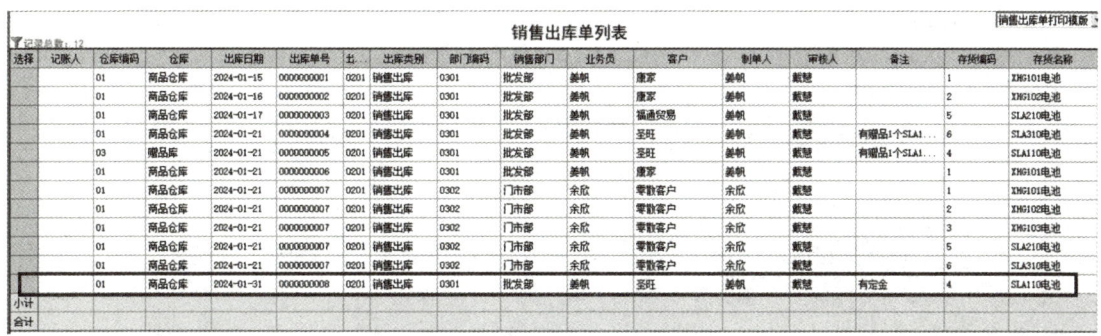

图 8-90　销售出库单列表

4. 应收单审核

① 2024 年 1 月 31 日，会计朱觅（W02）登录“企业应用平台”，执行“业务工作→财务会计→应收款管理→应收单据处理”命令，双击“应收单据审核”选项，打开“应收单查询条件”对话框。

② 单击“确定”按钮，打开“单据处理”对话框，单击“全选”按钮，单击“审核”按钮，弹出信息提示框，单击“是”按钮，结果如图 8-91 所示。

应收单据列表

记录总数：1

选择	审核人	单据日期	单据类型	单据号	客户名称	部门	业务员	制单人	币种	汇率	原币金额	本币金额	
	朱觅	2024-01-31	销售专...	XS0311	郴州圣旺电动汽车科技有限公司	批发部	姜帆	姜帆	人民币	1.00000000	384,200.00	384,200.00	有定金
合计											384,200.00	384,200.00	

图 8-91　应收单据列表

5.预付冲应付

① 2024 年 1 月 31 日，会计朱觅（W02）登录“企业应用平台”，执行“业务工作→财务会计→应收款管理→转账”命令，双击“预收冲应收”选项，打开“预收冲应收”对话框。

② 在“预收款”选项卡的“客户”栏选择“002-郴州圣旺电动汽车科技有限公司”，单击“过滤”按钮，在所过滤单据的“转账金额”栏中录入“40000”，如图 8-92 所示。

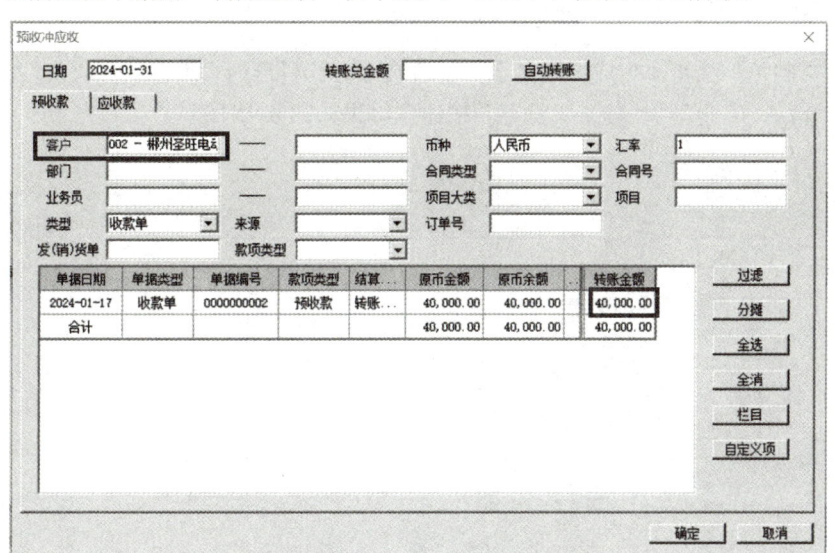

图 8-92　预收冲应收（1）

③ 选择“应收款”选项卡，单击“过滤”按钮，在所过滤采购发票的“转账金额”栏中录入“40000”，如图 8-93 所示。

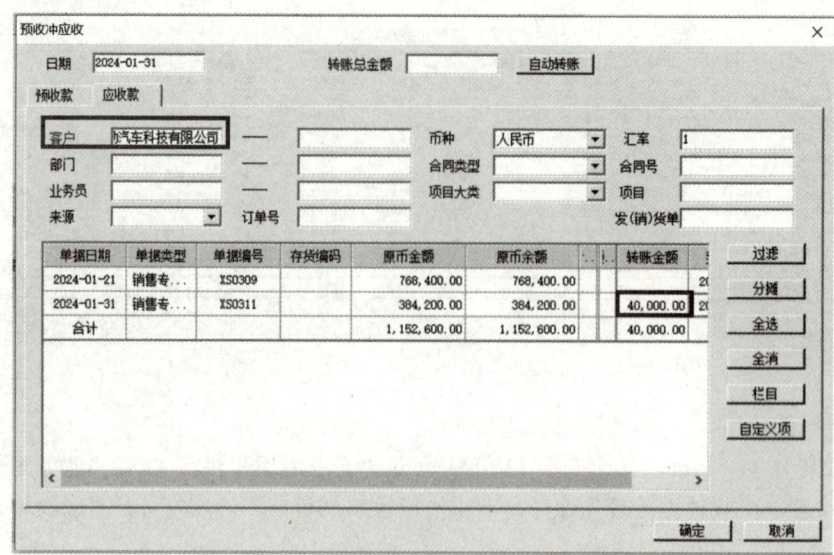

图 8-93 预收冲应收（2）

④ 单击"确定"按钮，弹出"是否立即制单？"信息提示框，单击"否"按钮。

6. 批量制单

① 2024 年 1 月 31 日，会计朱觅（W02）登录"企业应用平台"，执行"业务工作→财务会计→应收款管理"命令，双击"制单处理"选项，打开"制单查询"对话框，勾选"发票制单"和"预收冲应收制单"复选框，单击"确定"按钮。

② 单击"合并"按钮，应收制单列表中的"选择标志"显示为"1"，如图 8-94 所示。

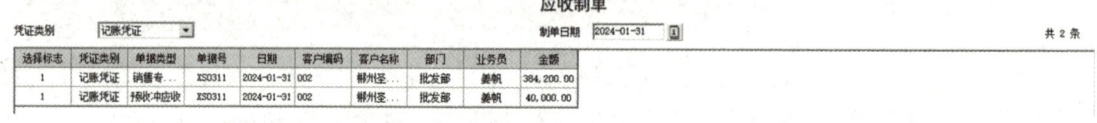

图 8-94 制单选择

③ 单击"制单"按钮，生成记账凭证，修改贷方会计科目为"主营业务收入"（6001）、"项目名称"为"SLA110 电池"，单击"保存"按钮，结果如图 8-95 所示。

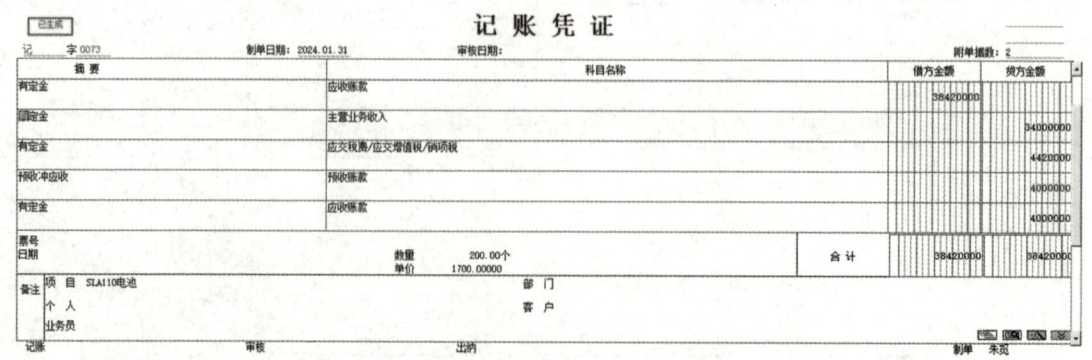

图 8-95 记账凭证

7. 结转销售成本

① 2024 年 1 月 31 日，会计朱觅（W02）登录"企业应用平台"，执行"业务工作→供应

链→存货核算→业务核算"命令，双击"正常单据记账"选项，打开"查询条件选择"对话框，单击"确定"按钮，打开"未记账单据一览表"窗口。

② 单击"全选"按钮，单击"记账"按钮，弹出"记账成功。"信息提示框，单击"确定"按钮。

③ 执行"业务工作→供应链→存货核算→财务核算"命令，双击"生成凭证"选项，打开"生成凭证"窗口，单击"选择"按钮，打开"查询条件"对话框，单击"确定"按钮，打开"选择单据"窗口，单击"确定"按钮。

④ 在"生成凭证"窗口中出现凭证信息，修改会计科目的"项目大类"和"项目编码"，如图 8-96 所示。

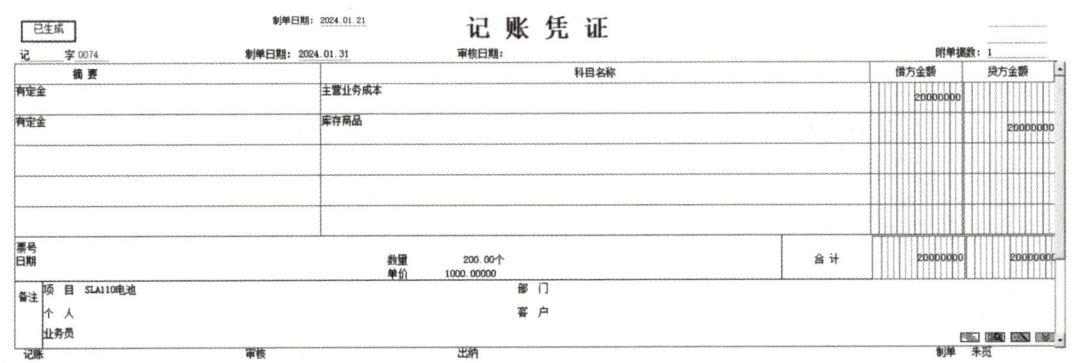

图 8-96 生成凭证设置

⑤ 单击"生成"按钮，生成记账凭证，单击"保存"按钮，结果如图 8-97 所示。

图 8-97 记账凭证

任务 8.13 计提坏账业务

📖【任务资料】

2024 年 1 月 31 日，进行本月的坏账准备计提。

📖【任务步骤】

计提坏账业务

① 2024 年 1 月 31 日，会计朱觅（W02）登录"企业应用平台"，执行"业务工作→财务会计→应收款管理→坏账处理"命令，双击"计提坏账准备"选项，打开"应收账款百分比法"窗口，如图 8-98 所示。

② 单击工具栏中的"OK 确认"按钮，弹出"是否立即制单？"信息提示框。

③ 单击"是"按钮，完成计提坏账准备金，单击"保存"按钮，结果如图 8-99 所示。

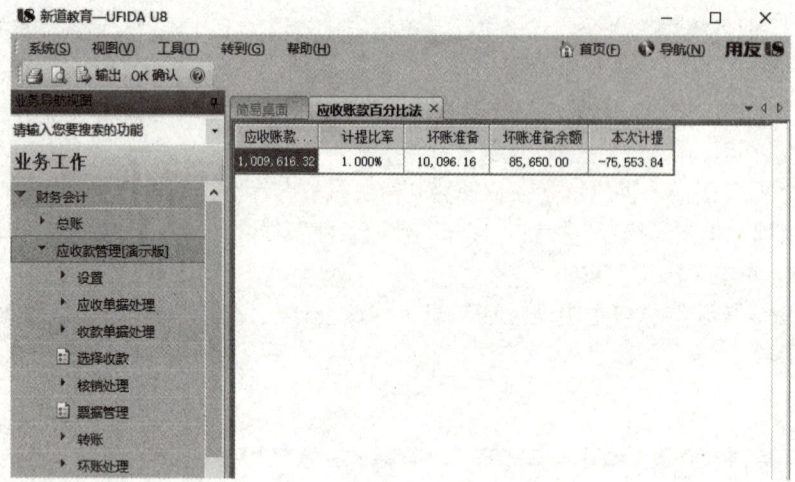

图 8-98　计提坏账准备金

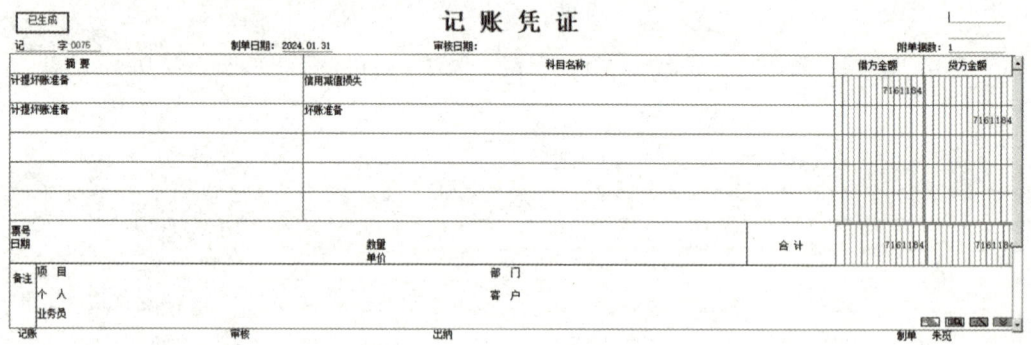

图 8-99　记账凭证

任务 8.14　任务总结

项目八测试

📖【学习经验】

📖【注意事项】

课证融通：销售管理

红色会计大讲堂：珍贵的实寄封

项目九

库存管理系统

动画：财产清查

学习目标

知识目标： 理解库存管理系统的功能及与其他子系统之间的关系。
掌握库存管理系统中各种库存业务的处理方法和原理。

能力目标： 会运用用友 U8 进行日常库存业务操作和管理。
会进行存货盘点及库存数据分析与管理。

素养目标： 培养严谨细致的工作态度，确保库存数据的准确性。
培养信息化环境下库存管理能力，提高问题解决和应变能力。
树立精益求精、客观公正的成本管理职业素质，葆诚信。

项目概述

在用友 U8 系统中，库存管理系统是企业物流管理的核心部分，对保证企业生产经营的顺利进行起着关键作用，能够为企业提供库存成本、周转率、呆滞积压等数据分析，为企业经营决策提供快速可靠的数据支撑。库存管理系统与采购管理系统、销售管理系统紧密相连，确保企业物资的合理调配和高效流转。

库存管理系统的日常业务主要包括入库管理、出库管理、库存盘点。其中，入库管理包括采购入库、生产入库、其他入库等的处理和记录；出库管理包括销售出库、生产领料出库、其他出库等的处理和记录；库存盘点用于核对实际库存与系统记录，确保库存数量的准确性。

库存管理系统可以单独使用，也可以与销售管理、采购管理、存货核算等系统一起使用，从而发挥更强大的应用功能。库存管理与销售管理系统通过销售出库单建立关联，可以参照销售管理系统中的销售订单、销售发票等生成销售发货单，再在库存管理系统中生成销售出库单，随后传递到存货核算系统，进行销售成本的确认。库存管理系统与采购管理系统通过采购入库单关联，可参照采购订单或采购到货单生成采购入库单；采购入库单与采购发票完成采购结算后，会回填至库存管理系统和存货核算系统，用于采购成本的确认。

本项目知识图谱如图 9-1 所示。

图 9-1 项目九知识图谱

任务 9.1 其他业务

📖【任务资料】

2024 年 1 月 31 日，仓库管理员戴慧结转周转材料出库，共计 370 个木箱，周转材料成本直接计入销售费用。

📖【任务步骤】

1. 填制其他出库单

① 2024 年 1 月 31 日，仓库管理员戴慧（C01）登录"企业应用平台"，执行"业务工作→供应链→库存管理→出库业务"命令，双击"其他出库单"选项，打开"其他出库单"窗口。

② 单击"增加"按钮，按照所提供资料填制其他出库单的相关信息，单击"保存"按钮，单击"审核"按钮，弹出"该单据审核成功！"信息提示框，单击"确定"按钮，如图 9-2 所示。

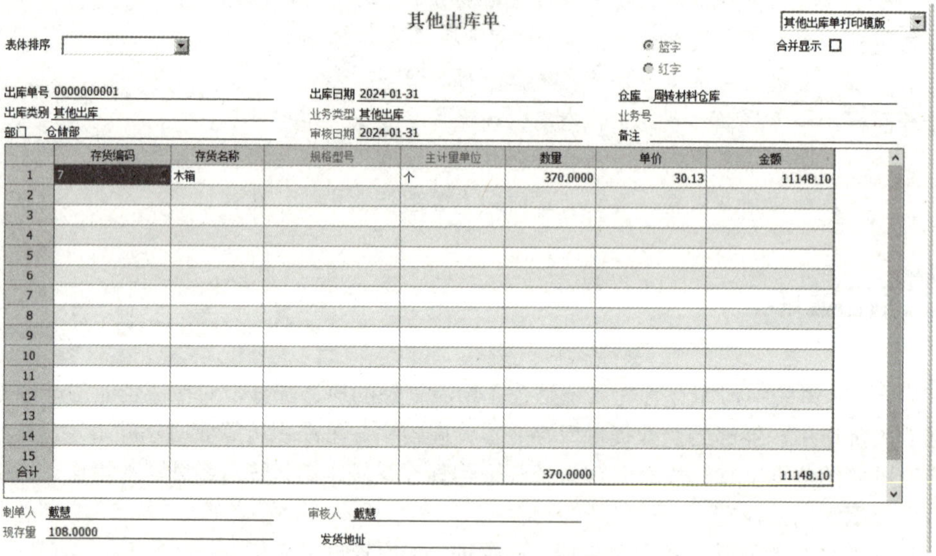

图 9-2 其他出库单

2. 存货核算

① 2024 年 1 月 31 日，会计朱觅（W02）登录"企业应用平台"，执行"业务工作→供应链→存货核算→业务核算"命令，双击"正常单据记账"选项，打开"查询条件选择"对话框。

② 单击"确定"按钮，打开"未记账单据一览表"窗口。

③ 单击"全选"按钮，单击"记账"按钮，弹出"记账成功。"信息提示框，单击"确定"按钮，如图 9-3 所示。

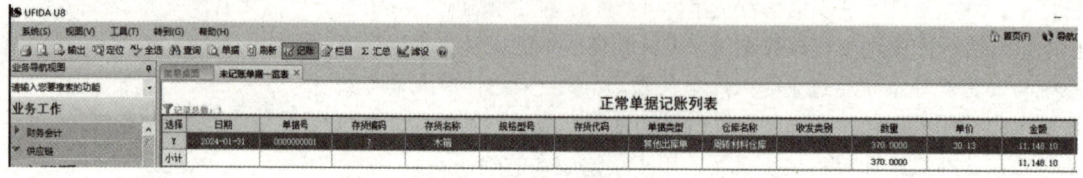

图 9-3 正常单据记账列表

④ 执行"业务工作→供应链→存货核算→财务核算"命令，双击"生成凭证"选项，单击"选择"按钮，打开"查询条件"对话框，单击"确定"按钮，打开"选择单据"窗口，单击"全选"按钮，单击"确定"按钮。

⑤ 返回"生成凭证"对话框，修改借方会计科目编码为"660107"（销售费用/包装费），修改贷方会计科目编码为"141101"（周转材料/包装箱）。

⑥ 单击"生成"按钮，生成一张记账凭证，单击"保存"按钮，结果如图9-4所示。

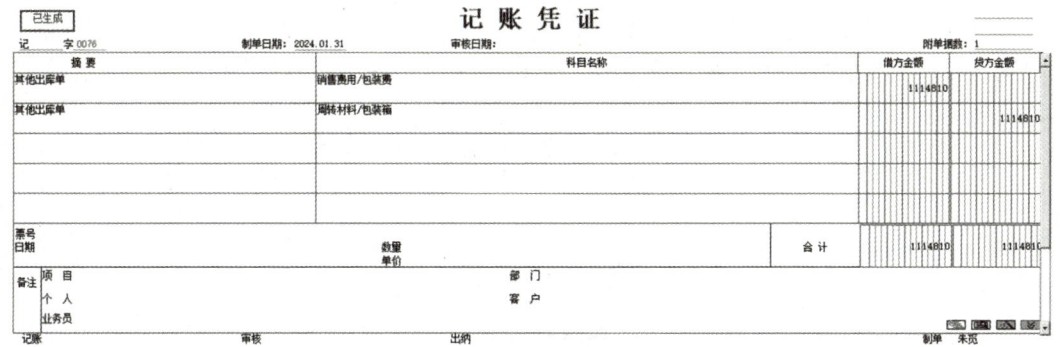

图 9-4 记账凭证

任务 9.2 盘点业务

盘点业务

📖【任务资料】

2024 年 1 月 31 日，仓库管理员戴慧对商品仓库进行盘点，发现 SLA210 电池盘亏 1 个。经商讨，盘亏的存货损失批准计入营业外支出。

附件 1：存货盘点表（见表 9-1）。

表 9-1 存货盘点表

盘点时间：2024.1.31　　　　　　　　　　　　　　　　　　　　　　　　　　　　　　　盘点人：戴慧

序号	存货名称	型号	账面			盘盈	盘亏	实盘		
			数量/个	单价	金额	数量	数量	数量/个	单价	金额
1	XHG101电池		8					8		
2	XHG102电池		13					13		
3	XHG103电池		47					47		
4	SLA110电池		210					210		
5	SLA210电池		93				-1	92		
6	SLA310电池		98					98		
合计			469					468		

【任务步骤】

1. 填制盘点表

① 2024 年 1 月 31 日，仓库管理员戴慧（C01）登录"企业应用平台"，执行"业务工作→供应链→库存管理"命令，双击"盘点业务"选项，打开"盘点单"窗口。

② 单击"增加"按钮，"盘点仓库"选择"商品仓库"，"出库类别"选择"盘方出库"，将其他信息按照所提供资料填好。

③ 单击"保存"按钮，单击"审核"按钮，单击"选择"按钮，勾选"存货"复选框，弹出"确认要选择全部存货吗？"信息提示框，如图 9-5 所示，单击"确定"按钮。

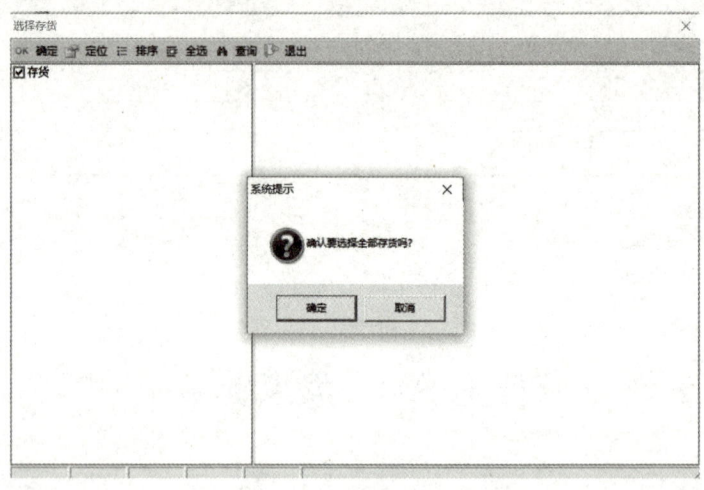

图 9-5　确认是否选择全部存货

④ 单击"OK 确定"按钮，盘点单中出现盘点数据。在"存货编码"为"5"的"调整出库数量"栏中录入"-1"。

⑤ 单击"保存"按钮，单击"审核"按钮，审核填制的盘点单，结果如图 9-6 所示。

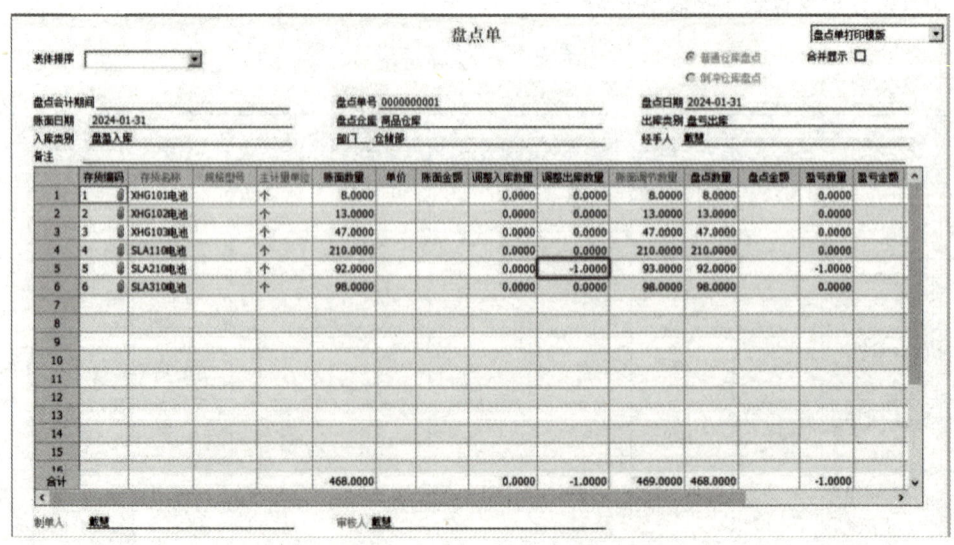

图 9-6　盘点单

2. 审核其他出库单

2024 年 1 月 1 日，仓库管理员戴慧（C01）执行"业务工作→供应链→库存管理→单据列表"命令,双击"其他出库单列表"选项,打开"查询条件选择-其他出库单"对话框,单击"确定"按钮,打开"其他出库单列表"窗口,选择需要审核的出库单,单击"审核"按钮,结果如图 9-7 所示。

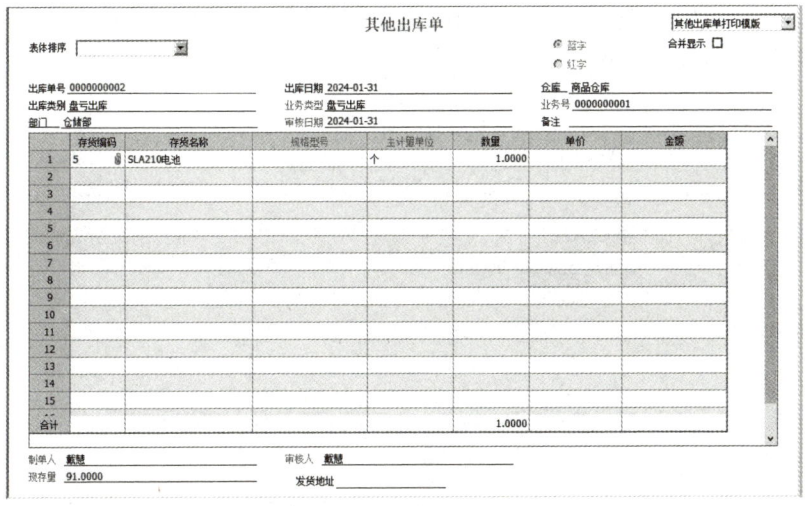

图 9-7　其他出库单列表

3. 存货核算

① 2024 年 1 月 31 日,会计朱觅(W02)登录"企业应用平台",执行"业务工作→供应链→存货核算→业务核算"命令,双击"正常单据记账"选项,打开"查询条件选择"对话框。

② 单击"确定"按钮,打开"未记账单据一览表"窗口。

③ 单击"全选"按钮,单击"记账"按钮,结果如图 9-8 所示。

正常单据记账列表											
记录总数:1											
选	日期	单据号	存货编码	存货名称	规格型号	存货代码	单据类型	仓库名称	收发类别	数量	单价
√	2024-01-31	0000000002	5	SLA210电池			其他出库单	商品仓库	盘亏出库	1.0000	
小计										1.0000	

图 9-8　正常单据记账列表

④ 执行"业务工作→供应链→存货核算→财务核算"命令,双击"生成凭证"选项,单击"选择"按钮,打开"查询条件"对话框,单击"确定"按钮,打开"选择单据"窗口,单击"全选"按钮,单击"确定"按钮。

⑤ 返回"生成凭证"窗口,修改会计科目"库存商品"的"项目大类"为"00"、"项目编码"为"202"。

⑥ 单击"生成"按钮,生成一张记账凭证,单击"保存"按钮,结果如图 9-9 所示。

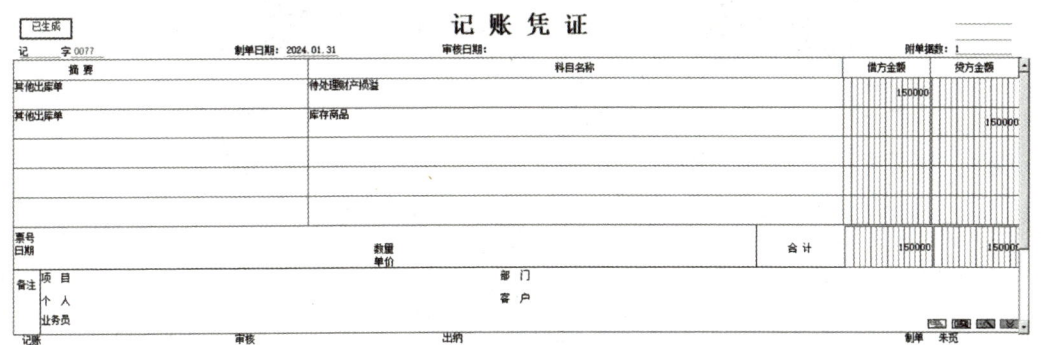

图 9-9　记账凭证

4. 盘亏处理凭证填制

2024年1月31日,会计朱觅(W02)登录"企业应用平台",执行"业务工作→财务会计→总账→凭证"命令,双击"填制凭证"选项,打开"填制凭证"窗口,填制一张记账凭证,单击"保存"按钮,结果如图9-10所示。

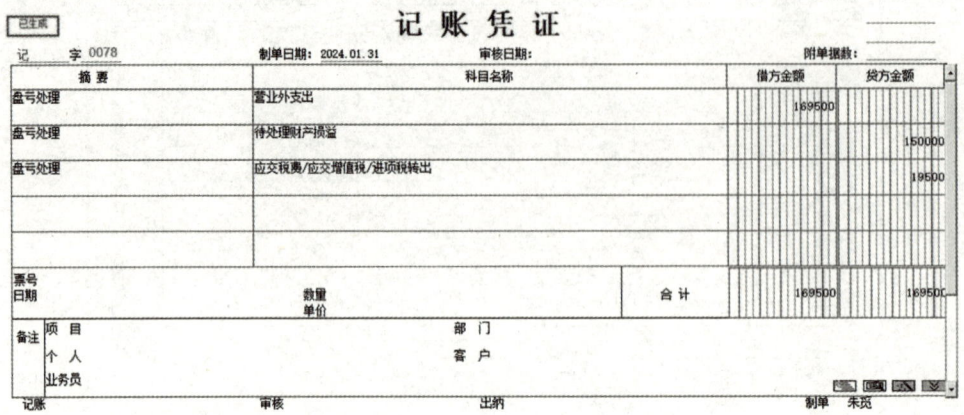

图9-10 记账凭证

任务9.3 任务总结

项目九测试

📖【学习经验】

📖【注意事项】

课证融通:库存管理系统

红色会计大讲堂:天才少年顾准

项目十

存货核算系统

动画：存货核算系统

学习目标

知识目标： 理解存货核算系统的功能及与其他子系统之间的关系。
　　　　　　掌握存货核算系统中存货成本计算原理与信息化处理方法。
能力目标： 会运用存货核算系统进行存货计价、核算、结算成本、记账等业务操作。
　　　　　　会生成存货核算报表，会进行存货数据查询。
素养目标： 具备严谨、细致的工作作风，保证存货核算数据的精确性。
　　　　　　培养工作责任心，做好存货核算与成本管控，铸匠心。
　　　　　　培养良好的沟通协调能力，与财务及其他相关部门有效协作。

项目概述

存货核算系统主要对企业存货收发进行核算，通过存货计价确定存货的成本计算方法，完成出入库成本核算，准确计算存货入库成本、出库成本、结余成本。存货核算系统还可以对存货成本进行必要的调整，处理采购暂估入库的相关核算；生成存货明细账、存货总账等账簿。存货核算系统能及时反映和监督存货的收发、领退和保管情况，同时反映和监督存货资金的占用情况。

存货核算系统与采购管理系统一起使用时，可以设置存货暂估入库的成本处理方式，包括月初回冲、单到回冲、单到补差等。采购入库单由采购管理系统生成，存货核算系统可以修改其单价和金额。如果采购过程中未确定入库成本，采购管理系统可先对存货进行暂估入库处理，后续由存货核算系统完成相关核算。存货核算系统与销售管理系统一起使用时，可对销售管理系统生成的销售发票、发货单进行记账，实现销售成本的核算与记录。存货核算系统与库存管理系统一起使用时，期初结存数量、金额可直接从库存管理系统取数，且支持与库存管理系统进行对账。在存货核算系统中，对采购结算单制单需要将凭证信息回填到所涉及的采购发票和付款单上。存货核算系统中各种出入库单据生成的凭证会传递到总账系统中，并为 UFO 报表系统提供数据。

本项目知识图谱如图 10-1 所示。

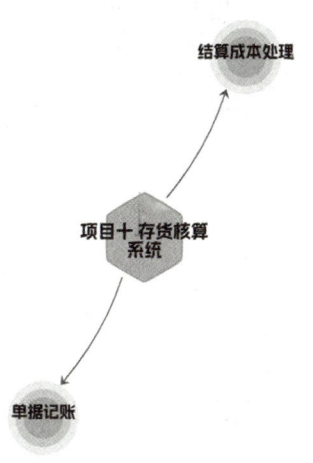

图 10-1　项目十知识图谱

任务 10.1　结算成本处理

动画：存货价格与结算成本处理

📖【任务资料】

2024 年 1 月 31 日，完成本期采购结算，需要结算成本暂估处理的单据，并对其进行暂估处理。

📖【任务步骤】

① 2024 年 1 月 31 日，会计朱觅（W02）登录"企业应用平台"，执行"业务工作→供应链→存货核算→业务核算"命令，双击"暂估成本录入"选项，打开"暂估处理查询"对话框，如图 10-2 所示。选择所有的仓库，其他条件为默认，单击"确定"按钮。

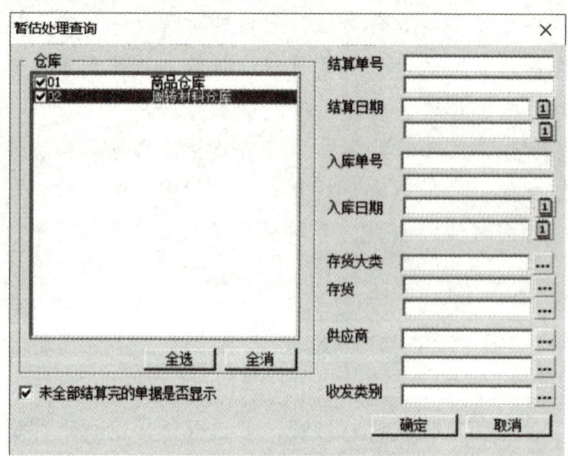

图 10-2　暂估处理查询

② 打开"暂估成本录入"窗口，如果有需要录入单价的存货，录入单价信息，单击"保存"按钮，如图 10-3 所示。

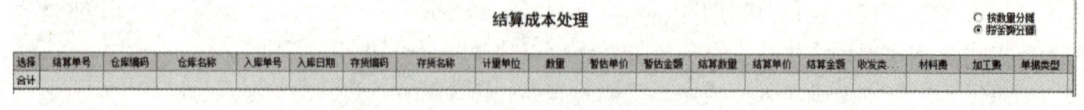

图 10-3　结算成本处理

任务 10.2　单据记账

📖【任务资料】

2024 年 1 月 31 日，将所有特殊业务单据进行记账。

【任务步骤】

① 2024 年 1 月 31 日，会计朱觅（W02）登录"企业应用平台"，执行"业务工作→供应链→存货核算→业务核算"命令，双击"特殊单据记账"选项，打开"特殊单据记账条件"对话框。

② "单据类型"选择"调拨单"，如图 10-4 所示，单击"确定"按钮，打开"特殊单据记账"窗口，如图 10-5 所示。

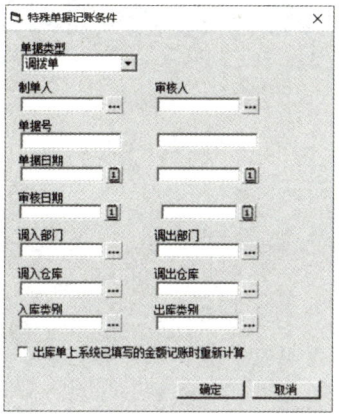

图 10-4　特殊单据记账条件查询

图 10-5　特殊单据记账

③ 对全部单据进行记账，单击"全选"按钮，单击"记账"按钮。

任务 10.3　任务总结

项目十测试

【学习经验】

【注意事项】

课证融通：存货核算

红色会计大讲堂：廉洁自律的董必武

项目十一

总账期末业务

学习目标

知识目标： 了解总账期末的主要内容及其与 UFO 报表系统的关联。
熟悉期末结账的流程和注意事项。
掌握期末结转、各种转账设置的原理和方法，如自定义转账、对应结转等。

能力目标： 会进行总账期末结账操作，确保数据准确和流程合规。
会生成期末转账凭证，并进行审核记账。
会进行总账期末数据检查和分析，确保财务信息的准确性。

素养目标： 具备细心、耐心、专心的专业素养，树立精益求精的职业素养。
提高数字化、信息化素养，保证期末工作的高质量完成。
提升解决问题和应对复杂情况的能力，及时处理期末可能出现的异常。

项目概述

总账系统的期末业务处理需在本月全部经济业务入账后进行，主要包括转账定义与凭证生成、期间损益结转、试算平衡、对账和结账等工作。通过预先设置各类转账模板（如期间损益结转），系统可自动生成转账凭证，完成损益类科目结转到本年利润的计算。对账环节会自动核对总账与明细账、总账与辅助账的数据一致性，确保账务记录准确无误。试算平衡则用于检查所有账户的借贷方发生额及余额是否平衡。结账操作需在完成上述工作后进行，若系统启用了应收款管理、应付款管理、固定资产管理、薪资管理等子系统，则需先完成各子系统的结账，总账系统方可进行期末结账，从而开启下一会计期间的记账流程。

本项目知识图谱如图 11-1 所示。

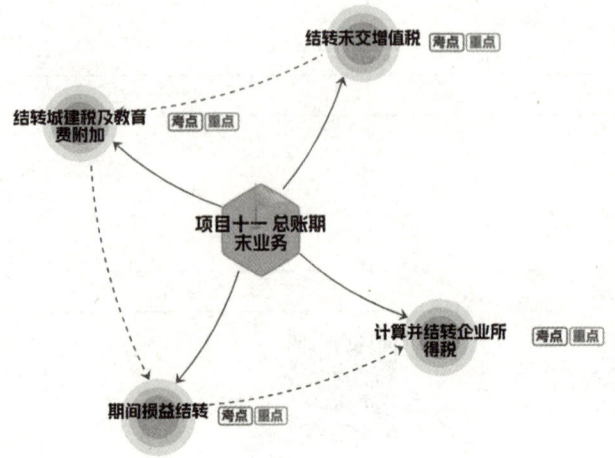

图 11-1　项目十一知识图谱

任务 11.1　结转未交增值税

【任务资料】

2024 年 1 月 31 日，结转本期末未交增值税。

结转未交增值税

【任务步骤】

1. 凭证出纳签字、审核、记账

① 2024 年 1 月 31 日，出纳张思怡（W03）登录"企业应用平台"，执行"业务工作→财务会计→总账→凭证"命令，双击"出纳签字"选项，打开"出纳签字"对话框，单击"确定"按钮，打开"出纳签字列表"窗口，双击"出纳签字列表"中的任意一个凭证，打开一张记账凭证，执行"批处理→成批出纳签字"命令，完成出纳签字，如图 11-2 所示。

图 11-2　出纳签字

② 2024 年 1 月 31 日，财务主管王燕琴（W01）登录"企业应用平台"，执行"业务工作→财务会计→总账→凭证"命令，双击"审核凭证"选项，打开"凭证审核"对话框，单击"确定"按钮，打开"凭证审核"列表，双击"审核凭证列表"中的任意一个凭证，打开一张记账凭证，执行"批处理→成批审核凭证"命令，完成审核，退出当前窗口，返回"凭证审核列表"窗口，如图 11-3 所示。

③ 2024 年 1 月 31 日，会计朱觅（W02）登录"企业应用平台"，执行"业务工作→财务会

计→总账→凭证"命令,双击"记账"选项,打开"记账"对话框,单击"全选"按钮,单击"记账"按钮,自动进行试算平衡检查,结果如图11-4所示。

④ 单击"确定"按钮,进行记账,弹出"记账完毕!"信息提示框,单击"确定"按钮,单击"退出"按钮。

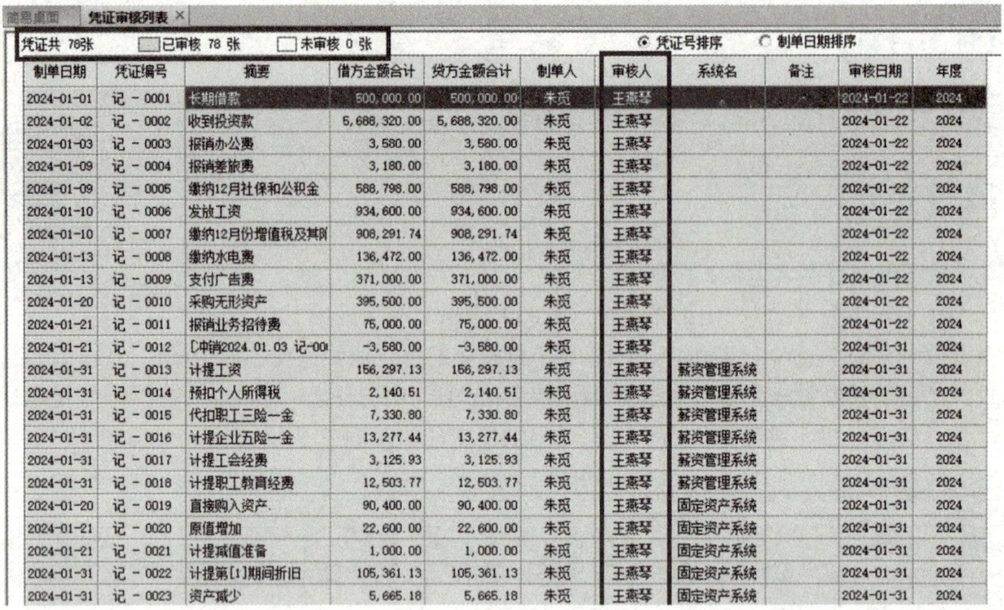

图 11-3 凭证审核

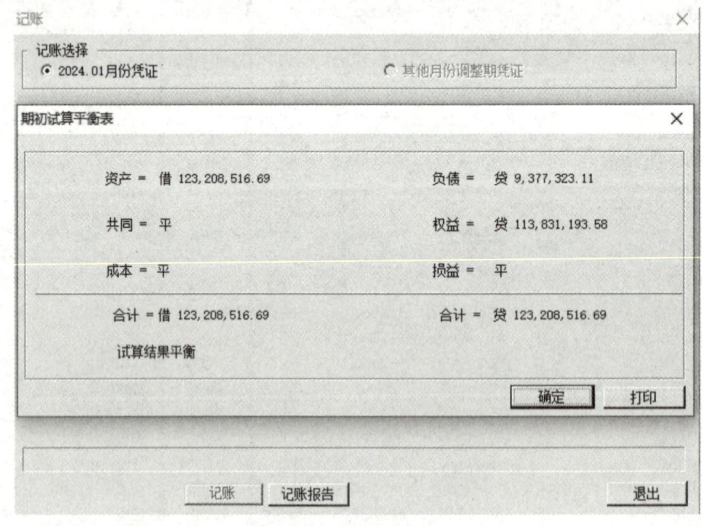

图 11-4 试算平衡

2. 设置应纳税额结转

1) 结转销项税额

① 会计朱觅(W02)登录"企业应用平台",执行"业务工作→财务会计→总账→期末→转账定义"命令,双击"对应结转"选项,打开"对应结转设置"窗口。

② 在"编号"栏中录入"0001",在"摘要"栏中录入"结转销项税额",在"转出科目"栏参照生成或直接录入"22210102"(销项税)。

③ 单击"增行"按钮,在表体中新增一行。在"转入科目编码"栏参照生成或直接录入"转

出未交增值税"（22210103），修改"结转系数"为"1"。

④ 单击"保存"按钮，结果如图 11-5 所示。

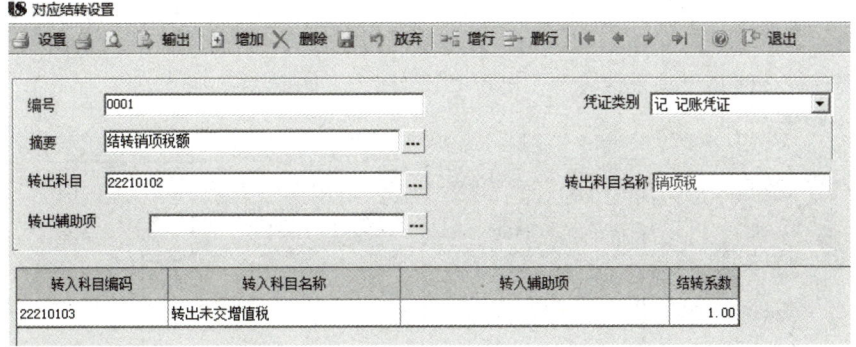

图 11-5　结转销项税额

2）结转进项税额转出

重复上述步骤，生成"0002 结转进项税额转出"的对应结转设置，结果如图 11-6 所示。

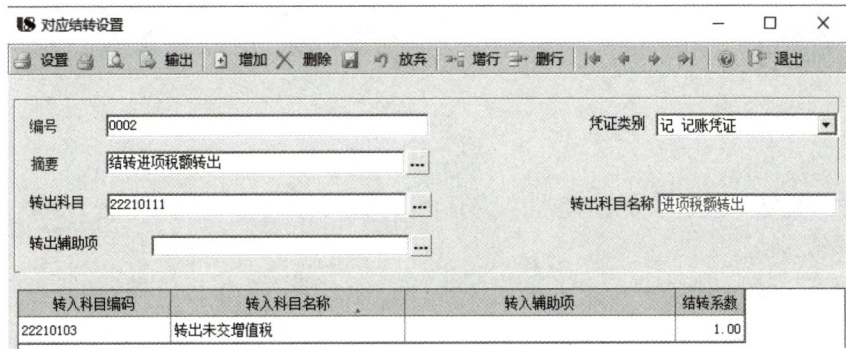

图 11-6　结转进项税额转出

3）结转进项税额

重复上述步骤，生成"0003 结转进项税额"的对应结转设置，结果如图 11-7 所示。

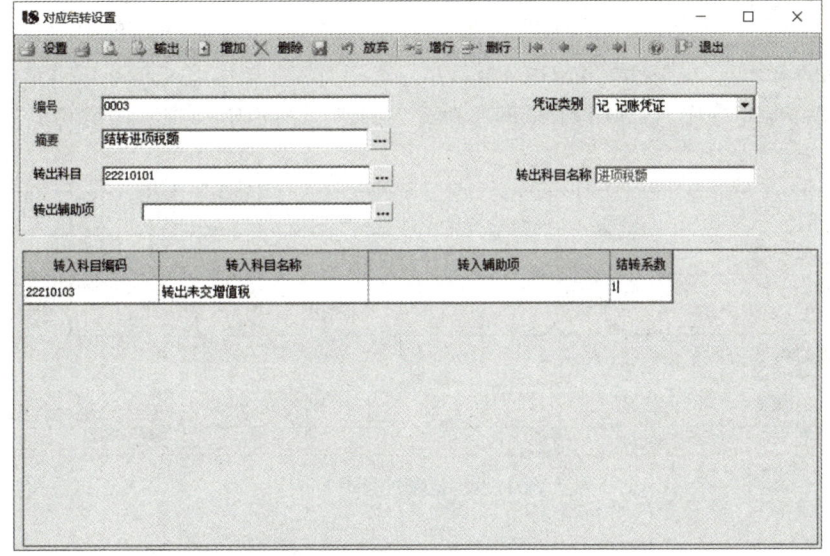

图 11-7　结转进项税额

3. 生成结转应纳税额凭证

① 2024 年 1 月 31 日，会计朱觅（W02）登录"企业应用平台"，执行"业务工作→财务会计→总账→期末"命令，双击"转账生成"选项，打开"转账生成"对话框。

② 选择"对应结转"单选按钮，单击"全选"按钮，选中"编号"为"0001"、"0002"和"0003"的记录行，使其"是否结转"栏出现"Y"标志，如图 11-8 所示。

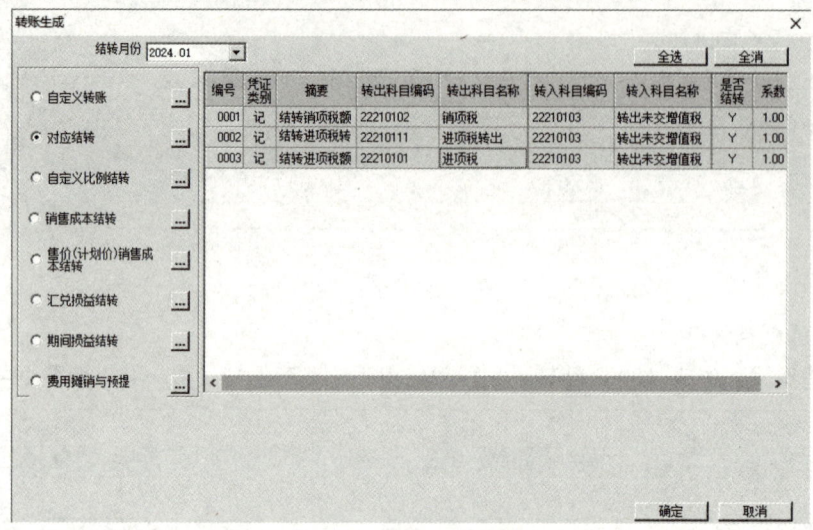

图 11-8 对应结转

③ 单击"确定"按钮，打开"转账"对话框（此时生成了 3 张记账凭证，默认显示结转销项税额的记账凭证）。

④ 单击"保存"按钮和"下一张"按钮，再单击"保存"按钮，结果如图 11-9～图 11-11 所示。

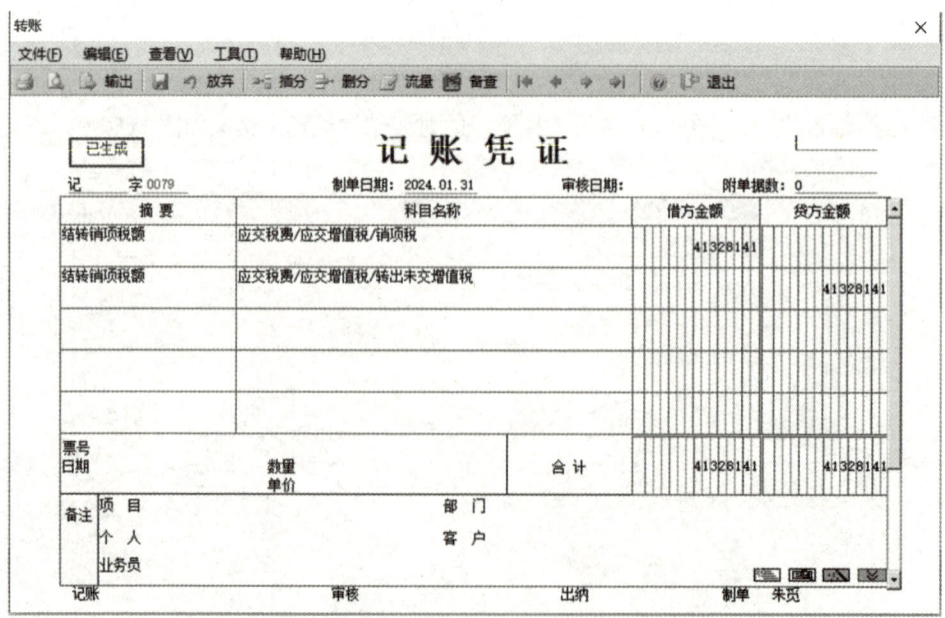

图 11-9 记账凭证（1）

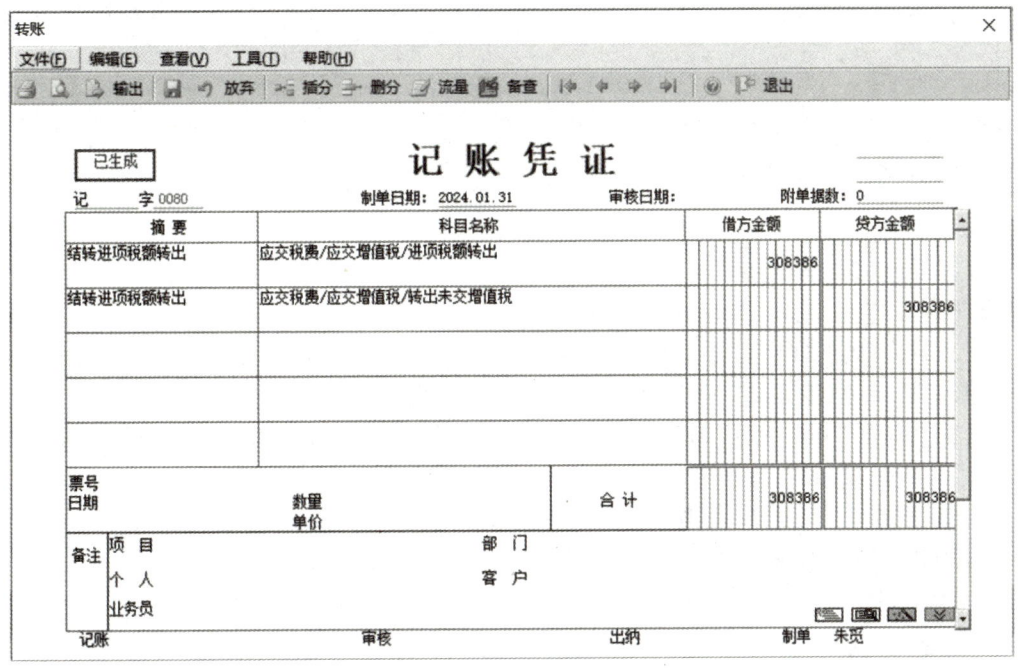

图 11-10　记账凭证（2）

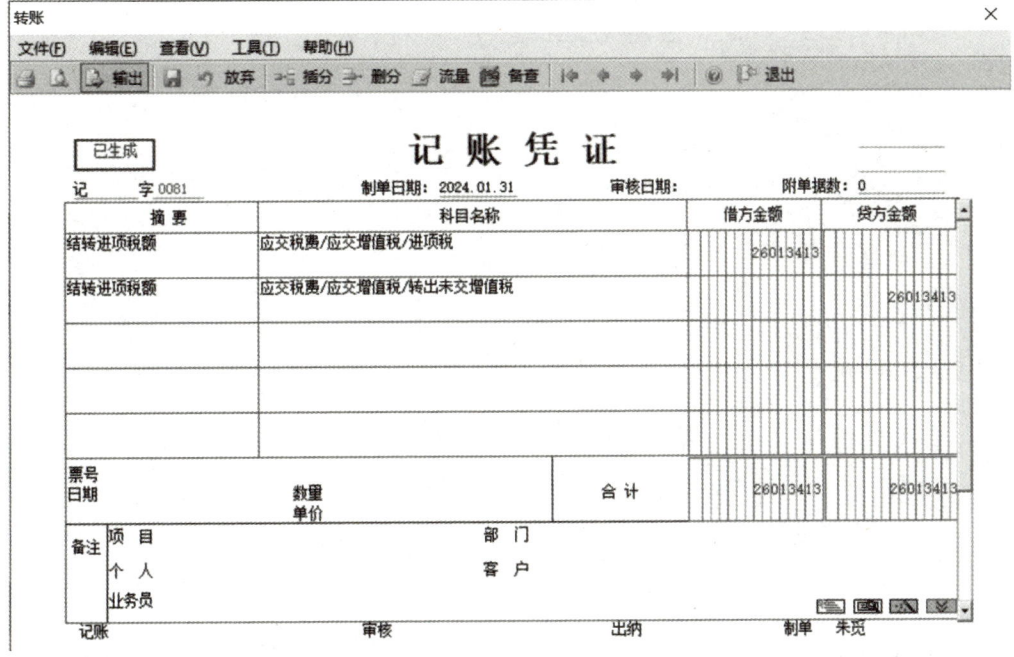

图 11-11　记账凭证（3）

4. 应纳税额凭证审核与记账

2024 年 1 月 31 日，账套主管王燕琴（W01）审核生成的 3 张凭证，会计朱觅（W02）对凭证记账。审核结果如图 11-12 所示。

> **任务提示**
> 进行结转未交增值税的账务处理时，应先结转应纳税额（如销项税额、进项税额转出、进项税额等）。

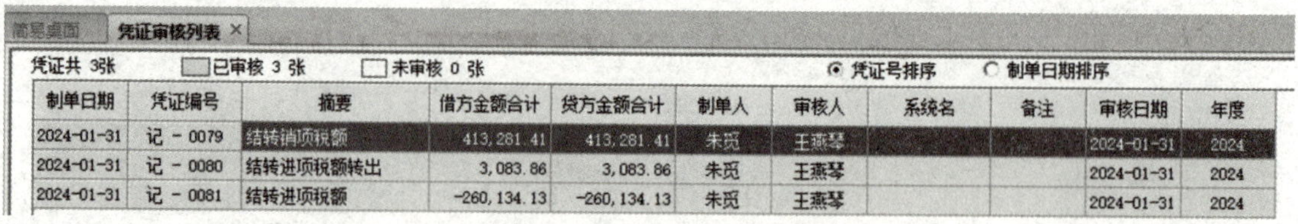

图 11-12　凭证审核

5. 设置未交增值税结转

将转出未交增值税科目转入未交增值税科目中。

① 2024 年 1 月 31 日，会计朱觅（W02）登录"企业应用平台"，执行"业务工作→财务会计→总账→期末→转账定义"命令，双击"对应结转"选项，打开"对应结转设置"窗口。

② 在"编号"栏中录入"0004"，在"摘要"栏中录入"结转转出未交增值税"，在"转出科目"栏参照生成或直接录入"转出未交增值税"（22210103）。

③ 单击"增行"按钮，新增一行。在"转入科目编码"栏参照生成或直接输入"未交增值税"（222102），"结转系数"设为"1"。

④ 单击"保存"按钮，保存该对应结转设置，如图 11-13 所示。

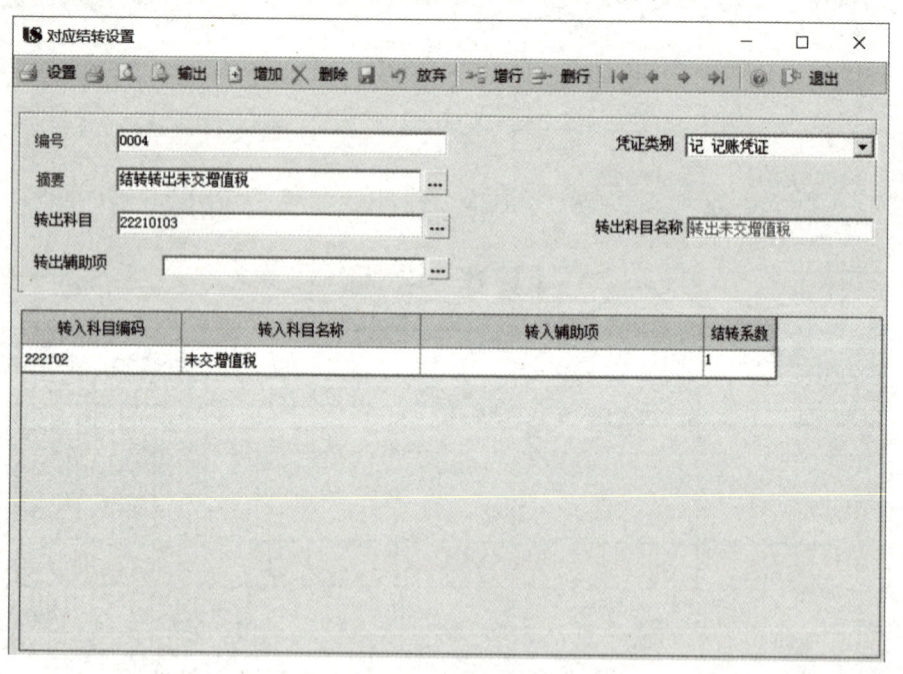

图 11-13　结转转出未交增值税

6. 生成结转转出未交增值税凭证

① 2024 年 1 月 31 日，会计朱觅（W02）登录"企业应用平台"，执行"业务工作→财务会计→总账→期末→转账生成"命令，打开"转账生成"对话框。

② 选择"对应结转"单选按钮，选中"编号"为"0004"的记录行，使其"是否结转"栏出现"Y"标志，如图 11-14 所示。

项目十一　总账期末业务

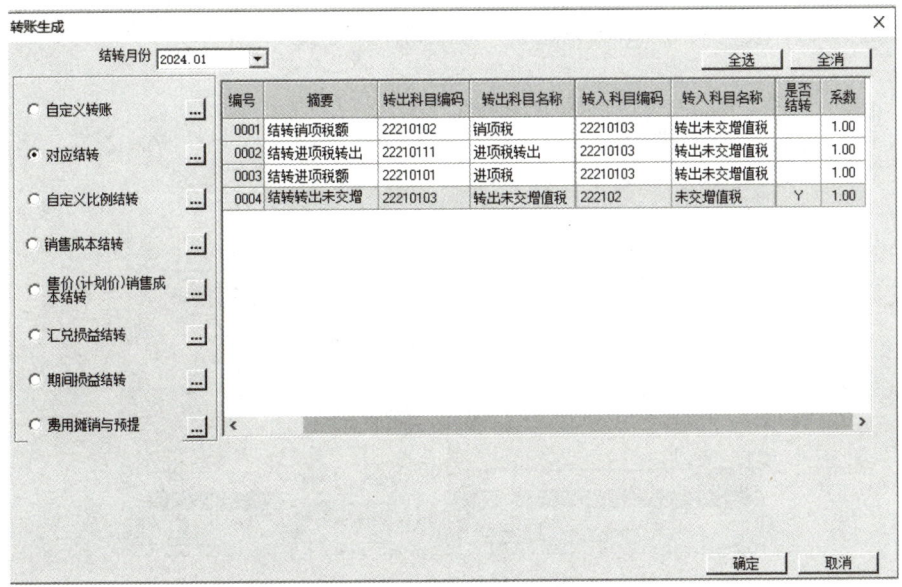

图 11-14　对应结转

③ 单击"确定"按钮，打开"转账"对话框，生成转账凭证。

④ 单击"保存"按钮，结果如图 11-15 所示。

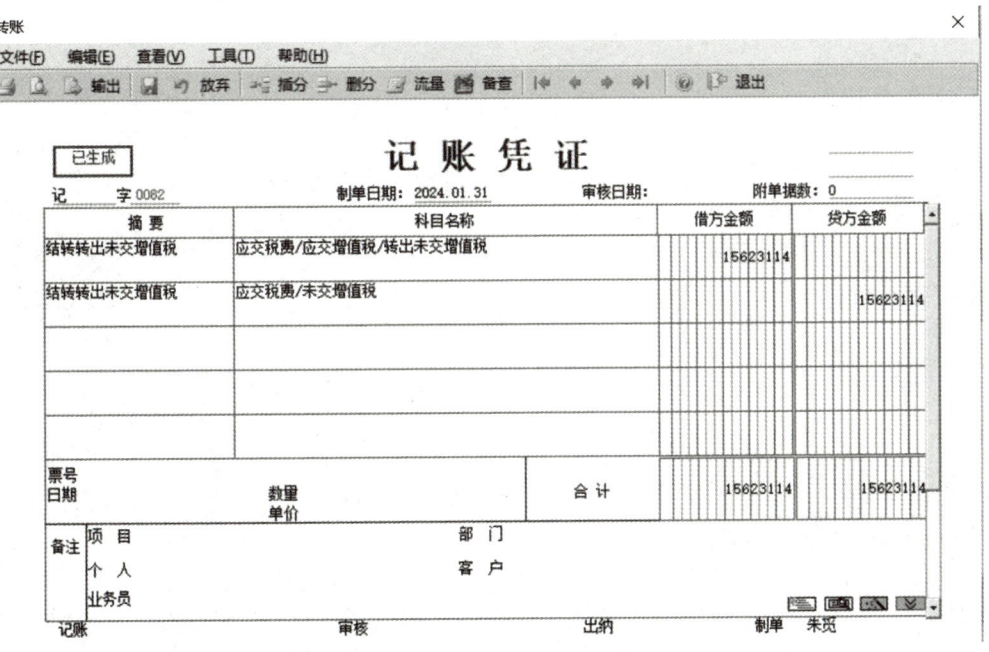

图 11-15　记账凭证

7. 结转转出未交增值税凭证审核与记账

① 2024 年 1 月 31 日，财务主管王燕琴（W01）审核凭证，结果如图 11-16 所示。

制单日期	凭证编号	摘要	借方金额合计	贷方金额合计	制单人	审核人	系统名	备注	审核日期	年度
2024-01-31	记-0082	结转转出未交增值税	156,231.14	156,231.14	朱贞	王燕琴			2024-01-31	2024

图 11-16　凭证审核

— 257 —

② 1月31日，会计朱觅（W02）完成凭证记账，如图11-17所示。

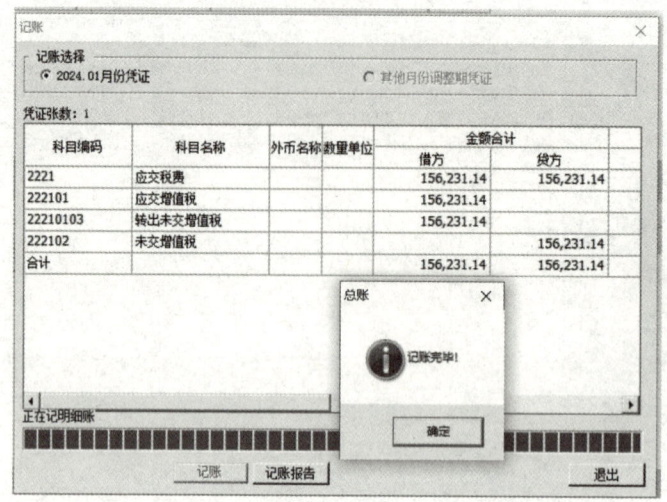

图11-17　完成凭证记账

任务11.2　结转城建税及教育费附加

📖【任务资料】

2024年1月31日，计算本月应缴的城市维护建设税（7%）、教育费附加（3%）、地方教育附加（2%）。

📖【任务步骤】

1. 自定义转账设置

结转城建税及教育费附加

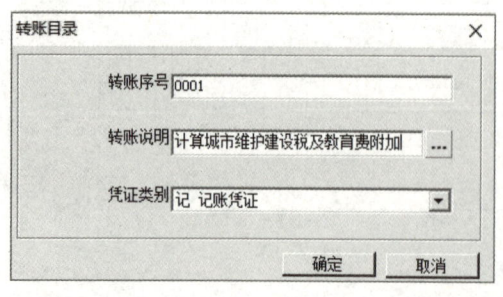

图11-18　自定义转账目录设置

① 2024年1月31日，会计朱觅（W02）登录"企业应用平台"，执行"业务工作→财务会计→总账→期末→转账定义"命令，双击"自定义转账"选项，打开"自定义转账设置"窗口。

② 在"自定义转账设置"窗口中单击"增加"按钮，打开"转账目录"对话框，设置"转账序号"为"0001"、"转账说明"为"计算城市维护建设税及教育费附加"，如图11-18所示。

③ 单击"确定"按钮，单击"增加"按钮，单击"复制"按钮。

④ 单击"增行"按钮，设置第一行转账公式，"科目编码"参照生成"640301"（营业税金及附加-城市维护建设税），"方向"设为"借"，单击"金额公式"的"参照"按钮，在打开的"公式向导"对话框中设置"公式名称"为"期末余额"，单击"下一步"按钮，修改"科目"为"应交税费/未交增值税"（222102），其他项默认，单击"完成"按钮，公式带回"自定义转

账设置"窗口,将光标移至公式末尾,录入"*0.07",此时"金额公式"栏中显示"QM(222102,月)*0.07"。

⑤ 单击"增行"按钮,进行其他行公式的设置,可以复制第一行公式,然后进行修改,结果如图11-19所示。

摘要	科目编码	部门	个人	客户	供应商	项目	方向	金额公式	外币公式
计算城市维护建设税及教育费附加	640301						借	QM(222102,月)*0.07	
计算城市维护建设税及教育费附加	640302						借	QM(222102,月)*0.03	
计算城市维护建设税及教育费附加	640303						借	QM(222102,月)*0.02	
计算城市维护建设税及教育费附加	222104						贷	QM(222102,月)*0.07	
计算城市维护建设税及教育费附加	222105						贷	QM(222102,月)*0.03	
计算城市维护建设税及教育费附加	222110						贷	QM(222102,月)*0.02	

图 11-19　自定义转账设置

⑥ 设置完成后,单击"保存"按钮,再单击"退出"按钮。

2. 自定义转账凭证生成

① 会计朱觅(W02)登录"企业应用平台",执行"业务工作→财务会计→总账→期末"命令,双击"转账生成"选项,打开"转账生成"对话框。

② 在"转账生成"对话框中单击"全选"按钮,选择"自定义转账"单选按钮,选中"编号"为"0001"的记录行,使其"是否结转"栏出现"Y"标志,如图11-20所示。

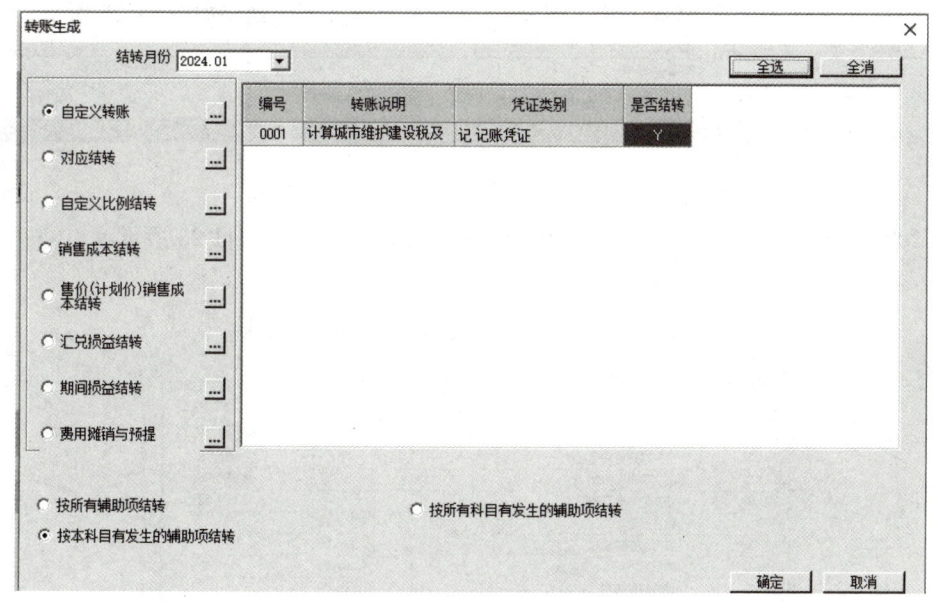

图 11-20　自定义转账选择

③ 单击"确定"按钮,打开"转账"对话框,单击"保存"按钮,生成记账凭证如图11-21所示。

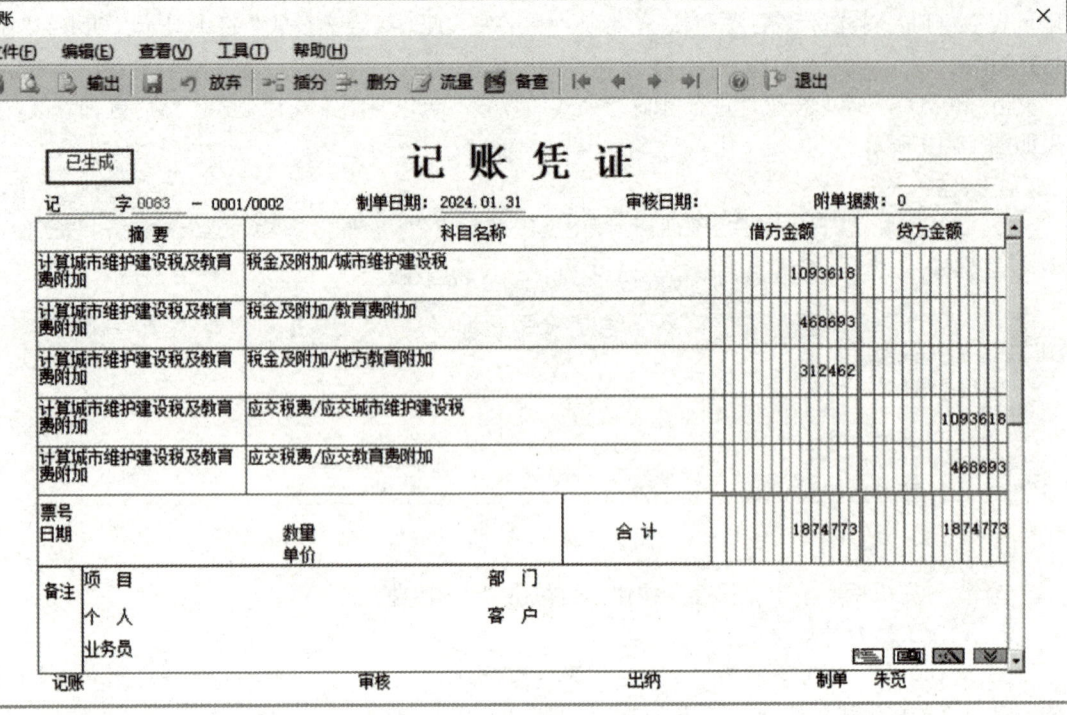

图 11-21 记账凭证

3. 凭证审核与记账

① 2024 年 1 月 31 日，财务主管王燕琴（W01）审核凭证，结果如图 11-22 所示。

图 11-22 凭证审核

② 2024 年 1 月 31 日，会计朱觅（W02）完成凭证记账，如图 11-23 所示。

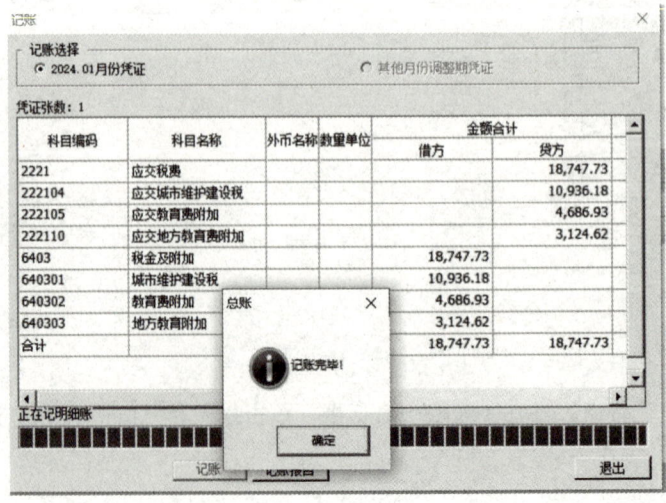

图 11-23 完成凭证记账

任务 11.3　期间损益结转

【任务资料】

2024 年 1 月 31 日，利用期间损益结转方式进行损益结转。

【任务步骤】

期间损益结转

1．期间损益结转设置

① 2024 年 1 月 31 日，会计朱觅（W02）登录“企业应用平台”，执行“业务工作→财务会计→总账→期末→转账定义”命令，双击“期间损益”选项，打开“期间损益结转设置”对话框。

② 在“期间损益结转设置”对话框中参照生成或直接录入“本年利润科目”为“4103”，如图 11-24 所示。

③ 单击“确定”按钮，确定设置并退出该对话框。

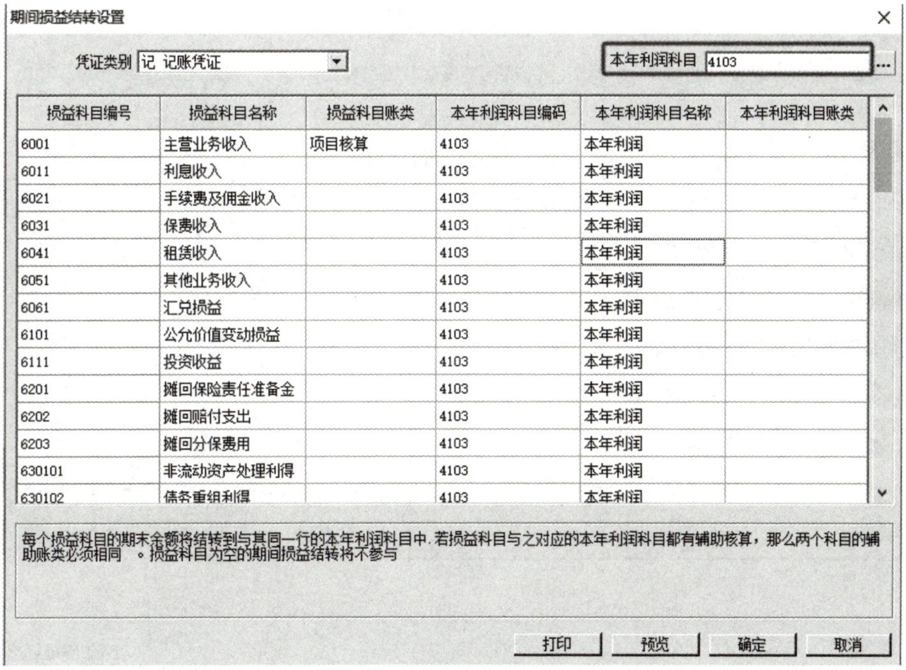

损益科目编号	损益科目名称	损益科目账类	本年利润科目编码	本年利润科目名称	本年利润科目账类
6001	主营业务收入	项目核算	4103	本年利润	
6011	利息收入		4103	本年利润	
6021	手续费及佣金收入		4103	本年利润	
6031	保费收入		4103	本年利润	
6041	租赁收入		4103	本年利润	
6051	其他业务收入		4103	本年利润	
6061	汇兑损益		4103	本年利润	
6101	公允价值变动损益		4103	本年利润	
6111	投资收益		4103	本年利润	
6201	摊回保险责任准备金		4103	本年利润	
6202	摊回赔付支出		4103	本年利润	
6203	摊回分保费用		4103	本年利润	
630101	非流动资产处理利得		4103	本年利润	
630102	债务重组利得		4103	本年利润	

图 11-24　期间损益结转设置

2．期间损益凭证生成

① 执行“业务工作→账务会计→总账→期末→转账生成”命令，打开“转账生成”对话框，选择“期间损益结转”单选按钮。

② 在“类型”下拉列表框中选择“收入”选项。

③ 单击“全选”按钮，表体的所有记录行的“是否结转”栏出现“Y”字样，如图 11-25 所示。

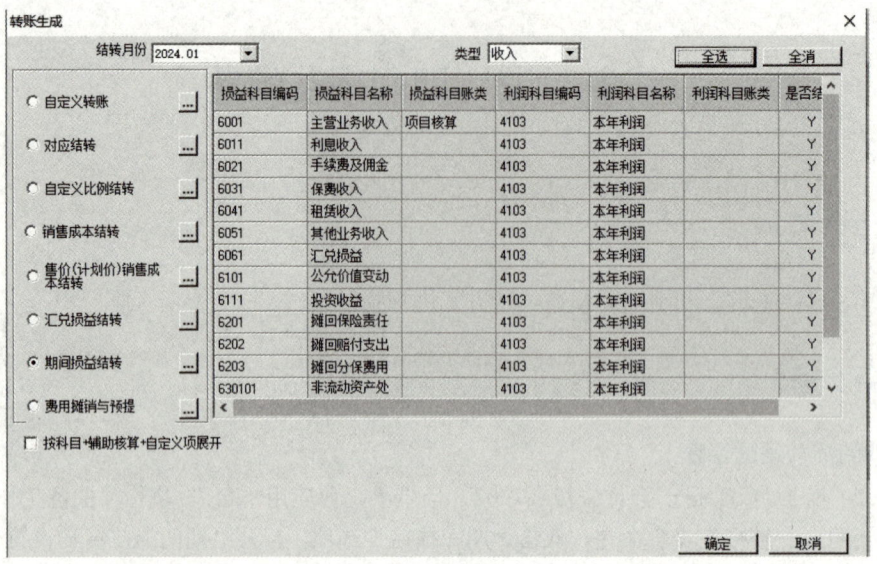

图 11-25　转账生成设置

④ 单击"确定"按钮，生成一张凭证，单击"保存"按钮，结果如图 11-26 所示。

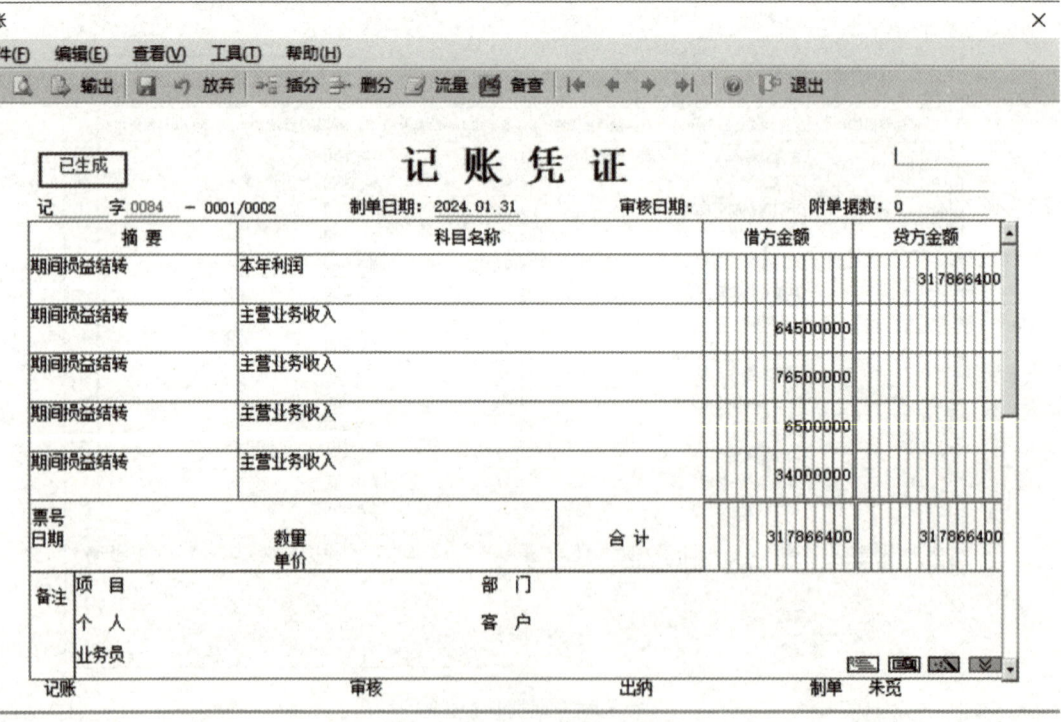

图 11-26　记账凭证

⑤ 单击"退出"按钮，返回"转账生成"对话框，在"类型"下拉列表框中选择"支出"选项。

⑥ 单击"全选"按钮，表体的所有记录行的"是否结转"栏出现"Y"字样，如图 11-27 所示。

⑦ 单击"确定"按钮，弹出"2024101 月或之前月有未记账凭证，是否继续结转？"信息提示框，单击"是"按钮，生成一张记账凭证，单击"保存"按钮，结果如图 11-28 所示。

项目十一 总账期末业务

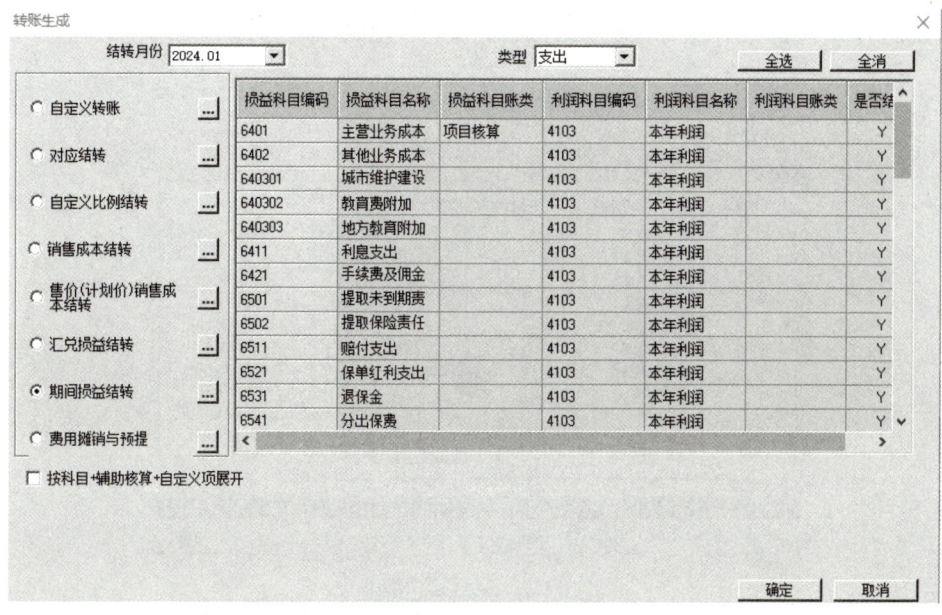

图 11-27 转账生成设置

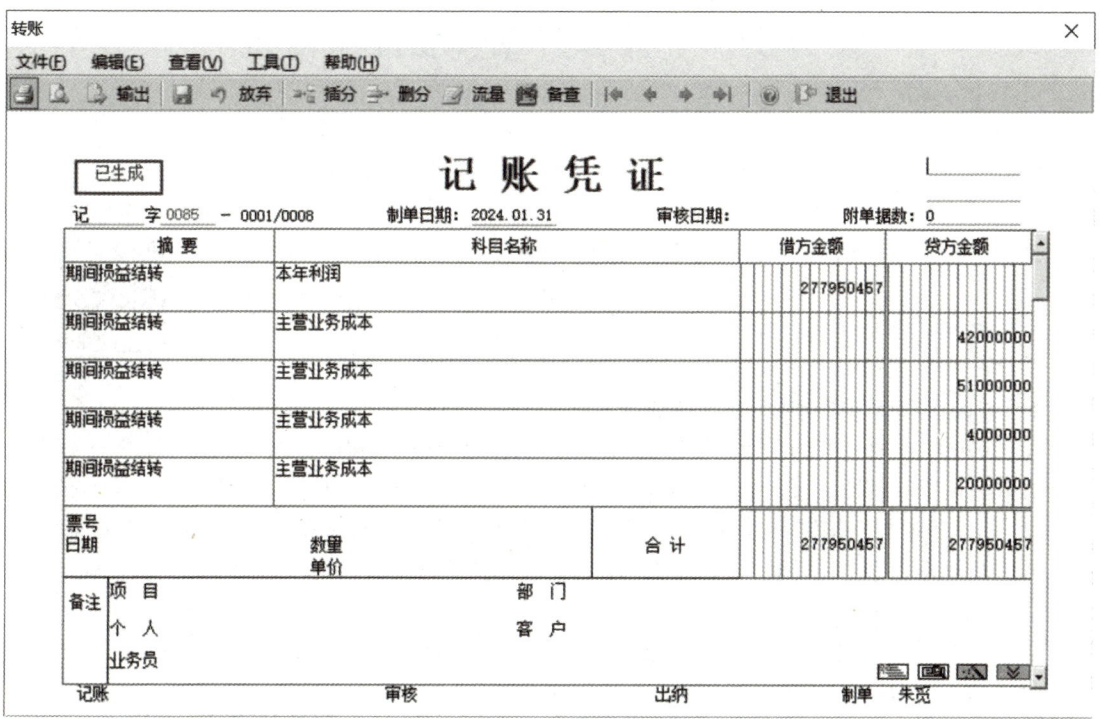

图 11-28 记账凭证

3. 凭证审核与记账

① 2024 年 1 月 31 日，财务主管王燕琴（W01）审核凭证，如图 11-29 所示。

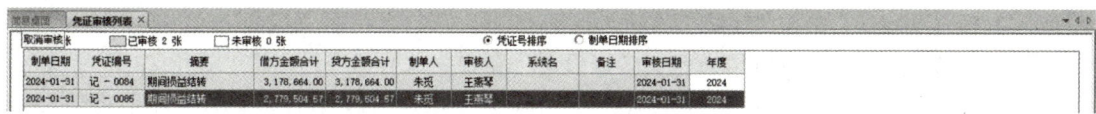

图 11-29 记账凭证审核

— 263 —

② 2024 年 1 月 31 日，会计朱觅（W02）完成凭证记账，如图 11-30 所示。

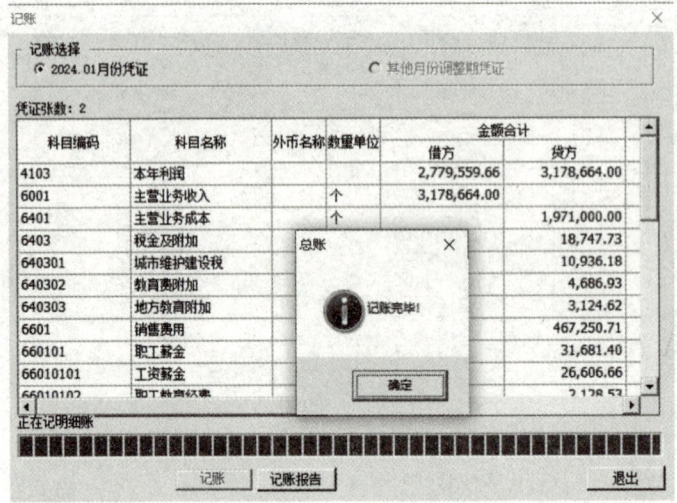

图 11-30　完成凭证记账

任务 11.4　计算并结转企业所得税

【任务资料】

2024 年 1 月 31 日，计算并结转本月企业所得税。

结转企业所得税

【任务步骤】

1. 计算本月企业所得税（自定义转账）

① 2024 年 1 月 31 日，会计朱觅（W02）登录"企业应用平台"，执行"业务工作→财务会计→总账→期末→转账定义"命令，双击"自定义转账"选项，打开"自定义转账设置"窗口。

② 单击"增加"按钮，打开"转账目录"对话框，设置"转账序号"为"0002"、"转账说明"为"计算本月企业所得税"，如图 11-31 所示。单击"确定"按钮，返回"自定义转账设置"窗口。

③ 单击"增行"按钮，设置第一行转账公式，"科目编码"处参照生成"6801"（所得税费用），"方向"设为"借"，单击"金额公式"后的"参照"按钮，在打开的"公式向导"对话框中设置"公式名称"为"贷方发生额"，单击"下一步"按钮，修改"科目"为"4103"（本年利润），勾选"继续输入公式"复选框，选择"-（减）"单选按钮，其他选项默认，如图 11-32 所示，单击"下一步"按钮，返回初步"公式向导"对话框。

④ "公式名称"选择"借方发生额"，单击"下一步"按钮，修改"科目"为"4103"（本年利润），其他选项默认，单击"完成"按钮，返回"自定义转账设置"窗口。

⑤ 继续设置征税税率。在"自定义转账设置"窗口表体的第一行，将公式用"（）"括起来并在公式末尾录入"*0.25"，此时"金额公式"一栏中显示"(FS(4103,月,贷)-FS(4103,月,借))*0.25"。按 Enter 键，完成第一行的编辑。

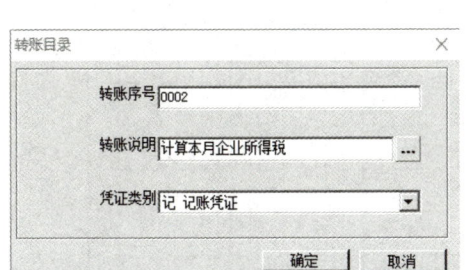

图 11-31　企业所得税转账设置

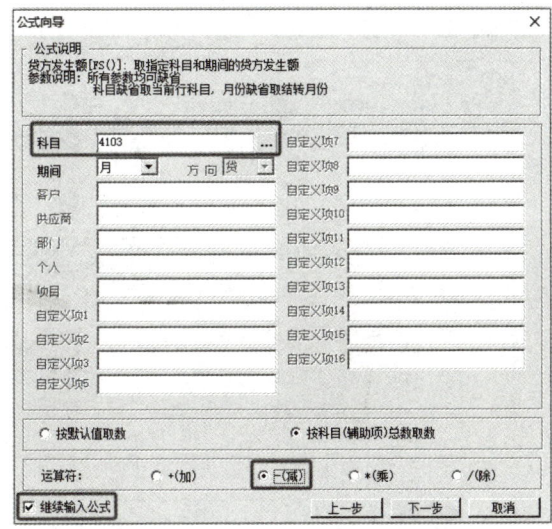

图 11-32　公式向导设置

⑥ 设置第二行转账公式。单击"增行"按钮，设置"科目编码"为"222106"、"方向"为"贷"、"金额公式"为"JG()"（取对方科目计算结果），单击"下一步"按钮，单击"完成"按钮。

⑦ 单击"保存"按钮，结果如图 11-33 所示。

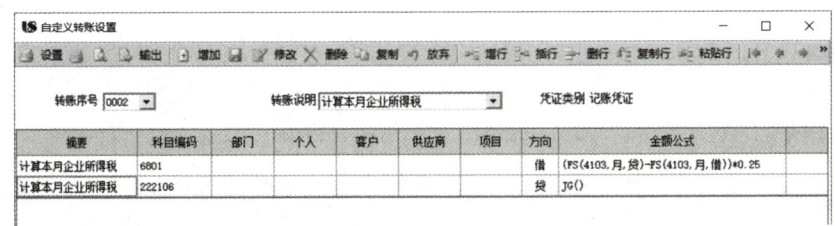

图 11-33　自定义转账设置

2. 计算企业所得税制单

① 2024 年 1 月 31 日，会计朱觅（W02）登录"企业应用平台"，执行"业务工作→财务会计→总账→期末"命令，双击"转账生成"选项，打开"转账生成"对话框。

② 在"转账生成"对话框中选中"编号"为"0002"的记录行，使其"是否结转"栏出现"Y"标志，如图 11-34 所示。

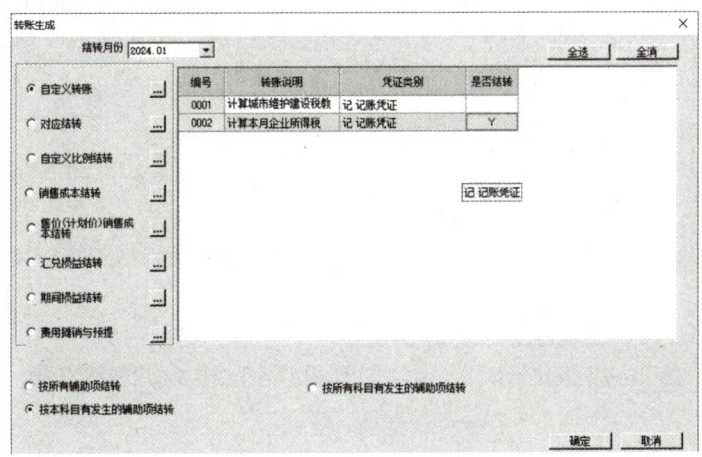

图 11-34　转账生成

③ 单击"确定"按钮，生成一张凭证，单击"保存"按钮，结果如图 11-35 所示。

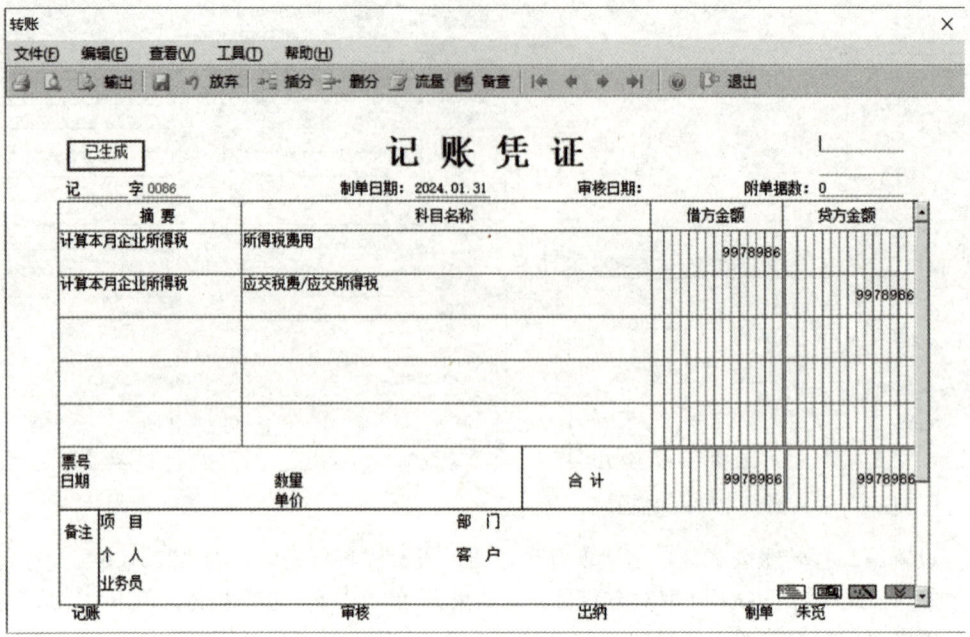

图 11-35　记账凭证

> **任务提示**
> 如果本年利润是负数，则不需要计提企业所得税。

⑤ 2024 年 1 月 31 日，财务主管王燕琴（W01）审核凭证，结果如图 11-36 所示。

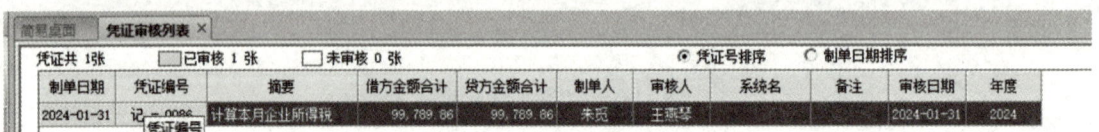

图 11-36　记账凭证审核

⑥ 2024 年 1 月 31 日，会计朱觅（W02）完成凭证记账，如图 11-37 所示。

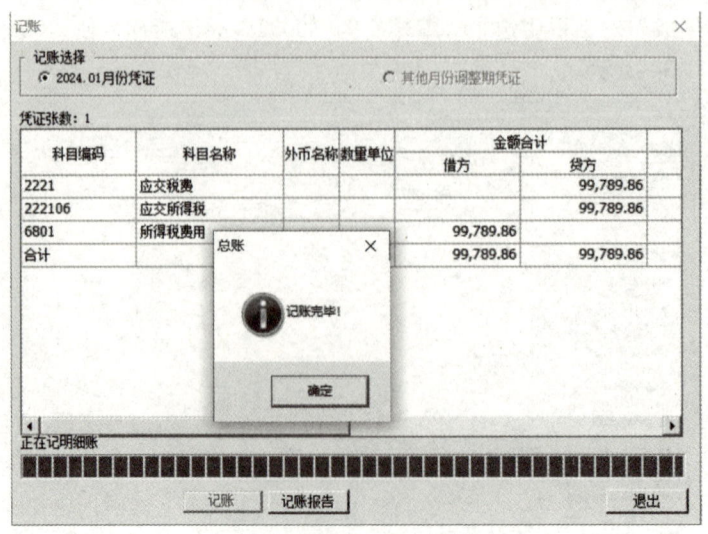

图 11-37　完成凭证记账

3. 结转企业所得税制单

① 2024年1月31日，会计朱觅（W02）登录"企业应用平台"，执行"业务工作→财务会计→总账→期末"命令，双击"转账生成"选项，打开"转账生成"对话框，勾选"期间损益结转"单选按钮。

② 在"类型"下拉列表框中选择"全部"选项。

③ 单击"全选"按钮，表体的所有记录行的"是否结转"栏出现"Y"字样，如图11-38所示。

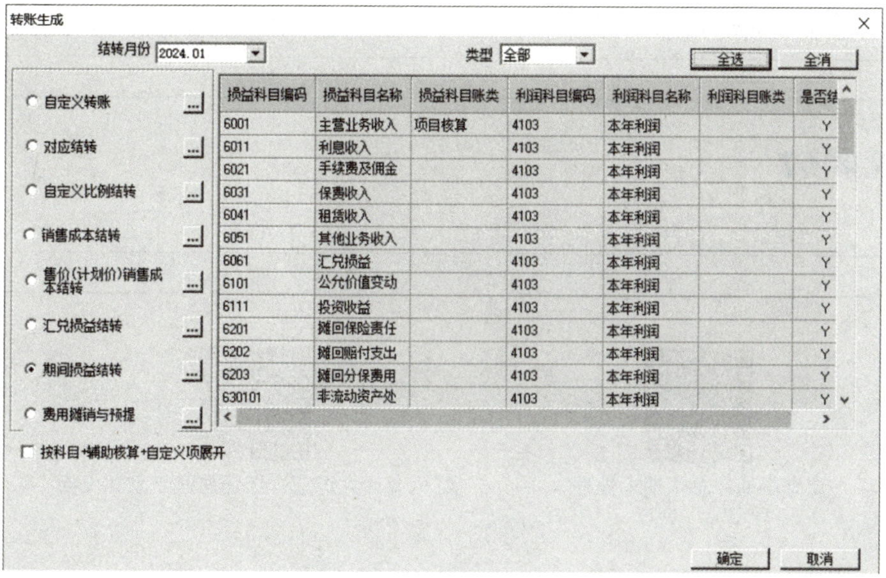

图 11-38 转账生成设置

④ 单击"确定"按钮，生成一张凭证，单击"保存"按钮，结果如图11-39所示。

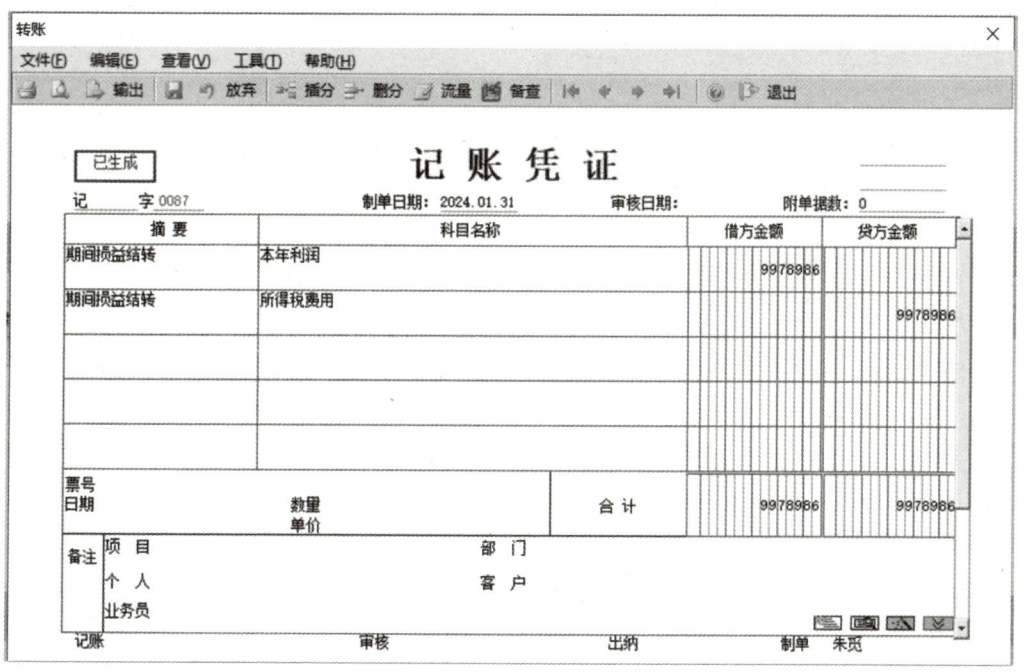

图 11-39 记账凭证

2024年1月31日，财务主管王燕琴（W01）审核凭证，会计朱觅（W02）完成凭证记账。

任务 11.5 任务总结

项目十一测试

📖【学习经验】

_____

_____

📖【注意事项】

_____

_____

课证融通：总账期末处理

红色会计大讲堂：红色理财专家郑义斋

项目十二

子系统期末处理与报表编制

学习目标

动画：财务报表

知识目标： 了解子系统期末处理的主要内容和与 UFO 报表系统的关联。
熟悉子系统期末处理与结转的具体要求和流程。
掌握报表编制的原理、关键字、公式设置、数据来源及编制方法。
掌握财务报表的结构及财务指标的含义与分析方法。

能力目标： 会准确、高效地完成各个子系统期末处理操作。
会运用系统功能进行各类报表的编制、调整和财务指标分析。
会进行子系统与报表数据检查、分析和解读。

素养目标： 培养数字化素养，具有开拓创新的工匠精神。
树立严谨细致的工作作风，爱岗敬业。
培养团队合作意识与沟通协调能力。

项目概述

在用友 U8 系统中，子系统的期末处理以"期末结账"为核心功能，涵盖供应链管理系统与财务管理系统的结账操作，标志着对应会计期间相关业务的正式结束。

UFO 报表系统的主要功能包括：提供资产负债表、利润表、现金流量表等多种预设报表模板；支持用户根据需求自定义报表格式与内容；可从总账等系统提取财务数据，通过设置复杂计算公式实现数据统计与分析；能将报表以多种格式打印或输出，并支持从多维度对数据进行分析及可视化展示，为企业决策提供依据。

若启用供应链管理系统，其期末处理需遵循以下原则。

（1）只有采购管理系统完成期末结账后，库存管理系统、存货核算系统、应付款管理系统才能进行期末结账。

（2）库存管理系统结账前，需要确认其关联的采购管理系统与销售管理系统已分别完成期末结账。

（3）只有销售管理系统完成期末结账后，库存管理系统、存货核算系统、应收款管理系统才能进行期末结账。

本项目知识图谱如图 12-1 所示。

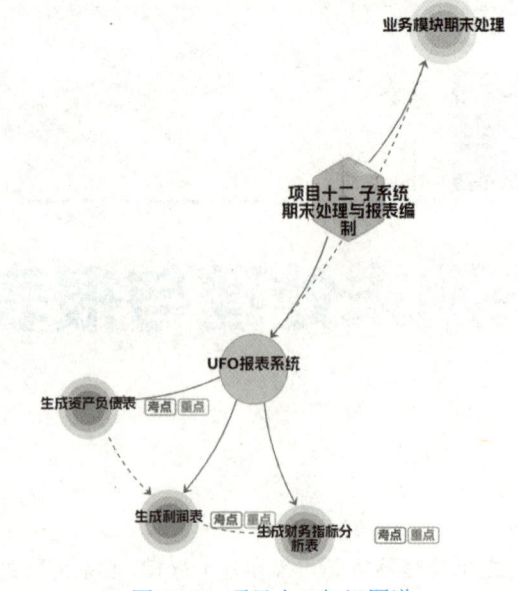

图 12-1　项目十二知识图谱

任务 12.1　业务模块期末处理

📖【任务资料】

2024 年 1 月 31 日，对公司账套的各个业务模块中的经济业务进行期末（计算机界面截图中出现的"月末"与本项目期末的意思相同）结账处理。

📖【任务步骤】

1. 采购管理系统期末处理

业务模块期末处理

① 2024 年 1 月 31 日，采购部周正丽（G01）登录"企业应用平台"，执行"业务工作→供应链→采购管理"命令，双击"月末结账"选项，打开"结账"对话框，如图 12-2 所示。

② 单击"结账"按钮，弹出信息提示框，如图 12-3 所示。

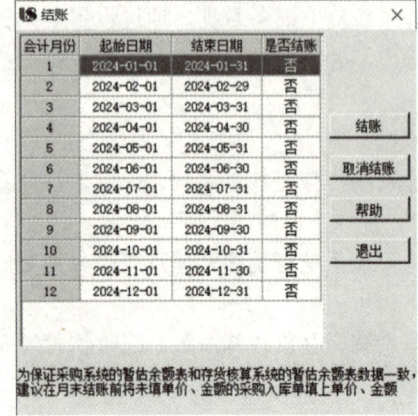

图 12-2　"结账"对话框

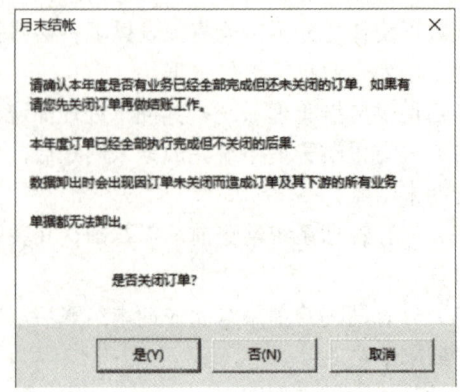

图 12-3　信息提示框

③ 单击"否"按钮，单击"退出"按钮，完成结账，如图 12-4 所示。

2. 销售管理系统期末处理

① 2024 年 1 月 31 日，销售部姜帆（X01）登录"企业应用平台"，执行"业务工作→供应链→销售管理"命令，双击"月末结账"选项，打开"结账"对话框，如图 12-5 所示。

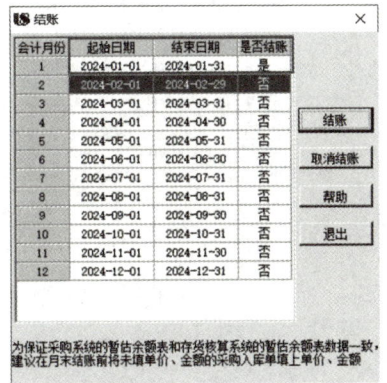

图 12-4 完成结账

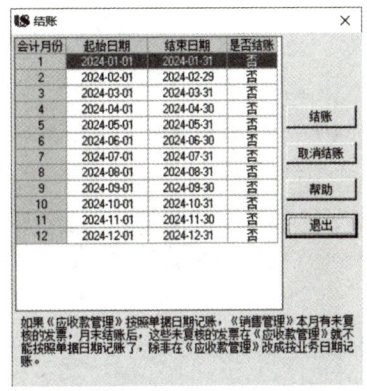

图 12-5 "结账"对话框

② 单击"结账"按钮，弹出信息提示框，如图 12-6 所示。

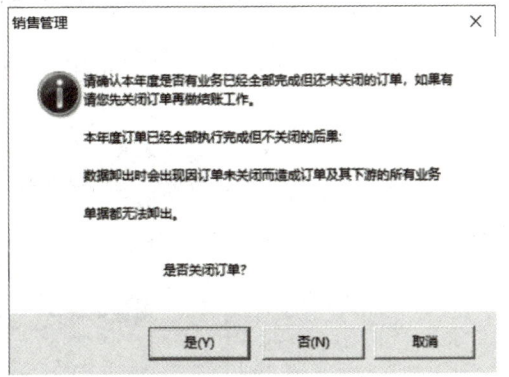

图 12-6 信息提示框

③ 单击"否"按钮，单击"退出"按钮，完成结账，如图 12-7 所示。

3. 库存管理系统期末处理

① 2024 年 1 月 31 日，仓储部戴慧（C01）登录"企业应用平台"，执行"业务工作→供应链→库存管理"命令，双击"月末结账"选项，打开"结账"对话框，如图 12-8 所示。

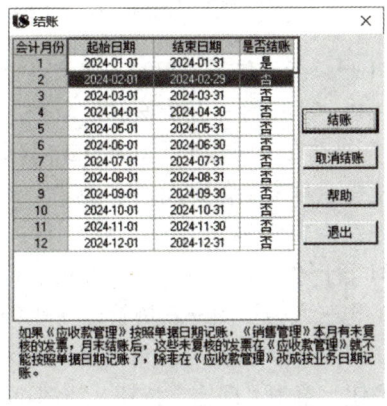

图 12-7 完成结账

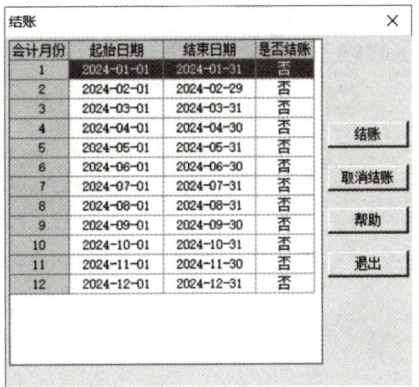

图 12-8 "结账"对话框

② 单击"结账"按钮，弹出信息提示框，如图12-9所示。
③ 单击"是"按钮，单击"退出"按钮，完成结账，如图12-10所示。

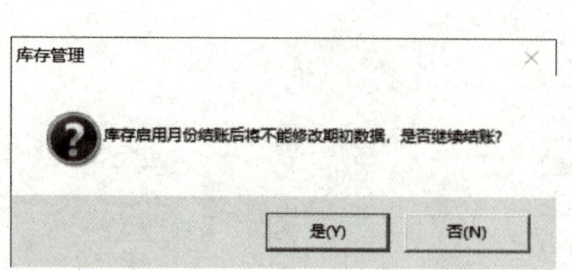

图12-9　信息提示框　　　　　图12-10　完成结账

4．存货核算系统期末处理
1）期末处理

① 2024年1月31日，会计朱觅（W02）登录"企业应用平台"，执行"业务工作→供应链→存货核算→业务核算"命令，双击"期末处理"选项，打开"期末处理操作"对话框，单击"处理"按钮。

② 弹出"期末处理完毕！"信息提示框，单击"确定"按钮，如图12-11所示。

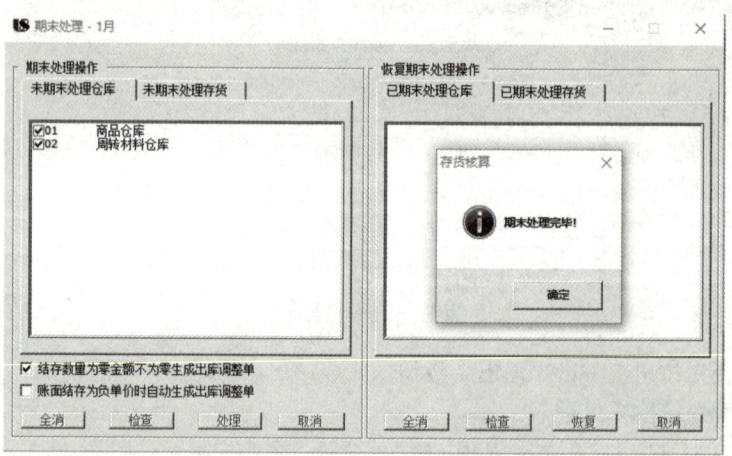

图12-11　仓库和存货期末处理

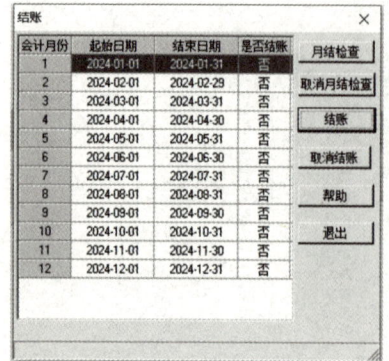

图12-12　完成结账

2）期末结账

2024年1月31日，会计朱觅（W02）登录"企业应用平台"，执行"业务工作→供应链→存货核算"命令，双击"月末结账"选项，打开"结账"对话框，如图12-12所示，单击"结账"按钮，系统提示月末结账完成。

6．薪资管理系统期末处理

2024年1月31日，会计朱觅（W02）登录"企业应用平台"，执行"业务工作→人力资源→薪资管理→业务处理"命令，双击"月末处理"选项，打开"月末处理"对话框，选择"月末处理"单选按钮，单击"确定"按钮，如图12-13所示。

系统弹出"月末处理之后，本月工资将不许变动！继续月末处理吗？"信息提示框，单击"是"

按钮，弹出"是否选择清零项？"信息提示框，单击"是"按钮，打开"是否选择清零项"信息提示框，单击"是"按钮，打开"选择清零项目"对话框，在左侧"请选择清零项目"列表框中选择"奖金""加班天数""病假天数""事假天数"选项，将其移到右侧列表框中，如图12-14所示。单击"确定"按钮，弹出"月末处理完毕！"信息提示框。

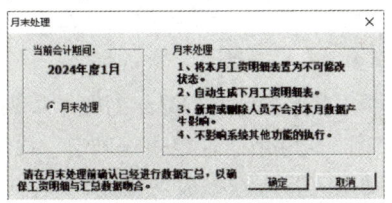
图12-13 薪资管理系统期末处理

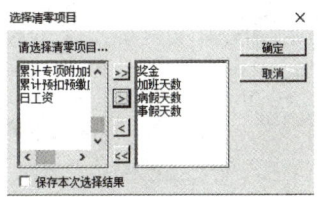
图12-14 选择清零项目

7. 应收管理系统期末处理

① 2024年1月31日，会计朱觅（W02）登录"企业应用平台"，执行"业务工作→财务会计→应收款管理→期末处理"命令，双击"期末结账"选项，在打开的"月末处理"对话框中单击"一月"的"结账标志"栏，显示"Y"字样，如图12-15所示，单击"下一步"按钮。

② 单击"完成"按钮，弹出"1月份结账成功"信息提示框，如图12-16所示，单击"确定"按钮，完成应收款管理系统结账。

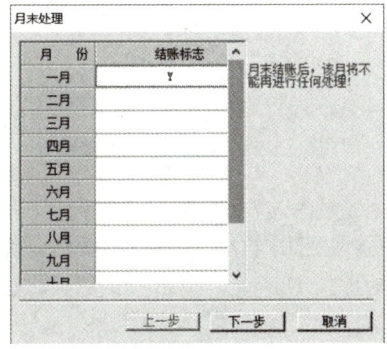
图12-15 应收管理系统的期末处理

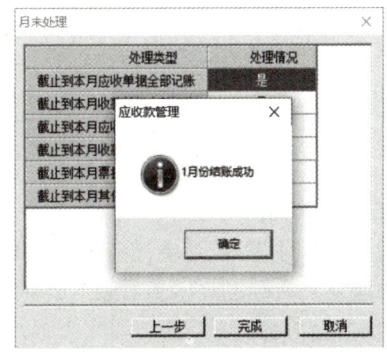
图12-16 应收管理系统结账

8. 应付管理系统期末处理

① 2024年1月31日，会计朱觅（W02）登录"企业应用平台"，执行"业务工作→财务会计→应付款管理→期末处理"命令，双击"期末结账"选项，在打开的"月末处理"对话框中单击"一月"的"结账标志"栏，显示"Y"字样，如图12-17所示，单击"下一步"按钮。

② 弹出"1月份结账成功"信息提示框，如图12-18所示，单击"确定"按钮，完成应付款管理系统结账。

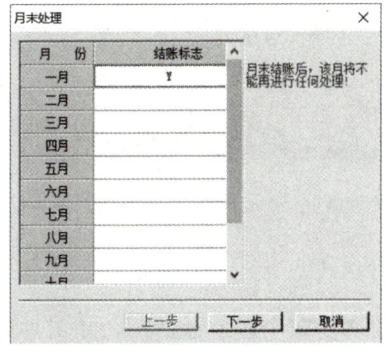
图12-17 应付管理系统期末处理

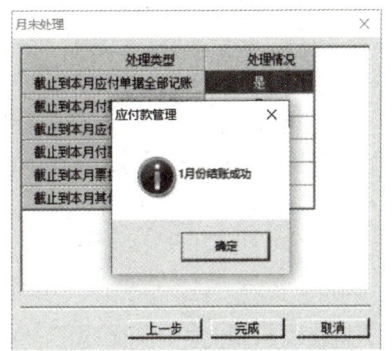
图12-18 应付管理系统结账

9. 固定资产系统期末处理

① 2024 年 1 月 31 日，会计朱觅（W02）登录"企业应用平台"，执行"业务工作→财务会计→固定资产→处理"命令，双击"月末结账"选项，打开"月末结账"对话框，如图 12-19 所示，单击"开始结账"按钮。

② 弹出信息提示框，显示对账结果为平衡，即可结账，如图 12-20 所示，单击"确定"按钮。

③ 弹出"月末结账成功完成！"信息提示框，如图 12-21 所示。

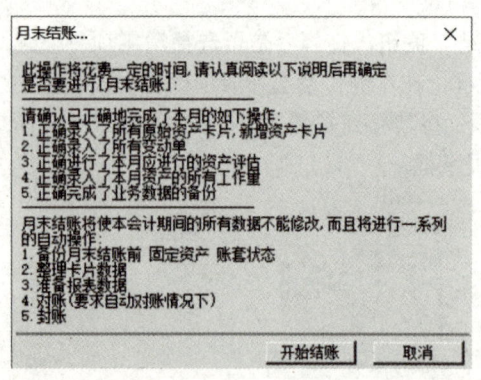

图 12-19　固定资产系统期末结账

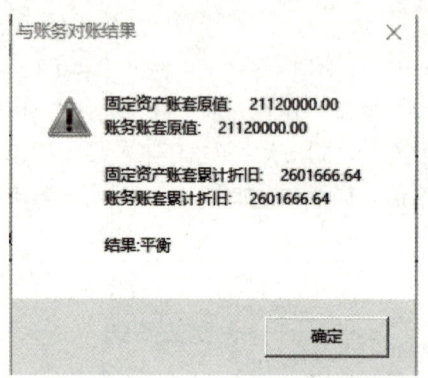

图 12-20　固定资产系统对账

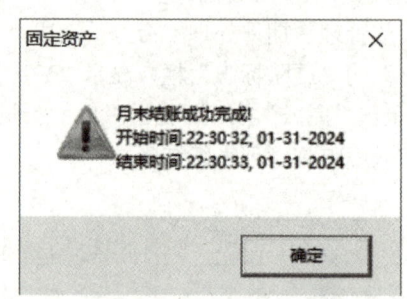

图 12-21　固定资产系统结账

10. 总账系统期末处理

① 2024 年 1 月 31 日，会计朱觅（W02）登录"企业应用平台"，执行"业务工作→财务会计→总账→期末"命令，双击"对账"选项，弹出"对账"对话框，单击"试算"按钮，试算平衡结果如图 12-22 所示。

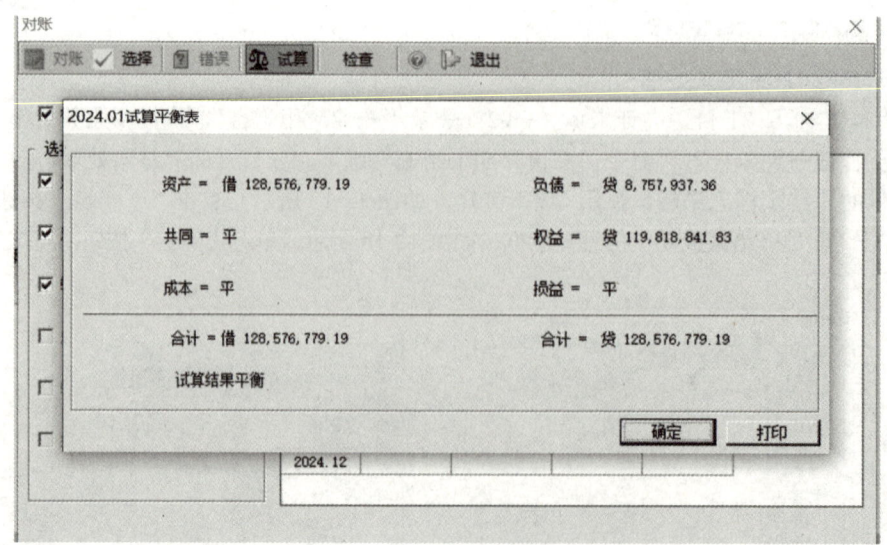

图 12-22　试算平衡结果

② 单击"确定"按钮，单击"选择"按钮，"是否对账"栏显示"Y"，单击"对账"按钮，如图 12-23 所示。

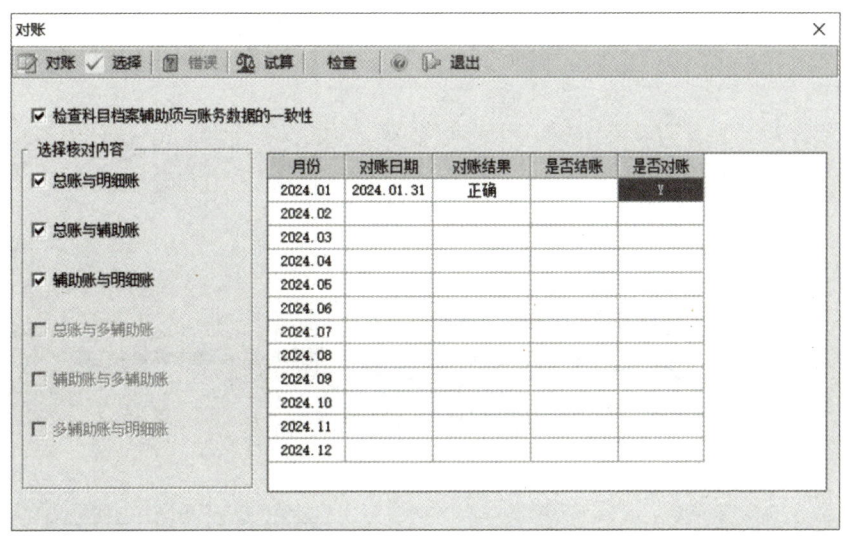

图 12-23 选择对账

③ 双击"结账"选项，打开"结账"对话框，单击"下一步"按钮，单击"对账"按钮，对账完毕，如图 12-24 所示，单击"下一步"按钮。

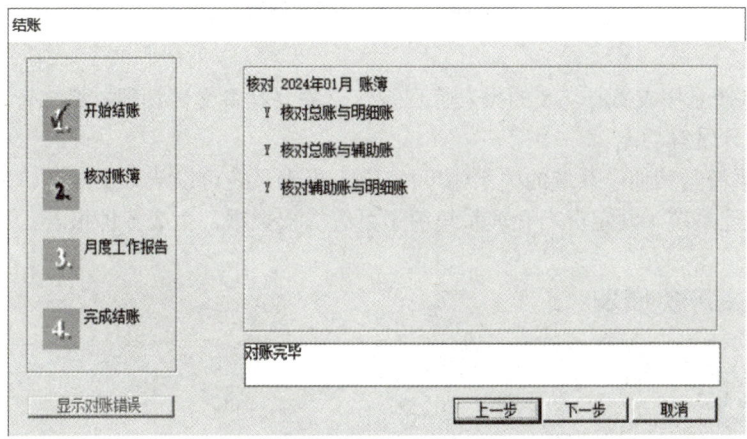

图 12-24 对账完毕

④ 系统核对账簿，成功后，单击"下一步"按钮，如图 12-25 所示。

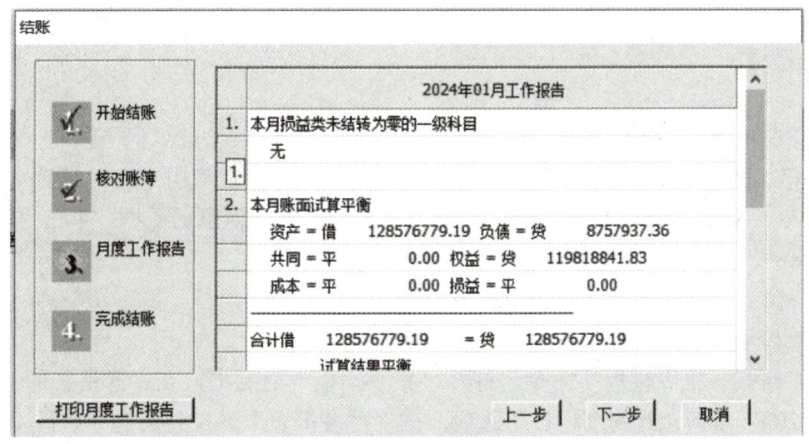

图 12-25 月度工作报告

⑤ 弹出月度工作报告，单击"结账"按钮，如图12-26所示。

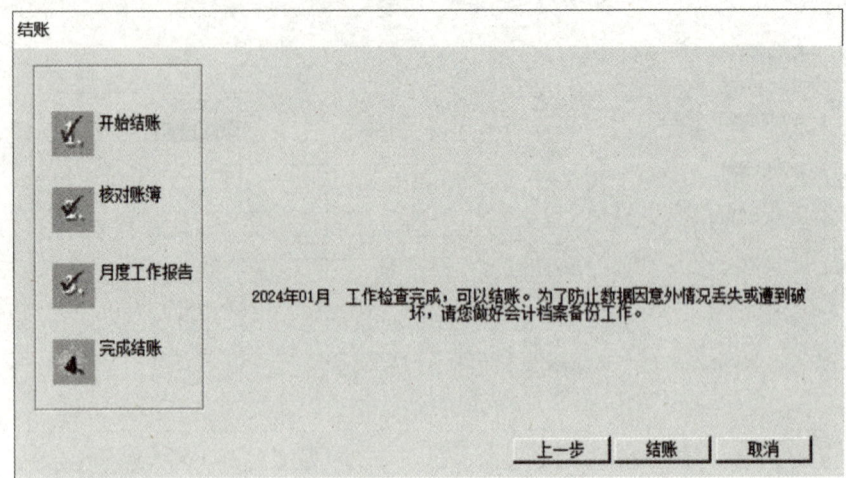

图12-26　月度工作报告

任务 12.2　UFO 报表系统

UFO 报表系统是用友 ERP-U8 的报表管理系统，主要具备文件管理、格式管理、数据处理、图形处理、二次开发等功能。

UFO 报表系统与其他子系统的关系如下：UFO 报表系统可以从总账系统、采购与应付款管理系统、薪资管理系统、固定资产管理系统等子系统提取数据，生成各种报表。

12.2.1　生成资产负债表

📖【任务资料】

2024年1月31日，利用报表模板生成1月资产负债表，根据最新会计准则调整报表项目。将利润表重算后保存至 D 盘根目录下，文件名为"1月资产负债表.rep"。

📖【任务步骤】

生成资产负债表

1. 新建空白报表

① 2024年1月31日，财务主管王燕琴（W01）登录"企业应用平台"，执行"业务工作→财务会计"命令，双击"UFO报表"选项，弹出"日积月累"信息提示框，单击"关闭"按钮，进入"UFO报表"窗口。

② 单击"新建"按钮，新建一张空白报表。

2. 调用模板生成资产负债表

① 执行"格式→报表模板"命令，打开"报表模板"对话框，在"您所在的行业"下拉列表框中选择"2007年新会计制度科目"选项，在"财务报表"下拉列表框中选择"资产负债表"选项，如图12-27所示。

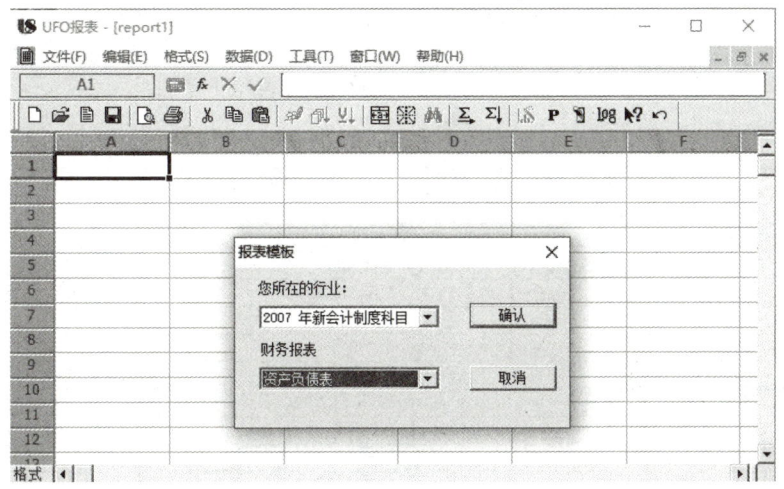

图 12-27　调用模板生成资产负债表

② 单击"确定"按钮,弹出"模板格式将覆盖本表格式!是否继续?"信息提示框,单击"确定"按钮,结果如图 12-28 所示。

图 12-28　格式状态的资产负债表(部分)

> **任务提示**
>
> 对话框中的"公式单元"存储了计算公式,通过这些公式可从 U8 系统取数,进行表内、表间计算。

3. 根据最新会计准则调整报表项目

根据最新会计准则,将 A12 单元格由"应收利息"改为"合同资产";将 A13 单元格由"应收股利"改为"持有待售资产";将 A20 单元格由"可供出售金融资产"改为"债权投资";将 A21 单元格由"持有至到期投资"改为"其他债权投资";将 E14 单元格由"应付利息"改为"合同负债";将 E15 单元格由"应付股利"改为"持有待售负债",如图 12-29 所示。

			资产负债表				
							会企01表
编制单位:		xxxx 年	xx 月	xx 日			单位:元
资　产	行次	期末余额	年初余额	负债和所有者权益（或股东权益）	行次	期末余额	年初余额
流动资产:				流动负债:			
货币资金	1	公式单元	公式单元	短期借款	32	公式单元	公式单元
交易性金融资产	2	公式单元	公式单元	交易性金融负债	33	公式单元	公式单元
应收票据	3	公式单元	公式单元	应付票据	34	公式单元	公式单元
应收账款	4	公式单元	公式单元	应付账款	35	公式单元	公式单元
预付款项	5	公式单元	公式单元	预收款项	36	公式单元	公式单元
合同资产	6	公式单元	公式单元	应付职工薪酬	37	公式单元	公式单元
持有待售资产	7	公式单元	公式单元	应交税费	38	公式单元	公式单元
其他应收款	8	公式单元	公式单元	合同负债	39	公式单元	公式单元
存货	9	公式单元	公式单元	持有待售负债	40	公式单元	公式单元
一年内到期的非流动资产	10			其他应付款	41	公式单元	公式单元
其他流动资产	11			一年内到期的非流动负债	42 演示数据		
流动资产合计	12	公式单元	公式单元	其他流动负债	43		
非流动资产:				流动负债合计	44	公式单元	公式单元
债权投资	13	公式单元	公式单元	非流动负债:			
其他债权投资	14	公式单元	公式单元	长期借款	45	公式单元	公式单元
长期应收款	15	公式单元	公式单元	应付债券	46	公式单元	公式单元
长期股权投资	16	公式单元	公式单元	长期应付款	47	公式单元	公式单元
投资性房地产	17	公式单元	公式单元	专项应付款	48	公式单元	公式单元
固定资产	18	公式单元	公式单元	预计负债	49	公式单元	公式单元
在建工程	19	公式单元	公式单元	递延所得税负债	50	公式单元	公式单元
工程物资	20	公式单元	公式单元	其他非流动负债	51		

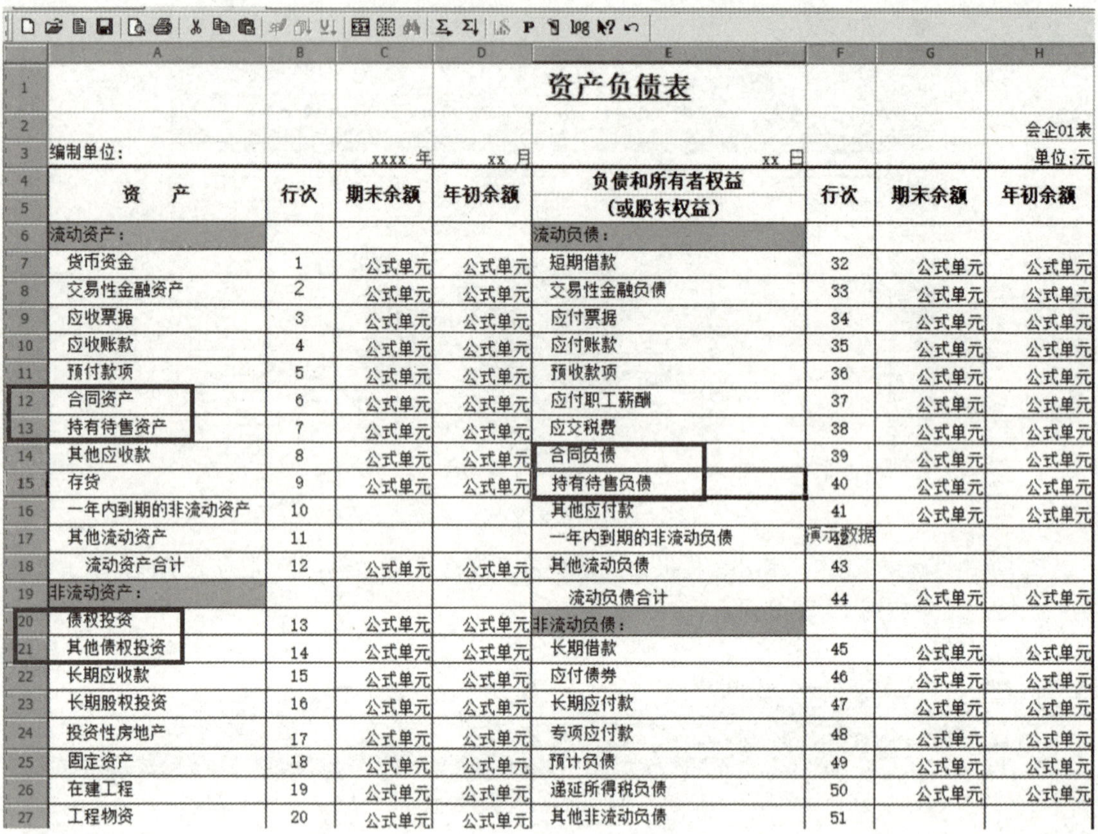

图 12-29　报表项目修改

4. 调整报表计算公式

① 单击 C13 单元格的计算公式，打开“定义公式”对话框，删除 C13 单元格的计算公式，单击“确定”按钮。用相同的方法删除 D13 单元格的计算公式。

② 将 C14 单元格的计算公式修改为“QM ("1221",月,,,年,,) +QM (1131",月,,,年,,)”，结果如图 12-30 所示，单击“确定”按钮。采用相同操作，将 D14 单元格的计算公式修改为“QC ("1221",月,,,年,,) +QC (1131",月,,,年,,)”。

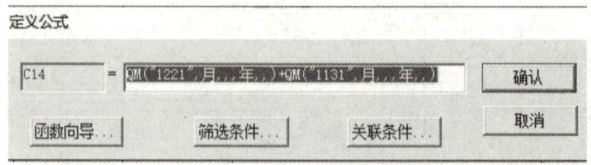

图 12-30　其他应收款公式修改

③ 删除 G15 和 H15 单元格的计算公式，同时将 G16 单元格的计算公式修改为“QM (2241 " ,月,,,年,,)+QM (" 2232 " ,月,,,年,,)”，结果如图 12-31 所示，单击“确定”按钮。采用相同操作，将 H16 单元格的计算公式修改为“QC(2241 " ,月,,,年,,)+QC(" 2232 " ,月,,,年,,)”。

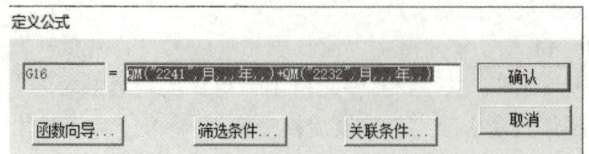

图 12-31　其他应付款公式修改

> **任务提示**
> 根据最新会计准则中的资产负债表进行公式调整。

5. 设置与录入关键字并计算报表数据

① 在"格式"状态下，选中"编制单位"，执行"编辑→清除"命令，执行"数据→关键字→设置"命令，打开"设置关键字"对话框。选择"单位名称"单选按钮，如图12-32所示，单击"确定"按钮。按照相同的步骤，可以设置其他关键字。年月日的关键字已经存在，可以不进行设置。

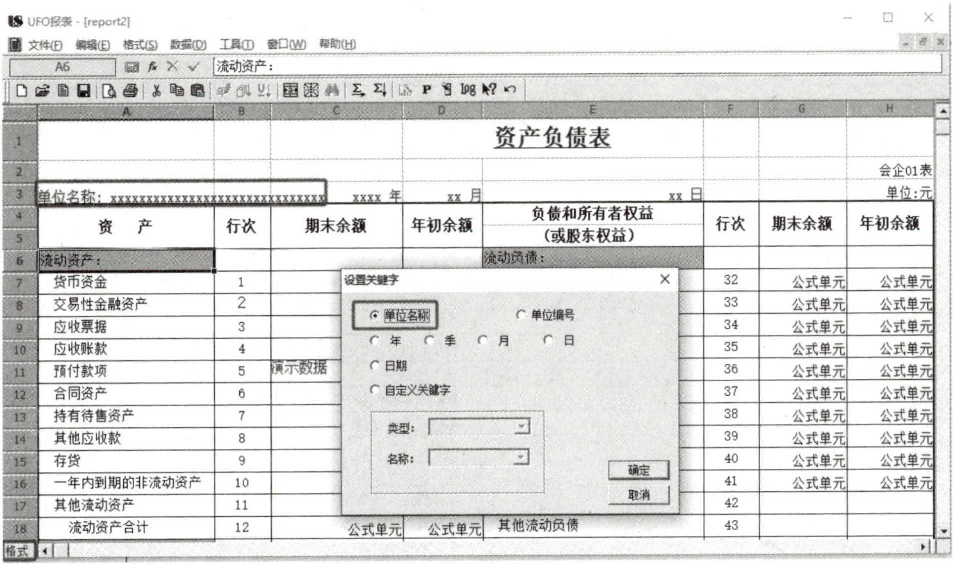

图12-32 设置关键字

> **任务提示**
> 如果需要对关键字进行左右调节，可以执行"数据→关键字→偏移"命令进行调节。"-"表示左移。

② 单击左下角的"格式"按钮，转换为"数据"状态，执行"数据→关键字→录入"命令，打开"录入关键字"对话框。

③ 在"单位名称"栏中录入"湖南湘楚新能科技有限公司"，在"年"栏中录入"2024"，在"月"栏中录入"1"，在"日"栏中录入"31"，如图12-33所示，单击"确定"按钮。

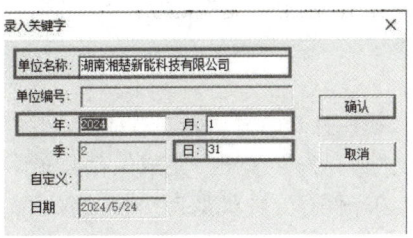

图12-33 录入关键字

④ 系统提示"是否重算第1页？"信息提示框，单击"是"按钮，系统会自动根据单元公式计算1月数据。

⑤ 在"格式"状态下，选中C7:D38单元格区域，执行"格式→单元格属性"命令，打开"单元格属性"对话框，"单元类型"选择"数值"，勾选"逗号"前的复选框，单击"确定"按钮。选中G7:H38单元格区域，打开"单元格属性"对话框，"单元类型"选择"数值"，勾选"逗号"前的复选框，单击"确定"按钮，切换到"数据"状态，结果如图12-34所示。

资产负债表

单位名称：湖南湘楚新能科技有限公司　　2024 年 1 月 31 日

会企01表　　单位:元

资　产	行次	期末余额	年初余额	负债和所有者权益 （或股东权益）	行次	期末余额	年初余额
流动资产：				流动负债：			
货币资金	1	103,052,609.78	98,564,777.76	短期借款	32	5,000,000.00	5,000,000.00
交易性金融资产	2			交易性金融负债	33		
应收票据	3	1,011,350.00		应付票据	34	452,000.00	
应收账款	4	1,389,778.16	925,700.00	应付账款	35	830,550.00	652,000.00
预付款项	5			预收款项	36		
合同资产	6			应付职工薪酬	37	213,116.96	1,353,300.80
持有待售资产	7			应交税费	38	1,754,953.37	2,372,022.31
其他应收款	8	2,511.08		合同负债	39		
存货	9	2,765,751.90	3,702,400.00	持有待售负债	40		
一年内到期的非流动资产	10			其他应付款	41	7,330.80	
其他流动资产	11			一年内到期的非流动负债	42		
流动资产合计	12	108,222,000.92	103,192,877.76	其他流动负债	43		
非流动资产：				流动负债合计	44	8,257,951.13	9,377,323.11
债权投资	13			非流动负债：			
其他债权投资	14			长期借款	45	500,000.00	
长期应收款	15			应付债券	46		
长期股权投资	16			长期应付款	47		
投资性房地产	17			专项应付款	48		
固定资产	18	18,517,333.36	18,528,138.93	预计负债	49		
在建工程	19			递延所得税负债	50		
工程物资	20			其他非流动负债	51		
固定资产清理	21			非流动负债合计	52	500,000.00	
生产性生物资产	22			负债合计	53	8,757,951.13	9,377,323.11
油气资产	23			所有者权益（或股东权益）：			
无形资产	24	1,837,500.00	1,487,500.00	实收资本（或股本）	54	55,000,000.00	50,000,000.00
开发支出	25			资本公积	55	688,320.00	
商誉	26			减：库存股	56		
长期待摊费用	27			盈余公积	57	3,644,507.93	3,644,507.93
递延所得税资产	28			未分配利润	58	60,486,055.22	60,186,685.65
其他非流动资产	29			所有者权益（或股东权益）合计	59	119,818,883.15	113,831,193.58
非流动资产合计	30	20,354,833.36	20,015,638.93				
资产总计	31	128,576,834.28	123,208,516.69	负债和所有者权益(或股东权益)总	60	128,576,834.28	123,208,516.69

图 12-34　重算后的资产负债表

> **任务提示**
>
> 如果单元格显示"############"字样，表明该单元格所在列的列宽不够，调整列宽后可正常显示。
>
> 资产负债表取数完毕，应根据会计等式"资产=负债+所有者权益"，检查报表是否平衡。若不平衡，应查找原因并进行调整。

6. 保存报表

单击工具栏中的"保存"按钮，打开"另存为"对话框，存储位置选择 D 盘目录，"文件名"录入"1 月资产负债表"，单击"另存为"按钮，完成保存，文件类型为报表文件（*.rep）。执行"文件→另存为"命令，也可以选择保存文件类型为*.xls 文件。

12.2.2　生成利润表

📖【任务资料】

2024 年 1 月 31 日，利用报表模板生成 1 月利润表，根据最新会计准则调整报表项目。将利润表重算后保存至 D 盘目录下，文件名为"1 月利润表.rep"。

生成利润表

【任务步骤】

1. 新建空白报表

① 2024 年 1 月 31 日，财务主管王燕琴（W01）登录"企业应用平台"，执行"业务工作→财务会计"命令，双击"UFO 报表"选项，弹出"日积月累"信息提示框，单击"关闭"按钮，进入"UFO 报表"窗口。

② 单击"新建"按钮，新建一张空白报表。

2. 调用模板生成利润表

① 执行"格式→报表模板"命令，打开"报表模板"对话框，在"您所在的行业"下拉列表框中选择"2007 年新会计制度科目"选项，在"财务报表"下拉列表框中选择"利润表"选项，如图 12-35 所示。

② 单击"确定"按钮，系统弹出"模板格式将覆盖本表格式!是否继续?"信息提示框，单击"确定"按钮，结果如图 12-36 所示。

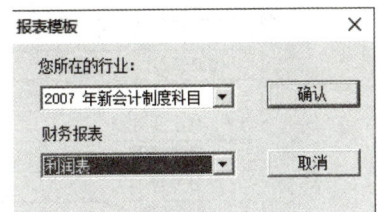

图 12-35 调用模板生成利润表

利润表

会企02表

单位名称：湖南湘楚新能科技有限公司	2024 年 1 月		单位:元
项　　目	行数	本期金额	上期金额
一、营业收入	1	3,178,664.00	
减：营业成本	2	1,971,000.00	
税金及附加	3	18,747.73	
销售费用	4	467,250.71	
管理费用	5	383,190.66	
财务费用	6	6,400.00	
资产减值损失	7	1,000.00	
信用减值损失	8	-71,611.84	
加：公允价值变动收益（损失以"-"号填列）	9		
投资收益（损失以"-"号填列）	10		
其中:对联营企业和合营企业的投资收益	11		
资产处置损益（损失以"-"号填列）	12		
其他收益	13		
二、营业利润（亏损以"-"号填列）	14	331,074.90	
加：营业外收入	15		
减：营业外支出	16	3,527.31	
三、利润总额（亏损总额以"-"号填列）	17	327,547.59	
减：所得税费用	18	99,789.86	
四、净利润（净亏损以"-"号填列）	19	227,757.73	
五、每股收益：	20		
（一）基本每股收益	21		
（二）稀释每股收益	22		

图 12-36 重算后的利润表

3. 根据最新会计准则调整报表项目

1）修改报表项目名称

将 A7 单元格由"营业税金及附加"改为"税金及附加"；在 A12 单元格上方插入一行，在对应"项目"中录入"信用减值损失"；在 A16 单元格上方插入两行，在对应"项目"分别录入"资产处置收益（损失以"-"号填列）""其他收益"；删除"营业外支出"下面的"其中：非流动资产处置损失"一行，调整好行数，如图 12-37 所示。

	A	B	C	D
1		利润表		
2				会企02表
3	编制单位：	xxxx 年	xx 月	单位：元
4	项 目	行数	本期金额	上期金额
5	一、营业收入	1	公式单元	公式单元
6	减：营业成本	2	公式单元	公式单元
7	税金及附加	3	公式单元	公式单元
8	销售费用	4	公式单元	公式单元
9	管理费用	5	公式单元	公式单元
10	财务费用	6	公式单元	公式单元
11	资产减值损失	7	公式单元	公式单元
12	信用减值损失	8		
13	加：公允价值变动收益（损失以"-"号填列）	9	公式单元	公式单元
14	投资收益（损失以"-"号填列）	10	公式单元	公式单元
15	其中：对联营企业和合营企业的投资收益	11		
16	资产处置收益（损失以"-"号填列）	12		
17	其他收益	13		
18	二、营业利润（亏损以"-"号填列）	14	公式单元	公式单元
19	加：营业外收入	15	公式单元	公式单元
20	减：营业外支出	16	公式单元	公式单元
21	三、利润总额（亏损总额以"-"号填列）	17	公式单元	公式单元
22	减：所得税费用	18	公式单元	公式单元
23	四、净利润（净亏损以"-"号填列）	19	公式单元	公式单元
24	五、每股收益：	20		
25	（一）基本每股收益	21		
26	（二）稀释每股收益	22		

图 12-37　修改报表项目名称

2）设置项目公式

① 设置信用减值损失项目公式。选中 C12 单元格，执行"数据→编辑公式→单元公式"命令或单击"fx"按钮，打开"定义公式"对话框，在公式栏录入公式"FS("6702",月,"借","973",2024,,,)"，如图 12-38 所示，单击"确定"按钮。

图 12-38　设置信用减值损失项目公式

③ 设置资产处置收益项目公式。操作步骤同上，选中 C11 单元格，设置公式为"FS("6115",月,"贷","973",2024,,,)"，如图 12-39 所示。

图 12-39　设置资产处置收益项目公式

4. 设置与输入关键字并计算报表数据

① 在"格式"状态下选中"编制单位",执行"编辑→清除"命令,再执行"数据→关键字→设置"命令,打开"设置关键字"对话框。勾选"单位名称"复选框,单击"确定"按钮。按照类似的方法,设置"年""月"关键字。

② 在"数据"状态下,执行"数据→关键字→录入"命令,打开"录入关键字"对话框。

③ 在"单位名称"栏中录入"湖南湘楚新能科技有限公司",在"年"栏中录入"2024",在"月"栏中录入"1",单击"确定"按钮,如图 12-40 所示。

④ 系统弹出"是否重算第 1 页?"信息提示框,单击"是"按钮,结果如图 12-41 所示。

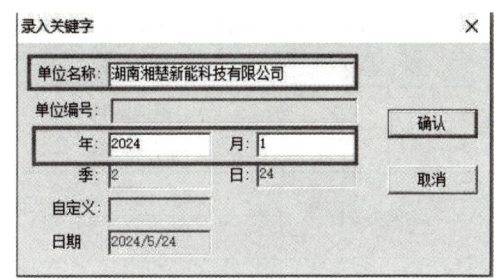

图 12-40　录入关键字

利润表

会企02表
单位:元

单位名称:湖南湘楚新能科技有限公司　　2024 年　　1 月

项目	行数	本期金额	上期金额
一、营业收入	1	3,178,664.00	
减:营业成本	2	1,971,000.00	
税金及附加	3	18,747.73	
销售费用	4	467,250.71	
管理费用	5	383,190.66	
财务费用	6	6,400.00	
资产减值损失	7	1,000.00	
信用减值损失	8	−71,611.84	
加:公允价值变动收益(损失以"−"号填列)	9		
投资收益(损失以"−"号填列)	10		
其中:对联营企业和合营企业的投资收益	11		
资产处置损益(损失以"−"号填列)	12		
其他收益	13		
二、营业利润(亏损以"−"号填列)	14	331074.90	
加:营业外收入	15		
减:营业外支出	16	3,527.31	
三、利润总额(亏损总额以"−"号填列)	17	327547.59	
减:所得税费用	18	99,789.86	
四、净利润(净亏损以"−"号填列)	19	227757.73	
五、每股收益:	20		
(一)基本每股收益	21		
(二)稀释每股收益	22		

图 12-41　重算后的利润表

5. 保存报表

单击"保存"按钮,打开"另存为"对话框,存储位置为 C 盘根目录,在"文件名"栏中录入"1月利润表",单击"另存为"按钮,完成利润表的保存。文件保存类型为报表文件(*.rep)格式。

12.2.3 生成财务指标分析表

📖【任务资料】

根据表 12-1 所示的财务指标分析表，在 UFO 报表系统生成对应表格。

表 12-1 财务指标分析表

单位名称：湖南湘楚新能源科技有限公司　　　　2024 年 1 月 31 日

能　力	指　标	数　值	备　注
偿债能力分析	流动比率		流动资产/流动负债
	资产负债率		负债总额/资产总额
营运能力分析	应收账款周转率		2*营业收入/（期初应收账款+期末应收账款）
	总资产周转率		2*营业收入/（期初资产总额+期末资产总额）
盈利能力分析	销售净利率		净利润/营业收入
	总资产净利率		2*净利润/（期初资产总额+期末资产总额）

要求：
① 第 1 行行高 16 毫米，第 2~6 行行高 10 毫米，列宽调至文字合适。
② 第 1 行表头字体为黑体，字号为 18 号。第 3 行字体为黑体，字号为 15 号。
③ 前 3 行和第 1 列、第 2 列单元格文字居中显示。
④ 设置表边框。

📖【任务步骤】

生成财务指标分析表

1. 设计财务指标分析表格式

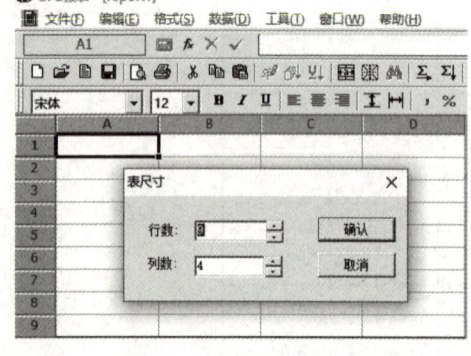

图 12-42 设置表尺寸

1）新建表

① 2024 年 1 月 31 日，财务主管王燕琴（W01）登录"企业应用平台"，执行"业务工作→财务会计→总账"命令，双击"UFO 报表"选项，弹出"日积月累"信息提示框，单击"关闭"按钮，进入"UFO 报表"窗口。单击"新建"图标，新建一张空白报表。

② 执行"格式→表尺寸"命令，打开"表尺寸"对话框，"行数"设置为"9"，"列数"设置为"4"，如图 12-42 所示。

2）定义组合单元格

① 选中 A1:D1 单元区域。

② 执行"格式→组合单元"命令，打开"组合单元"对话框。

③ 单击"整体组合"或"按行组合"按钮，退出对话框，此时可见 A1:D1 单元区域合并为一个单元格，如图 12-43 所示。

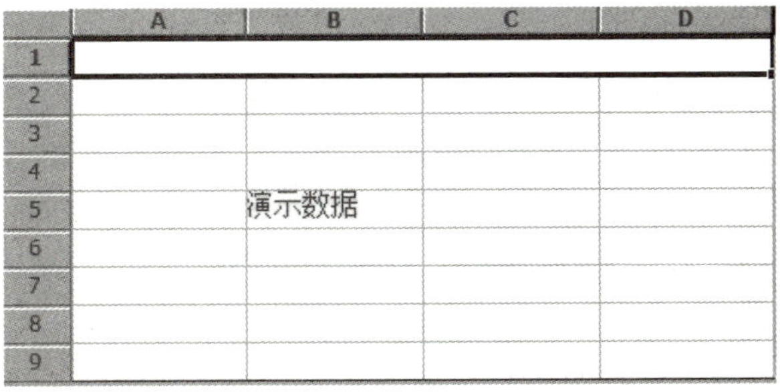

图 12-43 定义组合单元格

3）画表格线

选中 A3:D9 单元格区域，执行"格式→区域画线"命令，打开"区域画线"对话框，默认"画线类型"为"网线"，单击"确认"按钮，返回"UFO 报表"窗口并完成画线。选中 A4 和 A5 单元格，执行"格式→组合单元"命令，打开"组合单元"对话框，单击"按行组合"按钮，进行合并单元格处理，依次对 A6 和 A7 单元格、A8 和 A9 单元格进行合并处理，结果如图 12-44 所示。

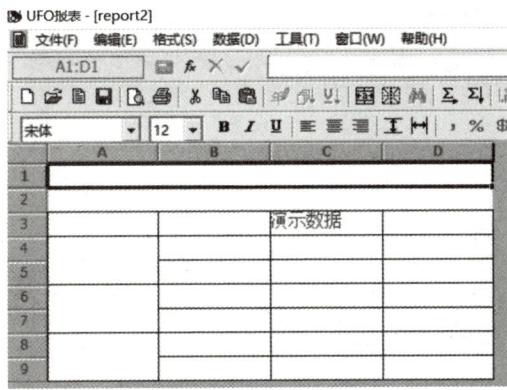

图 12-44 画表格线

4）录入报表文字内容

根据任务资料，录入除第二行外的报表文字内容，结果如图 12-45 所示。

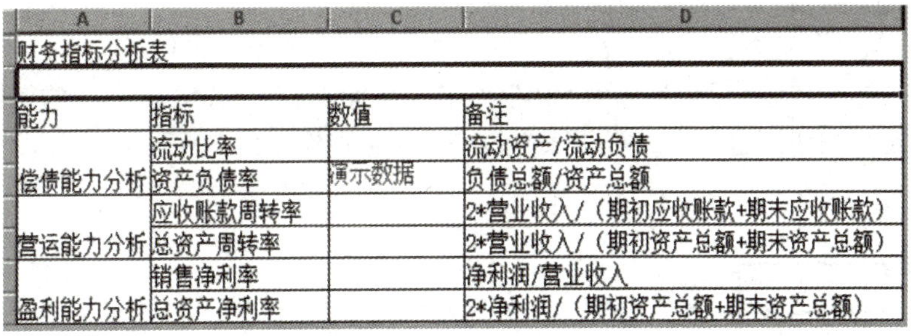

图 12-45 录入报表文字内容

5）定义报表行高和列宽

① 选中 A1 单元格，执行"格式→行高"命令，打开"行高"对话框，"行高"录入"16"，单击"确认"按钮，退出对话框，返回"UFO 报表"窗口。

② 选中 A2:D9 单元格区域，执行"格式→行高"命令，打开"行高"对话框，"行高"录入"10"，单击"确认"按钮。

③ 拉列宽至文字合适，类似于 Excel 的操作。

6）设置单元风格

选中任务要求所需要选择的单元格，执行"格式→单元属性"命令，打开"单元格属性"对话框。在"字体图案"选项卡中设置字体。选择"对齐"选项卡，设置"水平方向"和"垂直方向"的对齐方式为"居中"。单击"确定"按钮，退出对话框，结果如图12-46所示。

能力	指标	数值	备注
偿债能力分析	流动比率		流动资产/流动负债
	资产负债率		负债总额/资产总额
营运能力分析	应收账款周转率		2*营业收入/（期初应收账款+期末应收账款）
	总资产周转率		2*营业收入/（期初资产总额+期末资产总额）
盈利能力分析	销售净利率		净利润/营业收入
	总资产净利率		2*净利润/（期初资产总额+期末资产总额）

图12-46　设置单元风格

7）定义单元属性

设置单元格数值的显示方式。选中C4:C5单元格区域，执行"格式→单元属性"命令，打开"单元格属性"对话框，在"单元类型"选项卡的"单元类型"列表框中选择"数值"选项，并勾选"百分号"复选框，设置"小数位数"为"2"，单击"确定"按钮。采用同样的操作方法，将C6:C7单元格区域设置为小数，保留两位小数，将C8:C9单元格区域设置为百分号，保留两位小数。

2. 设置关键字

① 在"格式"状态下单击第二行的单元格，执行"数据→关键字→设置"命令，打开"设置关键字"对话框，选择"单位名称"单选按钮。

② 单击"确定"按钮，然后在该单元格中设置关键字"年"、"月"和"日"。

③ 调整关键字的位置。执行"数据→关键字→偏移"命令，在打开的"定义关键字偏移"对话框中录入"单位名称"的偏移量为"10"、"年"的偏移量为"-60"、"月"的偏移量为"-30"，然后单击"确定"按钮，返回"UFO报表"窗口，结果如图12-47所示。

财务指标分析

单位名称：xxxxxxxxxxxxxxxxxxxxxxxxxx　　　xxxx年　　xx月　　xx日

能力	指标	数值	备注
偿债能力分析	流动比率		流动资产/流动负债
	资产负债率		负债总额/资产总额
营运能力分析	应收账款周转率		2*营业收入/（期初应收账款+期末应收账款）
	总资产周转率		2*营业收入/（期初资产总额+期末资产总额）
盈利能力分析	销售净利率		净利润/营业收入
	总资产净利率		2*净利润/（期初资产总额+期末资产总额）

图12-47　设置单元风格

> **任务提示**
> （1）关键字是游离于单元之外的特殊数据单元，一般在对话框中为红色字体。
> （2）关键字偏移时，负数表示向左偏移，正数表示向右偏移。

3. 定义表间取数公式

① 选中 C4 单元格，单击工具栏中的"*fx*"按钮，或者执行"数据→编辑公式→单元公式"命令，打开"定义公式"对话框。

② 在"定义公式"对话框中手工录入流动比率的公式""D:\1月资产负债表.rep"->C18@1/"C:1月资产负债表.rep"->G19@1"，如图 12-48 所示，单击"确认"按钮。

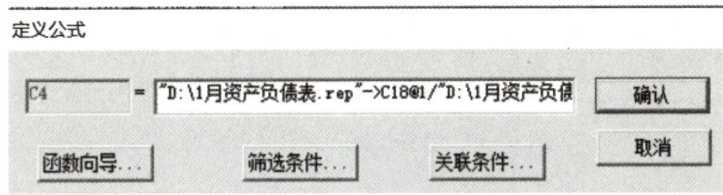

图 12-48 "流动比率"的计算公式

> **任务提示**
> （1）流动比率计算公式：
> C4="D:\1月资产负债表.rep"->C18@1/"D: \1月资产负债表.rep"->G19@1
> （2）资产负债率计算公式：
> C5="D:\1月资产负债表.rep"->G29@1/"D:\1月资产负债表.rep"->C38@1
> （3）应收账款周转率计算公式：
> C6=2*"D:\1 月利润表.rep"->C5@1/（"D:\1 月资产负债表.rep"->C10@1+"D:\1 月资产负债表.rep"->D10@1）
> （4）总资产周转率计算公式：
> C7=2*"D:\1 月利润表.rep"->C5@1/（"D:\1 月资产负债表.rep"->C38@1+"D:\1 月资产负债表.rep"->D38@1）
> （5）销售净利率计算公式：
> C8="D:\1月利润表.rep"->C23@1/"D:\1月利润表.rep"->C5@1
> （6）总资产净利率计算公式：
> C9=2*"D:\1 月利润表.rep"->C23@1/（"D:\1 月资产负债表.rep"->C38@1+"D:\1 月资产负债表.rep"->D38@1）

③ 其他公式按照任务资料中的公式定义进行录入。设置完毕，结果如图 12-49 所示。

4. 录入关键字并计算报表数据

① 单击对话框左下角的"格式"按钮，此时报表切换为"数据"状态。

② 执行"数据→关键字→录入"命令，打开"录入关键字"对话框，录入关键字。单击"确认"按钮，系统弹出"是否重算第 1 页？"信息提示框，单击"是"按钮。重算结果如图 12-50 所示。

	A	B	C	D
1	财务指标分析			
2	单位名称：xxxxxxxxxxxxxxxxxxxxxxxxxxxxxx			xxxx 年 xx 月 xx 日
3	能力	指标	数值	备注
4	偿债能力分析	流动比率	公式单元	流动资产/流动负债
5		资产负债率	公式单元	负债总额/资产总额
6	营运能力分析	应收账款周转率	公式单元	2*营业收入/（期初应收账款+期末应收账款）
7		总资产周转率	公式单元	2*营业收入/（期初资产总额+期末资产总额）
8	盈利能力分析	销售净利率	公式单元	净利润/营业收入
9		总资产净利率	公式单元	2*净利润/（期初资产总额+期末资产总额）

图 12-49　财务指标分析表公式设置

财务指标分析表

单位名称：湖南湘楚新能科技有限公司　　　　2024 年 1 月31 日

能力	指标	数值	备注
偿债能力分析	流动比率	1310.52%	流动资产/流动负债
	资产负债率	6.81%	负债总额/资产总额
营运能力分析	应收账款周转率	2.75	2*营业收入/（期初应收账款+期末应收账款）
	总资产周转率	0.03	2*营业收入/（期初资产总额+期末资产总额）
盈利能力分析	销售净利率	7.16%	净利润/营业收入
	总资产净利率	0.18%	2*净利润/（期初资产总额+期末资产总额）

图 12-50　财务指标分析表结果

5. 保存报表

单击“保存”按钮，打开“另存为”对话框，存储位置选择 D 盘根目录，在“文件名”栏中录入“1 月财务指标分析表”。单击“另存为”按钮，完成保存。文件类型为报表文件（*.rep）。

任务 12.3　任务总结

项目十二测试

【学习经验】

【注意事项】

课证融通：生成资产负债表　　　新技术：人机互动 技赢未来